# 한국인의 성격특성 요인

# 한국인의 성격특성 요인

최 태 진 著

한국학술정보(주)

# 머 리 말

사람들이 보이는 숱한 행동이란 기계화된 습관적 행동에 불과한가 아니면 그러한 행동들 이면에는 이 모든 것을 지배하고 다스리는 기능적인 심리적 조직이 존재하는 것인가. 만약 그러한 구조가 존재한다면 어떤 체제로 조직화되어 있을 것인가. 나아가 그러한 조직구조란 무릇 범인류적 차원에서 동질적이며 일원론적인 것일까 아니면 문화권마다 민족마다 상이한 형태로 존재하는 다원론적인 것일까. 이러한 의문은 성격심리학자 특히 성격특성론자들로 불리는 학자들에게는 가장 중요한 관심사가 되어왔다.

하나의 학문이 과학으로 자리매김하기 위해서는 법칙정립적이어야 한다는 조건을 갖는다. 성격구조에 관한 이론 또한 예외가 아니다. 인간의 성격구조에 관한 이론 역시 과학적이어야 한다는 관점하에 성격학자들은 보편적이며 탈문화적이고 일원론적인 인간의 성격구조를 가정하고 이를 밝혀내기 위하여 지속적인 노력을 하여 왔다. 1930년대 이후 시작된 성격구조에 관한 쟁점은 오늘날에 이르러서는 한 가지의 주된 이론으로 집약되고 있다. Big Five 이론이라고도 지칭되는 성격의 5요인 모형이 그것이다. 5요인 모형은 사람들의 성격특성 구조로 신경증, 외향성, 개방성, 친화성, 성실성의 5요인을 제시한다. 이 이론 역시 성격특성 요인 구조의 범문화적 보편성과 불변성을 가정하고 있으며 실제로 여러 문화권과 수많은 나라에서 요인 구조의 타당성을 인정받고 있는 추세에 있다.

그러나 문화심리학의 관점 나아가 보다 최근의 토착심리학적 관점을 취하고 있는 학자들의 견해는 이와 다르다. 이들은 사람들의 인지, 가치, 동기 등과 같은 심리적 기제 나아가 성격 구조가 범문화적으로 동일하다는 시각에 정면으로 도전한다. 문화와 사회에 따라 상이한 심리적 구조가 존재한다는 것이 이들의 관점이며 성격 구조는 소위 문화 보편적 입장(etic)이 아니라 문화 상대론적 입장(emic)에서 연구되어야 함을 주장한다. 토착

심리학적인 관점에서 수행된 연구들은 자문화권내 혹은 자국내의 토착적인 성격구조를 제안하고 있다. 중국이나 필리핀 등과 같은 동양사회에서 제안된 성격 구조 및 요인들은 서양 문화에서 제안된 5요인 성격특성 구조와는 사뭇 다르다.

한 사회의 성격특성 구조를 연구하는 중요한 방법 중의 하나는 그 사회의 언어를 분석하는 것이다. 훔볼트가 지적하듯 언어란 그 언어를 사용하는 사회 구성원들의 세계관을 반영하기 때문이다. 언어 특히 일상적으로 사용하는 자연어휘를 분석함으로써 한 사회의 성원들이 서로를 지각하는 관점과 태도 나아가 성원들의 성격특성 구조를 분석할 수 있다. 사실상 이러한 생각은 5요인 성격특성 구조에 대한 초기 주창자들이 지녔던 사고의 근간이기도 하다. 어휘는 문화적 산물이다. 어휘 속에 문화가 녹아 있으며 문화는 곧 그 사회에 속한 사람들의 성격형성의 뿌리가 되는 것이다.

이 책은 이러한 관점에 기초하여 우리나라의 자연 어휘 분석을 토대로 한국인의 성격특성 구조를 경험적으로 연구한 내용을 담은 것이다. 한국인의 성격특성 요인이라는 제목이 너무 거창할 지도 모른다. 다만 기존의 한국인의 성격구조에 관한 저작들이 주로 사념적인 것이었다는데 비하여 이 책에서는 경험적인 방식으로 학술적 접근을 시도해 본 것이라는 데에 의의가 있다.

이 책은 크게 6장으로 구성되어 있다. 1장에서는 전술한 성격의 5요인 모형에 대한 비판적 관점을 토대로 한국인의 성격특성에 대한 경험적 연구의 필요성을 제기하였고, 2장에서는 현대의 여러 성격특성 구조 이론을 소개하였으며, 3장에서는 몇 개의 나라에서 자국민의 토착적인 성격 구조를 연구한 사례를 찾아 이를 개괄하였다. 4장 이후에서는 한국인의 성격특성을 경험적으로 연구하기 위한 방법론과 결과 그리고 결과에 대한 논의를 차례로 제시하였다. 독자들은 4장에서 우리나라의 사전 및 각종 자료원에서 추출한 성격특성과 관련된 광범위한 자연어휘를 보게 될 것이며, 5장에서는 요인분석 방법에 기초한 통계적 결과를, 그리고 6장에서는 이들 결과에 대한 의미 분석을 포함한 연구방법론 전체에 대한 논의를 살펴볼 수 있을 것이다.

책을 출간하면서 감사를 드려야 할 분들이 너무나 많다. 이 책은 저자의 박사학위 논문 「어휘 접근에 의한 성격특성 구조의 분석(2000)」을 정리한 것이다. 학위논문을 내면서 고마운 여러분께 드리는 그 흔한 감사의 글 하나 싣지 못하였었다. 이제 이 지면을 통해서나마 감사를 전하고 싶다. 무엇보다 부산대학교의 안창규 박사님께 가장 먼저 깊은 감사를 드립니다. 교수님은 언제나 넘쳐나는 에너지로 부족한 제자에게 학문적 열정이 무엇인지를 몸소 깨우쳐주신 분이시다. 「문화와 사고」 강좌를 통해 논문에 깊은 통찰을 제공해 주셨던 전윤식 교수님. 차가운 이성 그리고 따뜻한 감성이 무엇인지를 보여주셨던 심혜숙 교수님. 논문을 쓰는 내내 환한 미소로 지지해 주신 김석우 교수님께 깊은 감사를 드립니다. 그리고 언제나 따끔한 충고와 격려를 함께 보내어 주셨던 김대현 교수님께 머리 숙여 감사를 드립니다.

독자층이 많지 않은 책을 선뜻 출판해 주신 (주)한국학술정보에도 감사를 전합니다. 책의 출판으로 인해 유사한 주제에 관심을 갖고 있는 연구자들이 보다 손쉽게 정보를 구할 수 있는 계기가 되길 바랍니다.

2005. 12.

최 태 진

# 차 례

# 표 차례

# 그림 차례

# 부록 차례

# 제1장 문제 제기

## 제1절 한국인의 성격특성 구조에 대한
## 경험적 연구를 위하여

개인의 사고, 감정, 경험, 행동의 토대가 되는 비교적 영속적이면서도 안정적인 인간의 성격구조를 발견하려는 시도는 성격이론가 특히 성격특성 이론가들에게는 지속적인 관심사가 되어왔다. 이러한 관심은 1930년대 중반 이후 성격분야가 분명한 모습을 갖추기 시작한 Allport(1937), Cattell(1943), Eysenck(1947, 1952) 등 소위 고전적 특성론자들에서부터 시작된다. 이들은 다양한 관점에 기초하여 독자적인 특성 이론과 인간의 성격특성 구조에 관한 모형을 제시하였다. 그러나, 현대에 이르러 이들 성격특성 구조에 관한 다양한 관점들은 어느 정도 한 가지 흐름으로 집약되고 있는 듯 보인다. 성격의 5요인 특성 구조 모형(Five-Factor Model: FFM, Costa & McCrae, 1992a, 1992b: John, 1990: McCrae & Costa, 1991, 1992a)이 그것이다. 5요인 특성구조론은 1980년대 중반 이후에 성격 연구가들에게 집중 조명되면서 성격특성 연구 분야에서 지위를 확고히 해나가고 있다. 이는 1990년-2000년의 10년 동안 「Journal of Personality and Social Psychology」와 「Journal of Personality」에 게재된 논문 중 대략 100편 이상의 연구에서 -비록 구체적인 주제는 다양하나- 성격의 5요인 구조 모형을 다루고 있음에서도 알 수 있다.

5요인 성격특성 모형의 출발은 Cattell(1943), Eysenck(1952, 1975) 등의 요인분석 방법, 그리고 어휘가설과 어휘 분류학(Allport & Odbert, 1936, John, 1990에서 재인용)에 힘입은 바가 크다. 어휘 가설의 요점은 '중요한 개인차는 언어로 기호화될 수 있으며, 따라서 언어 분석을 통하여 성격특성에 대한 포괄적인 구조를 분류해 낼 수 있다'는 것이다. 여기에 요인분석이 중요한 통계적 기법으로 적용된다. 5요인 특성 구조를 제시하는 연구자들은 대체로 사전을 이용하여 자연어를 직접 추출하여 형용사 어휘 그 자체를 분석하거나(Goldberg, 1990; McCrae & Costa, 1991; Norman, 1967; Peabody & Goldberg, 1989), 혹은 그러한 언어 추출에 따라 제작된 5요인 특성 구조 측정을 위한 정형화된 검사 즉, NEO-PI-R(The Revised NEO Personality Inventory, Costa & McCrae, 1991), NEO-FFI(NEO Five Factors Inventory, Costa & McCrae, 1992a), BFI(Big-Five Inventory, John, Donahue & Kentle, 1991) 등과 같은 도구를 사용하여, 사람의 성격특성은 크게 5요인으로 분류될 수 있음을 지적한다. 지금까지 합의되고 있는 성격특성 5요인은 신경증 혹은 정서적 안정성(N: Neuroticism, Emotional Stability), 외향성(E: Extraversion), 개방성(O: Openness), 친화성(A: Agreeableness), 성실성(C: Conscientiousness) 요인이다.

1980년대 중반 이래 5요인 구조론이 어느 정도 인정받기 시작한 후부터는 보다 다양한 대상과 맥락에서 연구가 진행됨으로써, 이를 범보편적인 인간의 성격특성 구조로 타당성을 확장하기 위한 노력이 경주되었다. 이러한 연구는 주로 NEO-PI-R 검사를 사용하여 진행되었다. 이들 연구는 독립적인 몇 성인 표본에서 5요인 구조가 반복되어 산출되었음을 밝히고 있으며(Costa & McCrae, 1992b; Piedmont & Weinstein, 1993), 대학생에게서(Costa & McCrae, 1994), 그리고 11세 어린이에게서 성격의 5요인 구조는 그대로 나타났음을 보고하고 있다(Donahue, 1994). 또한 자기 보고의 방식이 아닌 동료에 의한 평정 방식(Costa & McCrae, 1992a; Digman, 1989) 나아가 낯선 이에 의한 평정 결과(Watson, 1989)에서도 5요인 구조는 동일하게 나타났음을 보고하고 있다.

한편, 5요인 특성 구조는 다양한 문화간, 언어간, 국가간에서도 요인의 반복성이 그대로 나타나는 것으로 보고되고 있다. NEO-PI-R을 번안하여 사용한 연구에서 독일어판(Borkenau & Ostendorf, 1998), 히브리어판(Montag & Levin, 1994), 스페인어판(Martínez & John, 1998, BFI사용) 그리고 한국판(Piedmont & Chae, 1997; 안창규, 이경임, 1997; 이경임, 1995)에서도 5요인 구조는 문화간의 뚜렷한 차이가 없이 그대로 산출되었음이 보고되었다. 이러한 연구 동향은 5요인 모형의 주창자들(Digman & Inouye, 1986; John, 1990; McCrae & Costa, 1996, 1997)이 제시하는 것처럼 성격특성을 기술하는 5요인 구조의 범문화적인 불변성(invariance) 및 포괄성(exhaustiveness)을 입증해 주는 듯이 보인다.

그러나, 이들 5요인 특성 구조의 문화간 불변성을 주장하는 연구와는 달리 이에 대하여 비판적인 견해나 반박적인 경험적 연구 또한 활발히 진행되고 있음에 주목할 필요가 있다. 이러한 연구는 몇 가지로 분류할 수 있다. 첫째, 성격특성 요인의 문화간 불변성이라는 5요인 특성 모형의 기본가정 자체에 관한 비판적 연구, 둘째, 문화간에 성격특성 요인의 수 혹은 요인의 의미를 달리함을 보여주는 경험적인 연구, 셋째, 문화적 보편성을 지지하는 연구들이 지니고 있는 문제점을 비판적으로 고찰하고 있는 연구 등이다. 이들 연구를 차례로 살펴보면 다음과 같다.

첫째, 5요인의 문화적 불변성에 대한 기본 가정에 대한 반박이다. 먼저 인간 행동에 관한 상호작용적 입장에 있는 학자들은 개인의 행동 혹은 의도들은 일차적으로 환경에서 제시되는 자극에 의해 결정된다고 주장한다(예를 들면, Magnusson, 1990; Mischel, 1981, 1984). 이들 또한 비교적 영속적이며 일관성이 있는 성격특성 요인을 완전히 부정하지는 않으나 그 영향력은 아주 낮다고 보며, 개인의 행동이란 안정된 특성에 의해서보다는 개인이 기능하는 각 상황의 구체적인 특징들에 의해 우선적으로 통제된다고 지적한다. 따라서 범상황적이거나 사회·문화 환경을 초월하여 보편적으로 존재하는 성격 구조란 존재하지 않는다고 보는 것이다. 성격특성 구조에 대하여 문화심리학적 관점을 지향하는 사람들의 견해는 보다 완고하다. 문화심리학자들은 기존의 심리학이 갖고 있는 심리적 단일성(psychic unity) 자체에 대하여 강력하게 도전하며 오히려 심리적 다원성(psychic pluralism)에 대한 가정을 수용한다. 따라서 이들은 문화권에 따른 심리과정의 다양성을 적극적으로 인정한다(Shweder & Sullivan, 1990). 이러한 맥락에서 최근에 Gergen, Gulerce, Lock와 Misra(1996)는 각 문화는 그 사회환경에 속해있는 구성원들에게 독특한 성격구조를 형성시킨다고 보고 중다적이며 문화에 따른 독특한 성격 심리학이 필요하다고 주장한 바 있다.

한편으로 문화간 보편성 주장에 대한 이러한 비판은 5요인 특성 모형이 갖는 성격기술의 포괄성(exhaustiveness) 주장에 대한 비판과도 연관되어 있는 것으로 보인다. Paunonen, Jackson, Trzebinski와 Forsterling(1992)은 '5요인은 성격의 폭넓은 차원들을 기술해 주고 있다. 그러나 이것이 모든 성격영역들을 다 포괄하여 설명해 준다는 것을 의미하는 것은 아니다. 문화에 따라 가치관, 사회화의 실재, 삶의 양식이 본질적으로 다르다면 관찰되는 성격 구조 또한 아주 다르게 산출될 것이다'(p. 455) 라고 지적하고 있다.

둘째, 문화적 보편성에 대한 비판은 문화의 차이에 따라 특성 요인의 수나 요인의 의미가 달라짐을 주장하는 다양한 경험적 증거들과 맥락을 같이 한다. 먼저, Tellegen과 Waller(1987)는 1985년판 영어사전(American Heritage Dictionary)에서 유층표집 방법을 사용하여 성격 기술어 400개를 추출하였는데 이를 분석한 결과 7개의 주요 차원을 발견하였다. 이는 긍정적인 정서(Positive Emotionality), 부정적인 정서(Negative Emotionality) 성실성(Conscientiousness), 친화성(Agreeableness), 인습성(Conventionality), 긍정가(肯定價, Positive Valence), 부정가(不定價, Negative Valence) 차원이다. 여기에서 앞의 다섯 요인은 각각 5요인 모형의 E, N, C, A, O의 차원과 유사하였으나, 그 의미는 달리하는 것으로 나타났다. 또한 한 개인에게 부여하는 긍정가(예를 들면, excellent, special, skilled 등의 어휘), 부정가(예를 들면, evil, wicked, immoral 등의 어휘) 요인은 5요인 모형과는 완전히 구별되는 독립적인 요인으로 나타났다.

Martínez와 Waller (1997) 또한 앞의 Tellegen과 Waller의 연구와 동일한 절차를 통하여 스페인의 독특한 성격특성 구조를 산출하였다. 이들은 1989 년판 스페인어 사전(Diccionario Manual e Ilusrado de la lengua Espaﾄola)에서 299개의 성격 형용사를 추출한 후 894명의 스페인 대학생을 대상으로 자기평정 자료를 수집하였는데 이들 자료를 요인분석하여 7개 요인을 제시하였다. 이는 긍정가(PVAl), 부정가(NVAL), 친화성(A), 개방성(O) 차원과 함께 절제성(Temperance: stable, reasonable, tranquil, relaxed, sensible 등이 포함), 쾌활성(Pleasantness: cheerful, comical, charming, dynamic 등이 포함), 몰입(Engagement: intense, fervent, hearted, idle, lazy 등이 포함) 요인이다. Martínez와 Waller는 이러한 성격특성 구조가 라틴 문화의 독특한 현상으로서 대인관계를 중시하는 집단주의 성향을 반영하는 것으로 파악하고 있다.

아시아 지역에서의 성격특성 구조에 관한 연구들은 보다 더 다양한 양상을 보여준다. Yang과 Bond(1990)는 150개의 중국어 성격특성 형용사를 추출하여, 대학생을 대상으로 자료를 수집하고 요인분석을 수행하였는데 그 결과 5개 요인을 산출하였다. 이는 사회지향-개인지향(Social Orientation-Self-Centeredness), 유능감-무능감(Competence-Impotence), 표현성-내향성(Expressiveness-Conservatism), 자기통제-충동성(Self-Control-Impulsiveness), 낙천성-신경증(Optimism-Neuroticism) 요인이다. 여기에서 사회지향-개인지향 요인과 낙천성-신경증 요인만이 5요인 특성 모형의 친화성(A), 신경증(N) 요인과 일대일 대응관계를 보이는 것으로 나타났으며 5요인 모형의 나머지 3개 요인은 여타의 요인들에 흩어져 흡수되는 것으로 나타났다. Church, Reyes, Katigbak과 Grimm(1997)은 필리핀의 고등학생, 대학생을 대상으로 861개의 필리핀의 특성 형용사에 대한 자기평정 자료를 수집하고 이를 요인분석하여 7개의 필리핀 사람들의 특성요인을 제시하였다. 타인에 대한 관심-자기중심성(Concern for others-Egotism), 사교성(Gregariousness), 지능(Intellect), 기질성(Temperamentalness), 자신감

(Self-Assurance), 성실성(Conscientiousness), 부정가(Negative Valence) 차원이다. 여기에서, 타인에 대한 관심-자아중심성은 5요인 모형의 A요인 과, 성실성은 C요인, 사교성은 E요인, 지능은 O요인과 유사하게 나타났으 나, 기질성은 A, C, N요인 등과 중첩되어 나타났다.

이렇듯 다양한 문화권에 걸친 독특한 특성 요인의 수 및 요인의 의미를 보여주는 연구결과들은 McCrae와 Costa(1991, 1992a, 1992b), John(1991) 등이 주장하는 것처럼 Big-Five 에 해당되는 5요인 및 그 요인의 의미가 문화적으로 보편적이거나 성격구조에 대한 포괄적 이해를 제공해 주는 것 이 아님을 보여주는 것이다.

셋째, 5요인 모형의 범문화적 보편성을 제시하고 있는 여러 연구들이 갖 는 문제점이다. 여러 다른 문화에서 5요인 구조의 산출을 보여주는 많은 연구들(Borkenau & Ostendorf, 1998; Martínez & John, 1998; Montag & Levin, 1994; Piediment & Chae, 1997; 이경임, 1995 등)은 대부분이 영문판 NEO-PI-R, NEO-FFI, BFI 등과 같은 자국어로 번역하여 사용하 고 있다. 그러나 이러한 검사에 기초한 5요인 특성 구조에 관한 연구들은 몇 가지 중요한 이유에서 5요인 특성 모형의 문화적 불변성에 대한 증거가 되지 못한다.

그 첫번째 이유는 상기한 이들 검사들이 이미 개발 당시에 N, E, O, A, C의 5개의 성격특성을 측정하도록 그 측정 범위를 한정하였다는 자생적인 한계 때문이다. 따라서 이들 검사를 사용할 경우 여타의 문화권에서도 동 일한 5개 요인이 산출됨은 당연한 결과인 것이다. 따라서 소위 '수입된 검 사(imported test)'에 기초한 연구결과들은 5요인 특성 구조에 대한 문화적 불변성을 보여주는 증거이기보다는, 5개의 성격특성을 측정하는 검사의 구 인 타당도를 보여주는 형태에 가깝다. 그러므로 이러한 검사를 사용하여 5 요인 특성 구조가 여타의 문화권에서 동일하게 나타난다 하더라도 그 자체 가 모든 문화에 N, E, O, A, C 라는 5개의 요인만이 성격특성으로 존재한 다고 하는 증거는 되지 못한다.

한편으로 5요인 특성 구조 모형의 문화간 보편성 및 포괄성에 대한 비판과 반박 연구들의 근저에는 성격 연구의 상이한 두 가지 대조적인 비교문화적 접근방법 즉, 문화 보편적 접근(etic-approach)과 문화 상대적 접근(emic-approach)이 관계되어 있다. 일반적으로 에틱 접근 혹은 문화 보편적 접근법은 이론에 기초를 두고 범문화적인 보편성을 지닌 원리를 발견, 검증하려고 하는 반면 에믹 접근 혹은 문화 특수적 접근법은 각 문화권에서 그들의 시각으로 그 문화권에 특수한 현상이나 원리를 발견하려고 한다(Berry, 1989). 그런데, 여기서 에틱 현상의 규명은 한 특정 문화에서만 적용되는 분석의 틀을 가지고는 접근될 수 없다. 그와 같은 분석의 틀은 에믹 현상을 분석하는 잣대는 될 수 있지만 에틱 현상을 분석하는 잣대는 될 수 없는 것이다. 문화간 일반화 가능성을 추구하는 연구들은 대체로 편리성, 효율성, 경제성 및 연구자들에게 흥미롭게 알려진 모형이라는 이유로 특정 문화권에서 개발된 검사 도구를 수입하여 번역·수정함으로써 타 문화권에 적용하는 '부과된 에틱 접근법'(imposed-etic approach)을 사용한다(Berry, 1989; Katigbak, Church & Akamine, 1996). 그러나 부과된 에틱 접근법은 특히 알려진 성격모형에 대해서는 비교문화 접근을 용이하게 하지만 검사도구가 이미 문화적 유사성을 보일 수 있도록 사전 경향성을 지니고 있기 때문에 중요한 문화 특수적인 성격 측면들은 간과할 수 있다(Church et al., 1997; Yang & Bond, 1990). 실제로 자국의 자연언어를 분석하여 에믹 접근을 시도함으로써 문화 특수적인 성격구조를 산출한 바 있는 많은 연구들은(Church et al., 1997; Cheung & Leung, 1998; Katigbak et al., 1996; Martínez & Waller, 1997; Yang & Bond, 1990) 한결같이 이러한 문제점을 지적하고 있다. 조남국(1997)은 "원칙적으로는 동양 문화권에서도 소위 Big Five가 발견되었다는 이유 하나만으로, 그 성격 요인들이 동서양에서 공통적이라는 결론을 내린다는 것은 아주 잘못된 생각이라고 단정할 수 있다"(p. 64)고 지적한다.

더욱이 Huang과 Church(1997)는 특정 문화권에서 개발된 검사를 수입함으로써 부과된 에틱 연구를 시도할 경우 5요인 구조 검사 등과 같은 검사문항이 여타 문화권에서는 차별적으로 기능할 수도 있음을 밝히고 있다. Huang과 Church(1997)는 432명의 필리핀 대학생과 610명의 미국 대학생들을 대상으로 영문판 NEO 검사를 사용하여 자료를 수집한 다음 각각의 문항을 분석하였는데, 그 결과 180 문항 중 거의 40% 이상이 차별기능 문항으로 분류되었음을 보고한 바 있다.

이상과 같은 비판점들이 시사하는 바는 5요인 특성 구조가 모든 문화에 대해 보편적이라는 가정에 의문을 제기하는 것이며, 동시에 문화에 따라 독립적인 성격특성에 관한 연구의 필요성을 보여주는 것이다.

사실상, 성격특성이나 성격구조의 기저에는 문화에 따른 독특한 삶의 경험과 가치관, 의식구조가 반영되지 않을 수 없다. 문화가 성격에 영향을 미치는 방식에 대하여, Kardiner는 1)개인이 어려서 얻은 경험은 그의 성격, 특히 사고방식과 가치체계에 영속적인 영향을 미치고, 2)유사한 경험은 유사한 성격의 형태를 형성하기 쉽고, 3)한 사회의 구성원은 어릴 때에 공통적인 경험을 갖고, 4)그 결과 공통된 성격요소를 갖게 되며, 5)개인의 어린 시절 경험이 사회에 따라 다르므로 여러 사회의 성격기준도 다를 것이다(윤태림, 1970, p. 157에서 재인용)라고 지적하고 있다.

한편, 이러한 삶의 경험이나 가치관 나아가 사람에 대한 인상이나 평가, 판단 등은 그 사회의 언어 속으로 응축되는 것으로써, 한 사회의 언어가 각각의 문화에 속한 사람들의 성격특성 구조의 파악에 중요한 수단으로 사용될 수 있다. 예컨대 언어 상대주의 관점을 취하는 학자들은 한 사회의 언어 속에는 그 언어를 사용하는 사람의 사고나 세계가 내포되어 있다고 본다. Whorf(1956)는 "우리는 모국어에 입각하여 자연을 분석한다. 즉, 우리에게 주어진 세계에 대한 인상은 우리 마음 속에 간직한 언어체계에 따라 조직되도록 되어 있다"(p. 212, 전윤식·이영석, 1986 p. 246에서 재인용)고 제안하고 있다. 결국 언어는 한 사회에서 개인들이 서로를 어떻게 지각하며, 어떻게 상호작용하며, 무엇에 보다 초점을 두고 상대방을 파악하는지를 보여주며, 또한 상호간을 기술하는 상징체계로 작용하는 것이다. 따라서, 문화에 따른 독특한 성격특성 요인을 산출하고 또한 여타 문화와의 차이를 비교해 볼 수 있도록 해 주는 최적의 방법 중의 하나가 바로 그 사회·문화의 언어를 이용하는 것이라고 할 수 있다. 실제로 언어에 대한 이러한 생각이 5요인 특성 모형에 대한 산출의 기초가 되어 왔음은 앞에서 지적한 바와 같다. '사람들의 삶에서 가장 현저하고 사회적으로 관련된 개인차는 궁극적으로 그들의 언어 속으로 부호화될 것이다'(Goldberg, 1982, p. 204)라는 생각은 어휘 접근에 의한 현대 성격연구의 출발점이다.

우리나라에서 한국인의 토착적인 성격특성 구조를 학술적으로 체계화하여 연구한 경우는 매우 드물다. 많은 연구들은 대체로 성격심리학이 아닌 사회과학적 접근에 의한 것이거나 혹은 주관적이고도 사념적(思念的)인 접근 방법에 기초한 것으로써, 한국인의 한(限)이나 정(情) 또는 체면이나 무속신앙 등에 나타난 한국인의 의식구조를 분석하고 있는 연구들이 대표적이다. 그러나, 차재호(1994)는 이러한 연구들이 통합된 성격이론으로서의 체계적인 연구가 아니라 연구자 개인의 주관적 판단을 근거로 하여 이루어졌거나 넘겨받은 추측일 가능성 혹은 통용되는 고정관념의 집성이 될 수 있음을 지적한 바 있다. 민경환(1997)은 지금까지 전개되어온 한국인의 성격연구를 크게 두 가지로 구분하고 있다. 첫째, 과거 유학의 저술들에서 심리학적 함의를 탐색하는 인문학적 접근과 둘째, 현재의 한국인을 대상으로 그 성격을 경험적으로 조사·연구하는 사회과학적 접근이다. 여기에서 유교나 불교 등의 동양의 종교철학과 전통사상에 기초하여 한국인의 성격을 연구(예컨대, 한덕웅, 1994-퇴계연구: 조긍호, 1990-맹자연구: 이수원, 1995-한국인의 인정에 관한 연구)한 것이 전자에 속하며 또한 비교적 활발히 전개되고 있는 편이나, 후자의 경우 연구자의 관심의 부재, 성격의 통합성을 간과한 접근 등으로 답보 상태를 유지하고 있다고 진단하고 있다. 이러한 의미에서 민경환(1997)은 통합적인 성격 연구의 필요성을 제기하면서 앞으로 다루어졌으면 하는 연구주제의 하나로 '성격과 관련된 한국어 단어들에 대한 분석연구'를 제시하고 있다(p. 243). 이러한 지적은 본 연구에 시사점을 제공해 준다.

　이상과 같은 연구의 필요성에 의하여 본 연구는 다음과 같은 점에 기초하고자 한다. '성격의 특성구조는 문화간 독특성을 가지며 이는 그 사회·문화의 자연언어를 기반으로 하는 에믹 접근법을 통하여 토착적인 성격구조를 산출할 수 있을 것이다'라는 것이다. 어휘에 기초한 에믹 접근식의 성격특성 구조 연구는 몇 가지 측면에서 장점을 갖는다. 먼저, 에믹 접근에 기초한 어휘 분류학적 접근법을 통한 성격특성 구조 연구는 성격 측정을 위한 광범위한 어휘군을 제공해줌과 동시에 문화 특수적인 성격특성 구조에 대한 연구를 가능케 해 준다는 점이다(Martínez & Waller, 1997). 이는 앞서 진술한 연구들에서 스페인(7요인), 중국(5요인), 필리핀(7요인) 등과 같이 문화를 달리하는 각각의 나라에서 자국의 문화에 따른 독특한 성격특성요인들을 산출하고 있음에서도 알 수 있다. 둘째, 앞의 연구 예에서 보인 것과 같이 타 언어를 자국의 언어로 번역함에서 비롯되는 문항의 차별 기능상의 문제나 의미상의 차이에서 비롯되는 문제점을 극복할 수 있도록 해 준다. 수입된 도구를 번역하여 사용할 경우 자칫 문항이 갖는 문화적 편파성을 해소하기 위하여 특정 문항을 수정·교체하는 탈중심화(decentering)의 과정은 원래의 척도의 성격 그 자체를 바꾸어버릴 가능성도 있는 것이다. 셋째, 이렇듯 각기 사회마다의 언어에 기초한 성격특성 구조의 산출은 특정한 한 사회·문화내의 성격특성의 산출을 넘어 궁극적으로 인간의 보편적 성격 구조를 산출하는데 보다 중요한 자료가 될 수 있다는 점이다(Church et al., 1997).

# 제2절  연구의 목적과 연구문제

상기한 바와 같은 논리 전개에 따라 본 연구자가 설정하고자 하는 연구의 목적은 다음과 같이 진술할 수 있다. 본 연구에서는 무엇보다 성격의 5요인 특성 구조의 범문화적 보편성이라는 기존 연구의 가정에서 벗어나, 어휘 가설에 근거하여 우리나라의 자연언어에서 성격특성 관련 어휘에 기초함으로써 한국인의 고유한 성격특성 구조와 그 의미를 발견하고자 한다. 더불어 여타 문화에서 제시하는 성격특성 구조, 특히 성격의 5요인 모형과의 비교를 통하여 문화간 성격특성 구조간에 어떠한 차이가 있는지를 발견하고자 한다. 이러한 연구의 결과 첫째, 우리의 문화 속에 깃들여져 있는 보편적인 성격 구조가 무엇인지를 밝혀줄 수 있을 것이며, 둘째, 확산되고 있는 5요인 특성 모형의 문화적 보편성 주장의 타당성을 경험적으로 검증할 수 있게 해줄 것이다. 셋째, 여타 문화와의 비교하에 성격의 특성 구조가 어떻게 차이가 나는지를 밝혀줄 수 있을 것이며, 부가적으로 본 연구의 과정에서 우리나라에서 성격특성을 기술하거나 평가하는 폭넓은 어휘군을 구축해 줄 수 있을 것이다.

본 연구에서 설정하고자 하는 구체적인 문제와 그 의의를 간략히 진술하면 다음과 같다.

[연구문제 1] 우리나라의 자연언어에서 발견할 수 있는 한국인의 성격특성 요인은 무엇인가?

1-1) 우리나라의 자연언어에서 성격의 특성 요인은 몇 개의 요인으로 분류될 수 있을 것인가?

1-2) 성격특성 요인은 어떤 의미로 분류될 수 있을 것인가?

성격특성과 관련된 주요한 논쟁점 중의 하나는 특성 요인의 수에 관한 것이다. 특성 요인이 몇 개이냐 하는 것이 성격특성론에 대한 본질적인 중심문제는 아닐 수 있으나, 요인의 개수는 단순히 성격 요인을 구축해 주는 변인의 개수라는 의미를 넘어 사고와 신념, 행동에 일관성을 갖게 해주는 비교적 안정적인 구조로서의 특성의 수라는 의미를 갖기 때문에 이 역시 중요한 문제가 된다.

따라서, 전술한 바와 같이 자국의 특성 요인을 발견하고자 하는 목적으로 타 문화권에서 개발된 원래의 도구만을 수입, 번안하여 사용할 경우 채용된 검사도구에서 제한하고 있는 한정된 개수의 요인 구조만을 산출함은 자명하다. 이와 같은 의미에서 볼 때, 본 연구에서처럼 우리나라 사전에서 성격특성 어휘군을 수집하고 이를 토대로 성격특성 구조를 산출하는 것은 우리나라 사람들의 성격특성 요인의 수를 찾는 보다 타당한 방법이 될 것으로 생각된다.

성격특성 요인의 수와 함께 성격특성 요인의 의미를 명확히 분류해 보는 것 또한 몇 가지 측면에서 중요한 의의를 갖는다. 먼저, 문화에 따라 성격특성 구조를 달리한다고 가정하였을 경우, 그러한 성격특성 구조의 의미는 문화간 차이를 보여주는 중요한 관심사가 되는 것이다. 한 문화 속에서 이상적으로 여겨지는 성격특성이나 대인관, 가치, 사람에 대한 판단의 척도는 여타 문화와는 구별되는 독특한 요인의 의미로 나타날 것이기 때문이다. 예를 들어, Martínez와 Waller(1997)는 스페인 사람들에 대한 7개의 성격특성 요인을 산출하면서 특히 긍정가(Positive Valence) 요인 및 쾌활성(Pleasantness) 요인이 갖는 의미를 스페인의 독특한 문화와 관련시켜 제시하고 있다. 즉, 긍정가 요인은 스페인 사람들이 갖는 개인적인 가치나 독자성(personal worth and uniqueness)에 대하여 갖는 긍정적인 태도, '쾌활성' 요인은 대인관계를 중시하는 스페인 문화의 특성인 재치있고 솔직한 행동에 대하여 갖는 긍정적인 가치를 보여준다는 것이다. 요인의 의미가 중요한 또 다른 한 측면은 5요인 특성 모형과의 비교에 있다. 앞서 진술한 여러 나라의 성격특성 구조에서 산출된 여러 요인들은 비록 요인수에서 6

내지 7개 등으로 다양하게 산출하고 있다고 하더라도 몇 개의 요인들은 5요인 모형이 지닌 요인의 의미와 유사함을 지적하고 있다. 이렇게 볼 때 산출된 요인의 의미를 명확히 정의하는 작업은 5요인 모형에 대한 문화간 보편성 주장에 대한 검증이라는 측면과도 밀접한 관련이 있는 것이다.

[연구문제 2] 우리나라의 자연언어에서 발견할 수 있는 성격특성 요인은 여타 문화의 성격특성 요인과 어떻게 다른가?

2-1) 우리나라의 성격특성 요인들과 5요인 특성 요인들은 어떻게 다른가?

2-2) 우리나라의 성격특성 요인들과 5요인 특성 요인간의 대응관계 및 요인의 중복의 정도는 어떠할 것인가?

2-3) 우리나라의 성격특성 요인들은 토착적인 특성 구조를 산출함을 보여주는 여타 나라(예를 들면 중국, 스페인, 필리핀)의 요인과 유사성을 찾아 볼 수 있을 것인가?

성격특성 요인에 대한 구조적 설명은 5요인 모형이 주도적으로 자리잡고 있는 가운데 또 다른 여러 연구들에서는 문화권에 따라 5개 요인이 아닌 6-7개의 요인으로 산출됨을 보고하고 있거나, 동일하게 5개 요인이 산출된다 하더라도 그 의미는 조금씩 달리한다는 것을 보고하고 있음은 이미 지적한 바와 같다. 본 연구에서는 이러한 문화적 독특성을 찾기 위한 또 하나의 방법으로 결합된 에틱-에믹 접근법에 기초하여 5요인 모형과의 비교점을 찾아보고자 한다.

Yang과 Bond(1990)는 결합된 에틱-에믹 접근을 통하여 얻어진 자료를 결합 요인분석을 사용함으로써 한 문화권에서 발견된 요인들이 또 다른 문화의 성격특성 요인들과 연합될 때 특정 문화권의 군집들이 나누어지는지 결합되는지 아니면 공간상에서 어떤 독특한 차원을 결정하는지를 검토할 필요가 있다고 하였다. 나아가 지역적인 어휘들이 새로운 것으로 고립되는지 아니면 특정 문화권의 어휘들에게 침식당하는지를 살펴봄으로써 성격특성 요인의 범문화적 보편성 여부를 어느 정도 판단할 수 있을 것이라고 제안한 바 있다. 따라서, 5요인 구조를 측정하는 어휘와 우리나라 자연언어에서 보여지는 성격특성 어휘를 결합한 요인분석적 연구는 우리나라 사람들이 갖는 문화 특수적인 독특한 성격특성 구조뿐만 아니라 5요인 특성구조와의 중복성 정도를 가늠해 보는 주요한 토대를 제공할 수 있을 것이다.

이를 위하여 우리나라의 자연언어 속에서 발견된 성격특성 요인을 토대로 각 요인에서 대표적인 어휘들을 산출하고, 이와 더불어 5요인 구조 검사의 하나인 BFI(John et al., 1991)를 번안하여 응답자료를 얻을 수 있다면 이는 5요인 특성 모형과의 유용한 비교점을 제공해 줄 수 있을 것이다. 나아가 우리나라의 특성 어휘와 5요인 특성 어휘의 결합자료의 분석은 5요인 모형의 문화적 보편성 주장에 대한 타당한 검증 자료 또한 제공해 줄 수 있을 것이다. 더불어, 동일한 동양 문화권으로서 비교적 동질적인 문화를 많이 소유하고 있는 것으로 평가되는 중국 사람들에 대한 성격특성 구조의 연구(예를 들면, Yang & Bond, 1990)와의 비교는 우리의 동양권 문화와 관련된 개인의 특성 구조의 유사점 및 우리나라 문화에서만 보여지는 독특성을 탐색하는 예시가 될 수 있을 것이다. 한편으로는 동양 문화권에서의 성격특성요인의 유사성을 찾아보는 출발점이 될 수 있을 것이다.

# 제2장   현대의 성격특성 이론

한국인의 토착적인 성격 구조에 대한 실증적 연구에 앞서 제2장에서는 현대의 성격특성 이론들을 제시한다. 먼저, 현대의 성격특성 구조와 관련된 이론들의 전개과정을 간략히 개괄하며, 경쟁관계에 있는 4가지 주요 성격특성 모형들에 대하여 차례로 살펴본다. 여기에는 Eysenck의 3요인 성격특성 모형, Tellgen의 3요인 및 4요인 모형, 그리고 Big Five 모형이라 불리우는 5요인 모형이 포함되며 보다 최근의 7요인 모형(Big Seven)이 해당된다. 그리고 제 모형들간의 유사점과 차이점을 중심으로 이들 모형들을 상호 비교해 볼 것이다.

## 제1절   현대의 성격특성 이론의 전개과정

과거 수십 년 동안 여러 성격 연구가들은 다양한 형태의 법칙정립적인 성격특성 요인 구조를 제시하고 체계화시켜 왔지만(예를 들면, Cattell, 1973; Eysenck, 1976; Guilford, 1975), 근래에 이러한 관심은 주로 요인분석에 의해 추출된 소위 Big Five라 불리는 5요인 특성 모형에 초점이 맞추어져 있는 듯이 보인다. 1930년대 후반부터 1960년대에 이르기까지의 성격 연구의 커다란 틀은 Allport, Cattell, Eysenck 등과 같은 전통적 특성 이론에 맞추어져 있었다. 그러다 1970년대의 성격 연구의 공황기를 지나서 1980년대 이후로는 5요인 모형(McCrae & Costa, 1991; Costa & McCrae, 1992a, 1992b; Digman, 1990; Goldberg, 1990; John, 1990)이 주도하고 있는 가운데, Eysenck의 확장된 3요인 모형(1974), Tellegen의 3-4요인 모형

(1985), Tellegen과 Waller(1987)의 7요인 모형(Big Seven model) 등으로 이어지고 있다.

성격에 대한 특성 이론은 기본적으로 인간 내부에 비교적 항상적이고 구조적인 일관성을 제공해 주는 기본틀을 갖고 있다는 생각에서 출발한다. 이러한 가정의 출발점은 성격에 대한 Allport의 견해에서 시작된다. Allport에 의하면, 성격이란 '환경에 대한 그의 독특한 적응을 결정지어 주는 한 개인의 심리·신체적인 역동적 구조'이다. 이러한 정의는 성격이 개인의 행동에서 적극적 역할을 하는 결정 경향성으로 구성되어 있다는 것을 명백히 하고 있다. 그에 의하면 "성격은 어떤 무엇이면서(is) 어떤 무엇을 하는 (does) 것이다…… 이것은 특수한 행위 이면에(behind), 그리고 개체 내에 (within) 존재하는 것이다"(Allport, 1937, 이상로·이관용, 1984. p.482에서 재인용).

특성에 대한 Allport의 신념은 현대 특성 이론들이 가정하고 있는 생각과 크게 다르지 않다. 예컨대, 현대 5요인 모형의 주창자인 Costa와 McCrae (1992b)는 1970년대 중반 이후 자신들이 성격 연구에 다시금 눈을 돌리게 된 계기를 다음과 같이 진술하고 있다.

> 우리는 특성 심리학이 추구하는 기본적인 신념에 헌신적이었다. 즉, 우리는 사고와 감정과 행동의 방식에서 지속적인 개인차와 항상성이 있다고 믿었다. 적절한 질문을 제시하기만 한다면 사람들은 아주 타당하다고 볼 수 있을 만큼의 정확성을 갖고 자신을 기술할 수 있을 것이다. 이를 위해서 (요인분석 방법과 같은) 심리측정학적 도구와 (구인 타당도 같은) 원리들이 특성에 대한 척도의 개발에 유용하게 사용될 수 있을 것이다(p. 4).

현대 특성 모형들의 확산과 관련하여 Costa와 McCrae의 진술에서 엿볼 수 있는 또 하나의 특징은 현대 특성 모형의 발전에 크게 기여한 것은 요인분석과 같은 고차적인 통계적 기법의 적용성이 확장되고, 다양한 척도 개발의 원리들이 발전하였다는 것이다. 현대 특성 모형의 계보에서 Allport

나 Cattell의 업적이 출발점으로 인정되는 이유가 바로 이들이 성격 연구에 있어 요인분석이나 척도 개발의 원리의 첫 출발을 보여주고 있기 때문이다. Allport의 성격특성 어휘 목록과 Cattell의 성격에 대한 요인분석에 기초한 연구방법은 이후의 Fiske(1949), Tupes와 Christal(1961), Norman (1963), Peabody(1984) 등의 연구를 거쳐 앞서 언급한 Tellegen의 3-4요인 모형, Goldberg, McCrae와 Costa 등의 5요인 모형, Tellegen과 Waller의 7 요인 모형 등을 낳는 직간접적인 계기가 되었다. 뿐만 아니라 근래의 문화권에 따른 어휘 분류학적 성격특성 구조 연구의 시발점이 되었음은 분명하다. 이러한 의미에서 현대 특성모형의 전개과정을 개관하고 있는 여러 문헌들은 대체로 Allport와 Cattell의 업적을 필두로 기술하고 있다(예컨대 John, Angleitner & Ostendorf, 1988; McCrae & John, 1992; McCrae & Costa, 1992b; Block, 1995; Waller, 1999 등).

현대 성격 모형의 전개 과정은 시기별로 4시기로 구분해 볼 수 있다. 1930-1950년대 Allport 이후 Fiske까지의 전개과정을 제1기, 1960-1970년까지의 Tupes와 Christal에서 Norman의 업적까지를 제2기, Eysenck의 3요인 모형과 Tellegen과 Atkinson의 3-4모형이 전개된 1970년대를 제3기, 그리고 Eysenck의 3요인 모형, 5요인 모형, Tellegen과 Waller의 7모형의 등장 등 활발한 전개가 이루어졌던 1980-1990년대 중반까지를 제4기로 구분해 볼 수 있다[1].

제1기인 1930년대에서 1950년대까지는 Allport와 Cattell의 업적이 주류를 이룬다. Allport와 Odbert(1936)는 영어 사전에서 한 개인과 다른 사람의 행동을 구별시켜 줄 수 있다고 판단되는 용어로서 18,000여개 어휘를 수집하고 여기에서 특성 관련 어휘로 4,504개의 어휘를 분류해 내었다.

Cattell(1943)은 이러한 Allport와 Odbert의 업적을 물려받아 실질적인

---

1) 현대특성 모형의 전개과정은 5요인 모형의 발달과정의 역사와도 상통한다. 따라서, 여기에서는 현대의 여러 특성 모형이 등장하기까지의 배경과 상호 영향 면에 초점을 두고자 하며, 5요인 모형의 본격적인 전개시기 전까지를 주로 살펴볼 것이다. 각 모형의 보다 자세한 내용은 다음 절에서 다룬다.

성격특성 모형을 제시하였다. 그는 초기에 실제로 성격에 기저하는 요인이 무엇인지를 밝혀내기 위하여 탐색적인 방식에서 요인분석을 사용하였으며, 오늘날 어휘 가설로 알려진 바를 주창하였다. '중요하고도 흥미로운 그리고 유용성있는 인간 성격의 모든 측면들은 언어의 본질 속에 이미 들어있다'(1943b, p.483, Peabody, 1987에서 재인용)는 것이다. 이러한 신념하에 Cattell은 Allport와 Odbert의 목록의 약 4%인 171개의 용어들을 추출하였고, 35개의 군집과 대표어휘를 선정한 다음 마침내 이러한 어휘 속에 기저한다고 보여지는 16개의 요인을 발견해 내었다.

그러나 초기의 Cattell의 연구들은 1940년대에 수행된 어휘 분류 연구의 심각한 한계를 보여주는 것이었다. 보다 강력한 컴퓨터를 사용한 후속적인 반복연구는 초기의 컴퓨터가 계산오류가 있음을 밝혀내었고, Cattell이 산출한 많은 결과들이 타당하지 못한 것임을 입증하였다. 무엇보다 Cattell의 16요인 체계는 독립적으로 반복되는 데 실패하였다. Cattell은 처음에 사각회전 절차를 사용하여 요인분석을 시도하였으며 적어도 12개 정도의 사각요인들이 산출될 수 있음을 주장하였다. 그러나, 후속 연구자들에 의해 Cattell의 변인들이 직교회전 방법을 통하여 분석되었을 때 다만 5개 요인만이 반복가능한 것으로 나타났던 것이다(Digman & Takemoto-Chock, 1981 ; Norman, 1963).

Cattell의 연구에 이어 Fiske(1949)는 Cattell이 추출한 35개 변인 중 22개를 선택하여 자기평정 자료를 수집하고 일련의 요인분석을 실시하였다. 그 결과 Fiske는 성격특성 기술치의 변량을 설명하는 것으로 16요인이 아닌 5개의 요인을 밝혀내었다. 즉, 요인 I -자신감있는 자기표현, 요인 II -사회적 적응성, 요인 III -동조성, 요인 IV -정서적 통제, 요인 V -탐구적 지능이었다. 그러나, Fiske는 그 시점에서 연구를 멈추었고 자신이 산출한 결과에 대해서도 확신감을 갖지는 못하였다.

1960년대 동안의 제2기는 주로 어휘 분류학적 전통에 기초한 5요인 모형의 발달과정과 관련된다. 1954-1961년까지 공군의 연구원이었던 Tupes와

Christal(1961)은 Cattell의 35개 변인을 이용하여 8가지의 상이한 표집에서의 성격 평정치의 분석을 통하여 반복되는 5개의 요인들을 발견하였다. 이 다섯 요인은 요인 I -Surgency, 요인 II -친화성, 요인 III -의존성, 요인 IV -정서적 안정성, 요인 V -교양이었다. 이는 현대 5요인 모형에서도 그대로 인용되는 명칭이기도 하다. 그러나 이들의 업적은 심리학이나 기타 학술분야에서는 거의 알려지지 못하였다.

1950년대 후반에 Norman이 Tupes와 Christal의 연구를 이어갔다. Norman(1963)은 포괄적이고 정밀하며 잘 구조화된 특성 명칭의 분류학 개발에 목표를 두고, Allport-Odbert의 목록과 함께 사전에서 새로운 어휘를 추가하여 연구를 반복하였으며, 그 결과 5개의 성격특성 요인을 산출하였다. 다만 요인 III의 명칭을 의존성에서 성실성으로 개명하였다. 이것이 심리학의 주류로 나타났으며 Norman의 Big Five로 알려지게 되었다. 그러나 이러한 업적에도 불구하고, 사실상 5요인 구조의 의미와 중요성은 1960년대와 1970년대의 성격 심리학자들에게는 널리 알려지지 못하고 숨겨진 체 남아 있었다고 보아야 할 것이다.

제3기인 1970년대는 행동주의자들, 사회심리학자들 특히, Mischel과 같은 학자들의 공격으로 인하여 특성이론이 위축되던 시기에 속한다. 1960년대와 1970년대 동안 특성 분야는 성격심리학에서 관심 밖이었으며 행동주의자와 상황론자들의 관점이 주류를 이루었다. 그러나 1980년대 초기 인지과학의 부흥과 함께 급진적 행동주의가 물러나게 되었으며, 점차 인지과학자들이 인간의 마음에는 자극과 반응 그 이상의 무엇이 있음을 주장하게 됨에 따라 특성분야 또한 다시 수면위로 떠오르게 되었다.

이 시기의 특성이론은 심리생물학적 접근의 Eysenck의 3요인 모형과 정서와 성격과의 연계성을 바탕으로 한 Tellegen과 Atkinson의 3-4요인 모형으로 대표된다. Eysenck의 초기의 2요인 패러다임(내향성-외향성(E), 안정성-불안정성(N))은 성격에 대한 실험 및 상관 연구에서 수십년간 지속되다가 정신병(P) 척도가 1974년에 표준화된 질문지에 세 번째 차원으로 추가됨으로써 이론적 확장을 추구하였다(Eysenck & Eysenck, 1975). 이와는 별도로 Eysenck가 E와 N요인을 제안한 이후, 점차 이러한 2요인만으로는 성격특성의 전영역을 포괄하지 못하는 것이 명백해지자 1974년에 Tellegen과 Atkinson(1974)은 Eysenck의 2요인과는 독립적인 세 번째 특성을 제안하였다. 그들은 이를 몰입(Absorption) 차원으로 명명하였다.

제4기에 이르러 1980년대 이후 많은 성격연구자들이 성격 연구에 대한 기본 패러다임으로서 5요인 모형을 제안하였으며(Digman, 1990; Goldberg, 1990, 1992; John, Angleitner, & Ostendort, 1988; McCrae & Costa, 1992a, 1992b). 1980년대 후반에는 7요인 모형(Tellegen & Waller, 1987)이 나타났다.

Goldberg(1990)는 성격을 기술하는 자연언어들의 경험적인 구조를 체계적으로 연구하는 한편, Norman의 축소된 어휘들을 토대로 100개의 형용사 동의군으로 구성된 5요인 형용사 척도(Big Five Adjective Scales)를 제안하였다. 또한 이와는 별도로 Cattell의 16PF를 연구하던 Costa와 McCrae(1980)는 Goldberg의 어휘 분류학적 연구와 Tellegen과 Atkinson의 몰입(Absorption) 척도에 영향을 받아 독립적으로 외향성(E), 신경증(N) 요인과 함께 경험에의 개방성(O) 요인이 포함된 3요인 모형을 제안하였다. 나중에는 친화성(A)과 성실성(C)을 측정하는 척도들을 개발함으로써 소위 어휘 접근과는 구별되는, '검사에 기초한 5요인 특성 모형'을 제안하기에 이르렀다(Costa & McCrae, 1985, 1989). 이 시기에 어휘에 기초한 성격 연구의 전통과 검사에 기초한 성격 연구의 전통이 혼합되게 되었다(Peabody, 1987).

1980년대 말에 이르러 Allport와 Odbert, 그리고 Norman에 이어 다시금 자연어 사전에 기초한 성격특성을 연구하는 어휘적 전통이 다시금 등장하게 되었는데, 이것이 Tellegen과 Waller(1987)의 7요인 모형이었다. Tellegen과 Waller는 기존의 연구가들이 특성 관련 어휘만을 제한적으로 추출하여 특성 요인을 산출하던 어휘 접근 방식과는 달리 상태어, 평가어

등이 제거되지 않은 포괄적인 어휘들을 토대로 독립적인 성격 구조 모형 산출의 절차를 수행하였다.

결국, 현대에 이르러 Eysenck의 3요인 모형과, Tellegen과 Atkinson의 3-4모형, 그리고 5요인(Big Five) 모형, 7요인 모형은 상호 경쟁 관계에 있는 성격특성 모형들로 전개되고 있다.


## 제2절  현대의 성격특성에 관한 4개 모형


과거 수십년 동안 성격 구조 분야는 사실상 2가지 모형에 의해서 지배되어 왔다. 즉, Eysenck(1947, 1967)의 2요인 모형과 Cattell(1957)의 16요인 모형이다. 현대의 특성 모형의 주창가들은 대체로 두 가지 관점에 동의하고 있다. 먼저 16가지의 기본적 요인들은 사실상 너무 많다는 것이며, 이들 요인들은 일반적으로 성별, 나이, 방법 등에 걸쳐 반복되지 않는다는 것이다. 많은 연구가들 또한 이러한 요인들의 반복성을 찾는데 실패하였다(Digman, 1990). 현대의 많은 성격특성 모형들의 출발은 이렇듯 앞서 고찰한 것처럼, 어휘 분류학적 접근이 갖는 뿌리깊은 전통 및 기존의 성격검사들이 갖는 한계점에 대한 문제인식의 결합에서 시작된 것으로 볼 수 있다.

아래에서는 현대의 성격특성 모형으로 4가지로 한정하여 각각의 모형이 제시하는 요인의 기본 구조들과 함께 그 특징을 제시하고, 5요인 모형을 중심으로 이들을 간략히 비교해 보고자 한다.


### 1. Eysenck의 3요인 모형

경험적인 검사 자료와 적절한 요인분석을 통해서 인간 성격에 기저하는 근본적인 차원 혹은 특성을 발견하는 것이 가능한 듯 했다. Eysenck의 연구가 바로 여기에 속한다. Eysenck(1947, 1952)의 초기 연구들은 Carl Jung 과 같은 유럽 유형론자들의 이론적 공헌에 영향을 받아 성격의 기본차원들을 밝혀내는 것을 목적으로 하였다. 그는 정상 및 신경증 피험자 다수 집단에 대해 수행된 일련의 연구에서 요인분석기법을 사용함으로써 성격의 두 기본차원 즉, 신경증 경향과 내향성-외향성을 발견하였다(Eysenck, 1947, 이상로, 이관용, 1984에서 재인용).

이후에 초기의 2차원 모형에서 벗어나, Eysenck(1975)는 성격의 3차원 모형을 제안하였는데, 초기의 내향성-외향성(E), 신경증(N) 차원에 정신병 (P) 차원을 더하고 여기에 대응되는 심리생물학적 모형을 제시하였다. 그의 모형은 위계적인 구조를 갖는데 3개의 고차원은 보다 저차원적인 구체적인 특성들 즉, 반응습관이나 행동사례 등의 저수준으로 나누어진다. Eysenck와 Eysenck(1969, Rogers, 1995, p.606에서 재인용)는 성격 분석에 있어서 최고 수준의 것, 즉 차원에 집중하기를 원하였는데 왜냐하면 초특성들이 성이나 나이, 방법(타인평정 대 자기평정) 그리고 다른 설문지들에 걸쳐서도 보다 반복가능하다고 보았기 때문이다.

Eysenck의 성격에 대한 접근은 이론적, 방법론적으로 체계적인 절차를 지녔던 것으로 평가된다. 우선 그는 고전적인 인간의 유형론을 연구하였다. 그 중의 한 가지가 사대기질(四大氣質: 우울질, 점액질, 담즙질, 다혈질)이론이다. Eysenck는 이러한 유형들을 상호 구별된 것으로 분류하기보다는 유형하에 기저하고 있는 차원들의 관점에서 생각하는 것이 보다 효과적임을 생각하였다(이현수, 1985). 사람들을 '전부' 아니면 '전혀'라는 유형론의 제한된 개념에서보다는 특정 차원에 따라서 어디든지 위치시키는 것이 보다 타당하다고 생각하였던 것이다.

여기에서 Eysenck의 요인분석의 방법론에 대한 기여점이 나타난다. 즉, Eysenck의 생각은 고전적 유형론을 기술함에 있어서 뿐만 아니라 일반적으로 성격을 기술함에서 가장 최선의 차원들을 산출하기 위하여 요인분석을 사용한 것이다. Eysenck(1950)의 중요한 방법론상의 혁신은 한 요인이 특정 준거집단으로부터 최대한도로 분리되도록 하는 준거분석 방법(technique of criterion analysis)을 사용하였다는 점이다. Eysenck는 Cattell이 채용하던 것과는 다른 철학을 가지고 통계적 방법을 사용하였다. 즉, Cattell이 많은 검사를 실시하고 거기서 나오는 자료를 요인분석함으로써 성격의 기본차원들을 분석하였음에 비하여, Eysenck는 이론에서 유도된 가설에서 출발하여, 요인분석을 가지고 가설과 자료가 맞는지를 검증하는 방법을 택한 것이다 (홍숙기, 1984). 예컨대, 신경증(N) 차원을 정의할 때, Eysenck는 신경증과 비신경증 요인집단 사이를 최대한으로 명료하게 구분하도록 요인을 배열함으로써, 이론적 체제내에서 요인분석을 사용하였던 것이다. 신뢰도와 타당도가 높은 객관적 심리검사와 여기에 기초한 요인분석 전략은 나중에 성격차원 구조를 확장하는 방법으로서 Costa와 McCrae(1986)의 연구에도 크게 영향을 미친 것으로 평가된다(Peabody, 1987).

Eysenck(1975)가 제시하는 성격특성 구조의 첫 번째 차원은 내향성-외향성(E)이다. 극단적으로 외향성인 사람들은 자신의 에너지를 외부로 초점을 두며 사교적이고 흥미로운 활동을 추구한다. 이러한 사람들은 전통적으로 낙천적이며 충동적인 사람으로 묘사되어 왔다. 극도로 내향성인 사람들은 자신의 에너지를 내적으로 초점을 두기를 좋아하며, 책읽기를 좋아한다. 이런 사람들은 종종 심각한 사람, 억제적인 사람 등으로 기술된다. 두 번째 차원은 신경증-안정성(N)이다. 신경증이 높은 사람들은 긴장이나 불안 등과 연관된 심리신체적인 증상 및 대인관계상의 어려움을 나타낸다. 정상적이며 안정적인 사람들은 조용하며 걱정하는 일이 별로 없으며, 정서적 반응은 느리고 쉽게 원상으로 회복된다. 여기서 Eysenck는 위에서 말한 준거분석 방법을 사용하여 이러한 이론적 생각을 검증하였는데, 신경증은 환자의 병의 심각도와 관련이 있는 반면, 내향성 요인은 신경증에서 보여지는 주요한 두 가지 증상 즉, 불안(높은 내향성 소유자)이나 히스테리(높은 외향성 소유자)와 관련이 있었다. 그러나, 성격의 한 가지 측면이 빠져 있었다. 즉 보다 심각한 정신질환은 정신병과 관련이 있었다. 이러한 개인차 요소를 포함하기 위하여 Eysenck는 요인구조에 정신병-정상(P)이라고 불리우는 세 번째 차원을 추가하였다(Eysenck & Eysenck, 1968, Rogers, 1995, p. 608 에서 재인용). 이 차원의 극단에 있는 사람은 외롭고, 아무 것에도 애착이 없으며, 정신증적이고 정신병질적인 경향을 가진 사람을 나타내 준다.

자신의 이론처럼 Eysenck가 개발한 검사들 또한 최근까지도 진보를 거듭 하고 있다. 1975년에 신경증(P), 외향성(E), 신경증(N)의 3개 차원을 측정하 는 90문항의 EPQ(Eysenck Personality Questionnaire, Eysenck., 1975)를 개 발한 이후, P차원을 측정하는 문항의 갱신과 더불어 100문항으로 구성된 EPQ-R(Eysenck, 1991)을 개발하였고, 보다 최근에는 EPP(Eysenck Personality Profiler, Eysenck, Barrett & Wilson, 1992)를 개발하기도 하였 다. 여기에는 P-E-N 각 차원을 특징짓는 하위 7개의 척도가 있다. 하위 7 개의 척도는 다음 〈표 1〉과 같다.

〈표 1〉 Eysenck의 EPP의 3차원을 측정하는 하위 일차요인

| 신경증(N) | 외향성(E) | 정신병(P) |
|---|---|---|
| 열등감-자아존중감<br>(Inferior-Self-Esteem) | 활동-무기력<br>(Active-Inactive) | 위험추구-신중<br>(Risk-taking-Careful) |
| 불행-행복<br>(Unhappy-Happy) | 사교성-비사교성<br>(Sociable-Unsociable) | 충동성-통제성<br>(Impulsive-Controlled) |
| 불안-평안<br>(Anxious-Calm) | 표현-억제<br>(Expressive-Inhibited) | 무책임-책임<br>(Irresponsible-Responsible) |
| 의존-자율<br>(Dependent-Autonomous) | 주장-복종<br>(Assertive-Submissive) | 교묘함-공감<br>(Manipulative-Empathic) |
| 심기증-건강<br>(Hypochondriacal-Healthy) | 야망-수수함<br>(Ambitious-Unambitious) | 자극추구-모험적이지않음<br>(Sensation Seeking-nadventurous) |
| 죄의식-죄의식없음<br>(Guilty-Guilt Free) | 독단-융통성<br>(Dogmatic-Flexible) | 강인-연약<br>(Tough-Minded-Tender-Minded) |
| 강박심-평상심<br>(Obsessive-Casua) | 공격성-평화애호<br>(Aggressive-Peaceful) | 실제적-반성적<br>(Practical-Reflective) |

## 2. Tellegen의 3-4요인 모형

Tellegen(1982)은 여러 성격 관련 문헌을 참고하여 주요 초점이 되고 있는 차원들을 15년 동안 연구함으로써 11개의 일차적인 척도와 3개 내지 4개의 고차원들로 구성된 모형을 제시하였다. 이 모형은 특히 성격과 정서(mood)를 연계시키고 있다는 점에서 전망이 밝은 것으로 평가된다(John, 1990; Laresn & Ketelaar, 1991; Tellegen, 1982).

Tellegen(1982)은 처음에는 3개의 고차원 요인 즉, 긍정적 정서(Positive Emotionality), 부정적 정서(Negative Emotionality), 구속감의 조절(Constraint Control)이라는 3요인을 제안하였다. 나중에 Tellegen(1985)은 4요인 모형을 제안하였는데 긍정적 정서를 '개인적인 긍정적 정서'(Agentic Positive Emotionality: PEM-A)와 '대인관계에서 오는 긍정적 정서'(Communual Positive Emotionality: PEM-C) 요인으로 구분하였다.

Tellegen(1982)은 Eyesnck의 내용과 유사한 세 가지의 특성차원들을 요인분석하여 300문항의 중다차원 성격질문지(Multidimensional Personality Questionnaire; MPQ)를 만들었는데 이는 앞서 진술한 3요인을 측정하기 위한 것이었다. 3요인은 일련의 탐색적 요인분석에서 추출된 것이다. Tellegen은 모형의 개발 및 도구 개발에 보다 순수하게 탐색적이며, 아래로부터의 접근(bottom-up) 방법을 취했는데(Tellegen, 1982) 이는 나중에 Costa와 McCrae (1992a, 1992b) 등이 검사를 개발하면서, 위로부터의 접근(top-down) 방식을 취했던 것과 대조되는 것이다(Church & Burke, 1994). 즉, Tellegen은 요인에 대한 보다 명확한 정의를 위하여 자료의 수집과, 문항분석, 요인명의 변경 그리고 다시 자료의 수집 등으로 이어지는 일련의 순환절차를 택하였다. 따라서, 일차적인 차원들의 한계를 분명히 정하기 위해서 고차요인들마저 기꺼이 수정하였다. 이러한 절차는 3요인을 측정하는 중다차원 성격 질문지(MPQ)의 문항이 일차적인 척도 수준에서 독립성이 매우 강하다는 것과 관계가 있다[2].

이들 3요인 모형 및 4요인 모형의 일차적인 척도와, 3요인을 측정하는 대표적인 어휘는 차례로 〈표 2〉, 〈표 3〉과 같다.

Tellegen(1988)에서 소개하고 있는 MPQ의 3요인을 정리하면 다음과 같다.

제1요인인 긍정적 정서성(PEM)은 하위척도인 복지, 사회적 잠재력, 성취, 그리고 사회적 친밀도 척도들과 연관되어 있으며 명백히 외향성의 특징들을 갖고 있다. 이 척도에서 높은 점수는 자신이 활동적이며, 쾌활하고, 환경과의 상호작용에서 효율적이며 이러한 과정에서 일어나는 긍정적인 정서를 기꺼이 경험할 준비가 되어 있는 사람으로 자신을 바라본다. 낮은 점수를 보이는 사람들은 유쾌한 상호작용이 거의 없으며, 낮은 자기 효능감과, 우울감, 불쾌감에 빠져들 경향이 높음을 나타낸다.

---

2) 반면에 Costa와 McCrae는 N, E, O, A, C의 고차 차원들을 구체화한 다음, 관련문헌들을 토대로 하위요인들을 선정하였다. 따라서, 하위척도 문항 수준에서 구조적인 통합성이 높지 않은 것으로 평가된다(Church & Burke, 1994).

구체적으로, PEM-A는 직무나 일에서의 효율성 및 일반적인 사회적 효율
성 차원을 나타내며, PEM-C는 대인관계에서의 연대감 정도를 나타내는 것
이다. 두 차원 모두 긍정적인 정서 혹은 안녕의 느낌, 행복감을 경험하려는
경향을 포함하고 있다. 긍정적 정서는 Eysenck의 외향성과 Norman-
Goldberg의 Surgency차원과 유사하다.

〈표 2〉 Tellegen의 3-4요인 모형

|  | 고차 차원 | 일차적인 차원 |
|---|---|---|
| 3요인 모형 | 긍정적 정서 (PEM) | 복지(Well-Being), 사회적 잠재능력(Social Potency) 성취(Achievement), 사회적 친밀성(Social Closeness) |
|  | 부정적 정서 (NEM) | 스트레스 반응(Stress Reaction) 소외감(Alienation), 공격성(Aggression) |
|  | 구속감의 조절 (Constraint Control) | 위해(危害)로부터의 회피(Harmavoidance), 전통주의(Traditionalism) |
|  | 몰입(Absorption) | |
| 4요인 모형 | 개인적인 긍정적 정서 (PEM-A) | 복지, 사회적 잠재능력, 성취 |
|  | 대인관계에서 오는 긍정적 정서 (PEM-C) | 복지, 사회적 친밀성 |
|  | 부정적 정서 (NEM) | 스트레스 반응, 소외감, 공격성 |
|  | 속박의 통제 (Constraint Control) | 위해(危害)로부터의 회피, 전통주의 |
|  | 몰입(Absorption) | |

<표 3> Tellegen의 3요인에 포함된 어휘

| 긍정적 정서 | 부정적 정서 | 구속감 |
|---|---|---|
| 빈틈없는(Alert) | 두려워하는(Afraid) | 주의깊은(Careful) |
| 활동적인(Active) | 부끄러워하는(Ashamed) | 신중한(Cautious) |
| 주의깊은(Attentive) | 괴로워하는(Distressed) | 꾸준한(Plodding) |
| 단호한(Determined) | 가책을 느끼는(Guilty) | 합리적인(Rational) |
| 열정적인(Enthusiastic) | 적의있는(Hostile) | 반성적인(Reflective) |
| 활발한(Excited) | 성마른(Irritable) | 분별있는(Sensible) |
| 고무된(Inspired) | 신경과민의(Jittery) | 경솔하지 않는(Not careless) |
| 흥겨워하는(Interested) | 신경증적인(Nervous) | 충동적이지 않는(Not impulsive) |
| 의기양양한(Proud) | 겁에 질린(Scared) | 즉흥적이지 않는(Not spontaneous) |
| 강건한(Strong) | 당황하는(Upset) | 무모하지 않는(Not reckless) |

　　제2요인인 부정적 정서성(NEM)은 스트레스 반응, 소외, 공격성 척도들과 연관되어 있다. 높은 점수를 갖는 사람들은 자신이 불쾌감과 함께 스트레스를 받고 있다고 보고하며 초조감, 불안, 분노 등과 같은 부정적인 정서성을 경험하기 쉽다. 낮은 점수는 천재지변이나 재앙 등에 대한 염려가 없으며, 부정적인 정서에 대해서도  높은 역치를 갖고 있는 사람을 나타낸다. 이 차원은 Eysenck의 N과 정적인 관계, Norman-Goldberg의 친화성, 정서적 안정성과는 부적 관계가 있으며, 특히 정서적 안정성과는 중요한 특징들을 공유하는 것으로 보고되고 있다.

　　제3요인인 구속감의 조절(Control)은 위해(危害)로부터의 회피, 전통주의 척도와 관계있다. 이 척도에서 높은 점수를 보이는 사람들은 주의깊고, 계획적이며, 위험을 회피하며, 또한 인습적이며 전통적인 가치를 고수하는 경향이 있다. 낮은 점수는 충동적이며 자극추구적이고 인습적인 것에 대한 반항 등을 나타낸다. 구속감은 Eysenck의 정신병 척도와 부적 관계 및 Norman-Goldberg의 성실성 요인과는 정적인 관계가 있는 것으로 여겨진다.

제4요인인 몰입은 Tellegen(1985)의 핵심적인 요인은 아니지만 외향성 (혹은 PEM)과 신경증(혹은 NEM)과는 구별되는 독립적인 성격차원으로 여겨진다. 몰입 척도는 외부적 혹은 상상적인 자극에 대하여 자기몰입적인 경험에 젖어드는 경향을 측정한다. Tellegen의 초기 모형에서는 몰입요인 은 현실몰입(Reality Absorption), 상상몰입(Fantasy Absorption), 분열 (Disassociation), 헌신-신뢰(Devotion-Trust), 자율성-비판성(Autonomy-Criticality), 경험에의 개방성(Openness to Experience) 등으로 세분화되었 다(John, 1990).

## 3. 5요인 모형(Big Five 모형)

현대 특성 모형에서 가장 지배적인 모형으로 인정받고 있는 5요인(Big Five) 모형은 성격특성과 관련된 자연어를 토대로 하는 어휘 접근에 의한 연구(Allport & Odbert, 1936; Digman, 1989; Goldberg, 1990, 1992; Norman, 1967) 및 정형화된 질문지나 보고식의 검사에 기초한 연구(Costa & McCrae, 1992a, 1992b; John, Donahue & Kentle, 1991; McCrae & Costa, 1991)와 같이 두 가지의 서로 다른 방식에 의해서 이루어졌다. 5요 인 모형의 전개과정에는 이렇듯 어휘 분류학적 전통의 역사와 검사에 기초 한 전통으로 구분해 볼 필요가 있다.

어휘 분류학적 전통에서 많은 성격연구가들은 Norman(1963)이 Cattell의 자연어 특성 용어를 축소하고 여기에서 5개의 성격특성 차원을 추출하여 이를 '성격 속성을 나타내는 충분한 분류학'으로 선언한 Norman의 업적을 5요인 모형의 공식적인 시작으로 간주한다. 사실상 5요인이라는 수와 명칭 도 Norman의 업적에 속한다. 그가 제시한 5요인은 차례로 요인Ⅰ-외향성 혹은 Surgency, 요인Ⅱ-친화성, 요인Ⅲ-성실성, 요인Ⅳ-정서적 안정성, 요 인Ⅴ-교양이다.

이후 Goldberg는 1970년 이후부터 계속해서 Norman의 이러한 업적에 관심을 가지고 있었고 마침내 성격특성의 어휘 분류학적 입장을 강력히 주창하였다(Bolck, 1995). Goldberg (1981, 1982)는 성격특성을 화학원소의 주기율과 같은 기능으로 비교 가능하도록 하는 분류학이 필요하다고 하였다. 그의 분석은 성격에서의 개인차는 사회적인 상호작용에서 너무 중요하기 때문에 모든 문화는 그것들을 표현하기 위한 단어들을 진화시켜 왔음에 틀림없으며, 수세기 동안 모든 중요한 특성들은 자연어 속으로 부호화되어 왔을 것이라는 가정에 기초한다. 즉, 성격특성의 범위는 특성 명칭의 범위에 의해 주어진다 것이다. 만약, 우리가 사전에서 목록화된 특성들의 구조를 구별해 낼 수 있다면 성격의 구조 또한 추출할 수 있다는 것이다.

그의 업적은 나중에 5요인 형용사 척도(Big Five adjective scales, 1990)의 개발로 이어졌다. Goldberg(1990)는 Norman의 축소된 형용사군에서 1,431개의 특성 용어 중에서 가장 공통적으로 사용되는 것으로 생각되는 특성 형용사 479개를 수집하고 이들에 대한 자기평정 자료를 분석함으로써, 5개의 요인 각각을 측정하는 100개의 대표적인 어휘군집을 산출하였다.

어휘접근에 기초한 5요인 모형은 John(1990)에서도 나타났다. John은 10명의 평정자를 선정하고 300개의 형용사 척도(Adjective Check List: ACL, Gough & Heibrun, 1983)의 어휘들을 5요인에 의해 정의된 영역으로 분류하도록 한 결과, 112개의 어휘들을 90% 이상의 높은 동의율로 5요인에 대한 명확한 정의를 제시하였다.

현대의 5요인 모형의 발달을 이끈 두 번째 전통은 기존의 성격검사의 분석에서부터 비롯되었으며 McCrae와 Costa의 일련의 연구가 대표적이다. 그들은 Eysenck의 2요인 모형에 대한 비판, Tellgen의 3요인 모형의 발견에 대한 영향 등에서 모형 개발을 시작하였다. 그 계기는 McCrae와 Costa(1992b, pp. 4-5)에서 잘 요약되고 있다.

McCrae와 Costa는 먼저 기존의 도구들이 최상의 것이 아님을 발견하였다. 심지어 가장 최선의 도구라도 몇 가지 측면에서는 결함이 있음을 지적하였다. 예컨대, Eysenck 부부(1975)의 외향성(E), 신경증(N) 척도는 성격

의 두 차원에 대해서는 신뢰롭고 타당하지만 개인차의 모든 영역을 포괄할
수는 없었고 각각의 차원들에 내재하고 있는 보다 구체적인 특성들간의 변
별을 밝혀낼 수 없다고 보았다. 또한 Cattell의 16PF는 보다 측정 범주가
넓고 구체성을 보이긴 하나, 반복적인 요인구조 산출의 실패라는 결함 때
문에 널리 비판받아 왔다고 보았던 것이다. McCare와 Costa(1985)는
Goldberg(1981, 1982) 등의 어휘접근식 접근에 대해서도 우려를 표명하였
다. 그들은 주장하기를,

> 성격이란 것이 자연어의 진화에 의해서 포괄적으로 포착될 수 있다는 주
> 장은 어느 정도 설득력이 있어 보인다. 그러나 꼭 어휘 분석적 접근을 취해
> 야만 하는 것은 아니다. 과거 수십년 동안 심리학자들은 언어 속에 부호화
> 되지 않은 성격 측면을 밝혀내 왔다고 주장할 수도 있지 않는가? 그 어느
> 누구도 부분적인 영어 어휘의 분석이 성격 분류학의 충분한 기초를 제공해
> 줄 것이라고는 믿지 않을 것이다(p. 711).

사실상 Costa와 McCrae의 5요인 모형의 출발은 1976년 16PF의 분석에
서 시작하였다. 그들은 연령에 따른 성격구조의 변화에 의문을 가짐으로써,
이를 위해 각 연령에서의 성격구조를 알아야 할 필요성을 느끼게 되었다.
3집단을 사용한 16PF 검사의 군집분석 결과, 신경증, 외향성, 개방성의 3
개 군집을 산출하였다. 앞의 두 요인은 Eysenck의 2요인과 명백히 대응하
는 것이었으나 세 번째 차원은 Eysenck의 업적을 넘어 새로운 기본적인
차원을 밝혀낸 것이었다(Costa & McCrae, 1986). 더불어 이 시점에
Tellegen과 Atkinson(1974)이 Eysenck의 2요인을 넘어 3번째 차원으로 몰
입(Absorption) 차원을 밝혀내고 있었고, Costa와 McCrae의 입장에서 볼
때 이는 환경에 대한 감수성 혹은 개방성을 반영하는 것으로 보였다. 결국,
Costa와 McCrae(1980)는 제3의 차원을 경험에의 개방성(Openness to
Experience)이라고 부르게 되었고 신경증(N), 외향성(E)과 함께 개방성
(O)의 3요인으로 구성된 'NEO 모형'을 개발하게 된 것이다.

나중에 McCrae와 Costa(1985, 1989)는 이러한 3요인에 친화성(A)과 성실성(C)를 측정하는 척도들을 더하였다. 경험에의 개방성 차원을 발견한 이후 계속해서, McCrae와 Costa는 그 시점에 Goldberg(1981, 1983)가 어휘 분류학적 연구에 의해 발견한 5요인 모형 및 Norman이 발견한 나머지 두 차원 즉, 친화성(A)과 성실성(C)에 관심을 집중하였고, 경험적인 검사(McCrae & Costa, 1985)에 의해서 이러한 가설들을 확인하였다. 마침내, 이전의 NEO 검사에서는 제시되지 않았던 친화성과 성실성이 중요하다는 것을 지적하였으며 이들 두 영역을 측정하기 위한 NEO-PI 질문지 척도들을 구조화하였다(McCrae & Costa, 1987). 이 과정에서 McCrae와 Costa(1985)는 다음과 같이 결론을 내렸다.

> Norman(1963)의 요인들이 성격에 관한 충분한 분류학을 제공해 주는 것으로 보인다…… 검사에 기초한 성격의 연구 결과 나타난 세 가지의 주요한 요인들, 즉 신경증(N), 외향성(E), 경험에의 개방성(O)은 Norman의 5요인 모형에 의해서 쉽사리 포섭될 수 있었다. 나아가 친화성(A)과 성실성(C)이 NEO 모형의 3차원 모두에 직교적임을 알 수 있었다. 따라서, 이들 두 요인이 새로운 차원을 구성하는 것으로 보인다(p. 718).

일련의 분석은 NEO-PI에 의해서 조작화된 5요인 모형은 광범위하게 포괄적이라는 것을 보여 주었다. Costa와 McCrae(1992b)는 NEO-PI가 Murray의 욕구, Wiggins의 대인간 복합순환 모형(Interpersonal Circumplex Model), 융의 유형론, Block의 캘리포니아 Q-sort 등의 문항들을 포괄하고 있었다고 보고하고 있다.

McCrae와 Costa는 1985년에 NEO-PI를 발간하였고, 1989년에는 보충 매뉴얼을, 그리고 1992년에는 A와 C의 하위척도들을 도입하는 등 일련의 후속연구를 진행하였다. NEO-PI가 한계로 가지고 있던 A와 C척도의 하위척도를 개발하기 위해 일련의 타당화 연구가 수행되었으며 문항교체 작업을 진행하였다. 그 결과 NEO-PI의 수정판(NEO-PI-R)이 1992년에 발간되었

으며 이는 5개의 주요인과 30개의 하위척도를 측정하는 240문항으로 구성
되어 있다(Costa & McCrae, 1992b).

오늘날, Big Five로 일컬어지는 5요인 특성 구조의 문화간 반복성
(replication)은 많은 언어들에서 수행되었다. 많은 경우에 NEO-PI 등과 같
은 성격검사의 번역판 혹은 5요인 차원의 대표어휘(markers)가 수입되어
사용되었다. 5요인 구조는 독일(Borkenau & Ostendorf, 1990), 이탈리아
(Caprara, Barbaranelli, Borgogni, & Perugini, 1993), 스페인(Silva, Avia,
Sanz, & Grana, 1993), 히브리어(Montag & Levin, 1994) 등에서 반복성이
확인되었으며, 가장 최근에는 Somer와 Goldberg(1999)에 의해 터키에서도
명확한 5요인 구조가 발견되었다고 보고되고 있다.

한편, 5요인 특성모형에 대한 문제점 및 비판점을 지적하는 연구들 또한 5
요인 모형에 대한 지지연구 만큼이나 또한 거세다(Briggs, 1989; Block, 1995;
Eysenck, 1992; Zuckerman, 1993). 이들을 차례로 살펴보면 다음과 같다.

첫째, Eysenck(1992), Zuckerman 등(1993)과 같이 성격의 생물학적 접근
을 시도하는 학자들은 어휘가 기본적인 성격 요인을 파악하기 위한 최종 준
거일 필요는 없으며, 성격의 기본 특성에 대한 정의 또한 특성 어휘를 통해
수집된 측정치의 요인분석이라는 방식에 의해서만 단독적으로 설정되어서
는 아니 된다고 본다(Eysenck, 1992). 이러한 견해는 Zuckerman, Kuhlman,
Joireman과 Teta(1993)의 생각과 마찬가지인데 이들은 언어를 통한 성격특
성의 부호화는 특성 혹은 생물학적인 것과 관련된 행동의 설명에는 어울리
지 않는다고 주장하고 있다. 요컨대, 생물학적 접근을 취하는 학자들은 기본
적인 성격특성은 생물학적인 기초에 의해서도 설명되어야 한다는 것이다.
한편 McCrae와 Costa(1992)는 이러한 주장에 대해서 '알려지지 않은 것을
기초로 하여 알려진 것을 설명하려는 빈곤한 과학(it is poor science to
explain the known on the basis of the unknown)'(p. 180)이라 일축하였다.

둘째, 5요인 모형 주창가들 간에 명백히 합의된 Big Five란 없다는 비판
이다. 예를 들면, John(1990)은 "단일의 Big Five란 없다. 이러한 생각은

어떤(which) Big Five? 혹은 누구의(Whose) Big Five? 등과 같은 의문에서 명백하다"(p. 78)고 진술하고 있다. Briggs(1989) 또한 상이한 연구자들이 상이한 Big Five를 도출한다는 점에서 5요인 모형의 문제점을 지적하였다. 개방성은 교양 및 지능이라고 불리어 왔다. 이것은 서로 다른 3가지인가 아니면 한 가지인가 하는 것이다. John(1990)은 형용사 체크리스트(Adjective Check List: ACL)를 사용하여 이러한 의문에 답변을 시도한 바있다. 그러나, ACL의 300문항을 사용하여 10명의 평정자들에게 각각의 용어를 5요인의 어느 하나로 할당할지를 물었을 때, 188개가 90% 이상의 동의율을 넘어서지 못하였다.

셋째, 두 번째의 비판점은 5요인 모형의 포괄성과 관련된 문제점도 함께 포함하고 있는 것으로 보인다. 예컨대, John(1990)은 5요인 구조가 개성화/자율성(individuation/autonomy), 성숙(maturity), 신체적 특징(physical characteristics), 전통적 가치(traditional values), 성과 관련된 특성(gender term) 등을 포착해내는데 실패하였음을 지적하였다. 이러한 특성들 또한 개인차를 설명하는 주요 요소이며, 성격 심리학이 이러한 측면들이 성격특성과는 전혀 관련이 없는 것으로 보아서는 아니된다는 것이다.

넷째, 5요인 각각은 매우 넓은 개념이며, 넓은 대역폭(bandwidth)은 상대적으로 낮은 충실도(fidelity)를 갖는다는 비판이다. 따라서 구체적인 행동을 예언하는 데 관심이 있다면 5요인 척도를 사용하여서는 안되며, 대신에 보다 행동-구체적인 척도를 사용해야 한다는 것이다(Fujita, 1996). Ahadi와 Diener(1990) 또한 5요인 모형의 넓은 대역폭 때문에 5요인은 거의 어떠한 성격 관련 행동이라도 어느 정도 예언적인 활용성을 갖는 경향이 있다고 지적하고 있다. 행동이 하나 이상의 5요인에 의해서 결정되는 정도에 따라서는 가장 큰 상관은 .30이상까지 예언할 수 있다는 것이다. 결국 이러한 특성은 5요인 모형이 응용면에서는 지극히 제한적일 수밖에 없음을 보여주는 것이다.

다섯째, 5요인 모형의 간명성(簡明性)과 관련된 문제이다. 5요인 모형의 주창자들에 의하면 이들 각각의 요인들은 비교적 상호 독립성을 유지하고 있는 것으로 주장된다. 그러나, 사실상 5요인들간에는 상호 서로 유의미하게 상관되어있는 것으로 보인다. 외향성과 신경증은 대략 관찰치에서 -.30 정도의 상관이 있으며, 외향성과 친화성은 관찰자료에서 .30 내지 .40의 상관을 갖는다는 것이다(Fujita, 1996). 이는 5요인 주창가들간에 5요인에 포함되는 하위요인들로 분류되는 척도들간에 불일치가 있다는 측면과도 관련되어 있다. 5요인 검사인 NEO-PI-R(Costa & McCrae, 1992b)의 경우 외향성의 하위척도로 온정(Warmth)을 포함하는 반면 John(1990a), Goldberg (1992) 등은 온정을 친화성의 중요한 하위측면으로 간주한다. 이와 유사하게 5요인에 포함되는 어휘에 있어서도 Goldberg(1992)는 형용사 '온정이 있는'을 친화성 요인의 대표어휘로 특징짓고 있는 반면, Norman(1963)은 형용사 '질투가 많은'을 친화성으로 분류하고 있다. 하지만 Goldberg(1992)의 경우, 이 형용사를 정서적 안정성의 어휘로 구분하고 있는 것이다.

여섯째, 가장 큰 비판은 특정 문화권에 따라 독특한 성격특성요인 구조를 산출하면서 5요인 구조의 보편성이라는 기본신념에 가해지고 있는 비판이다. 앞서 지적하였듯이 5요인 모형의 문화간 보편성에 대한 지지적 증거는 많은 경우 부과된-에틱 접근방법을 사용하여 영어 형용사 어휘나, NEO-PI-R 등과 같은 정형화된 검사를 자국어로 번역하여 사용한 경우이다. 그러나, 이와는 한편으로 특히 문화를 달리하는 아시아권에서의 연구는 5요인 모형에 대해서 훨씬 덜 지지적임을 보이고 있는 것이다. 예컨대, 중국의 Yang과 Bond(1990)의 연구, Yik과 Bond(1993)의 필리핀의 연구 등은 자국의 토착적인 특성구조가 5요인의 측정치로부터 예언될 수 없음을 보고하고 있다[3].

---

3) 5요인 모형과는 달리 토착적인 성격특성 구조를 산출하고 있는 여러 나라의 연구들은 제3장 4절의 「문화별 어휘 분류학적 접근에 의한 특성구조 연구사례」에서 자세히 살펴볼 것이다.

## 4. 7요인 모형(Big Seven 모형)

몇몇의 성격학자(Borkenau, 1990; Hogan, 1982 등)들은 성격기술어와 측정이 근본적으로 평가적 활동이라고 믿는다. 최근에 이러한 생각들이 미국판 성격특성 어휘들을 재검증함으로써 경험적 지지를 받았다. 이러한 관점이 Tellegen의 7요인 모형(1987)에서 제기되었다.

Tellegen과 Waller(1987)는 대표적인 영어 사전(The American Heritage Dictionary: 1985)에서 400개의 성격 지표들을 경험적으로 분석함으로써 자연언어에서 성격특성을 나타내기 위해서는 적어도 7개의 고차 요인으로 분류되어야 할 필요가 있음을 발견하였다. Waller(1999)는 최근의 문헌에서 Big Seven이라 불리는 이러한 7요인의 발견과정을 비교적 자세히 기술하고 있다.

먼저 Tellegen과 Waller(1987)는 어휘 분류학적 접근방법으로 추출된 기존의 5요인 모형이 자연언어를 충분하게 포착해내지 못한 채 이루어졌다고 주장하였다. 그들은 많은 잠재적인 성격관련 어휘들이 미리 설정된 특정 준거에 만족하지 않는다는 이유로 어휘군에서 제거되었음을 지적하였다. 예컨대, Allport-Odbert와 Norman의 성격특성용어 목록에서는 처음부터 평가적인 용어들을 제거하려는 경향을 갖고 있었으며, 5요인 모형 연구가들 또한 일시적인 상태를 나타내는 어휘, 정서상태를 나타내는 어휘들은 선정목록에서 제거한다는 기준을 갖고 있었다는 것이다. Tellegen과 Waller(1987)는 이러한 어휘선정의 절차에 문제가 있는 것으로 보았다. Tellgen과 Waller(1987), Waller(1999)는 평가적인 용어의 배제는 이미 포괄적이 아닌 제한된 자연어휘의 선정을 의미할 뿐만 아니라 존중감(자기존중감과 타인의 존중감)과 관련된 개인차에 관심을 갖던 성격학자와 임상가에게 중요하고도 유력한 평가적 차원의 출현을 사전에 봉쇄해 버릴 수 있다고 지적하였다. 또한 상태어(예컨대, 행복한, 두려워하는, 불안한, 이완된 등과 같은 정서적인 용어)를 제외한다는 것은 5요인에 포함된 두 개의 요인 즉, 외향성과 신경증 요인을 정서적이며 기질적인 차원으로서 재인식할 수 있는 기회를 막아버렸다는 것이 그들의 기본신념이었다.

결국, Tellegen과 Waller(1987)는 사전적 영어 어휘가 내포하고 있는 성격특성 요인의 수와 본질들을 경험적으로 재검증해 보고자 하였다. 이에 따라 그들은 영어사전(1982)에서 어휘 선정시 특정한 준거없이 성격의 기술 여부(descriptiveness)라는 준거만을 사용하여 400개의 성격특성 기술치(어휘)를 유층표집하였다. 그런 다음 이들 어휘들을 대학생을 대상으로 자기평정 자료를 수집하였으며, 주성분 분석과 배리막스 회전을 사용하여 요인분석을 실시하였다. 요인분석의 결과는 7개의 주요인들을 산출하였다. Tellegen과 Waller는 이러한 차원을 'Big Seven'이라고 칭하였는데, 이들 차원이 Big Five와 같이 포괄적일 뿐만 아니라 폭넓은 성격의 범위를 나타낸다고 보았기 때문이었다.

7개의 요인 중 2개 요인은 평가적인 차원으로서 긍정가(Positive Valence) 및 부정가(Negative Valence)로 분류되었으며, 나머지 5개 요인들은 대체적으로 5요인 모형의 다섯 요인과 대응되는 것으로 보였다. 긍정가 요인은 우수한(excellent), 특별한(special), 인상적인(impressive), 숙련된(skilled) 등과 같은 우수성과 독특성을 의미하는 용어들에 의해 정의되었으며, 부정가 요인은 악덕의(evil), 증오할만한(deserve to be hated), 사악한(wicked), 부도덕한(immoral) 등과 같은 악행과 타락(depravity)을 의미하는 용어에 의해서 정의되었다. 나머지 5개 요인은 차례로 긍정적 정서(PEM), 부정적 정서(NEM), 성실성(C), 친화성(A), 인습성(CNV) 요인으로 명명하였다. 이들 차원들과 유사하게 대응되는 5요인은 외향성(E), 신경증(N), 성실성(C), 친화성(A), 개방성(O)이었다(Waller, 1999).

〈표 4〉 Tellegen과 Waller(1991)의 7요인 구조 및 대표어휘*

| 요인 | 요인명 | 대표적인   어 휘 |
|------|--------|------------------|
| I | 긍정가<br>(PVAL) | 뛰어난(outstanding), 인상적인(impressive), 우수한(excellent), 비범한(exceptional), 훌륭한(admirable), 중요한(important), 일류의(high ranking), /(-)범상한(ordinary), 보통의(average), 평범한(notexceptional) |
| II | 부정가<br>(NVAL) | 사악한(wicked), 무서운(awful), 혐오스러운(deserves to be hated), 잔인한(cruel), 무시무시한(dangerous), 메스꺼운(disgusting), 정신적으로 불건전한 (mentally sick), 믿을 수 없는(treacherous), 저열한(depraved), 부도덕한(vicious) |
| III | 긍정적 정서<br>(PEM) | 사교적인(gregarious), 말이 많은(talkative), 붙임성있는(sociable), 활기찬(animated), 원기왕성한(peppy), 명랑한(playful), 충동적인(impulsive), /(-)말이 없는 (not talkative), 고독한(loner), 과묵한(reserved), 조용한(quiet) |
| IV | 부정적 정서<br>(NEM) | 신경증적인(nervous), 초조한(irritated), 고통스런(feelings hurt), 신경과민의(jittery), 자기연민의(sorry for myself), 죄의식을 갖는(feels guilty), /(-)과도한 걱정을 않는 (no overworrying), 걱정없는(worries aside), 좌절감이 없는(not frustrated), 쉽게 흥분하지 않는(not easily upset) |
| V | 성실성<br>(C) | 조직적인(well organized) 단정한(tidy), 정돈된(orderly), 정리 잘하는(place for everything), 기민한(prompt), 견실한(consistent), /(-)즉흥적인(improvises) 비조직적인(disorganized) |
| VI | 친화성<br>(A) | 불화를 피하는(try avoid differences), 너그러운(lenient), 논쟁을 싫어하는(dislike argument), /(-) 다투기 좋아하는(quarrelsome), 논쟁적인(argumentative) 완고한(stubborn), 거센(strong),거친(tough), 싸우는 (put up fight), 고집이 센(headstrong) |
| VII | 인습성<br>(CNV) | 조심성 있는(cautious), 고풍의(old-fashioned), 엄격한(no permissive parents), 규율적인(strict discipline), 전통적인(traditional), 인습적인(conventional), 예술적이지 않는(not artistic), /(-)특이한(unusual), 급진적인(radical), 별스러운(strange) 기묘한(odd) 진보적인(progressive) |

* 자료원: Waller(1999, pp. 172-179)

그럼에도 불구하고, 이들 다섯 요인은 5요인의 다섯 차원과 동일구조 (isomorphic)는 아니었으며 이에 따라 다르게 명칭이 부여된 것이었다. 예를 들어, Tellegen과 Waller(1987)는 7요인 모형에서 5요인 모형에서 제시하는 외향성과 신경증을 이들 요인들이 갖는 정서적인 측면을 보다 강조하여 긍정적 정서와 부정적 정서로 명칭을 변경하였으며, 5요인 모형의 경험에의 개방성/지능 요인 또한 7요인 모형의 틀에서 볼 때는 수많은 인습성-인종주의 용어들이 포함되었기 때문에 인습성(Conventionality)이라 칭하였다(Tellegen, 1985; Watson & Clark, 1992).

요컨대, Tellegen과 Waller(1987), Waller(1999)는 비록 5요인 모형에 대한 지지적 증거들이 축적되고 있지만 자신들의 7요인 모형이 보다 자연어 성격 용어의 구조적 표현을 제공한다고 주장하였다. 이는 축소되지 않은 포괄적인 어휘 기술군으로부터 개발되었기 때문이라는 것이다.

Tellegen과 Waller 또한 Costa와 McCrae처럼 자신들이 제시한 7요인 구조를 측정하는 검사를 개발하였다. 개인특성 검사(The Inventory of Personal Characteristics: IPC-7, Tellegen, Grove & Waller, 1991)라고 명명된 이 검사는 161개 문항으로 구성되어 있으며 4단계 리커트 척도를 지니고 있다. 각 요인별로 10개의 대표적인 어휘(marker)로 구성된 축소형 7요인 검사의 어휘들을 제시하면 〈표 4〉와 같다.

7요인 모형 또한 최근의 두 연구를 통해서 문화간 보편성이 검토되었다. 첫 번째 연구는 Almagor, Tellgen, 및 Waller(1995)의 연구이다. 이들 연구자들은 헤브류어 사전에서 252개의 성격기술 형용사를 추출하여 대학생들에게 자기평정케 하고 요인분석을 실시하였다. 여기에서 7요인 모형에서 제시하는 긍정가 및 부정가 요인을 포함하여 6요인을 정확히 반복검증하였다. 다만 7요인 중 인습성만이 나타나지 않았다. 스페인 사람들에 대한 반복성 검증 연구(Benet & Waller, 1995)의 경우 7요인 구조의 반복가능성과 문화에 따른 특수성을 동시에 보여주었다. Benet과 Waller(1995)는 먼저 7요인 검사를 스페인어로 번역하였으며, 이를 토대로 스페인 대학생과 일반인들로부터 자기평정 및 타인평정 자료를 수집하였다. 자료의 요인분석 결과 7요인 모형이 검증되는 것으로 나타났으며, 다만 문화에 따른 몇 가지 특징적인 점이 발견되었다. 예를 들면, 미국과 스페인 사람들은 인습성 (Conventionality) 으로 분류된 어휘들에 서로 다른 평가적 의미를 부여하는 것으로 나타났다. 스페인 자료에서는 몇 가지 인습성에 관한 어휘들이 긍정가에 현저하게 적재되거나(예컨대, 기묘한(odd), 독특한(peculiar), 비인습적인(unconventional) 등) 혹은 긍정적 정서 차원에 (-)부하량으로 높은 적재량을 갖는 것으로 나타났다(예컨대, 별스러운(strange). 그러나, 전체적으로는 Benet과 Waller는 이러한 결과들이 7요인 구조의 문화간 일반성에 대한 강력한 증거를 제공하였다고 진술하고 있다.

## 5. 현대 성격특성 모형간의 관계

현대 성격특성 모형의 지지자들은 각자의 입장에서 타 모형이 제시하는 특성 요인구조와의 관계를 고찰하거나 독자성 혹은 우위성을 주장한다. 예를 들면 5요인 이론가들은 16PF, MPQ, ACL, MMPI, MBTI 등 거의 모든 성격검사에서 Big Five의 5요인이 발견될 수 있다고 주장하고 있다 (McCrae & Costa, 1989, 1992b).

5요인 모형을 중심으로 Eysenck의 3요인 모형과 Tellegen의 3-4요인 모형, 그리고 Tellegen과 Waller의 7요인 모형과의 관계를 진술하고 있는 연구들을 간략하게 살펴보기로 한다.

첫째, 5요인 모형과 Eysenck의 3요인 모형과의 관계이다. Eysenck(1992) 와Costa와 McCrae(1992)는 상호 자신의 관점에서 5요인 모형과 3요인 모형과의 관계를 제시하고 있다. 먼저 Eysenck(1992)는 5요인 모형의 성실성 (C) 및 친화성(A) 요인을 정신병(P)의 요소로 간주하는 반면, Costa와 McCrae(1992)는 정신병 요인을 친화성과 성실성 요인의 결합으로 간주한다. 특히 또 다른 5요인 모형의 지지자인 Goldberg(1992)는 정신병은 친화성(-)과 성실성(-)의 잡종이라고 지적하면서 정신병은 고차요인이라 볼 수 없으며 친화성과 성실성의 우위 요인도 아니라고 주장하였다. 그는 특성 형용사 군집을 3요인해를 가정하여 요인분석을 하였을 때에도 정신병 요인은 나타나지 않는다는 것을 증거로 제시하였다. 또 다른 연구에서 Costa와 McCrae(1995)는 Eysenck의 3요인 체제를 5요인해로 산출해 보고자 하는 연구를 통하여, Eysenck에 의해 새로이 개발된 아이젱크 성격 프로파일 검사(EFF, 1992)와 NEO-PI-R을 일련의 피험자들로 하여금 수행케 하였다. 여기에서 NEO-PI-R의 하위척도와 EPP척도들간의 상관분석 결과 한편으로는 Eysenck의 모형이 적절한 수렴 및 변별 타당도를 갖는 것으로 나타났으나, 배리막스 회전을 사용한 요인분석 결과는 EPP의 어떤 요인들이 잘못 분류되었으며, 3요인보다는 5요인의 가정하에 더 잘 이해될 수 있다고 주장하였다. 외향성(E) 요인은 3요인해에서 비하여 5요인해에서 보다 강한 수렴 및 변별 타당도를 보였으며, EPP 척도의 하나인 '실제적 대 반성적(Practical vs. Reflective)' 척도는 3요인해 하에서는 5요인해를 가정하였을 때보다 훨씬 더 적은 공유변량을 갖고 있었다는 것이다. 이러한 결과를 바탕으로 Costa와 McCrae는 3요인 모형이 포괄적이지 못함을 주장하고 있다.

둘째, 5요인 모형과 Tellegn의 3-4요인 모형과의 관계이다. Church와 Burke(1994)는 575명의 대학생을 대상으로 Tellegen(1985)의 3-4요인을 측정하는 중다차원 성격 질문지(MPQ)와 Costa와 McCrae(1985)의 5요인을 측정하는 NEO-PI와의 관계를 연구하였다. 여기에서 이들은 두 요인들간의 상관 및 모든 문항을 결합하여 결합요인분석을 수행한 결과 MPQ의 3요인 구조는 5요인 모형하에서, 또한 5요인 구조 역시 Tellegen의 3-4 요인 모형 하에서 상호 잘 조작화될 수 있었다고 보고하였다. 다만 여기에서 Tellegen의 고차원들은 5요인 모형의 주요인들에 위계적으로 관계가 있음을 지적하였다. Tellegen의 부정적 정서(NEM) 요인은 5요인 모형의 신경증(N)과 친화성(A)을 포함하였고, 긍정적 정서(PEM) 요인은 외향성(E)과 성실성

(C) 측면을, 구속감(Con) 요인은 성실성(C) 요인의 몇 측면과 경험에의 개방성(O)의 많은 부분을 포함하고 있음을 보고하였다.

John(1990)은 5요인 모형과 Tellegen의 3-4요인 모형에서 각각의 요인으로 포함되는 어휘에 초점을 두고 이를 비교하였다. 형용사 체크리스트 (ACL)에서 산출한 5요인 모형에 포함되는 어휘를 바탕으로 그는 만약 Tellegen의 긍정적 및 부정적 정서성을 나타내는 어휘들이 일시적 상태를 기술하고, ACL의 5요인 어휘들이 안정적인 특성을 기술한다는 구분만을 제쳐놓는다면 그 어휘들은 상호간에 상당히 일치한다고 보고하였다. 즉, Tellegen의 모형에서 긍정적 정서에 포함되는 어휘들(enthusiastic, strong, determined, active, proud)은 5요인의 Surgency에 속하는 어휘들 (enthusiastic, forceful, assertive, active, show-off)과 어느 정도 일치하며, Tellegen의 부정적 정서 요인의 어휘들(afraid, distressed, irritable, nervous, upset)은 5요인의 정서적 안정성 요인의 어휘(anxious, despondent, temperamental, nervous, worrying)와 상당히 일치한다는 것이다.

셋째, 5요인 모형과 7요인 모형과의 관계이다. 이는 7요인 모형의 주창자인 Tellegen과 Waller(1987) 및 Waller(1999)에 의해 스스로 지적되고 있다. Tellegen과 Waller는 자신들의 어휘선정 방법이 5요인 모형의 어휘선정 방법과는 차이(상태어, 평가어의 제외 - 상태어, 평가어의 포함)가 있지만 그럼에도 불구하고, 긍정적 정서성 및 부정적 정서성을 제외한 나머지 다섯 개의 요인들 즉, 긍정적 정서(PEM), 부정적 정서(NEM), 성실성(C), 친화성(A), 인습성(CNV) 요인은 대체로 5요인 모형의 외향성(E), 신경증 (N), 성실성(C), 친화성, (-)개방성(O)과 일치함을 보고하고 있는 것이다. 특히 인습성 요인의 경우 McCrae와 Costa(1992b)가 제 5요인의 명칭으로 설정하고 있는 경험에의 개방성(O) 요인과 명확한 부적관계를 지닌다고 지적함으로써, 5요인 모형에서 명칭의 혼재를 보이고 있는 요인V(즉, 교양, 지능, 경험에의 개방성 등의 명칭으로 혼용)의 경우, Goldberg(1991)가 제시하는 지능이라는 개념보다는 Costa와 McCrae의 경험에의 개방성이란 명칭이 보다 타당한 것으로 보인다고까지 지적하였다.

그러나, 7요인 모형에 대한 McCrae와 John(1992)의 입장은 보다 완고하다. 즉, Tellegen과 Waller가 제시하는 부정가, 긍정가 요인이란 실제적인 성격특성 요인이 아니라 요인분석에 평가어휘가 대량 포함됨으로써 발생한 인공적인 요인이라는 것이다. 이는 자기평정에 기초한 어휘자료를 요인분석할 경우, 자신에 대하여 아주 긍정적이거나 아주 부정적인 평가와 관련된 어휘들은 피험자들에게 아주 높거나 혹은 아주 낮은 동조를 보이도록 함으로써 높은 상관을 지닌 어휘들이 결합하게 됨에 따라 생겨난 것에 불과하다는 입장이다.

그러나, 또 한편으로는 McCrae와 John(1992)의 견해와는 상반되게 자국의 어휘를 분석하여 토착적인 성격구조를 산출했던 필리핀의 연구(Church et al., 1997)의 경우, 평가어를 제외한 상태에서도 부정가 요인이 필리핀 사람들의 토착적인 성격특성 요인으로 산출되었음을 지적하여 McCrae와 John의 견해가 옳지 않음을 제시하였다. 적어도 5요인 모형과 7요인 모형이 설정하고 있는 요인간의 상호 관계성은 아직까지는 연구과제로 남아있는 것으로 보인다.

# 제3장 성격특성 구조에 대한 비교문화 연구

많은 성격특성 모형들은 산출된 특성요인 혹은 특성차원들의 문화간 보편성을 강조한다. 문화간에 걸쳐 특성요인의 일반화 가능성을 탐색하려는 연구들은 이러한 경향성을 보여주고 있다. 즉, 개인차를 규정짓는 특성요인들이 특정 문화권을 넘어 보편적인 방식으로 부호화 될 수 있는지, 혹은 특성 요인을 나타내는 분류어들이 다른 문화에도 유용하게 적용될 수 있는지를 알고자 하며, 만약 특성 요인들이 보편적이라면 이는 고차원에서 뿐만 아니라 저차원의 특성 요인까지도 문화간에 걸쳐 일관성이 있는지를 탐구하려 한다.

이러한 관심의 저변에는 성격특성과 문화와의 관계(문화간 심리적 단일성 대 심리적 다양성)에 대한 논쟁, 비교문화 연구를 위한 연구 방법론의 타당성(문화보편적 접근 대 문화상대적 접근)에 관한 논쟁이 깔려있다. 또한 이와 함께 문화와 성격특성간의 관계를 규명하기 위한 매개로써 활용되는 자연언어에 대한 논쟁 역시 저변을 이루고 있다. 제4장의 「한국인의 성격특성 요인 탐색을 위한 방법」에 대한 근거를 이룬다는 점에서 이러한 논점들을 차례로 살펴보기로 한다.

## 제1절 성격특성과 문화와의 관계

문화란 한 집단의 성원들이 공유하고 있는 삶의 방식일 뿐만 아니라 (Berry, Poortinga, Segall & Dasen, 1992), 그들의 공유된 상징체제에 의해 전달되고 획득되는 사고와 행동의 패턴을 포함하는 것으로써, 행위의 산물인 동시에 행위를 구속하는 요소이다(Kroeber & Kluckhohn, 1952, 윤태림, 1970, p.48에서 재인용). 이러한 관점에서 본다면, 전 세계에 걸쳐 다양한 사람들은 상호 지각 유형이 각각 다르다. 이는 지각과 사고의 밑바닥에 깔려있는 분류와 추상화의 방식이 문화마다 다르기 때문이다. 이는 곧 문화가 성격에 영향을 미치는 것을 의미하는 것이기도 하다.

문화가 성격에 영향을 미치는 방식에 대하여, Kardiner는 1) 개인이 어려서 얻은 경험은 그의 성격, 특히 사고방식과 가치체계에 영속적인 영향을 미치고, 2) 유사한 경험은 유사한 성격의 형태를 형성하기 쉽고, 3) 한 사회의 구성원은 어릴 때에 공통적인 경험을 갖고, 4) 그 결과 공통된 성격 요소를 갖게 되며, 5) 개인의 어릴 적 경험이 사회에 따라 다르므로 여러 사회의 성격 기준도 다를 것이라고 하고 기본 성격 유형(basic personality types)을 가정하였다. 기본 성격 유형이란, 사고체계, 가치 태도 체계를 말한다(윤태림, 1970). 한 사회의 문화가 성격에 미치는 영향에 대한 강력한 근거는 무엇보다도 문화심리학적 입장에서 보여진다. 일반적으로, 문화와 성격을 종합적·전체적으로 고려하게 되기 시작한 것은 1900년 이후로써, 문화인류학과 심리학이 괄목할만한 발달을 보기 시작한 이후로 여겨진다(김의철·박영신, 1998).

문화가 성격에 미치는 영향이라는 측면에서 문화심리학이 추구하는 관점을 몇 가지 살펴보면 다음과 같다. 먼저, Clark(1987)에 의하면, 심리학의 문화적 접근 또는 비교문화적 접근은 자연이 조작하는 크고 작은 수많은 독립변인 중에서 비교적 커다란 독립변인인 '문화'가 인간의 심리와 행동에 어떤 영향을 미치는지를 밝히려는 접근이다. 또한 Shweder(1990)에 따르면 문화심리학은 '문화적 전통과 사회적 관습이 인간의 마음을 조절하고 표현하고 변형시키고 바꾸는 (그 결과로 인류의 심리적 단일성을 가져오기 보다는 마음과 자기(Self)와 정서에서의 민족적 다양성을 가져오는) 방식의 연구'(p. 1)이다. 결국, 어떤 사회문화적 환경도 인간이 그 의미와 자원을 취택하는 방식과 독립하여 존재하거나 독립적인 정체를 가질 수 없으며, 동시에 인간은 사회문화적 환경으로부터 의미와 자원을 취택하고 사용하는 과정을 통하여 자신의 주체성과 정신생활을 변화시킨다는 것이다.

따라서, 문화심리학적 관점에 의하면 개인은 주어진 문화적인 맥락속에의 실재와 의미속에서의 개인의 참여를 통하여 만들어지는 사회적이고 집단주의적인 구성체(Markus & Kitayama, 1998)인 것이다. 결국 성격이란 특정한 사회문화적 맥락의 의미와 실재에 완전히 상호의존적이며, 사람들이 참여하는 여러 가지 사회적 세계속에의 능동적인 참여를 통하여 오랜 시간에 걸쳐 형성되는 것이다.

Markus와 Kitayama(1998)는 문화 심리학적 접근에서 성격의 연구란 무엇인가 하는 의문을 제기하면서 '예를 들어, 특성 형용사에 대한 자기 평정의 요인 분석이 다양한 문화에 걸쳐 타당한 일치를 보인다 해서, 잠재적으로는 의미가 있겠지만, 이것은 그 자체가 유럽이나 미국이라는 사회적 틀 내에서 이해되는 것으로서 인간행동의 보편적인 측면이라는 성격 그 자체를 의미하진 않는다'(p. 67)라고 진술하고 있다.

문화심리학적 관점은 결국 기존의 성격심리학이 갖고 있는 보편적·규범적이라는 심리적 단일성(psychic unity)의 가정 자체에 대해 도전적 관점을 취하며 심리적 다원성(psychic pluralism)의 가정을 수용하는 것이다. 따라서 이들은 문화권에 따른 심리과정의 다양성을 적극적으로 인정하고 있다(Shweder & Sullivan, 1990). 이러한 맥락과 같이 하여 최근에 Gergen, Gulerce, Lock와 Misra(1996)는 지적하기를 각 문화는 그 사회환경에 속해있는 구성원들에게 독특한 성격 구조를 형성시킨다고 보고 중다적이며 문화에 따른 독특한 성격심리학이 필요하다고 주장하고 있다.

요컨대, 성격 연구 분야에서 문화심리학이 제기하는 문화와 성격과의 관계, 문화에 따른 성격의 특수성 등의 입장을 제한적인 견지에서 수용이 가능하다면, 이는 문화에 따른 특성 구조 연구에 강력한 이론적 근거가 될 수 있을 것으로 보인다.

## 제2절  성격 연구의 문화보편적 접근과 문화상대적 접근

　　문화비교연구에서 흔히 사용되는 분석의 틀은 보통 특정 문화에서 발견된 이론이나 개념적 도구를 가지고 두 문화의 차이를 비교·분석하는 것이다. 이는 개발자의 입장에서 본다면 이미 개발된 도구를 여타 문화권에 적용해 볼 경우, 개념적 및 심리측정학적 속성들을 지지해 주는 증거들을 확보할 수 있다는 측면에서, 혹은 이를 적용해 보려는 타 문화권 연구자의 입장에서 보았을 경우에는 독자적인 도구개발에 따르는 노력과 비용을 절감해 줄 수 있다는 측면에서 종종 채용되는 방법이다.

　　성격요인의 일반화 가능성을 탐색하고자 하는 연구의 경우, 전자의 목적이 강조되면서 소위 문화보편적 접근(Etic approach) 방식을 채택하여 왔다.

　　기존의 문화비교심리학의 연구에는 두 가지 접근방식이 대조된다. 즉, 문화보편적 접근(Etic approach)과 문화상대적 접근(Emic approach)이 그것이다. 문화보편적 접근의 경우 특정 이론에 기초를 두고 범문화적 보편성을 지닌 원리를 발견, 검증하려고 한다. 반면에 문화상대적 접근은 일반화의 목적이 아니라 각 문화권에서 자신의 시각으로 자문화권에 독특한 현상이나 원리를 발견하려고 한다(Berry, 1989).

　　성격특성구조 연구라는 측면에 초점을 두고 에틱 및 에믹 접근 방식이 추구하는 기본입장과 접근방식 및 문화비교 연구에서 갖는 특징을 정리하면 다음과 같다.

　　먼저, 문화보편적 접근 혹은 에틱 접근이다. 에틱이란 특정 문화에만 국한되는 것이 아니고 다양한 문화에서 공통적으로 발견되는 현상을 일컫는다. 에틱 접근의 기본가정에는 심리과정이 모든 문화에 걸쳐 균일하다는 단일성에 대한 가정이 깔려있다. 심리학 연구가 보편적 법칙을 추구하고 이 목표에 걸맞는 실험연구법을 주된 연구법으로 사용해 온 것 또한 이러한 가정에 기초한 것이다.

Berry(1989)와 Berry 등(1992)에 의하면 에틱 접근법에서 연구자는 우선 자기 자신의 문화권 A에서부터 연구를 시작하면서, 연구이론을 정립하고 연구방법과 측정도구를 개발하게 된다. 이때, 이론에서부터 측정도구에 이르기까지 설계되고 시행된 모든 사항들은, 물론 문화권 B가 전혀 고려되지 않은 상황하에서 단순히 문화권 A에만 국한되는 것이다. 문화권 A에서의 이 같은 선행연구를 토대로, 연구자는 자신의 이론을 타문화권에서 확인해 보고자 연구무대를 문화권 B로 확대시켜 나간다. 그 후 문화권 A와 B의 비교결과들에 의해, 그 연구자는 두 문화들간의 비교가 정말 가능한 것인지, 또 가능하다면 그 문화들간의 공통점과 차이점들은 어떤 것인지에 대해 언급하게 되는 것이다.

여기서 문화간 보편성을 지향하는 이론, 연구방법, 측정도구를 개발하려는 입장을 '순수한 에틱 전략'이라고 본다면, 이를 여타 문화권으로 확장하고 보편성을 탐구하려는 연구가들의 경우 '부과된-에틱 전략'(imposed etic)이라는 방법을 사용해 왔다. 부과된-에틱 접근에서는 연구자들은 한 원래의 문화에서 얻은 성격구조들을 관련성이 불확실한 다른 목표문화에 적용한다(Berry et al., 1992; Katigbak et al., 1996). 검사도구들은 원래의 형을 수입하거나 특정 국가의 언어로 번역되고 이를 일련의 집단에 실시하여 심리적 과정에 대해 비교가능한 진술을 만들어 내는 것이다. 이러한 접근은 기저하는 구조의 보편성 혹은 에틱 상태를 가정하고 불확실한 문화에 그것을 응용하기 때문에 이러한 접근들을 연구자들은 부과된 에틱 접근이라고 부른다(Yang & Bond, 1990). 부과된 에틱 접근의 장점은 이러한 방법이 연구자들로 하여금 이미 개발된 측정도구의 문화간 혹은 언어간 비교문화적인 보편성을 측정할 수 있게 해준다는 것이다. 또한 연구자에게는 편리함, 효율성, 경제성을 가져다 주는 것이다.

그러나 에틱 및 부과된 에틱 전략에 대한 문제점과 비판점은 상호관련된 여러 각도에서 다양하게 지적되고 있다(예컨대, Berry et al., 1992; Cheung & Leung, 1996; Church, 1987; 민경환, 1997; 이수원, 1997; 조남국, 1997).

첫째, 무엇보다도 심리적 단일성의 가정 아래에서는 비교문화 연구는 기껏해야 외적 타당도를 확인하는 수준에 그친다는 것이다. 심리학에서 비교문화적 접근이 지금까지 미미했던 것은 바로 이 심리적 단일성의 가정 탓이다. 사회심리학이 사회과학의 다른 영역들과 교류가 활발하지 못했던 것도 문화가 가져오는 다양성에 대한 이해가 부족했기 때문이라 본다(민경환, 1997, p.234).

둘째, 각 나라는 그 나름의 고유한 전통과 문화를 가지고 있으며, 특정한 문화에만 발생하는 에믹 현상은 그 문화의 맥락에서만 가능하다는 것이다. 여기서 에틱 현상의 규명은 한 특정문화에서만 적용되는 분석의 틀을 가지고는 접근될 수 없다. 그와 같은 분석의 틀은 에믹 현상을 분석하는 잣대는 될 수 있지만 에틱 현상을 분석하는 잣대는 될 수 없는 것이다. 따라서 만일 미국문화에서 관찰된 현상이나 원리를 도입하여 한국문화에서 나타나는 유사한 행동을 분석하는 틀로 사용한다면 그렇게 해서 드러나는 현상은 진정한 에틱 현상이 아니고 의사 에틱(pseudo-etic) 현상이라는 비판이다(이수원, 1997, pp.18-19).

셋째, 한 연구자가 특정한 문화권 A에서 성격측정 도구를 개발하였다면, 그 측정도구는 당연히 그것이 개발되고 표준화된 문화권 A의 문화적 속성을 대표하는 내용으로 구성된다고 하겠다. 그러나 그 측정도구는 타문화권 B와 관련된 문화적 맥락에서는 전혀 대표성이 있을 수 없다는 것이다. Cheung과 Leung(1998)은 "서양세계의 성격유형을 측정하기 위해 표준화된 도구 속에 동양인의 전형적인 성격 속성을 측정할 수 있는 문항내용이 포함되어 있을 리가 없다"(p. 240)고 제기하면서, 타 문화권에서 개발된 도구는 결코 토착적인 심리적 구조를 재현해 주지 못한다고 주장하였다.

넷째, 에틱을 추구하는 연구절차에서, 상이한 두 문화간의 비교를 위한 필수적인 전제조건으로 가정되는 측정도구의 동일성(scale identity) 문제와 관련하여 제기되는 비판이 있다. 전통적 에틱 접근법에서 측정도구의 동일성은 통상 연구자가 속하는 문화권 A에서 사용된 측정도구가 타문화권 B

에 적용됨으로써 추구된다. 번역을 통해 이루어질 수밖에 없는 이런 연구 절차에서 연구자는 측정도구의 동일성을 확보하기 위해 일단 번역된 내용을 다시 역으로 재번역하는 번거로움까지도 감수하게 된다. 또한 필요하다면, 연구자는 소위 탈중심화(decentering)를 통해 본래의 측정도구에서 내용까지도 수정할 수 있다는 유연성을 보이고 있다. 그러나 설사 이러한 과정을 모두 엄격하게 거친다고 하더라도, 결코 문화간 비교에서 발생되는 불공정성의 문제를 극복할 수는 없다는 것이다(조남국, 1997). 나아가, 이러한 과도한 수정절차의 결과 자칫 원래의 문항들이 측정하고자 했던 속성마저도 잃어버릴 수 있는 것이다(Cheung & Leung, 1996).

다섯째, 부과된-에틱 검사도구들은 문화적 유사성을 보일 수 있도록 사전경향성(predisposed)을 지니고 있을 수 있기 때문에 의사에틱 현상을 낳을 수 있다는 것이다(Church & Katigbak, 1988).

이러한 맥락과 같이하여, 조남국(1997)은 '원칙적으로는 동양 문화권에서도 소위 Big Five가 발견되었다는 이유 하나만으로, 그 성격요인들이 동서양에서 공통적이라는 결론을 내린다는 것은 아주 잘못된 생각이라고 단정지을 수 있다'(p. 64)고 밝히고 있다. 그 이유로 첫째는, 측정도구 자체가 올바른 문화비교를 위해 불충분했기 때문에 동양적 성격유형을 완전히 파악하지 못했을 수 있다는 것이다. 그리고, 둘째는 동서양에서 설사 동일한 성격요인들이 추출되었다고 하더라도 그 요인구조들은 문화권에 따라 색다른 양상을 띨 가능성이 크기 때문에 쉽게 '동일한 성격유형'이라고 결론지을 수 없다는 것이다.

반면 에믹 접근법 혹은 문화 특수적 전략은 토착적인 차원을 산출하기 위한 목적으로 자문화에서 출발한다. 에믹 접근의 경우 에틱 연구와는 대조되는 가정과 장단점을 갖는다. 먼저 심리적 다원성의 가정(assumption of psychic pluralism)으로 에믹 접근은 문화권에 따른 심리과정의 다양성을 인정한다(Shweder & Sullivan, 1990). 이러한 접근의 장점은 일차적으로 이것이 연구자들로 하여금 문화특수적인 구조를 연구할 수 있도록 해

준다는 점에 있다. 최수향(1997)은 '연구의 대상이 되고 있는 두 문화권 집단간의 비교분석에 대한 집착을 접어두고 각각의 문화권 집단에서 분석대상 현상이 스스로의 언어로 그 정체가 드러나도록 한 후에, 이 토착적 개념을 상호적으로 기술하는 것이 필요하다. 여기서 상호적이라 함은 각 문화권의 언어를 상대 문화권의 언어로 비교, 해석하려 하지 않고 그 고유의 의미를 충분히 반영한 언어와 개념의 사용을 허락하는 것을 의미한다'(pp. 201-202)고 하였다. 이러한 관점이 에믹 접근법이 추구하는 방향으로 보여진다.

에믹 접근의 일차적인 한계는 이전에 연구된 심리측정학적 구조의 문화 간 보편성을 측정하는 것을 막는다는 것이다. 또한 고유한 문화적 속성을 지닌 개념들을 기술한 내용들이 아무리 많이 축적된다고 하더라도, 그 개념들에 대한 이해는 단지 그 소속 문화의 내부에서만 가능할 뿐, 그들의 좌표를 찾기 위한 타문화와의 비교에서는 아예 비교대상을 찾지 못할 수도 있다. 에믹 접근에 의하여 학자들이 부각시키고 싶었던 자기 문화의 고유성 바로 그 자체가 문화비교에서는 걸림돌이 되어 버리고 말기 때문이다. 따라서 적어도 단순한 에믹 접근법은 최초 비서구 세계가 반발하고 나섰던 서구심리학의 전통적 에틱 접근법에 대한 올바른 대안으로서의 토착심리학적 연구방법이 될 수 없다고 보인다(조남국, 1997).

## 〈표 5〉 에틱 접근법과 에믹 접근법의 비교

|  | 에틱 접근(Etic approach) | 에믹 접근(Emic approach) |
|---|---|---|
| 가정 | 심리과정의 단일성 | 심리과정의 다원성 |
| 목표 | 범문화간 보편성 추구 | 문화간 상대성 혹은 특수성 추구 |
| 방법 | 특정 문화권에서 개발된 이론, 연구 방법, 측정도구를 타문화권에 이식 | 각각의 문화권에 따른 토착적인 이론, 측정도구의 개발 |
| 장점 | 편리성, 경제성, 효율성, 관심있는 이론의 검증 가능성 증진(부과된 에틱) | 자문화권의 독특한 성격, 심리현상과 구조에 대한 설명 가능 |
| 단점 | 문화비교의 불공평성 측정도구의 편기성 의사 에틱 현상의 수용 | 타문화와의 비교 자체를 포기해야 하는 경우 발생. 비교대상의 탐색 자체가 불가능한 경우가 있음 |

이러한 관점에서 최근의 많은 연구자들은 순수한 에틱 혹은 에믹 접근법의 강점과 약점을 인정하여, 결합된 에틱-에믹 설계(combined etic/emic design, Berry, 1980; Church & Katigbak, 1988; Hui & Triandis, 1985; Martínez & Waller, 1997)를 사용하여 문화비교 연구를 수행하였다.

비교 문화간 성격 연구에서 결합된 에틱-에믹 접근의 적용은 먼저, 특정 문화에 대한 에믹 개념들의 차원을 측정하기 위하여 관련있는 문항들이 만들어지고 에믹 차원들이 산출된다. 그런 다음 각 문화의 에믹 차원에서 포함되었던 문항들을 상호결합하여 결합 요인분석이 행해진다. 여기에서 산출된 차원들이 문화마다 개별적으로 산출된 에믹 차원들과 차례로 비교된다. 여기에서 모든 문화권에서 나타나는 차원들은 에틱 차원이며, 단지 하나의 문화권에서만 나타나는 차원들은 에믹 차원이 되는 것이다.

이러한 접근법의 장점은 연구자들로 하여금 외래 및 토착적인 구조간의 유사점들을 명료화해 줄 수 있다(Yang & Bond, 1990)고 보여진다. 또한 문화적으로 독특한 차원들은 번역된 도구들이 종종 기능적이고 개념적인 타당성을 결여할 수 있는 결함들을 극복할 수 있게 해 줄 것으로 보인다

(Berry, 1980). 나아가 토착적인 도구들은 성격에 대한 지역적인 실재에 대한 상이한 이론을 산출할 수 있을 것으로도 보인다(Yang & Bond, 1990). Cheung 등(1996)은 성격검사와 관련하여 "만약 성격 검사가 자문화권의 사람들을 신뢰롭고 타당한 측정 도구로서 제공되기 위한 목적으로 사용되는 것이라면 문화간에 비교가능한 성격 구조 문항과 함께 문화 특수적인 성격 영역들이 함께 포함되어 검사가 구성되어야 할 필요성이 있다"(p. 529) 고 지적함으로써 성격 연구에서의 결합된 에틱-에믹 접근법을 강조하였다.

최근의 문화상대적 입장을 취하는 성격특성 연구들은 대체로 5요인 문항들을 결합된 에틱-에믹 접근법에서의 에틱 자료로 활용하고 있다. 여기에는 44문항으로 구성된 5요인 검사인 BFI(John et al., 1991)나 Norman(1963)의 20개의 양극 척도들이 사용된다. 여기에서 미국의 5요인을 정의하는 문항들이 토착적인 차원들과 어떠한 관련성을 갖고 정렬되어지는지를 살펴보는 것이다. 예를 들면, 특정 문화의 토착적인 요인들과 연합시킬 때 5요인 모형의 요인들이 나누어지는지 혹은 결합되는지, 또한 5요인 모형의 요인들이 여전히 어떤 독특한 차원을 형성하는지를 살펴보는 것이다. 이러한 결과는 개인 지각 및 상호작용에 대한 문화비교에 중요한 함축적 의미를 제공해 줄 수 있는 것이다.


# 제3절  성격특성에 대한 어휘 가설


성격연구에서 자연언어를 이용한다는 생각은 어휘 가설(lexical hypothesis)에서 비롯되었다. 예컨대, "사람들의 개인적인 삶이나 사회적인 삶에서 개인차와 관련된 현저한 특징들은 궁극적으로 언어로 부호화되어 나타날 것이다"(Goldberg, 1982, p. 204). "문화와 역사에 걸쳐 중요한 것으로 간주되는 성격 차원들은 기술적(記述的)인 어휘들에 의해서 표현될 것이다"(John et al., 1984, p. 85)라는 가정들이 그것이다.

John, Goldberg, 및 Angleitner(1984)에 의하면 성격을 기술하는 어휘들을 분석하는 작업은 비단 사람들이 성격을 포함하고 있는 언어를 어떤 방식으로 사용하는지를 밝혀줄 수 있을 뿐만 아니라 어떤 종류의 개인간의 차이점들이 가장 중요한 것으로 간주되는 것인지에 대해서도 체계적인 설명을 제공해 주는 것이다. 이러한 관점을 수용한다면 어휘에 기초한 성격연구는 성격특성의 문화간 보편성 및 문화 특수성을 평가하는 중요한 역할을 할 수 있는 것이다.

여기에는 기본적으로 모든 언어는 제각기 고유한 세계관을 내포하며, 언어들은 근본적으로 상이하다고 보는 문화반영론의 입장과, 언어와 문화는 유리되어 존재하지 않는다(Sapir, 1956, 전윤식, 이영석, p.211에서 재인용)는 언어 상대론의 입장이 기저하고 있다. 사실상, 각 언어는 세상의 현상들을 범주화해서 표현하는 데 있어 각기 특이한 양상을 나타내고 있으며, 이 특성은 그 언어 사용자들의 사회적, 문화적 특성과 밀접하게 연관되어 있는 것이다. 결국, Sapir와 Whorf가 말한 대로 언어는 우리의 사고, 문화, 지각에 영향을 미치기도 하지만 언어 반영론자들의 주장같이 언어는 또한 우리의 현실이나 문화를 반영하기도 하는 것이다. 이러한 관점들이 문화에 따른 어휘 분류학적인 성격연구의 접근방식의 토대가 된다고 하겠다.

이러한 배경하에서 어휘에 기초한 성격연구는 대체로 자연언어를 분석하는 데 관심을 가져왔다. 언어는 크게 세 가지로 구분할 수 있다. 첫째는, 우리 인간이 일상의 삶 속에서 사용하는 언어인 자연언어와, 수학적 언어와 기호논리학에서 사용하는 논리적 상징의 언어로서의 형식적 언어, 그리고 흔히 컴퓨터 언어라고 말하는 창조된 언어로 인공언어가 있다(윤현섭, 1994). 여기에서 특히 자연언어를 분석 대상으로 삼는 이유는 영역이 무한하며, 일반적인 성격검사가 지닌 문장의 범위보다 훨씬 더 대표적인 표집이 가능하기 때문이다. Peabody(1987)는 성격차원의 연구에서, 자연언어를 분석하는 이점을 다음과 같이 설명하고 있다.

성격 차원의 탐색을 위하여 자연언어를 출발점으로 삼는 데는 몇 가지 좋은 이유가 있다. (성격학자가 아닌) 일반인들의 입장에서 보았을 때도 성격이란 '친밀한', '신경질적인', '시간을 엄수하는' 등과 같은 쉬운 용어들에 의해 정의될 수 있기 때문이다. 사실상 이러한 용어들이야 말로 사람들이 자신 및 타인들을 이해하는 기본적인 방식이다. 완전한 성격이론은 궁극적으로 이러한 용어들이 언급하는 현상과 생활 속에서 그것들이 사용되는 방식을 설명해야 한다. 자연언어를 중시해야 하는 또 하나의 이유로 심리학자들은 자료를 수집하기 위하여 자기평정 혹은 동료평정에 의존한다는 사실이다. 결국 그들의 정보원들이 사용하는 언어(즉, 자연언어)를 사용해야만 하는 것이다(p. 60).

어휘 접근에는 언어는 분석 가능하다는 것이 전제되어 있다. 사실상, 언어는 정서적 언어이든 인지적 언어이든 분석이 가능하다고 보인다. 왜냐하면, 언어는 의미의 구조를 갖고 있기 때문이다. 의미의 구조란, 인간이 본유(本有)의 사고와 그 본유의 사고를 사회적으로 객체화시킨 언어적 사고를 조직화한 구조를 말한다(윤현섭, 1994). 결국, 자연어는 성격연구에서 문화특수적인 비교를 위한 출발점으로서 특히 좋은 출발점을 제공해 주는 것이다. Church와 Katigbak(1988) 또한 자국의 자연언어를 분석할 때라야 만이 토착적인 개념들이 다른 문화들로부터 나온 구성개념에 의해 뒤틀어지지 않은 채 나타날 수 있도록 허용해 준다고 지적하고 있다.

5요인 성격특성 요인 또한 Cattell(1943)의 생각 즉, 중요한 개인차는 언어 속에 구현되어 있다는 생각에 의해서 안내되었다. 이는 Goldberg(1981)에 의해서 주창된 소위 어휘 가설에서 가장 널리 인용되는 말이기도 하다.

개인 상호간의 일상적인 상호작용에서 가장 중요한 개인차는 최종적으로 그들의 언어 속으로 부호화된다. 중요한 것은 그러한 차이이며, 더 많은 사람들이 그러한 차이를 깨닫고 그것에 대해서 더 이야기할 것이며, 결국 사람들은 그러한 개인차에 대한 단어를 만들어나가게 될 것이다(pp. 141-142).

Saucier와 Goldberg(1996)는 심리어휘적 접근(psycholexical approach)이란 명칭을 사용하면서, 심리어휘적 접근의 궁극적인 목표를 이론적이며 실제적인 사용을 위한 최대한의 대표적인 특성을 선정해내는 것, 즉 특성영역을 세분화해 내는 것(specification of a trait domain)이라 보았다.

어휘에 기초한 성격특성 연구를 위해서는 이상적으로는 성격특성에 관한 전체의 어휘들을 이용할 수 있어야만 한다. 이를 위해서는 다양한 방식으로 심리어휘들이 추출될 수 있다. 예컨대, 사전에서 어휘를 추출한다든지, 문서화된 혹은 언어적인 담화(예컨대, 책, 편지, 오디오테이프, 필름 등)나 자유 기술(記述), 자유로운 연상 등에서도 어휘는 추출 가능한 것이다. Allport와 Odbert(1936)의 전통에서 비롯된 심리어휘적 접근은 대체로 사전을 이용해 왔다. 사전을 이용하는 것은 몇 가지 장점이 있다. 첫째, 사전은 실제로 사용되고 있다는 측면에서 충분성을 갖고 있다고 보여지며, 둘째, 오랜 세대 동안 제작자(혹은 어휘기록자)에 의해 체계적인 감독하에 있어왔다는 것이다. Somer와 Goldberg(1999)는 만약 가장 중요한 인간 속성이 단어라는 언어의 어휘 속에서 상호 구별되는 용어로 구현된다면 사전이야말로 축적된 민족의 지혜가 담겨져 있는 저장고로 나타날 것이라고 제시하고 있다.

어휘 접근식 특성 구조 연구는 전형적으로 몇 가지의 단계를 밟는다. 첫째, 성격을 나타내는 기술어(記述語)의 대표적인 선정이 취해진다. 둘째, 수집된 어휘 중 동의어를 제거하고 비슷한 용어들을 군집화한다. 셋째, 특성 혹은 특성 척도에의 적용가능성을 평정하기 위하여 산출된 어휘 목록을 일단의 피검자들에게 자기평정 혹은 타인평정의 형식으로 제공한다. 넷째, 평정자료를 요인분석함으로써 개인지각의 차원을 추출하는 것이다(예를 들어, Goldberg, 1981).

그럼에도 불구하고 어휘분류학적 접근과 관련하여 문제가 없는 것은 아니다. 어휘의 추출이나 분류 등과 관련하여 연구가들마다 상호 그 방법을 달리하며, 누구나 동의하는 확고한 기준은 존재하지 않는다는 것이다. 여기에는 어휘 분석에서 포함되어야 할 성격용어의 선정, 분류(Benet & Waller, 1995)에 관한 문제, 안정적인 특성어에 초점을 두어야 할 것인가 상태어와 사회적 평가어를 포함할 것인가(Allport & Odbert, 1936: Waller & Zavala, 1993) 하는 문제, 그리고 언어적 단위로 형용사에 초점을 둘 것인가 아니면 또한 명사, 동사, 절을 포함할 것인가(De Raad & Hoskens, 1990: De Raad, 1992) 하는 문제는 여전히 논란으로 남아있다.

## 제4절  문화별 어휘 분류학적 접근에 따른
### 특성구조 연구 사례

5요인 특성모형의 문화간 보편성을 인정하려는 경향과 더불어 이러한 5요인 모형에 기초하여 제작된 검사에 기초한 연구(부과된 에틱연구)들이 주류를 이루긴 하지만, 또 다른 한편으로는 자국의 어휘를 수집하고 이를 토대로 토착적인 특성구조를 산출해 보려는 노력 또한 많은 나라들에서 나타나고 있다. 이러한 연구들은 대체로 앞에서 고찰한 문화상대적 접근(에믹 접근)이나 결합된 에틱-에믹 접근방법을 채택하고 있다. 대표적인 연구로 서구 유럽의 연구와 필리핀, 중국의 연구사례를 살펴보고자 한다[4].

### 1. 유럽의 연구사례

De Raad와  Perugini(1998)는 미국, 네덜란드, 독일, 헝가리, 이탈리아, 체코, 폴란드 등의 7개국에서 특성 관련 어휘 자료를 수집함으로써, 이들간의 체계적인 비교문화연구를 수행한 바 있다. 여기에서는 이들의 연구결과를 요약한다.

---

4) 여기에서는 주로 5요인 구조의 범문화적 보편성을 반증하는 것으로 보이는 연구를 제시하기로 한다. 5요인 모형를 지지하는 연구의 경우 이미 많이 알려져 있기 때문이다.

De Raad와 Perugini는 7개국의 언어에서 매 언어마다 대략 430개 정도의 특성 어휘 변인들을 사용하여 평균적으로 640명의 피험자로 하여금 자신을 평정하도록 하였다. 그리고 나서 영어판에서 산출된 5요인을 목표로 하여 서로 다른 언어에서 산출된 대응요인들을 상호 독립적인 위치를 기준으로 또한 회전 후의 위치에 기준으로 요인 일치도를 계산하였다. 〈표 6〉은 De Raad와 Perugini 등이 연구에 포함시킨 나라별 연구의 개요를 나타낸 것이다.

여기에서 De Raad와 Perugini는 영어판은 Goldberg(1992)의 5요인 구조 측정을 위한 100개의 형용사 어휘(100 Big-Five marker)를 사용하여 주성분 분석과 배리막스 회전방법을 사용하였으며 여타 나라의 자료 역시 5요인해를 기준으로 주성분 분석과 배리막스 회전을 사용하였다. 요인 유사성의 준거로서는, 일치도 계수가 .85 이상일 것을 설정하였다.

### 〈표 6〉De Raad와 Perugini(1998)의 비교문화연구에 포함된 나라별 연구의 개요

| 국 가 | 미 국 | 네덜란드 | 독 일 | 헝가리 | 이탈리아 | 체 코 | 폴란드 |
|---|---|---|---|---|---|---|---|
| 연구자 | Hofstee, de Raad, & Goldberg (1992) | de Raad, Hendriks, & Hofstee (1992) | Ostendorf (1990) | Szirmak & de Raad (1994) | Caprara & Perugini (1994) | Hrebickova (1995) | Szarota (1996) |
| 추출어휘수 | 540 | 551 | 430 | 561 | 285 | 358 | 287 |
| 피험자 | 대학생 320명 | 대부분 학생 600 | 대학생, 일반인 802명 | 학생 400명 | 2/3이대학 생 961명 | 17-81세 | 중등학교 |
| 자료형태 | 자기평정 | 자기평정-동료평정 | 자기평정-동료평정 | 자기평정 | 자기평정-동료평정 | 자기평정 | 자기평정-동료평정 |
| 특징 | 평가어 제외 특성어와 상태어 구분 추출 | 평가어 제외 특성어와 상태어 구분 추출 | 특성어와 상태어 구분 추출 | 특성어와 상태어 구분 추출 | 평가어 제외 | 특성어와 상태어 구분 추출 | 특성어와 상태어 구분 추출 |
| 요인추출 방법 | 주성분 분석, 배리막스회전 | 5요인에 기초한  주성분분석, 배리막스 회전 | | | | | |

　그들은 나라별로 5요인을 산출하고 30개(5요인×6개국)의 요인 일치도 계수를 산출한 결과, 그 중 2개만이 .85이상의 일치도 계수가 나타남을 발견하였다. 미국 해(解)를 기준으로 직교적 목표회전하였을 경우에도 6개나라 중 5요인 모두 일치하는 나라는 한 나라도 나타나지 않았으며 30개의 요인 중 다만 6개 요인만이 .85 이상의 일치도 계수를 산출하였다. 특히 요인5의 경우 가장 두드러지게 불일치함을 보였다. De Raad와 Perugini는 이와 같이 낮은 일치도가 번역된 특성 용어들이 원래 각 나라에서 성격관련 어휘의 추출시에 채택했던 상이한 기준이나 절차에서 비롯되었을 수도 있다는 생각에 번역된 영어단어 중 최선의 대표어휘(marker)들만 사용하여 추가 분석하였는데, 이 때에도 목표회전 이후에 7개의 요인만이 .85이상의 일치도 계수를 산출하였다. 나라별로 특징적인 결과를 요약하면 〈표 7〉과 같다.

　요컨대, 미국 영어에서 발견된 특성 구조는 어떤 다른 6가지의 요인구조와 상호 교환적으로 볼 수 없는 것으로 나타났다. 어떤 구조의 경우, 예컨대 네덜란드나 헝가리, 이탈리아의 구조는 의미론적으로 전적으로 다른 5번째 요인을 가지고 있었다. 다만, 기존에 발견되었던 Big Five 요인의 3개 내지 4개 정도는 어느 정도 다른 언어에서도 확인할 수 있는 것으로 나타났다.

## 〈표 7〉 De Raad와 Perugini(1998)의 비교문화연구에서 나타난 나라별 특징적인 결과

| 국 가 | 5요인 | 특 징 |
|---|---|---|
| 네덜란드 De Raad등 (1992) | 1) 외향성 2) 친화성 3) 성실성 4) 정서적 안정성 5) 지능 | 외향성 : 외향성 보다는 쾌활성 등의 의미로 나타남<br>친화성 : 너그로움이나 자비 등의 요소가 강함<br>성실성 : 미국영어의 친화성 요인 가장 유사하게 나타남.<br>정서적 안정성 : 미국의 Surgency와 공통변량을 지님 |
| 독일 Ostendorf (1990) | 1) 외향성 2) 친화성 3) 성실성 4) 정서적 안정성 5) 지능 | 외향성 : 미국 영어보다 더욱 정서적인 색체를 포함<br>정서적 안정성 : 보다 기질적인 측면을 포함<br>지 능 : 명확하게 지능요인으로 나타남. |
| 헝가리 Szirmak & De Raad (1994) | 1) 외향성 2) 친화성 3) 성실성 4) 정서적 안정성 5) 통합성 | 친화성 : 박애주의, 인도주의 등과 같은 색채로 나타남.<br>통합성 : 친화성과 내용상 유사한 통합성 차원이 나타남 |
| 이탈리아 Caprara & Perugini (1994) | 1) 외향성/에너지 2) 침묵-동요 3) 성실성 4) 이기심-이타주의 5) 인습성 | 요인2. 4. 5에서 대안적인 명칭이 나타남<br>이기주의-이타주의 : 다른 언어에서의 친화성과 관련됨<br>인습성 : 진보적인-보수적인, 비동조적인-인습적인 등의 어휘가 특징적으로 나타남 |
| 체코 Herbickova (1995) | 1) 외향성/Surgency 2) 친화성 3) 성실성 4) 정서적 안정성 5) 지능 | 정서적 안정성 : 영리한, 훌륭한 등의 요인5의 특징이 나타남<br>지 능 : 성실성 요인의 특징(효율적인, 사려깊은 등의 어휘)을 지니고 타 요인에 비하여 교양의 의미가 높게 나타남 |
| 폴란드 Szarota (1996) | 1) 외향성 2) 친화성 3) 성실성 4) 정서적 안정성 5) 지능 | 전형적인 5요인 모형과 가장 유사하게 나타남 |

## 2. 스페인의 연구사례

Martínez와 John(1998)은 일련의 연구를 통하여 5요인 구조 검사의 하나인 BFI(Big Five Inventory, John 등, 1991)의 스페인판을 평가하고, 5요인 구조의 일반화 가능성을 탐색하기 위하여 스페인과 미국 대학생을 대상으로 언어간 요인 일치도를 측정하였다. 나아가 스페인판 Big Five 대표어휘(markers)의 수렴성을 검정하기 위하여 스페인판과 영어판 BFI를 비교하기 위한 비교문화간 설계 또한 사용하였다. 그 결과 Martínez와 John은 스페인판 BFI는 스페인어 사람들의 성격특성 구조를 산출해주는 효과적이고 신뢰로우며 타당한 척도일 수 있으며, 5요인 차원에 의해서 추출된 성격구조에서 문화간 차이에 대한 증거는 없다고 결론지었다.

그러나 이러한 결론과는 달리 또 다른 연구(Martínez & Waller, 1997)에서는 스페인의 성격특성 어휘와 스페인어로 번역된 7요인 검사(Tellegen & Waller, 1987)를 함께 사용(결합된 에틱-에믹 접근)함으로써 스페인 성격어휘의 문화보편적인 측면 뿐만 아니라 문화특수적인 측면을 제시하였다.

Martínez와 Waller는 먼저 스페인어 사전에서 개인들을 상호 행동·사고·감정면에서 구분시키는 데 사용될 수 있다고 생각되는 특성관련 형용사 299개 어휘를 수집하였다. 이를 894명의 스페인 대학생들에게 실시하고, 배리막스 회전에 의한 주성분 분석의 결과 토착적인 7개의 요인해를 산출하였다.

제1요인은 긍정가(Positive Valence)로서 개인적 가치와 독특성을 특징으로 하는 커다란 차원으로 나타났다. 긍정가의 예는 우수한(superior), 감탄할 만한(admirable), 만만찮은(formidable), (-)특별하지 않은(not special), (-)평범한(mediocre), (-)변변찮은(ordinary) 등이었다. 이들 용어들은 미국판 7요인 연구에서 긍정가 요인에 속하는 대표적인 어휘이기도 하였다. 제2요인은 부정가(Negative Valence)로 사악함(evilness, wickedness), 도덕적 타락(moral depravity) 등을 지칭하는 용어로 정의되었다. 대표적인 어휘로는 넌더리가 나는(sickening), 잔인한(cruel), 사악한(wicked), 위해를 가하는(harmful) 등이었다. 이들 또한 미국판 7요인 모형에서 발견되는 용어이다. 제3요인인 쾌활성(Pleasanness) 차원은 넓은 범위의 유쾌한 정서 즉, 환희(cheerful, charming, comical), 활력(active, dynamic, flitting), 사교성(reveling, fond of parties, friendly), 자기확신(independent, shameless, defiant) 등과 같은 용어를 포함하였다.

특징적인 것은 스페인 7요인에서 쾌활이나 유쾌함과 유리(遊離)된 어휘들 즉, 이완된(relaxed), 차분한(calm) 등의 어휘는 쾌활성 차원보다는 요인5로 분류된 절제성(Temperance) 차원에 포함된다는 것이다. 더욱이, 별로 바람직하지 않다고 생각되는 사교적 수완을 나타내는 어휘들 예컨대, 시시덕거리는(prankish), 교활한(wily), 교묘한(cunning), 약삭빠른(shrewd) 등의 어휘 또한 쾌활성 차원의 대표적인 어휘로 나타났다는 것이다. Martínez와 Waller(1997)는 이러한 결과를 스페인 사람들이 시시덕거리거나 약삭빠른 등의 행동에 긍정적인 쾌락의 가치를 부여하는 것으로 보인다고 지적하고 있다. 이는 스페인 사람들이 대인관계 및 성취 유능성 등을 장려하기 때문으로 보고하고 있다.

4요인은 몰입(Engagement) 차원으로 극도의 각성 수준(예, ardent, passionate, seething) 혹은 비관여(disengagement(예컨대, lazy, idle, cold)를 나타내는 작은 요인들로 나타났으며, 나머지 차원들은 각각 절제성(요인5), 친화성(요인6), 개방성(요인7)으로 명명되었다. 다만, 스페인의 절제성 차원은 미국의 성실성 요인과 유사하지만, 절제성 차원은 행동상의 절제나 중용을 나타내는 용어들(proper, orderly, punctual), 정서적인 면과(stable, relaxed, patient), 지적인 면(traditional, conventional, uncomplicated)을 포함하는 폭넓은 의미로 나타났다는 것이다. 개방성 요인은 미국의 7요인 모형의 인습성 차원과 5요인 모형의 개방성 차원과 유사하였다. 그러나, 이 또한 5요인 모형이나 7요인 모형과는 다른 특이점을 보였는데, 스페인 개방성은 경험에 대한 개방성의 극단적인 수준을 나타내는 평가적 어휘들(예, 별스러운(strange), 기괴한(bizarre), 기이한(quaint))이 상당수 포함되었으

80

며, 7요인 모형의 인습성에 적재되는 어휘들, 예를 들어 전통적인 (traditional), 인습적인(conventional), 가족지향의(family-oriented)) 등의 어휘는 절제성 차원에 적재되는 것으로 나타났다는 것이다.

결국 Martínez와 Waller는 스페인의 토착적인 특성 구조는 기존의 5요인 구조보다는 Tellegen과 Waller(1987)의 7요인 구조와 보다 유사하며, 스페인 사람들의 성격차원을 표현하기 위해서는 적어도 7개의 고차적인 성격 차원들을 포함해야 한다고 제안하였다.

## 3. 중국의 연구사례

중국의 Cheung, Leung, Fam, Song, Zhang과 Zhang(1996)의 연구는 종종 5요인 구조를 넘어서는 토착적인 차원이 있음을 보여주는 첫 번째 증거로 평가되고 있다(Chruch et al., 1998). Cheung 등(1996)의 연구를 포함하여 Yang과 Bond(1990), 의 연구, 그리고 Cheung과 Leung(1992)의 연구 등을 중국의 특성구조 연구의 사례로 들 수 있다.

Yang과 Bond(1990)는 중국의 토착적인 성격요인과 수입된 성격요인 간의 관계를 알기 위하여 중국의 토착적인 요인구조를 산출하고 이들 요인과 5요인 구조를 측정하는 Tupes와 Christal(1958)의 20개 척도와의 관계를 차례로 분석하였다. 먼저, 중국 언어에서 성격특성 형용사 150개를 추출하고 이를 3개의 형용사 그룹(타자지향 형용사, 사물지향 형용사, 자기지향 형용사)으로 분류하였다. 이후 중국 대학생 2,000명을 대상으로 아버지, 어머니, 교사, 이웃, 친구, 자신에 대하여 평정하도록 하고 각각의 자료를 바탕으로 주축 요인분석을 실시하였다. 여기에서 Yang과 Bond는 5-6개의 양극단 요인들이 중국 사람들의 독특한 성격구조를 보여주는 독특한 차원으로 나타남을 확인하였다. 특히 대상에 따른 6개 자료간의 일치도 혹은 유사성 또한 높은 것으로 나타났다. 산출된 5요인은 다음 〈표 8〉과 같다.

〈표 8〉 중국의 5요인 구조와 대표 어휘 (Yang & Bond, 1990)

| 요인1 | 요인2 | 요인3 | 요인4 | 요인5 |
|---|---|---|---|---|
| 사회적지향-<br>개인중심지향<br>(Social Orientation-<br>Self-Centeredness) | 유능감- 무력감<br>(Competence-<br>Impotence) | 표현성-내향성<br>(Expressiveness-<br>Conservatism) | 자기통제-충동성<br>(Self-control-<br>Impulsiveness) | 낙천성-신경증<br>(Optimistim-<br>Neuroticism) |
| 정직한(Honest)<br>착실한(Good and<br>gentle)<br>충실한(Loyal)<br>성심성 있는<br>(Cordial )<br>친절한(Kind)<br>우호적인(Friendly)<br>솔직한(Frank)<br>도덕적인(Morally<br>clean)<br>책임 있는<br>(Responsible)<br>우아한(Gracious) | 단호한<br>(Determined)<br>확고부동한<br>(resolute and<br>firm)<br>능력있는(Capable)<br>재치있는(Tactful)<br>용감한(Brave)<br>영리한(Smart)<br>합리적인<br>(Rational)<br>독립적인<br>(Independent)<br>현명한(Wise)<br>민첩한(Quick<br>and sharp) | 활기찬(Vivacious)<br>정열적인<br>(Passionate)<br>솔직한<br>(Straightforward)<br>유머있는<br>(Ho\umorous)<br>말이 많은<br>(Talktive)<br>장난기 있는<br>(Mischievous<br>낙천적인<br>(Optimistic)<br>마음이 넓은<br>(Broad-minded)<br>상냥한(Gracious)<br>관대한(Generous) | 경건한<br>(Quiet and<br>refined)<br>교양있는<br>(Cultured)<br>신중한(Modest)<br>공명정대한<br>(Upright and<br>correct)<br>침착한(Self-poss<br>essed)<br>안정된(Steady )<br>객관적인<br>(Objective) | 낙천적인<br>(Optimistic)<br>쾌활한<br>(Pleasant)<br>자신있는<br>(Self-confident) |
| ↕ | ↕ | ↕ | ↕ | ↕ |
| 신뢰할 수 없는<br>(Untrusthful)<br>이기적인(Selfish)<br>기회주의적인<br>(Opportunistic)<br>교활한(Sly)<br>탐욕스러운<br>(Greedy)<br>버릇없는(Naughty)<br>무자비한(Ruthless)<br>무정한(Merciless)<br>적대적인(Hostile)<br>잔인한(Harsh) | 의존적인<br>(Dependent)<br>두려워하는<br>(Fearful)<br>소심한(Timid)<br>유치한(Childish)<br>바보같은(Foolish)<br>우둔한(Dull)<br>천박한(Shallow)<br>저속한(Vulgar)<br>수줍은(Shy)<br>자기멸시적인<br>(Self-disdainful) | 고리타분한<br>(Old-fashion)ed<br>인습적인<br>(Conservative)<br>융통성없는(Rigid)<br>엄숙한(Solemn)<br>거북한(Awkward)<br>내성적인<br>(Introverted)<br>완고한(Stubborn)<br>냉담한(Indifferent) | 충동적인<br>(Impulsive)<br>흥분성의<br>(Irritable)<br>경박스러운<br>(Frivolous)<br>성미가 까다로운<br>(Bad-tempered)<br>고집 센<br>(Headstrong)<br>완고한<br>(Stubborn)<br>의견을 굽히지<br>않는<br>(Opinionated)<br>과격한(Extreme) | 침울한<br>(Moody)<br>걱정많은<br>(Worrying)<br>염세적인<br>(Pessimistic)<br>불안한<br>(Anxious)<br>과민한<br>(Sensitive)<br>자기연민의<br>(Self-pitying) |

계속해서, Yang과 Bond는 Tupes와 Christal의 목록으로 5요인 모형에 맞추어 요인별 점수를 구하고, 이를 독립변인으로 삼아 중국의 개별 요인들에 대해 중다회귀분석을 실시하였다. 그 결과 낙천성 요인만이 정서적 안정성 요인에 의해서 21%가 설명되었을 뿐, 중국의 5요인들과 Big Five 5요인간에 1:1 대응관계를 이루는 요인들은 나타나지 않았다.

먼저, 낙천성은 정서적 안정성과 어느 정도 관련성이 있었으나 사실상 유능성 요인과 더욱 높은 상관을 지니고 있었다. 중국의 표현성 요인은 5요인 모형의 외향성과 높은 상관이 있었으나 교양, 정서적 안정성 요인과도 유의하게 관련이 있었으며, 성실성 요인과는 부적인 상관을 보였다. 사회적 지향성 요인은 친화성 요인과 높은 상관이 있었으나 성실성 요인과의 상관은 극도로 낮았다. 실제로 친화성에 다른 4가지의 수입된 요소들을 부과해도 단지 사회적 지향성은 3.4%만이 증가하여, 43.6%에서 47.0%로 나타났을 뿐이었다. 결국, Yang과 Bond의 연구결과는 중국의 성격특성 구조는 적어도 5요인 모형과 일치하지 않는다는 결론을 내리고 있다.

Cheung과 Leung(1998)은 중국의 토착적인 성격검사와 중국 사람들의 성격특성에 관한 연구를 소개하였다. 여기서 이들은 중국의 중다특성 성격검사(MTPI, Cheung, Conger, Hau, Lew & Lau, 1992)가 개발된 배경과 함께, 이러한 검사가 중국인의 성격의 토착적인 요소로서 유교적 가르침, 유교적인 태도, 신념, 행동 및 정서적인 반응에 이르기까지 전통적인 가치와 관련된 요인을 산출함을 지적하였다. 이들은 중국문화와 성격에 관한 문헌 및 대학생을 대상으로 한 면접 과정에서 추출된 191개의 특성 용어를 추출하였는데, 약 2,500여명의 성인 중국인을 대상으로 자료를 수집한 결과, 주축요인 분석에서 Big Five의 5요인 모형과는 완전히 구별되는 5요인을 산출하였다. 이들 5요인은 외부지향-내적지향(outging vs. withdrawn), 이기주의-원칙주의(self-serving vs. principled), 동조-비동조(conforming vs. nonconforming), 불안정-안정(unstable vs. stable), 불타협-수용(strict vs. accepting)이었다. 이러한 결과에 대하여 Cheung과 Leung(1988)은 중국인들이 한결같이 현대화된 유교적 가치를 내면화하고 있는 증거라고 보고하고 있으며, 만약 Big Five 5요인 모형 검사만을 했다면 중국인에 관한 많은 유용한 정보를 잃어버렸을 것이라고 결론을 내리고 있다.

Cheung 등(1996) 또한 중국 성격측정 검사(CAPI)가 지니고 있는 중국인의 성격특성 구조를 제시하였다. 이들은 CAPI를 주성분 분석방법에 의한 요인분석을 시행하였을 때 의존성, 중국전통, 사회적 잠재력, 개인주의 등의 4개의 특성구조가 산출될 수 있음을 보고하였다. 또한 297명의 대학생을 대상으로 영어판 NEO-PI 검사를 실시하고 CAPI 자료와 결합시켜 요인분석한 결과 신경증, 외향성, 친화성, 성실성 등과 유사한 4개의 결합요인을 발견하였으나, CAPI에서는 개방성 요인이 산출되지 않았으며, 중국전통 요인은 독립적인 요인으로 그대로 산출됨을 보고하였다.

중국의 성격특성 구조에 관한 한 적어도 연구자들간에 토착적인 특성요인 구조에 대한 합의는 아직까지는 나타나지 않고 있는 듯하다. 그러나, 이들 연구가들의 공통된 주장은 적어도 5요인 모형이 중국전통과 같은 문화특수적인 요소를 간파해 낼 수 없다고 지적하는 면에서는 일치하고 있다.

## 4. 필리핀의 연구사례

필리핀의 성격특성구조에 대한 연구는 비교적 활발한 편에 속한다. 여기에는 필리핀의 특성구조 또한 5요인 모형의 구조나, Tellegen(1985)의 3-4요인 구조와 특별히 다를 것이 없음을 보여주는 연구(Katigbak et al., 1996)와 혹은 필리핀의 독특한 성격특성구조를 보여주는 연구(Church et al., 1997)등이 병존하고 있는 상태이다.

먼저, Katigbak 등(1996)은 필리핀과 미국 대학생 표집을 대상으로 하여 토착적인 필리핀 차원을 밝혀내고, NEO-PI 5요인 구조의 검증 및 Tellegen(1985)의 3-4요인 구조와의 관계를 분석함으로써, 문화간 성격차원의 일반성을 연구하였다. 이들은 536명의 대학생을 대상으로 SRF(Student

Research Form) 검사의 문항 및 이전의 연구에서 사용된 문항, 그리고 대학생과의 면접을 통해 얻어진 새로운 문항들을 결합하여 총 288개의 문항군을 통하여 자기평정자료를 수집하였다. 여기에서 Church와 Katigbag(1988, 1989)의 이전 연구에서 밝혀진 8요인(사회적 잠재력, 정서적 안녕, 자기확신-불확신, 정서적 통제, 책임감있는 학생, 적절한 행동, 타인에 대한 관심, 포용심/독립심) 중 6개의 요인이 최종적으로 반복됨을 발견하였다. 6개 요인은 각각 책임성(Responsibility), 사회적 잠재력(Social Potency), 정서 조절(Emotional Control), 타인에 대한 관심(Concern for Others), 포용심(Broad-Mindedness), 정서적 안녕(Affective Well-Being) 요인이었다.

계속해서 Katigbak 등은 5요인 특성구조를 측정하는 NEO-PI 검사와 Tellegen의 3-4요인을 측정하는 MPQ(1982) 문항과의 결합요인분석 및 회귀분석을 실시하였으며 요인의 유사성을 분석하였다. Katigbak 등이 분석한 유사성 분석의 결과는 〈표 9〉와 같다.

〈표 9〉 필리핀 5요인 구조와 Big Five 5요인 및 Tellegen의 3-4요인 구조와의 관계 (Katigbak 등, 1996)

| 필리핀의 5요인 | NEO-PI의 요인 | Tellege의 3-4요인 |
|---|---|---|
| 책임성 | 성실성 | 구속감 |
| 사회적 잠재력 | 외향성, 신경증(-) | 개인적 긍정적 정서 |
| 정서적 통제, 정서적 안녕 | 신경증(-) | 부정적 정서(-) |
| 타인에 대한 관심 | 외향성의 친애관련 측면 | 대인관계에서 오는 긍정적 정서 |
| 포용심 | 경험에의 개방성 | |

여기에서 Katigbak 등(1996)은 대체로 5요인과 Tellegen의 고차요인들 모두가 필리핀의 차원들에서 나타났으며, 따라서 필리핀의 문화특수적인 것이라고 할만한 특이한 것은 없었다고 밝히고 있다. 다만, 포용심 요인은 NEO-PI의 경험에의 개방성 하위척도에서 빠진 것으로 보이는 비판에 대

한 개방성, 학습하는 것에 대한 개방성 등의 문항을 포함하고 있는 것으로 지적하였다. 또한 필리핀의 요인은 가치나, 아이디어에 개방되어 있음을 측정하나, 상상이나 심미성 등은 포함하지 않는 것으로 보였다. 필리핀의 타인에 대한 관심 척도는 친척들을 위해 자질구레한 일을 하는 것, 병을 앓는 조부모를 돌보는 것, 친구를 방문할 때 선물을 주는 것, 친구와 음식을 나누는 것 등 미국보다는 필리핀에서 일상적으로 일어나는 것에 보다 관련이 있었다. 특히, 포용심과 타인에 대한 관심 요인은 미국과 필리핀의 두 문화간에 신뢰도계수 알파 수준에서 가장 큰 수준의 차이를 보였으며, 이들 두 요인은 미국 사람들과는 관계가 거의 없음을 보여주었다.

Church와 Reyes 등(1997)도 일련의 연속적인 연구를 통하여 사전적 기초하에 필리핀 성격차원을 추출하고 이를 5요인 모형과 비교해 보는 연구를 수행하였다. 연구1에서는 필리핀 고등학생과 대학생(N=629)들이 861개의 필리핀의 특성 형용사에 대하여 자신을 평정하였고, 연구2에서는 필리핀 고등학생과 대학생(N=1.531)을 대상으로 연구1에서 밝혀진 280개의 차원관련 어휘(markers)들에 대해 평정하도록 하였다. 어떤 학생들(N=473)은 또한 NEO 5요인 검사를 수행하였다. 여기에서 Church 등은 배리막스 회전을 사용한 주성분 분석을 통하여 7개의 필리핀의 차원을 확인하였다. 여기에서 4개의 요인 즉, 타인에 대한 관심, 성실성(C), 군거성(G) 및 지능(I) 요인은 5요인의 친화성, 성실성, 외향성, 지능 등과 각각 상당히 유사한 것으로 보였다. 필리핀의 자기-확신(Self-Assurance) 차원은 5요인 모형의 신경증과 가장 유사하였다. 필리핀의 기질성(Temperamentalness) 차원은 5요인 모형의 친화성, 성실성, 및 신경증과 중복되었다. 7번째의 차원은 부정가 혹은 희귀(Infrequency) 차원이었다.

이들은 또한 5요인 산출해에서 Big-Five 5요인 모형과 유사한 요인들이 나타나는지 여부에 관심을 갖고 이를 분석하였다. 5요인을 회전하였을 때 가장 큰 요인은 타인에 대한 관심과 사회적 유능성, 종교성 및 많은 성실성 용어들이 결합되어 사회화 요인이 산출되었으며, 두 번째 요인은 부정가/희귀성 차원, 세 번째 요인은 자기-확신, 지능, 기질 용어들이 혼합된 지각된 유능감 요인이 산출되었다. 나머지 두 요인들은 사교성 차원(부정 극단에 있는 몇몇 성실성 용어)과 자기중심성 차원이었다.

결과적으로, Church 등은 5요인 모형의 다섯 요인들이 적어도 첫 5개의 요인이 아니거나 혹은 지배적인 5요인이 아니라고 지적하였다. Big-Five 5요인 모형에서 제시하는 다섯 요인 모두를 포함하는 이와 유사한 필리핀의 성격차원을 확인하기 위해서는 최소한 5내지 6개 이상의 요인들이 필요한 것으로 나타났다. 또한 5요인 내지 6요인 요인분석 해에서 분명한 성실성 차원은 나타나지 않았으며, 5요인 모형의 지능과 정서적 안정성(즉, 자기확신)과 관련된 용어들은 단일 요인으로 정의되었다. Church 등의 연구에서 특징적으로 나타난 것은, 평가적인 용어를 제거하려 했음에도 불구하고 Amagor 등(1995), Benet과 Waller(1995) 등의 연구에서 나타난 부정가 요인과 비슷한 반복가능한 요인을 얻었다는 것이다. 결론적으로, 이들은 만약 부정적 평가(즉, 부정가) 용어들이 포함된다면, 5요인 모형의 5요인 모두와 유사한 필리핀의 차원들을 확인하기 위해서는 적어도 7개의 차원들이 필요하다고 진술하고 있다.

# 제4장 한국인의 성격특성 구조 탐색을 위한 방법

제1장에서 제시한 바와 같이 본 연구의 주된 목적은 어휘 가설 및 어휘 접근(lexical approach) 방식에 기초하여 우리 나라의 성격특성 관련어휘를 조사하는 한편, 이들 어휘의 바탕에 기저하고 있는 성격요인을 추출함으로써 궁극적으로는 한국인의 문화 특수적인 성격 요인들을 찾아내고자 하는 것이다. 이 장에서는 이를 위한 연구방법 및 절차들을 차례로 제시한다. 또한 특히 성격연구의 결합된 에틱-에믹 접근법을 사용함으로써 5요인 모형에서 제시하고 있는 성격특성 구조와의 차이 또한 비교하기 위한 절차 또한 함께 제시하였다.

## 제1절 연구를 위한 모형

〈그림 1〉은 연구의 진행 절차를 흐름도로 나타낸 것이다. 전체적으로 보면 한국인의 성격특성 구조를 탐색하기 위한 가장 일차적인 작업으로써 성격관련 어휘의 수집과정, 이에 대한 평정 과정을 통한 정련화 과정, 그리고 이들 어휘를 사용한 예비검사의 제작과 연구대상을 통한 자료의 수집과정으로 이어짐을 알 수 있다. 최종적으로 수집된 자료는 연구문제에 따른 통계적 분석과정을 거치게 된다.

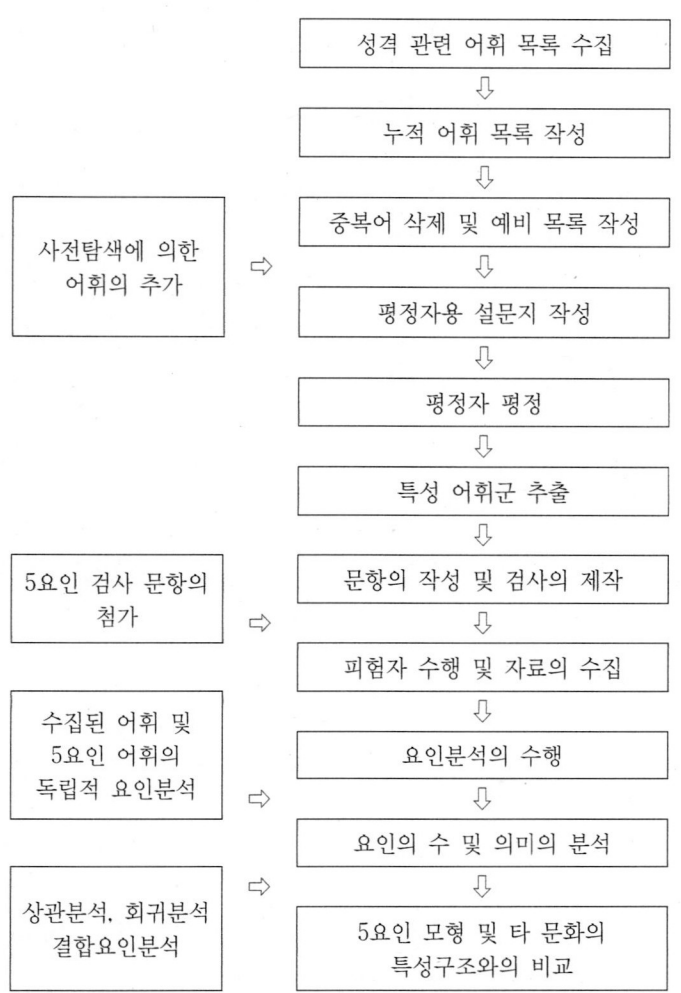

〈그림 1〉 연구의 흐름도

## 제2절  연구대상

성격 관련 어휘를 기초로 제작된 검사에 대한 타당성 있는 응답자료를 얻기 위해서는 피검자들은 어느 정도의 언어 이해능력과 적절한 언어구사 능력이 갖추어진 집단일 필요가 있다. 이러한 의미에서 어휘 접근에 기초한 성격특성 요인을 추출하는 기존의 많은 연구들의 예를 따른다. 외국의 많은 연구들은(예를 들어 Benet et al., 1995; Katigbak et al., 1996; Martínez & Waller, 1997; Yang & Bond, 1990 등) 대체로 대학생을 피험자로 하여 성격특성 어휘에 대한 자기평정 자료를 수집하였다. 이에 본 연구 역시 대학생으로 한정하여 피검자를 선정하였다. 구체적으로는 부산 광역시 및 경남의 3개 도시의 2-4년제 대학생을 대상으로 하였으며, 성별과 전공별 요소를 어느 정도 고려하여 621명을 표집하였다. 표집된 연구대상의 배경 변인별 분포는 〈표 10〉과 같다.

〈표 10〉 연구대상의 분포

| | 성 별 | | 학년별 | | | | 전공계열별 | | 전체 |
|---|---|---|---|---|---|---|---|---|---|
| | 남 | 여 | 1 | 2 | 3 | 4 | 인문 | 자연 | |
| 4년제 대학 | 131 | 166 | 135 | 84 | 53 | 25 | 206 | 91 | 297 |
| 2,3년제 대학 | 149 | 175 | 281 | 98 | 45 | - | 76 | 248 | 324 |
| 전 체 | 280 (45.1) | 341 (54.9) | 416 (66.99) | 182 (29.31) | 98 (15.78) | 25 (4.03) | 282 (45.41) | 339 (54.59) | 621 |

# 제3절  측정도구 제작을 위한 기초 자료

어휘 가설에 입각한 한국인의 성격특성 구조 탐색을 위해서는 우리나라의 광범위한 성격특성 관련 어휘 목록이 필요하다. 또한 타문화권에서 제기하는 성격특성 구조와의 비교 -여기서는 5요인 특성 구조와의 비교- 를 위한 결합된 에틱-에믹 접근법을 위해서는 5요인 성격특성과 관련된 어휘 목록이 함께 필요하다. 5요인 특성구조를 측정하기 위한 어휘 목록의 경우, 형용사 어휘 목록 뿐만 아니라 검사지 형태로 작성된 여러 가지의 측정도구(ACL, Goldberg's Adjective List, NEO-PI, NEO-PI-R, NEO-FFI, BFI)가 존재하나, 우리나라의 경우 성격특성 구조의 분석이라는 목적으로 개발되어 있는 특성어휘 목록이나 검사는 거의 없는 상태이다. 다만 몇 연구자들에 의해서 성격관련 특성 형용사들이 호오가 분석 혹은 지각차원 분석(김영채, 1984; 이수원, 김정권, 조경호, 1975; 한덕웅, 1992), 정서 구조의 분석(안신호, 권오식, 이승혜, 1990) 등의 목적으로 부분적으로 개발되어 있을 뿐이다. 따라서 본 연구에서는 이러한 관련목록을 참고하되 사전적 탐색을 통하여 성격특성 형용사 목록을 광범위하게 확보함으로써 성격특성 구조 검사를 본 연구자가 직접 구성하고자 하였다. 어휘의 수집시 포함되었던 자료의 원천 및 어휘수는 〈표 11〉과 같다. 수집된 어휘의 목록은 자료원 번호별로 〈부록 1-어휘 종합목록〉에 제시되어 있다.

〈표 11〉 특성관련 어휘 추출을 위한 자료원 및 수집어휘수

| 연구자 | 김영채 (1984) | 이수원 등 (1975) | 한덕웅 (1992) | 박용수 (1994) | 신용철 (1993) |
|---|---|---|---|---|---|
| 어휘수 | 400 | 300 | 78 | 784 | 82 |
| 자료원번호 | 1 | 2 | 3 | 4,5,6,7,8 | 9 |

## 1. 성격특성 형용사 목록(400어휘)

김영채(1984)는 Anderson(1968)의 「Likableness ratings of 555 personality-trait words」등의 문헌과 우리 나라 사전을 참고하여 400개의 성격특성 형용사 목록을 만든 다음 대학생들을 대상으로 어휘의 호오가(好惡價)를 분석하였다. 김영채 목록의 경우, 400개의 성격특성 형용사로 비교적 많은 어휘수를 확보하고 있으나, 동의어로 간주될 수 있는 형용사 어휘들이 중복으로 포함(예, 허풍떠는/자만하는/난체하는/오만한/거만한)되어 있거나, 명백한 반의어들(불친절한/친절한, 부도덕한/도덕적인, 무책임한/책임있는), 혹은 일상생활에서 사용빈도가 낮으며 성격특성 어휘이기보다는 일시적 상태를 나타내는 용어 또한 상당수 포함되어 있는 것으로 보인다. 본 연구에서는 이들 어휘를 체계적인 제거절차를 거쳐 사용하였다.

## 2. 인물평가형용사 목록(300어휘)

이수원 등(1975)이 인물평가 형용사의 적절성, 호오도 및 양면가를 측정하기 위한 목적으로 구성한 300개의 어휘목록을 포함하였다. 이수원 등은 윤호윤(1970)이 작성한 838개의 인물평가 형용사 중 400개를 선정하고, 애매한 어휘를 제외하여 300개의 형용사 목록을 산출하였다. 많은 어휘들은 김영채의 목록과 유사하며, 역시 동의어로 분류될 수 있는 어휘들을 많이 포함하고 있다. 마찬가지로 이들 어휘들은 본 연구에서 평정자의 사전 동의어 분류과정을 통하여 체계적으로 제거하여 사용하고자 하였다.

## 3. 특성용어 목록(78어휘)

한덕웅(1992)이 이희승(1967)이 저술한 「우리말 사전」과 최현배(1955, 1956)의 조사연구 등의 결과를 바탕으로 구성한 목록이다. 한덕웅은 일련의 어휘선정 절차를 거쳐 최종적으로 78개 어휘로 묶여진 두 개의 하위의 성격특성 목록을 제시하였는데, 이 중 대학생들을 대상으로 성격을 지각하는 다차원구조를 알아내기 위해 사용된 78개의 어휘가 본 연구의 종합 어휘목록에 포함되었다.

## 4. 새 우리말 갈래사전 (784어휘)

우리나라의 자연언어의 수집이라는 본 연구의 취지에 맞추어 일상적인 우리나라 말을 보다 포괄적으로 포함시키기 위하여 박용수(1994)가 저술한 「새 우리말 갈래사전」에서 어휘를 추출하였다. 여기에서 사람의 성품과 관련된 낱말 10,028개 중 형용사형(그림씨꼴) 낱말과 동사형(움직씨꼴) 낱말 5,785개 중 일상적으로 사용되며 비교적 친숙한 용어로 생각되는 784개의 어휘를 가려내었다. 이 과정에는 본 연구자와 함께 2명의 고등학교 국어교사가 참가하여 협의과정을 거쳤다. 다만, 우리나라 언어의 경우 형용사와 동사의 구분이 뚜렷하지 않기 때문에 어휘가 상호 중복되더라도 어휘목록의 포괄성을 확보하기 위하여 형용사형 및 동사형의 낱말을 모두 포함시켰다. 어휘의 추출원 및 어휘수를 세분화하여 제시하면 다음과 같다.

1) 언행과 어조를 나타내는 형용사형 낱말 (57어휘)
2) 심리, 감정, 생각, 정신상태를 나타내는 형용사형 낱말 (176어휘)
3) 성격, 인격, 인품, 능력, 버릇 따위를 나타내는 형용사형 낱말 (211어휘)
4) 언행과 어조를 나타내는 동사형 낱말 (128어휘)
5) 심리, 감정, 생각, 정신, 인품의 동사형 낱말 (212어휘)

## 5. 새 우리말 큰사전 (82어휘)

위의 1) - 4)의 어휘목록군을 종합하여 동일 중복어휘의 제거절차가 있고 난 후, 여기에 포함되어 있지 않는 어휘목록을 추가하기 위하여 신기철과 신용철(1993)이 저술한 「새 우리말 큰 사전」을 검색하였다. 여기에서 추가로 82개의 어휘를 추출하였다.

## 6. 5요인 검사(Big Five Inventory; BFI) (44어휘)

5요인 구조와의 비교를 위한 특성구조 문항으로 BFI(John, 1991)를 번안하여 사용하였다(〈부록 7-Big Five Inventory〉참고). BFI의 문항형식은 5단계 평정형(1.매우 그렇다 ~ 5.전혀 그렇지 않다)으로 되어 있으며, Martínez와 John(1998)의 연구에서는 신경증(N), 외향성(E), 개방성(O), 친화성(A), 성실성(C) 각각에 대하여 미국 대학생의 경우 .84, .88, .81, .79, .82의 Cronbach α 신뢰도를 보였으며, 스페인 대학생의 경우 .79, .85, .79, .66, .77 로 나타났다.

# 제4절  측정도구의 구성 및 자료수집 절차

성격특성 구조 분석을 위한 자료수집을 위한 측정도구의 구성절차 및 연구대상을 통한 자료수집 절차는 다음과 같다.

## 1. 성격특성 구조 검사의 구성절차

1) 단계1 : 성격관련 어휘 목록 수집 및 누적 어휘목록 작성
먼저 자료원 (1)-(4)의 어휘를 총합한 결과 1,552개의 성격관련 어휘목록이 수집되었으며 중복 어휘를 제거하여 1,197개의 어휘로 정리하였고, 여기에 자료원 (5)를 통하여 정리된 자료에 포함되어 있지 않는 82개의 어휘를 새로이 추가하였다. 따라서 단계1에서 1,279개의 어휘가 최종적으로 수집되었다.

2) 단계2 : 평정자용 설문지의 작성과 자료수집

앞의 과정을 통하여 수집된 1,279개의 성격관련 어휘 중에서 검사지에 포함될 최종 특성관련 어휘를 선정해 내기 위하여 예비적으로 평정자용 설문지를 구성하였다(〈부록 2-어휘선정을 위한 예비목록(평정자용)〉 참고). 평정자용 설문지는 어휘 목록형으로 4가지 평정 준거에 따라 예-아니오 및 5단계 평정형으로 척도로 구성하였다. 여기에는 각 용어의 일상적 사용여부, 사람들을 서로 구별시켜 주는 성격을 표현하는 어휘로 볼 수 있는지의 여부 그리고 일시적인 상태를 나타내는지 아니면 비교적 지속적이고 안정적인 특성을 나타내는 어휘인지의 여부를 판단케 하였다. 이와 함께 각 용어의 호오가를 평정하도록 함으로써 각 어휘가 갖는 기본적인 속성을 파악하고자 하였다. 평정자의 구성은 본 연구자를 포함하여 교육학 전공의 석사 혹은 박사과정 중에 있거나 학위를 취득한 사람들 9명과 고교 국어교사 2명을 포함하여 총 11명의 평정자가 참여하였다. 모든 평정자에게는 어휘의 평정시 참고하도록 하기 위하여 새우리말 갈래사전과 새 우리말 큰사전을 참고하여 1,279개 모든 어휘에 대한 뜻풀이집을 제공하였다(〈부록 3-어휘 뜻풀이집〉 참고). 이는  평정자들이 갖는 심리적 의미와 동시에 개별 어휘에 대한 평정의 객관성 또한 어느 정도 보증할 수 있을 것이라는 생각에서 비롯되었다.

평정의 결과 수집된 자료는 평정자간 평정 일치도 비율에 비추어 분석되었으며 5가지 종류의 어휘군으로 분류하였다(〈부록 4-어휘의 평정결과 분석〉참고).

(1) 어휘군Ⅰ: 상용 특성 어휘군으로 8명 이상의 평정자가 '일상적으로 사용하는 어휘인가'의 준거에 '예'라는 응답을 보이면서 동시에 8명 이상이 '개인을 기술하거나 평가하는 안정적인 특성을 나타내는 어휘이다' 라고 응답한 어휘를 포함하였다(473개 어휘).

(2) 어휘군Ⅱ : 비상용 특성 어휘군으로 8명 이상의 평정자가 '일상적으로 사용하는 어휘인가'의 준거에 '아니오'라는 응답을 보이면서 동시에 8명 이상이 '개인을 기술하거나 평가하는 안정적인 특성을 나타내는 어휘이다'

라고 응답한 어휘를 포함하였다(25개 어휘).

(3) 어휘군Ⅲ : 상용 상태 어휘군으로 8명 이상의 평정자가 '일상적으로 사용하는 어휘인가'의 준거에 비추어 '예'라는 응답을 보이면서 동시에 8명 이상이 '안정적인 특성이라기보다는 개인의 일시적인 상태나 속성을 기술하거나 평가하는 어휘이다' 라고 응답한 어휘를 포함하였다(305개 어휘).

(4) 어휘군Ⅳ : 비상용 상태 어휘군으로 8명 이상의 평정자가 '일상적으로 사용하는 어휘인가'의 준거에 '아니오'라는 응답을 보이면서 동시에 8명 이상이 '안정적인 특성이라기 보다는 개인의 일시적인 상태나 속성을 기술하거나 평가하는 어휘이다' 라고 응답한 어휘를 포함하였다(51개 어휘).

(5) 어휘군Ⅴ : 상용 성격 어휘군으로 8명 이상의 평정자가 '일상적으로 사용하는 어휘인가'의 준거에 비추어 8명 이상의 평정자가 '예'라는 응답을 보이면서 동시에 8명 이상이 주어진 어휘가 한 개인의 일시적인 상태를 표현하는 어휘인가에 상관없이, 사람들을 서로 구별시켜 주는 성격을 표현하는 어휘로 볼 수 있는지의 여부에 '예'라는 응답을 보인 어휘군을 포함하였다(50개 어휘).

여기에서, 어휘군Ⅰ이 일상적으로 사용되며 성격관련 특성어휘를 나타내는 것으로 본 연구에서 추출하고자 한 특성어휘에 가장 근접하였다. 이와 함께 어휘군Ⅴ를 추가하여 특성 어휘군으로 최종 포함시켰는데, 이는 평정자들의 평정결과 어휘의 의미상 일시적인 상태를 나타내는 어휘로 분류되었으나, 한편으로는 일상적인 사용에서 성격을 서로 구분짓는 어휘로서 사용된다고 평정하였기 때문이다. 다만, 어휘군Ⅴ의 경우 50개 어휘만이 산출됨으로써 성격을 기술하거나 평가하는 어휘들은 대부분 이미 특성용어로 분류되었음을 알 수 있었다.

3) 단계3 : 어휘의 동의어·반의어 군집분류

단계2의 수행결과 523개의 성격특성 관련 어휘가 추출되었으며(〈부록 5-성격특성 관련 어휘 목록〉참고), 앞의 평정자 중 4명이 참여한 가운데 동의어 및 반의어 분류작업을 시행하였다. 동의어, 반의어 분류에는 앞서 평정자들에게 제공되었던 어휘 풀이집 및 국어사전을 활용하였다. 동의어군 분류에서 성격특성 어휘들은 다시 278개군으로 압축되었으며, 적은 경우 단일 어휘로 한 개의 군을 이루었으며 많은 경우 12개 어휘가 한 군을 이루었다(예, 거만하다, 오만하다, 잘난 체하다, 자기과시적이다, 교만하다, 뻣뻣하다, 거드름을 부리다, 거들먹거리다, 허풍을 떨다, 자만하다, 난체하다, 떠벌리다).

여기에서 명백한 반의어(예, 말이없다-말이 많다, 부주의하다-주의깊다, 무절제하다-절제하다 등)는 278개 어휘군 중 같은 군에 포함시켰으나, 의미상 반의어로 간주되는 어휘(예, 감상적이다-이성적이다, 개방적이다-폐쇄적이다, 보수적이다-진보적이다 등)는 다른 군으로 간주하였다. 278개 어휘군 및 반의어 분류 결과는 각각 〈표 12〉, 〈표 13〉과 같다.

〈표 12〉 평정자에 의해 분류된 성격특성 관련  어휘의 동의군 분류

| 특성 관련 어휘 및 동의어 | 비특성 관련 어휘 및 동의어 |
|---|---|
| 1. 간교하다/ 간사하다 | |
| 2. 감상적이다/ 감정적이다/ 정서적이다 | |
| 3. 갑갑하다/답답하다 | |
| 4. 강인하다/ 강직하다/ 강하다 | /강건하다/ |
| 5. 변명을 일삼다 | /갖다대다/핑계를 대다/둘러대다 /돌려다 붙이다/ /(발뺌하다)/요탓조탓하다/탓하다/ (바꾸어 말하다)/ |
| 6. 고약하다 | /개떡같다/ |
| 7. 개방적이다 | /까놓다/터놓다/털어놓다/흉금을 털어놓다/ |
| 8. 품위있다/ 기품있다 | /거룩하다/ |
| 9. 거만하다/ 오만하다/ 잘난 체하다/ 자기과시적이다/ 교만하다/ 뻣뻣하다/ 거드름을 부리다/거들먹거리다/ 허풍을 떨다/ 자만하다/ 난체하다/ 떠벌리다 | /우쭐거리다/ 뽐내다/ 흥청거리다/ 말만 앞세우다/ 큰소리를 치다/ 태깔스럽다/ |

| 특성 관련 어휘 및 동의어 | 비특성 관련 어휘 및 동의어 |
|---|---|
| 9. 거만하다/ 오만하다/ 잘난 체하다/ 자기과시적이다/ 교만하다/ **뻣뻣하다**/ 거드름을 부리다/거들먹거리다/ 허풍을 떨다/ 자만하다/ 난체하다/ 떠벌리다 | /우쭐거리다 뽐내다 흥청거리다/ 말만 앞세우다/ 큰소리를 치다/ 태깔스럽다/ |
| 10. 까다롭다 | /거북하다 /불편하다/ |
| 11. 난폭하다/ 과격하다/ 우악스럽다 | |
| 12. 거침없다 | /서슴없다/ |
| 13. 건방지다/ 시건방지다/ 되바라지다 | |
| 14. 건강하다 | /건장하다/ |
| 15. 겁많다 | /열없다/ |
| 16. 게으르다/ 태만하다 | /개으르다/땡땡이 부리다/뺀들거리다/ |
| 17. 청렴하다 | /결백하다/ |
| 18. 겸손하다/ 겸허하다 | |
| 19. 경건하다 | |
| 20. 경박하다/ 경솔하다/ 방정맞다 | /가볍다/ |
| 21. 고고하다/ 고상하다 | /고결하다/고매하다/ |
| 22. 고리타분하다 | |
| 23. 고분고분하다 | |
| 24. 고지식하다/ 곧이곧대로하다 | |
| 25. 공격적이다 | |
| 26. 공손하다 | /공경하다/ |
| 27. 공정하다 | /(공평하다)/ |
| 28. 과감하다 | /대담하다/과단성있다 |
| 29. 관대하다 | /(관용적이다)/ |
| 30. 괄괄하다 | |
| 31. 괴상하다/ 괴짜같다 | /괴이하다/ |
| 32. 괴팍하다 | /괴벽스럽다/ |
| 33. 교양있다 | |
| 34. 교활하다/ 여우같다 | |
| 35. 구수하다 | |
| 36. 굳세다/ 꿋꿋하다/ 불굴의 | /굳건하다/굳굳하다/ |
| 37. 권위주의적이다 | |
| 38. 귀가여리다 | |
| 39. 근면하다/ 부지런하다 | |
| 40. 근엄하다 | |
| 41. 긍정적이다 | |

| 특성 관련 어휘 및 동의어 | 비특성 관련 어휘 및 동의어 |
|---|---|
| 42. 기지가 있다/ 재치있다 | |
| 43. 기회주의적이다 | |
| 44. 깐깐하다 | |
| 45. 깜찍하다 | |
| 46. 꼬장꼬장하다/ 꼿꼿하다 | |
| 47. 꾸밈없다 | |
| 48. 끈기있다/ 끈질기다/ 꾸준하다/ 깡다구가 있다 /끈덕지다/질기다/ | |
| 49. 낙관적이다/ 낙천적이다 | |
| 50. 날카롭다/ 예리하다/ 예민하다/ 민감하다 | |
| 51. 남다르다/ 특이하다/ 독특하다 | |
| 52. 남성적이다/ 사나이답다 | |
| 53. 낭비적이다 | |
| 54. 낯가림하다 | /낯설어하다/ |
| 55. 내성적이다 | |
| 56. 냉소적이다 | |
| 57. 냉정하다/ 냉혹하다/ 냉담하다 | /싸늘하다/ |
| 58. 냉철하다 | |
| 59. 너그럽다/ 넉넉하다 | /(관용적이다)/ |
| 60. 넉살이 좋다 | /수단좋다/ |
| 61. 느긋하다 | |
| 62. 느리다 | /굼뜨다/ |
| 61. 늠름하다/ 씩씩하다 | |
| 64. 능글맞다/ 능청맞다 | |
| 65. 능동적이다/ 활동적이다/ 적극적이다 | |
| 66. 노련하다 | /능란하다/ |
| 67. 다부지다/ 단단하다/ 옹골차다 | /올차다/여물다/ |
| 68. 다정다감하다 | /다감하다/ |
| 69. 단순하다 | |
| 60. 단호하다 | /단정적이다/잘라말하다/(단언하다)/ |
| 71. 당당하다 | /떳떳하다/ |
| 72. 당돌하다 | |
| 73. 당차다/ 야무지다 | /암팡지다/ |
| 74. 대담하다/ 대범하다 | |
| 75. 대중적이다 | |
| 76. 못나다/ 못되다 | /덜되다/ |
| 77. 도덕적이다/ 양심적이다/ 윤리적이다 | |
| 78. 도도하다/ 콧대가 높다/ 콧대가 세다 | |

| 특성 관련 어휘 및 동의어 | 비특성 관련 어휘 및 동의어 |
|---|---|
| 79. 독단적이다/ 독선적이다 | |
| 80. 독립적이다/ 자주적이다 | |
| 81. 독실하다 | |
| 82. 독창적이다/ 창의적이다 | |
| 83. 뛰어나다/ 빼어나다/ 탁월하다/ 비범하다/ 비상하다 | |
| | /한 수 높다/현출하다/두각을 나타내다/ |
| 84. 둔감하다/ 무디다 | |
| 85. 드세다 | |
| 86. 듬직하다 | /잔득하다/ |
| 87. 딱딱하다 | |
| 88. 막되먹다 | /난잡하다/까부라지다/ |
| 89. 만만하다/ 호락호락하다 | |
| 90. 깔끔하다 | /말끔하다/말쑥하다/ |
| 91. 말이많다/ 수다스럽다 ↔ 말이없다 | /시끄럽다/ ↔ /(과묵하다)/묵묵하다 /(입이 무겁다)/ |
| 92. 거칠다 | |
| 93. 맑다 | |
| 94. 매력적이다 | |
| 95. 맹랑하다 | /잔망스럽다/ |
| 96. 맹목적이다 | |
| 97. 명상적이다/ 사색적이다 | /사변적이다/공상적이다/ |
| 98. 명쾌하다/ 명확하다 | |
| 99. 모나다/ 비뚤어지다 | |
| 100. 모험적이다 | |
| 101. 몰인정하다/ 각박하다/ 매몰차다/ 무정하다/ 야박하다/ 매정하다/ 메마르다/ 쌀쌀하다/ 차갑다 | /암팍스럽다/박정하다/야멸차다/눈물 이 없다 |
| 102. 무난하다 | |
| 103. 무뚝뚝하다/ 퉁명스럽다 | |
| 104. 버릇없다 | /무례하다/발칙하다/무엄하다/불손 하다/ |
| 105. 무섭다/ 매섭다/ 사납다 | |
| 106. 무신경하다 | /아랑곳 않다/거들떠 보지도 않다/ 눈치코치 없다 |
| 107. 무심하다 | /하염없다/무관심하다/ |
| 108. 태평스럽다/ 무사태평의 | /안이하다/안일하다 |
| 109. 무책임하다 ↔ 책임있다 | |

| 특성 관련 어휘 및 동의어 | 비특성 관련 어휘 및 동의어 |
|---|---|
| 110. 문학적이다 | |
| 111. 믿음직스럽다/ 신뢰롭다/ 진실하다/ 미덥다 | |
| 112. 미신적이다 | |
| 113. 민첩하다 | /민활하다/날렵하다/재빠르다/기민하다/ |
| 114. 박력있다 | |
| 115. 반사회적이다 | |
| 116. 반항적이다 | |
| 117. 방탕하다/ 불건전하다 | |
| 118. 꾸김이 없다 | /버젓하다 /번듯하다/ |
| 119. 변덕스럽다 | /변하기 쉽다/ |
| 120. 보수적이다 | |
| 121. 복종적이다/ 순종하다 | |
| 122. 봉사적이다 | |
| 123. 숫기가 없다/ 부끄러워하다/ 쑥스러워하다/ 수줍어하다 | |
| 124. 부도덕하다/ 부정하다 | /부당하다/ |
| 125. 부드럽다 | /자분자분하다/ |
| 126. 불공평하다/ 편파적이다 | |
| 127. 부주의하다 ↔ 주의깊다 | |
| 128. 비겁하다 / 비열하다/ 비굴하다 | |
| 129. 비판적이다 | /신랄하다/ |
| 130. 뻔뻔스럽다/ 파렴치하다/ 유들유들하다 | |
| 131. 사교적이다/ 사귀기 쉽다/ 사회적이다/ 친하기 쉽다 | |
| 132. 사근사근하다/ 붙임성이 있다/ 상냥하다/ 서글서글하다/ 싹싹하다 / 나긋나긋하다 | |
| 133. 사람답다 | |
| 134. 사려깊다/ 신중하다/ 진지하다 | /곰곰하다 |
| 135. 생산적이다 | |
| 136. 설교적이다 | /(훈계를 늘어놓다)/ |
| 137. 섬세하다/ 찬찬하다/ 세밀하다/ 세심하다/ 꼼꼼하다/ 차근차근하다 | |
| 138. 성실하다/ 충실하다/ 착실하다/ 건실하다 ↔ 불성실하다 | |
| 139. 세련되다 | |
| 140. 세속적이다/ 속물근성의 | |
| 141. 소탈하다/ 털털하다 | /텁텁하다/ |
| 142. 속기쉽다 | |
| 143. 수더분하다/ 무던하다/ 수수하다/ 수월하다 | |
| 144. 수동적이다/ 소극적이다 | |
| 145. 순결하다/ 순수하다 | /정결하다/청아하다/ |

| 특성 관련 어휘 및 동의어 | 비특성 관련 어휘 및 동의어 |
|---|---|
| 146. 순박하다/ 순진하다/ 소박하다 | |
| 147. 슬기롭다/ 지혜롭다/ 현명하다/ 분별있다 | |
| 148. 신경질적이다/ 신경과민의/ 과민하다 | |
| 149. 실용적이다/ 실제적이다 | |
| 150. 심술궂다/ 짓궂다/ 심술을 부리다 | /심술 사납다/ |
| 151. 헤프다 | |
| 152. 아량있다 | /도량이 크다/ |
| 153. 악독하다/ 악랄하다/ 사악하다/ 흉악하다/ 잔인하다/ 잔혹하다/ 포악하다/ | |
| | /표독하다/ 추악하다/ 악의에 차다 / |
| | 간악하다/극악하다/ |
| 154. 악착같다/ 집요하다 | /아둥바둥하다/안간힘을 쓰다/질기다 |
| | /기를쓰다/ |
| 155. 알뜰하다/ 검소하다 | |
| 156. 앙칼지다 | |
| 157. 야만적이다 | |
| 158. 야비하다 | /천덕스럽다/ |
| 159. 야심적이다 | |
| 160. 약삭빠르다/ 약아빠지다/ 약다 | |
| 161. 가증스럽다/ 얄밉다/ 밉살스럽다 | |
| 162. 확실하다/ 확고하다/ 정확하다/ 틀림없다 | /어김없다 |
| 163. 어른스럽다/ 철이 들다 | /원숙하다/칠칠하다 |
| 164. 어리석다/ 바보같다/ 우둔하다/ 둔하다/ 멍청하다/ 무능하다/ 미련스럽다/ | |
| 어수룩하다 | /아둔하다/ 모자라다/ 무지하다/ |
| 165. 어리다/ 철모르다/ 철이없다/ 유치하다 | |
| 166. 어질다/ 착하다/ 선량하다 | /후덕하다/갸륵하다/ |
| 167. 억세다/ 모질다/ 억척스럽다 | |
| 168. 엄격하다/ 엄하다 | |
| 169. 진보적이다 | |
| 170. 엄숙하다 | |
| 171. 엉뚱하다 | /가당찮다/ |
| 172. 엉큼하다/ 흉칙하다 | |
| 173. 여성적이다 | |
| 174. 연약하다/ 약하다/ 여리다/ 허약하다/ 나약하다 | |
| | /가냘프다/ |
| 175. 열성적이다 | /열광적이다/ |
| 176. 영악하다 | |
| 177. 예술적이다 | |

| 특성 관련 어휘 및 동의어 | 비특성 관련 어휘 및 동의어 |
|---|---|
| 178. 예의바르다/ 정중하다 | /(깍듯하다)/ |
| 179. 온순하다/ 유순하다 | /양순하다/ |
| 180. 온화하다/ 따뜻하다/ 온정적이다/ 인자하다/ 인정있다/ 동정적이다/ 자비롭다/ 자애롭다 | |
| 181. 올바르다/ 똑바르다 | /올곧다/대바르다/곧바르다/ |
| 182. 완고하다/ 완강하다/ 고집세다/ 옹고집의 | |
| 183. 완벽하다 | /완전하다/ |
| 184. 욕심을 부리다/ 탐욕스럽다 | |
| 185. 용감하다/ 용기있다 | /(용맹스럽다)/ |
| 186. 우아하다 | /아름답다/ |
| 187. 우유부단하다 | /우물쭈물하다/ |
| 188. 우호적이다/ 호의적이다 | |
| 189. 원만하다 | |
| 190. 원칙적이다/ 비타협적이다 | |
| 191. 위선적이다 | /거짓스럽다/ |
| 192. 유식하다/ 해박하다/ 박식하다 | |
| 193. 유연하다 | |
| 194. 융통성있다 | |
| 195. 음란하다/ 음탕하다/ 음흉하다 | /음험하다/흉물스럽다/ |
| 196. 의리있다 | |
| 197. 회의적이다 | /의심하다/ |
| 198. 의존적이다 | |
| 199. 의지적이다 | |
| 200. 이상주의적이다 | |
| 201. 이성적이다/ 이지적이다/ 합리적이다 | |
| 202. 이해타산적이다/ 이기적이다 | /(계산적이다)/ |
| 203. 인내하다 | /견디어내다/버티다/ |
| 204. 인색하다 | /짜다/ |
| 205. 입바르다 | |
| 206. 입이 싸다 | /입이 가볍다/ |
| 207. 입이 험하다 | /입이 걸다/ |
| 208. 자기만족적이다 | |
| 209. 자기비판적이다 | |
| 210. 자상하다 | |
| 211. 자조적이다 | /(자기비하적이다)/자책하다/ |
| 212. 꽁하다 | |
| 213. 적대적이다/ 호전적이다 | |

| 특성 관련 어휘 및 동의어 | 비특성 관련 어휘 및 동의어 |
|---|---|
| 214. 절도있다 | |
| 215. 절제하다 ↔ 무절제하다 | |
| 216. 점잖다/ 진득하다/ 의젓하다 | /무게가 있다/진중하다/묵직하다 |
| 217. 정답다/ 정겹다 | |
| 218. 정당하다/ 정정당당하다 | |
| 219. 정력적이다 | /기운차다/원기왕성하다/ |
| 220. 정숙하다 | |
| 221. 정직하다/ 바르다/ 솔직하다 | |
| 222. 조용하다/ 정적이다/ 얌전하다 | /고요하다/ |
| 223. 조잡하다/ 저속하다 | /상스럽다/잡스럽다 |
| 224. 졸렬하다 | |
| 225. 소심하다 | |
| 226. 옹졸하다/ 째째하다/ 편협하다/ | /바라지다/좀스럽다/잘다/속이 좁다/ |
| 227. 종교적이다 | |
| 228. 주도면밀하다/ 빈틈없다/ 치밀하다/ 철저하다/ 정밀하다 | |
| 229. 주도적이다 | /지도적이다/ |
| 230. 준수(遵守)하다/ 규칙적이다 | |
| 231. 지배적이다 | |
| 232. 지적이다/ 탐구적이다 | /연구적이다/ |
| 233. 진취적이다 | |
| 234. 차분하다/ 침착하다 | /잔특하다/ |
| 235. 참하다 | |
| 236. 현실적이다 | |
| 237. 천박하다 | |
| 238. 천진난만하다 | |
| 239. 체계적이다/ 조직적이다/ 과학적이다/ 계획적이다/ 논리적이다 | |
| 240. 총명하다/ 똑똑하다/ 똘똘하다/ 영리하다/ 영특하다/ 유능하다/ 준수(俊秀)하다 | /명철하다 |
| 241. 분명하다 | |
| 242. 능력있다 | /(재능있다)/ |
| 243. 충동적이다 | |
| 244. 치사하다 | |
| 245. 친근하다/ 친밀하다/ 호감이 가다 | |
| 246. 친절하다/ ↔ 불친절하다 | |
| 247. 쾌활하다/ 명랑하다/ 유쾌하다 | /즐겁다/생기있다/ |
| 248. 태연하다 | |
| 249. 통찰적이다/ 꿰뚫어보다 | |

| 특성 관련 어휘 및 동의어 | 비특성 관련 어휘 및 동의어 |
|---|---|
| 250. 투박하다 | |
| 251. 편의주의적이다 | |
| 252. 편견에 차다 | |
| 253. 평범하다/ 평이하다 | /범상하다 |
| 254. 폐쇄적이다 | |
| 255. 포근하다 | |
| 256. 피상적이다 | |
| 257. 행동적이다 | |
| 258. 헌신적이다/ 희생적이다 | |
| 259. 협동적이다 | |
| 260. 호탕하다/ 화끈하다 | /(통이 크다)/호연하다/호방하다/(뒷 끝이 없다)/ |
| 261. 화잘내다 | /붉으락 푸르락하다/성내다 |
| 262. 활발하다 | /(활달하다)/(발랄하다)/팔팔하다/걸 걸하다/ |
| 263. 훌륭하다 | |
| 264. 흐리멍텅하다 | /흐지부지하다/ |
| 265. 두루뭉실하다 | |
| 266. 따지다/ 딱딱거리다 | |
| 267. 불만에 차다/ 불평하다 | |
| 268. 산만하다 | |
| 269. 새침하다 | |
| 270. 성급하다/ 조급하다 | |
| 271. 어리광을 떨다 | |
| 272. 여유있다 | |
| 273. 익살스럽다/ 재미있다 | |
| 274. 자신만만하다 | |
| 275. 점잔을 빼다 | |
| 276. 침울하다 | |
| 277. 토라지다 | |
| 278. 흥분하다/ 발끈하다/ 불끈하다 | /팔딱거리다/ |

4) 단계4 : 문항의 작성 및 검사의 구성

이 단계에서 앞의 278어휘군과 비교문화적 특성구조의 분석을 위한 5요
인 문항을 결합한 322문항의 5단계 평정형 검사를 구성하였다(〈부록 6-성

격특성 구조 검사〉참고). 먼저, 앞의 278어휘군 각각에서 가장 일상적으로 널리 사용되는 어휘를 하나씩 추출하여 검사문항으로 선정하였으며, 각 문항은 선택된 어휘가 포함되는 최소한의 문장형으로 재구성하였다. 성격특성 구조를 파악하기 위한 검사형은 일반적으로 문장형(설문지형)과 단일어휘 목록형의 두 가지 형태로 널리 사용되어 왔다.

문장형과 목록형은 각기 장단점이 있는 것으로 전자의 경우, 일반적인 형태이며 보다 이해가 쉬우나, 어휘적 접근보다 복잡하고 덜 체계적이며 더 추상적이고 달리 이해될 수 있다라는 비판이 따르며, 후자의 경우 간결하나 신뢰도가 떨어진다는 비판이 있다(Angleitner et al., 1986: John, 1990). 본 연구에서는 이러한 장단점을 고려하여 최소한의 문장형으로 구성하였다. 이러한 형식은 5요인 구조검사로 첨가된 BFI의 문항형식과도 일치하였다. BFI의 44개 문항은 검사의 구성에서 279번에서 322번까지의 문항으로 배치하였다. 다만 BFI 문항을 번안할 때, 우리 나라의 특성에 맞게 조정한다는 취지로 임의적으로 문항을 수정·변경하는 일은 최대한 삼가하였다. 이는 본 연구의 취지상 원래 특정 요인의 측정하는 문항들이 우리 문화 속에서는 요인분석 결과 다른 요인을 측정하는 문항으로 재정렬되어 버리거나 혹은 전혀 다른 심리적 의미로 옮겨질 수 있다는 가정 때문이다.

〈표 13〉 평정자에 의해 분류된 성격특성 관련 어휘의 반의군 분류

| 비 교 군 | 반 의 군 |
|---|---|
| 2. 감상적이다/ 감정적이다/ 정서적이다 | 201. 이성적이다/ 이지적이다/ 합리적이다 |
| 4. 강인하다/ 강직하다/ 강하다 | 174. 연약하다/ 약하다/ 여리다/ 허약하다 |
| 5. 변명을 일삼다 | 221. 정직하다/ 바르다/ 솔직하다 |
| 7. 개방적이다 | 254. 폐쇄적이다 |
| 8. 품위있다/ 기품있다 | 237. 천박하다 |
| 9. 거만하다/ 오만하다/ 잘난 체하다/ | 18. 겸손하다/ 겸허하다 |
| 　　자기과시적이다/ 교만하다 | |
| 11. 난폭하다/ 과격하다 | 179. 온순하다/ 유순하다 |
| 13. 건방지다/ 시건방지다/ 되바라지다 | 26. 공손하다 |
| 15. 겁많다 | 185. 용감하다/ 용기있다 |
| 16. 게으르다/ 태만하다 | 39. 근면하다/ 부지런하다 |
| 20. 경박하다 | 216. 점잖다/ 진득하다/ 의젓하다 |
| 24. 고지식하다 | 194. 융통성있다 |
| 27. 공정하다 | 126. 불공평하다/ 편파적이다 |
| 28. 과감하다 | 187. 우유부단하다 |
| 36. 굳세다/ 꿋꿋하다/ 불굴의 | 119. 변덕스럽다 |
| 49. 날카롭다/ 예리하다/ 예민하다/ 민감하다 | 84. 둔감하다/ 무디다 |
| 51. 남다르다/ 특이하다/ 독특하다 | 253. 평범하다/ 평이하다 |
| 52. 남성적이다/ 사나이답다 | 173. 여성적이다 |
| 53. 낭비적이다 | 155. 알뜰하다/ 검소하다 |
| 55. 내성적이다 | 131. 사교적이다/ 사귀기 쉽다/ 사회적이다/ |
| 59. 너그럽다/ 넉넉하다 | 　　친하기 쉽다 |
| 62. 느리다 | 169. 엄하다 |
| 65. 능동적이다/ 활동적이다/ 적극적이다 | 113. 민첩하다 |
| 74. 대담하다/ 대범하다 | 144. 수동적이다/ 소극적이다 |
| 77. 도덕적이다/ 양심적이다/ 윤리적이다 | 225. 소심하다 |
| 80. 독립적이다/ 자주적이다 | 124. 부도덕하다/ 부정하다 |
| 91. 말이 많다 | 198. 의존적이다 |
| 92. 거칠다 | 91. 말이없다 |
| 99. 모나다 | 125. 부드럽다 |
| 101. 몰인정하다/ 각박하다/ 매몰차다/ 무정 | 189. 원만하다 |
| 　　하다/ 야박하다/ 매정하다/ 메마르다/ | 180. 온화하다/ 따뜻하다/ 온정적이다/ 인자 |
| 　　쌀쌀하다/ 냉정하다 | 　　하다/ 인정있다/ 동정적이다/ 자비롭다 |
| | 　　/ 자애롭다 |
| 104. 버릇없다 | |
| 109. 무책임하다 | 178. 예의바르다/ 정중하다 |
| 111. 믿음직스럽다/ 신뢰롭다/ 진실하다 | 109. 책임있다 |
| 116. 반항적이다 | 191. 위선적이다 |
| 120. 보수적이다 | 121. 복종적이다/ 순종하다 |
| 127. 부주의하다 | 169. 진보적이다 |
| 138. 불성실하다 | 127. 주의깊다 |

| 비 교 군 | 반 의 군 |
|---|---|
| 134. 사려깊다/ 신중하다/ 진지하다 | 138. 성실하다/ 충실하다/ 착실하다/ 건실하다 |
| 147. 슬기롭다/ 지혜롭다/ 현명하다/ 분별있다 | 243. 충동적이다 |
| | 164. 어리석다/ 바보같다/ 우둔하다/ 둔하다 |
| 163. 어른스럽다/ 철이 들다 | / 멍청하다/ 무능하다 |
| 188. 우호적이다/ 호의적이다 | 165. 어리다/ 철모르다/ 철이없다 |
| 202. 이해타산적이다/ 이기적이다 | 213. 적대적이다/ 호전적이다 |
| 215. 무절제하다 | 258. 헌신적이다/ 희생적이다 |
| 226. 옹졸하다/ 째째하다/ 편협하다 | 215. 절제하다 |
| 236. 현실적이다 | 260. 호탕하다/ 화끈하다 |
| 241. 분명하다 | 200. 이상주의적이다 |
| 246. 친절하다 | 264. 흐리멍텅하다 |
| 247. 쾌활하다/ 명랑하다/ 유쾌하다 | 246. 불친절하다 |
| 270. 성급하다/ 조급하다 | 276. 침울하다 |
| | 272. 여유있다 |

## 2. 자료수집 절차

〈부록 6〉의 성격특성 구조 검사지는 앞에서 제시한 621명의 대학생을 대상으로 각 어휘에 대하여 5단계 평정척도(1.'매우 그렇다'~5.'전혀 그렇지 않다')에 따라 자기-평정을 하도록 하였다. 피검자들에게는 응답방법과 주의사항을 구두 및 안내문으로 제시해줌으로써 신뢰로운 자료가 수집될 수 있도록 주의를 기울였다. 검사 시간은 피검자에 따라 40-50분 정도가 소요되었다. 621명의 응답자료는 실질적인 자료의 분석에 앞서 스크리닝 과정에서 51부가 제외되어 최종적으로 599명의 응답자료가 실제 분석과정에서 사용되었다.

# 제5절  수집 자료의 분석

## 1. 자료의 스크리닝 절차

수집된 자료의 실질적인 분석에 앞서 성격특성 어휘에 대해 각 문항(어휘)별 응답치의 분포 및 예비적인 요인분석을 실시하였으며, 여기에서 278개의 어휘 중 20개의 어휘를 제거하였다. 또한 621명의 응답자 중 전체 322문항의 약 6%에 해당되는 20개 이상의 문항에 대해 응답하지 않은 자료의 경우 불성실한 응답자료로 판단하여 분석대상에서 제외하였다. 분석에서 제외된 20개 어휘 및 제외 기준은 〈표 14〉와 같다. 20개 문항은 부정적인 의미 및 긍정적인 의미의 양면가 어휘로 판단되거나 혹은 의미가 모호하게 여겨진 것, 성격관련 어휘가 아닌 것 등이었다.

〈표 14〉 제거된 문항번호 및 어휘와 어휘수

| 제거된 문항 및 어휘 | | | 제거기준 |
|---|---|---|---|
| 30. 괄괄하다 | 44. 깐깐하다 | 64. 능글맞다 | |
| 72. 당돌하다 | 78. 도도하다 | 85. 드세다 | 부정적인 의미와 긍정적 |
| 95. 맹랑하다 | 119. 보수적이다 | 154. 악착같다 | 인 의미 양면가를 지님 |
| 160. 약삭빠르다 | 167. 억세다 | 176. 영악하다 | |
| 184. 욕심많다 | 205. 입바르다 | 236. 현실적이다 | 의미모호 혹은 성격관 |
| 257. 행동적이다 | 275. 점잔을 빼다 | 200. 이상주의적이다 | 련 어휘가 아님 |
| 13. 건강하다 | 149. 실용적이다 (20문항) | | |

## 2. 수집 자료의 분석을 위한 통계적 절차

최종적으로 선정된 302개의 문항(우리나라 성격특성 어휘 258개, 5요인 특성 어휘 44개)에 대한 599명의 응답자료는 연구문제에 따라 각각 독립적인 탐색적 요인분석 및 추출된 요인간의 상관계수 분석과, 중다회귀분석, 결합된 요인분석 등을 실시하였다. 연구문제에 따른 구체적인 방법은 다음과 같다.

첫째, [연구문제 1]의 '우리나라의 자연언어에서 산출한 성격특성요인의 수와 의미'를 분석하기 위하여 258개의 제한된 문항에 대한 응답자료를 바탕으로 배리막스 회전에 따른 주성분 분석에 의하여 탐색적 요인분석을 실시하였다. 최적의 특성 요인의 수를 산출하기 위해 고유치의 계산 및 스크리 플롯 분석에 의한 절곡점을 찾아 차례로 가설적인 몇 개의 요인해를 산출하였으며, 각각의 해에 대하여 요인의 의미 충분성을 고려하여 최종적인 요인해를 선택하였다. 선택된 요인해에 대한 요인의 명칭 부여는 높은 적재량을 갖는 어휘들을 토대로 이루어졌다. 요인분석은 SPSSWIN 프로그램을 활용하였다.

둘째, [연구문제 2]의 '우리나라의 자연언어에서 산출된 성격특성 구조와 5요인 모형의 특성요인 및 여타 나라의 성격특성 구조의 비교'를 위하여, 먼저 5요인 구조 문항만으로 제한된 응답자료를 바탕으로 독립적인 확인적 요인분석을 실시하여 5요인 모형에 대한 검증을 실시하였다.

여기에서 연구문제 (2-1) 우리나라의 성격특성 요인들과 5요인 특성 요인들은 어떻게 다른가. (2-2) 우리나라의 성격특성 요인들과 5요인 특성 요인간의 대응관계 및 요인의 중복의 정도는 어떠할 것인가를 알아보기 위하여, 산출된 우리나라의 특성 요인과 5요인 모형의 각 요인에 따라 요인점수를 계산하고 요인점수간 상호상관행렬을 산출하며, 5요인 변인들을 예언변인으로 하고 우리나라의 특성 요인들을 종속변인으로 하는 중다회귀분석을 실시하였다. 또한 산출된 우리나라의 특성 요인에서 각 요인마다 대표어휘(marker)를 추출하고, 이를 5요인 구조 문항과 결합하여 결합요인분석을 실시함으로써 대응관계 및 중복의 정도를 분석하였다. 자료의 통계적 처리에는 마찬가지로 SPSSWIN 프로그램을 활용하였다.

(2-3) 토착적인 특성구조를 산출함을 보여주는 여타 나라(예를 들면 중국, 스페인, 필리핀)의 요인과 우리나라의 성격특성 요인과의 유사성 여부를 확인하기 위하여 우리나라의 성격특성 요인들에 포함된 어휘와 각 나라의 특성 요인에 포함된 어휘와의 상호 비교를 통하여 의미론적 분석을 시도하였다.

# 제5장 한국어 자연어휘에서 나타난 성격특성 구조

제5장에서는 수집된 자료에 대한 통계적 분석 결과를 제시하였다. 각 연구문제의 순서에 따라 통계적 분석 결과를 도표와 함께 제시하였으며 그 의미를 해석하여 진술하였다. 먼저, 우리나라의 성격특성 관련 자연언어를 기초로 구성된 258개 문항에 대한 요인분석을 통하여 성격특성 요인을 산출하고 요인의 명칭을 부여하였으며, 다음으로 5요인 특성요인 검사인 BFI에 대한 수집자료를 요인분석하여 5요인 구조에 대한 검증을 실시하였다. 이후 우리나라의 특성요인들과 5요인과의 상관 및 회귀분석, 각 요인구조에서 산출된 주요어휘들을 묶어 결합요인분석 등을 차례로 실시하여 그 결과를 제시하였다.

본 연구에서 산출된 결과와 여타 연구에서의 결과와의 비교·논의는 제6장의 논의 부분에서 다루었으나, 필요한 경우(예컨대, 요인명의 부여) 기존 연구들과의 관련성 또한 본 장에 함께 제시하였다.

## 제1절 토착적인 성격특성 요인[5)]의 산출

먼저, [연구문제 1]에 따라 '우리나라의 자연언어에서 산출한 성격특성

---

5) 이하에서는 우리 나라 특성관련 어휘를 기초로 산출한 성격특성 요인을 언급할 경우, 「토착적인 특성요인」 혹은 「토착요인」이라는 명칭을 사용하기로 한다. '토착적(土着的, indigenous)'이라는 용어는 '고유의', '재래의'라는 의미로도 사용되나, 여기에서는 '자생(自生)하는', '원산(原産)의'라는 의미로 보아야 할 것이다.
Ⅱ장 제3절, 「문화권에 따른 어휘접근식 특성구조 연구 사례」에서 살펴본 많은 연구들은 이러한 명칭을 사용하고 있다.

요인의 수와 의미'를 분석하기 위하여 258개의 문항에 대한 응답자료를 바탕으로 주성분 분석에 의한 탐색적 요인분석을 실시하였으며, 요인의 의미를 찾고자 하였다.

## 1. 토착적인 성격특성 요인의 탐색

우리나라의 성격특성 관련 어휘에서 발견될 수 있는 특성요인의 수를 찾기 위하여, 수집된 258개 어휘에 대하여 독립적인 탐색적 요인분석을 실시하였다. 여기에서는 배리막스 회전에 따른 주성분 분석방법을 사용하였으며, 가능한 요인해(요인수)를 결정하기 위하여 초기요인에서 고유치 1 이상을 갖는 요인 중 첫 10개의 요인의 고유치 및 누가변량비를 파악하였고, 스크리 플롯 결과를 살펴보았다. 그 결과는 각각 〈그림 2〉, 〈표 15〉와 같다.

〈표 15〉에서 알 수 있듯이 초기 요인의 고유치의 값의 형태는 4번째 요인 이후에 급격히 낮아지며, 스크리 플롯의 형태는 7내지 8, 9 번째의 잠재적인 요인해에서 어느 정도의 절단점이 있음을 보여주었다. 다만, 산출된 요인의 수에 비하여 누가 변량이 비교적 낮은데, 이는 다수의 어휘를 초기 요인분석할 때 보편적으로 나타나는 현상으로 보인다(Martínez & Waller, 1997). 따라서, 여기에서는 포괄적으로 보아 4-9개의 요인해를 가정하여 차례로 탐색적으로 주성분 요인분석을 실시하였으며 요인의 의미를 고찰하고자 하였다. 산출된 4-9요인해에 따라 산출된 요인 행렬표는 〈부록 8〉에 제시하였다.

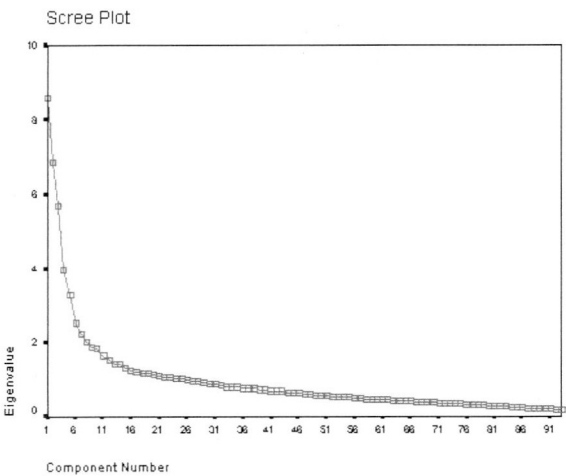

〈그림 2〉토착 어휘 258개 문항군에 대한 요인
스크리 플롯

〈표 15〉초기에 산출된 앞 10개의 요인에 대한  고유치 및 누가변량비

| 요 인 | 1 | 2 | 3 | 4 | 5 | 6 | 7 | 8 | 9 | 10 |
|---|---|---|---|---|---|---|---|---|---|---|
| 고유치 | 31.79 | 23.36 | 12.81 | 11.02 | 6.24 | 4.98 | 4.28 | 3.52 | 3.14 | 3.00 |
| 누가변량(%) | 12.32 | 21.37 | 26.34 | 30.61 | 33.03 | 33.97 | 36.62 | 37.98 | 39.20 | 40.37 |

〈표 16〉은 요인분석을 통해 산출된 4, 5, 6, 7요인해에 따라 각각의 요인에 높은 적재량을 보인 대표적인 어휘를 제시한 것이다. 다만, 여기에서는 각 요인별로 높은 부하량을 지닌 7개 어휘만을 제시하였으며, 각 요인에서 발견되는 어휘들의 공통적인 특징을 개략적으로 진술하였다. 각각의 요인해에 따른 구체적인 결과들을 진술하면 다음과 같다.

# 114

## 〈표 16〉 4-7 요인해에서 높은 적재량을 나타낸 앞 7개 어휘와 요인의 특징

| 요인 | | 대표 어휘 | | | 특 징 |
|---|---|---|---|---|---|
| 4요인해 | 1 | 천박하다 가증스럽다 | 악독하다 치사하다 | 야비하다 저속하다 | 사납다 | 요인1-부정적 평가어로 구성<br>요인2-긍정적 평가어로 구성<br>요인3-대인관계와 관련된 가치로운 전통 인성덕목 어휘로 구성<br>요인4-뚜렷한 해석이 어려움 |
| | 2 | 박력있다 진취적이다 | 분명하다 비범하다 | 주도적이다 현명하다 | 유능하다 | |
| | 3 | 순박하다 무던하다 | 온순하다 인간적이다 | 순수하다 원만하다 | 인자하다 | |
| | 4 | 근엄하다 고상하다 | 엄숙하다 까다롭다 | 점잖다 고리타분하다 | 고지식하다 | |
| 5요인해 | 1 | 악독하다 천박하다 | 가증스럽다 뻔뻔스럽다 | 야비하다 사납다 | 못되다 | 1, 2, 3, 4요인- 4요인해의 1, 2, 3, 4 요인의 어휘와 일치함.<br>5 요인-어휘의 뚜렷한 공통적 의미를 찾기에 어려움 |
| | 2 | 박력있다 현명하다 | 분명하다 비범하다 | 유능하다 진취적이다 | 주도적이다 | |
| | 3 | 순박하다 무던하다 | 온순하다 인간적이다 | 순수하다 원만하다 | 인자하다 | |
| | 4 | 엄숙하다 꼬장꼬장하다 | 근엄하다 점잖다 | 고지식하다 고리타분하다 | 까다롭다 | |
| | 5 | 사나이답다 | 무신경하다 | 고상하다 | | |
| 6요인해 | 1 | 박력있다 현명하다 | 유능하다 비범하다 | 분명하다 진취적이다 | 주도적이다 | 1, 2, 3요인- 4요인해의 2, 1, 3 요인의 어휘와 대체로 일치함.<br>4요인- 3요인에 비해 개인 내적인 측면과 관련된 가치로운 전통덕목 어휘로 구성<br>5요인-개인내적이며, 대인관계와 관련된 반친화성 어휘들로 구성<br>6요인-반친화적인 어휘이나 5요인에 비해 보다 표현적이며 정서적 통제와 관련된 어휘로 구성 |
| | 2 | 천박하다 불건전하다 | 야비하다 교활하다 | 가증스럽다 졸렬하다 | 저속하다 | |
| | 3 | 순박하다 친근하다 | 순수하다 무던하다 | 원만하다 인자하다 | 인간적이다 | |
| | 4 | 차분하다 정숙하다 | 점잖다 엄숙하다 | 자상하다 고상하다 | 근엄하다 | |
| | 5 | 딱딱하다 꼬장꼬장하다 | 괴팍하다 매정하다 | 냉정하다 냉소적이다 | 까다롭다 | |
| | 6 | 불평많다 화잘내다 | 딱딱거리다 느긋하다(-) | 발끈하다 새침하다 | 비판적이다 | |
| 7요인해 | 1 | 박력있다 진취적이다 | 현명하다 당당하다 | 과감하다 분명하다 | 견고하다 | 1, 2, 3요인-6요인해의 1, 2, 3요인의 어휘와 대체로 일치함.<br>4요인-표현적, 사교적 어휘로 구성<br>5요인-표현적이며, 대인관계와 관련된 반친화성 어휘들로 구성<br>6요인-반친화적이나 5요인에 비해 보다 표현적이며 정서적 통제와 관련된 어휘로 구성됨.<br>7요인-교양을 나타내는 어휘로 구성 |
| | 2 | 천박하다 저속하다 | 졸렬하다 야비하다 | 치사하다 째째하다 | 가증스럽다 | |
| | 3 | 인자하다 포근하다 | 순수하다 정겹다 | 순박하다 봉사적이다 | 온순하다 | |
| | 4 | 붙임성이있다 내성적이다(-) 우호적이다 | 사교적이다 활발하다 | 쾌활하다 쑥스러워하다(-) | | |
| | 5 | 반항적이다 충동적이다 괴짜같다 | 엉뚱하다 비판적이다 | 반사회적이다 산만하다 | | |
| | 6 | 신경질적이다 여유있다(-) 화잘내다 | 느긋하다(-) 성급하다 | 발끈하다 무신경하다(-) | | |
| | 7 | 교양있다 품위있다 | 우아하다 예술적이다 | 고상하다 문학적이다 | 여성적이다 | |

먼저, 4요인해에서 요인1에 가장 높이 적재된 어휘들은 천박하다, 악독하다, 야비하다, 사납다 등과 같이 공통적으로 자신 및 타인에 대한 부정적 평가를 나타내는 평가어들로 구성되어 있음을 알 수 있었다. 요인1에는 〈표 16〉에 제시된 어휘 외에도 무례하다, 졸렬하다, 적대적이다 등의 어휘가 여기에 포함되었다(〈부록 8〉참고). 〈표 16〉에서 알 수 있듯이 요인1에 포함된 어휘들이 갖는 이러한 특징은 5, 6, 7, 8, 9 요인해에 이르기까지 공통적으로 나타나 잠정적으로 의미있는 한 요인이 될 수 있음을 보여주는 것이라 생각된다. 요인2는 박력있다, 분명하다, 주도적이다, 유능하다(이외에도 당차다, 용기있다, 논리적이다 등)와 같이 공통적으로 개인의 유능성, 능력 등을 나타내는 긍정적 평가어로 구성되어 있음을 알 수 있었다. 요인2 또한 5, 6, 7, 8, 9요인해에 이르기까지 공통적으로 나타나 잠정적인 한 요인이 될 수 있는 것으로 보였다. 요인3은 순박하다, 온순하다, 순수하다, 인자하다, (포근하다, 정겹다, 아량있다 등)와 같이 공통적으로 다소 정적인 성향과 함께 대인관계에서 가치로운 것으로 여겨지는 전통적인 인성덕목으로 나타나는 어휘들로 구성되어 있는 것으로 나타났다. 요인3 역시 요인1이나 요인2처럼 9요인해까지의 모든 가설적인 요인해에서 공통적으로 나타나고 있음을 알 수 있었다. 요인4에서는 근엄하다, 엄숙하다, 점잖다 등의 다소 중립적인 어휘와 함께 일반적으로 부정적인 개인성향을 표현하는 고지식하다, 까다롭다, 고리타분하다 등이 함께 나타나 있는데 뚜렷한 공통적 의미의 발견에는 다소 어려움이 있는 것으로 보인다. 요인4에는 이 외에도 정숙하다, 꼬장꼬장하다, 품위있다 등의 어휘가 함께 포함되었다.

이후의 모든 5-9요인해에서는 4요인해에서 나타난 요인1, 2, 3의 어휘 및 요인의 특징을 그대로 지니면서 추가적인 가설적 요인들을 더해주고 있는 것으로 나타났다.

5요인해에서는 4요인해의 1, 2, 3, 4요인의 특징을 그대로 보여주면서 사나이답다, 무신경하다, 고상하다와 같은 3개만의 어휘가 5번째 요인을 구성하는 것으로 나타나 이들 어휘에서는 뚜렷한 의미상의 공통점을 발견하기가 어려운 것으로 보였다.

  6요인해에서는 1, 2, 3요인이 요인 산출의 순서를 달리하는 4요인해의 요인2, 1, 3의 특성을 지닌 요인과 함께, 요인4에서 차분하다, 점잖다, 자상하다 등의 어휘가 높은 적재량을 보여, 의미있는 4번째 요인이 될 수 있는 가능성을 보여주었다. 다만, 요인4는 요인3에 적재된 어휘들에 비해 보다 개인 내적인 가치덕목이라는 측면이 있긴 하나 보다 뚜렷한 차이점은 찾기에 어려움이 있어 보였다. 이와 비슷하게 요인5와 요인6 또한 반친화성 어휘들이 공통적으로 속하여 다소 유사한 특징을 보여주고 있다. 그러나, 요인5의 경우, 딱딱하다, 괴팍하다, 냉정하다, 까다롭다 등과  같이 보다 개인 내적인 측면을 반영하는 어휘들이 속해 있음에 비하여, 요인6의 경우 불평 많다, 딱딱거리다, 발끈하다, 화 잘내다 등과 같이 대인관계에서 보다 표출적인 형태로 나타나는 성향이라는 특징 및 정서통제와 관련된 어휘라는 측면에서 구별되는 것으로 보였다.

〈표 17〉 8-9 요인해에서 높은 적재량을 나타낸 앞 7개 어휘와 요인의 특징

| 요인 | | 대표 어휘 | 특 징 |
|---|---|---|---|
| 8 요 인 해 | 1 | 박력있다  현명하다  과감하다  견고하다<br>진취적이다  분명하다  당당하다 | 1, 2, 3, 4, 5, 6 요인-7요인해의<br>1, 2, 3, 4, 5, 6, 7요인의<br>어휘와 일치<br>8요인-3개의 어휘만이 적재되<br>며 어휘의 뚜렷한 공통적<br>의미를 찾기가 어려움 |
| | 2 | 천박하다  가증스럽다  졸렬하다  저속하다<br>야비하다  치사하다  뻔뻔스럽다 | |
| | 3 | 인자하다  순수하다  순박하다  온순하다<br>포근하다  정겹다  봉사적이다 | |
| | 4 | 붙임성이있다  사교적이다  쾌활하다<br>내성적이다(-)  활발하다  쑥스러워하다(-)<br>까다롭다(-) | |
| | 5 | 반항적이다  엉뚱하다  반사회적이다<br>괴짜같다  산만하다  독특하다  충동적이다 | |
| | 6 | 신경질적이다  느긋하다(-)  발끈하다<br>여유있다(-)  무신경하다(-)  성급하다<br>태평스럽다(-) | |
| | 7 | 우아하다  교양있다  고상하다  여성적이다<br>문학적이다  예술적이다  품위있다 | |
| | 8 | 이해타산적이다(-)  소심하다  꾸밈없다 | |
| 9 요 인 해 | 1 | 박력있다  과감하다  당당하다  능동적이다<br>진취적이다  자신만만하다  당차다 | 1, 2, 3 요인-8요인해의 1, 2, 3<br>요인의 어휘와 일치<br>4요인-개인 내적인 안정성과 관<br>련된 어휘로 구성<br>5요인-대인관계 및 정서적 통<br>제와 관련된 부정적인 어<br>휘들로 구성<br>6요인-심리적인 이완과 관련된<br>어휘로 구성<br>7요인-어휘의 뚜렷한 공통적<br>의미를 찾기가 어려움<br>8요인-8요인해의 7요인과 어휘<br>가 일치<br>9요인-2개의 어휘만이 적재되<br>며 공통적 의미를 찾기가<br>어려움 |
| | 2 | 천박하다  치사하다  졸렬하다  저속하다<br>째째하다  야비하다  가증스럽다 | |
| | 3 | 친근하다  인간적이다  원만하다  포근하다<br>친절하다  정겹다  우호적이다 | |
| | 4 | 차분하다  조용하다  정숙하다  삼가다<br>자상하다  점잖다  근엄하다 | |
| | 5 | 비판적이다  발끈하다  불평많다<br>신경질적이다  침울하다  자기비판적이다<br>반항적이다 | |
| | 6 | 태평스럽다  태연하다  여유있다  느긋하다<br>느리다  무심하다  둔감하다 | |
| | 7 | 새침하다  깜찍하다  어리광을떨다 여리다<br>무뚝뚝하다(-) 여성적이다  어른스럽다(-) | |
| | 8 | 문학적이다  고상하다  교양있다  예술적이다<br>품위있다  우아하다  설교적이다 | |
| | 9 | 이해타산적이다(-)  꾸밈없다 | |

　7요인해에서는 앞의 요인해에서 산출된 요인1, 2, 3과 함께, 6요인해에서는 다소 불분명했던 요인3과 요인4, 요인6과 요인7이 어느 정도 상호 구별될 수 있는 요인일 수 있음을 보여주는 것으로 나타났다. 즉, 요인4의 경우 붙임성이 있다, 사교적이다, 쾌활하다, 내성적이다(-) 등의 어휘가 함께 묶임으로써, 개인 내적인 측면을 지니는 요인3에 비하여 보다 명확히 표현적이며 친사교적인 특성을 나타내는 요인임을 보여주고 있는 것이다. 요인5와 요인6 또한 6요인해에서는 의미론적 구분이 불분명하였으나 7요인해에서는 요인5의 경우, 반항적이다, 반사회적이다, 비판적이다 등과 같이 보다 표현적인 대인관련 반친화적인 어휘들로 공통점을 보이고 있으며, 요인6의 경우 신경질적이다, 느긋하다(-), 발끈하다 등과 같이 보다 정서적 통제 혹은 안정성과 관련된 어휘들이 특징적임을 나타내었다. 한편 요인7의 경우, 6요인해에까지 나타나지 않았던 새로운 잠정적 요인으로써 교양있다, 우아하다, 예술적이다, 문학적이다 등이 나타났으며, 다만 7개 어휘만이 포함되어 있었다.

　〈표 17〉은 계속해서 8요인해와 9요인해의 산출결과를 나타낸 것이다. 8요인해에서 요인1, 2, 3, 4, 5, 6, 7은 7요인해의 7가지 요인에 속한 어휘들과 동일한 것으로 나타났으며, 의미를 지닌 요인으로 볼 수 있게 하였다. 그러나 요인8의 경우 이해타산적이다, 소심하다, 꾸밈없다의 3개 어휘만이 적재된 변인으로 나타나 뚜렷한 공통적인 의미를 찾기에는 너무 소수의 어휘를 보임을 알 수 있었다. 9요인해에서는 요인1, 2, 3, 8이 7요인해의 요인1, 2, 3, 7과 동일한 어휘를 지님으로써 동일한 요인으로 간주할 수 있음을 나타내었다. 요인4는 차분하다, 조용하다, 정숙하다, 삼가다 등의 어휘가 포함되어 6요인해의 요인4와 같이 개인 내적인 안정성을 나타내는 공통의 의미를 발견할 수 있으나, 내향성과 관련된 의미도 찾아 볼 수 있는 것으로 보였다. 요인5는 7요인해의 요인5, 6이 혼합되어 있는 것으로 보이는데 비판적이다, 발끈하다, 신경질적이다, 침울하다 등과 같이 대인관계 및 정서적 통제와 관련된 부적 어휘들로 구성되어 있는 것으로 나타났다. 요인6

은 태평스럽다, 태연하다, 여유있다, 느긋하다 등과 같은 심리적 이완과 관
련된 어휘들로 구성되어 있음을 알 수 있으며, 요인7은 새침하다, 깜찍하
다, 어리광을 떨다, 등과 같은 어휘가 포함되어 있으나 전체 어휘수가 7개
에 지나지 않으며 공통적인 의미 파악이 어려운 것으로 보였다. 요인9의
경우 단지 2개의 어휘만이 적재되는 것으로 나타났다.

  요약하자면, 258개의 어휘의 4-9요인해를 가정하여 주성분 분석방법에 따
른 탐색적 요인분석 결과 각 요인해에 포함된 어휘의 공통적 속성으로 미루
어 볼 때, 4요인해의 경우 3개 요인(요인1, 2, 3), 5요인해의 경우 3개 요인
(요인1, 2, 3), 6요인해의 경우 5-6개의 요인(요인1, 요인2, 요인3, 요인4, 요
인5, 요인6)이 각각 나름대로의 의미를 부여할 수 있는 요인으로 가정할 수
있는 것으로 나타났다. 7요인해의 경우 7개 요인 모두(요인1, 2, 3, 4, 5, 6,
7)가 요인적인 공통적 의미를 발견할 수 있는 것으로 여겨지며, 8요인해의
경우 7요인해와 동일한 7개의 요인(요인1, 2, 3, 4, 5, 6, 7)이, 9요인해의 경
우 6개 요인(요인1, 2, 3, 4, 5, 8)이 해석이 가능한 것으로 보였다.

  이상의 결과를 통해 볼 때, 잠정적으로 수용가능한 요인해는 7요인해가
가장 적합한 것으로 보인다. 이는 7요인해의 경우, 각 요인에 포함된 어휘
들이 갖는 공통적인 의미로 미루어 볼 때, 이해가능한 것으로 보이는 최대
수의 요인해를 포함하고 있을 뿐만 아니라, 의미파악이 가능한 요인의 수
라는 의미에서 동일한 7개의 요인수를 보여주고 있는 8요인해와는 달리,
분류되지 않고 잔존하는 어휘의 개수가 가장 적게 나타나는 것으로 보이기
때문이다. 다만, 7요인해에서 산출된 요인7의 경우, 포함되는 어휘수가 소
수개에 지나지 않음을 보였는데 이는 추후 보다 정밀한 분석이 요구되는
것으로 보였다.

## 2. 성격특성 구조 요인의 특징과 명명

앞의 결과로서 토착적인 성격특성 차원의 잠정적 요인으로서 7요인해를

채택하였다. 이들 각각의 요인들에 포함된 어휘들의 특징을 살펴보고 요인의 명칭을 부여하기 위하여 또한 요인7의 채택 가능성을 점검하기 위하여 다음과 같은 후속적인 분석을 수행하였다.

첫째, 각 요인별로 범주화된 어휘의 공통적인 속성을 의미론적으로 살펴보았으며 여타 이차요인에 적재된 부하량의 비중을 검토하여 제거 혹은 특정 요인에 포함된 어휘의 여타 요인으로의 이동 가능성을 검토하였다. 둘째, 이를 토대로 공통적인 속성을 나타내는 요인의 의미론적 명칭을 할당하였다. 셋째, 소수개의 어휘로 구성된 요인7의 경우, 여타 요인에 속한 어휘 중 이차부하량 및 의미로 미루어 보아 요인7의 요인확정 가능성을 살펴보았다.

먼저, 〈표 18〉은 7요인해에서 제1요인에 부하량이 가장 높이 할당된 45개의 어휘 및 적재된 요인부하량을 보여주고 있다. 표에서 알 수 있듯이 요인1의 경우 용기, 담력 등과 관계된 어휘(박력있다. 과감하다. 당당하다. 용기있다 등), 의지와 관련된 어휘(굳세다. 분명하다. 냉철하다 등), 능력이나 통찰력과 관련된 어휘(유능하다. 논리적이다. 통찰적이다. 예리하다 등) 진취성과 관련된 어휘(친취적이다. 능동적이다. 정력적이다. 진보적이다 등) 및 지도성, 결단력, 숙련 등을 나타내는 어휘등이 높은 요인부하량을 보이면서 요인구성의 주요한 변인으로 나타남을 보였다.

이러한 요인1의 특징은 어휘접근에 기초한 5요인 모형(Goldberg, 1990)의 성실성요인의 하위군집(조직화, 능률, 믿음직성, 정밀성, 끈기, 신중성, 과단성 등)이나 혹은 검사에 기초한 5요인 모형(McCrae & Costa, 1992, NEO-PI-R)의 성실성 요인의 하위척도(유능감, 정연성, 충실성, 성취에 대한 갈망, 자기 규제성, 성실성)와도 유사한 것으로 여겨지며, 한편으로는 외향성의 요소(주장적이다. 열성적이다. 용기있다. 독립적이다 등의 어휘)와도 상당히 유사성을 지니는 것으로 여겨졌다.

〈표 18〉 요인1에 높은 부하량을 보인 45개 어휘 요인부하량

| 문항번호 및 어휘 | 1 | 2 | 3 | 4 | 5 | 6 | 7 |
|---|---|---|---|---|---|---|---|
| A113 박력있다 | .700 | .010 | .009 | .239 | .029 | .081 | -.205 |
| A147 현명하다 | .671 | -.068 | .093 | .057 | -.124 | .022 | .200 |
| A028 과감하다 | .662 | -.109 | -.06 | .132 | .154 | -.070 | -.137 |
| A162 견고하다 | .652 | -.187 | .074 | .010 | -.017 | .059 | .113 |
| A232 진취적이다 | .646 | -.014 | .108 | .178 | .091 | -.029 | .058 |
| A071 당당하다 | .642 | -.035 | .010 | .202 | .149 | .003 | -.024 |
| A241 분명하다 | .637 | -.067 | .097 | .029 | -.084 | .032 | .181 |
| A240 유능하다 | .631 | .045 | .020 | .136 | -.079 | -.000 | .351 |
| A080 독립적이다 | .630 | -.087 | .001 | -.030 | .120 | -.107 | -.034 |
| A239 논리적이다 | .621 | -.020 | .036 | -.018 | -.090 | .007 | .213 |
| A050 예리하다 | .608 | .062 | -.044 | .124 | .048 | .074 | .235 |
| A073 당차다 | .607 | .068 | -.059 | .240 | .027 | .240 | .059 |
| A003 강직하다 | .600 | -.052 | .127 | -.121 | -.029 | -.035 | -.085 |
| A228 주도적이다 | .597 | .094 | .038 | .317 | -.053 | -.073 | .066 |
| A036 굳세다 | .597 | -.114 | .038 | -.072 | .075 | -.040 | -.121 |
| A185 용기있다 | .596 | -.024 | .061 | .176 | .140 | -.085 | -.112 |
| A058 냉철하다 | .591 | -.086 | -.114 | -.172 | .025 | -.165 | .035 |
| A011 거침없다 | .590 | -.055 | .013 | .077 | .036 | -.094 | -.158 |
| A242 능력있다 | .578 | .021 | .141 | .231 | -.061 | -.023 | .247 |
| A070 단호하다 | .574 | -.063 | .026 | -.046 | .055 | -.006 | -.033 |
| A274 자신만만하다 | .572 | -.032 | .067 | .382 | .099 | -.018 | -.033 |
| A183 완벽하다 | .569 | .138 | .073 | -.042 | -.137 | .104 | .222 |
| A065 능동적이다 | .567 | -.001 | .056 | .446 | .005 | .048 | -.171 |
| A249 통찰적이다 | .564 | -.067 | .126 | .089 | .061 | -.004 | .111 |
| A159 야심적이다 | .549 | .130 | -.018 | .052 | .080 | .087 | .066 |
| A231 탐구적이다 | .549 | .034 | .121 | .065 | .122 | .000 | -.023 |
| A066 노련하다 | .545 | .119 | .053 | .158 | -.069 | .006 | -.110 |
| A067 다부지다 | .545 | -.027 | .130 | .118 | -.186 | .262 | .015 |
| A219 정력적이다 | .543 | .056 | .052 | .272 | .006 | .071 | -.169 |
| A098 확실하다 | .543 | -.034 | .086 | .075 | .014 | .050 | .282 |
| A198 의존적이다 | -.542 | .182 | .184 | -.010 | .014 | .116 | .121 |
| A083 비범하다 | .539 | .098 | .076 | .269 | -.002 | -.038 | .217 |
| A144 수동적이다 | -.536 | .133 | .157 | -.459 | -.013 | -.051 | .123 |
| A199 의지가굳다 | .535 | .003 | .136 | .068 | -.091 | .089 | .004 |
| A187 우유부단하다 | -.535 | .204 | .167 | -.079 | .148 | .039 | .176 |
| A227 주도면밀하다 | .534 | .070 | .027 | -.167 | -.232 | .125 | .120 |
| A230 지배적이다 | .534 | .254 | -.071 | .117 | .114 | .074 | .012 |
| A063 늠름하다 | .533 | .034 | .048 | .209 | .091 | -.063 | -.371 |
| A135 생산적이다 | .530 | .012 | .136 | .133 | -.099 | -.009 | .076 |
| A082 독창적이다 | .524 | -.021 | -.017 | .168 | .145 | -.036 | .115 |

그러나, 요인1에 속한 어휘들은 외향성과 성실성을 포함하는 보다 사회적인 역능(力能) 혹은 지배력 등을 나타내는 평가적인 용어들과 보다 가까운 것으로 나타났다. 특히 요인1은 중국(Yang &Bond, 1990)의 어휘에서 추출된 유능성-무력감(Competence -Impotence) 차원과 관련된 어휘, 예를 들어, 단호한(determined), 확고부동한(resolute and firm), 능력있는(capable), 용감한(brave), 현명한(wise), 독립적인(independent) 등의 어휘는 본 연구의 요인1에 속한 어휘와 거의 동일한 것으로 보였다.

따라서 요인1은 외향성 요소와 성실성의 요소, 사회적 역능(力能)의 요소 등을 포함하는 보다 포괄적인 특성을 나타내는 요인의 의미로서 '유능성 요인'으로 명명하였다.

〈표 19〉는 요인2에 부하량이 가장 높이 할당된 45개의 어휘 및 요인부하량을 제시한 것이다. 표에서 알 수 있듯이 요인2의 경우 무례 및 부도덕 등과 관련된 어휘(부도덕하다, 무례하다 등), 거만(거만하다, 독선적이다 등), 교활(교활하다, 위선적이다, 간사하다 등), 우둔함(천박하다, 경솔하다, 어리석다 등), 비열(졸렬하다, 야비하다 등), 악함(가증스럽다, 악독하다 등), 거침(투박하다, 야만적이다, 사납다, 거칠다 등)과 관련된 어휘 등이 높은 요인부하량을 보이면서 요인 구성의 주요한 변인으로 나타남을 보였다. 특히 대부분의 어휘들은 특정한 태도나 행동 등을 나타내기보다는 보다 판단적이며 부정적인 평가적 어휘로 구성되어 있음을 특징으로 하고 있음을 알 수 있었다. 이러한 특징은 Tellegen과 Waller(1991, IPC-7)가 부정가 차원으로 분류했던 사악하다(wicked), 무섭다(awful), 혐오스럽다(deserves to be hated), 불량하다(depraved), 부도덕하다(vicious) 등의 어휘와 유사한 것으로 보였다. 이는 스페인의 자국 언어(Martínez & Waller, 1997)에서도 부정가 요인에서 마찬가지로 나타났다. 따라서, 요인2의 어휘가 포함하고 있는 개인에 대한 부정적, 판단적 어휘라는 특징을 근거로 하여 '부정가 요인'으로 명명하였다.

〈표 19〉 요인2에 높은 부하량을 보인 45개 어휘 요인부하량

| 문항번호 및 어휘 | | 1 | 2 | 3 | 4 | 5 | 6 | 7 |
|---|---|---|---|---|---|---|---|---|
| A237 | 천박하다 | -.153 | .650 | -.007 | -.045 | -.064 | -.046 | -.174 |
| A224 | 졸렬하다 | -.089 | .624 | -.082 | -.020 | -.201 | -.009 | -.119 |
| A244 | 치사하다 | -.079 | .617 | -.088 | -.032 | -.228 | -.038 | -.127 |
| A161 | 가증스럽다 | .032 | .611 | -.216 | .057 | .065 | .044 | .095 |
| A223 | 저속하다 | -.049 | .608 | -.135 | -.077 | -.088 | -.008 | -.100 |
| A158 | 야비하다 | -.073 | .598 | -.161 | -.063 | .040 | .035 | -.035 |
| A235 | 째째하다 | -.092 | .572 | -.059 | -.091 | -.273 | -.065 | -.054 |
| A130 | 뻔뻔스럽다 | .063 | .572 | -.132 | .125 | .224 | .035 | .081 |
| A153 | 악독하다 | .156 | .558 | -.233 | -.048 | .194 | .055 | .008 |
| A124 | 부도덕하다 | -.045 | .552 | -.172 | -.039 | -.076 | -.154 | -.055 |
| A195 | 음흉하다 | .034 | .538 | -.057 | .065 | .161 | -.098 | .061 |
| A116 | 불건전하다 | -.010 | .535 | -.184 | .032 | .197 | -.105 | -.021 |
| A034 | 교활하다 | -.050 | .516 | -.172 | .067 | .118 | .101 | .114 |
| A213 | 적대적이다 | .063 | .514 | -.178 | -.304 | .086 | .219 | .011 |
| A191 | 위선적이다 | -.030 | .513 | -.089 | -.156 | .169 | .053 | .094 |
| A250 | 투박하다 | .060 | .505 | -.045 | -.126 | .123 | -.102 | -.236 |
| A157 | 야만적이다 | .212 | .505 | -.119 | -.020 | .028 | -.016 | -.140 |
| A140 | 속물적이다 | -.053 | .504 | -.134 | -.033 | .186 | .159 | .229 |
| A126 | 불공평하다 | -.200 | .499 | -.087 | -.032 | .048 | .108 | .027 |
| A020 | 경솔하다 | -.184 | .498 | -.086 | .052 | .098 | .163 | -.166 |
| A151 | 헤프다 | -.195 | .494 | .063 | .234 | .136 | .309 | -.266 |
| A172 | 엉큼하다 | -.033 | .493 | .008 | .038 | .202 | -.092 | .040 |
| A076 | 못되다 | .074 | .493 | -.213 | -.092 | .232 | .236 | -.008 |
| A105 | 사납다 | .195 | .493 | -.168 | -.036 | .193 | .125 | -.332 |
| A128 | 비겁하다 | -.238 | .483 | -.021 | -.064 | .137 | -.018 | .035 |
| A277 | 토라지다 | -.118 | .472 | .038 | -.128 | .029 | .386 | .023 |
| A204 | 인색하다 | .015 | .471 | -.128 | -.208 | -.092 | -.075 | -.020 |
| A104 | 무례하다 | .017 | .468 | -.267 | -.079 | .168 | -.058 | -.208 |
| A008 | 거만하다 | .130 | .468 | -.161 | -.030 | .048 | .178 | .099 |
| A092 | 거칠다 | .118 | .463 | -.200 | .005 | .302 | .155 | -.360 |
| A207 | 입이걸다 | .075 | .453 | -.173 | .065 | .171 | .130 | -.353 |
| A088 | 막되먹다 | .050 | .448 | -.140 | -.063 | .108 | -.079 | -.231 |
| A164 | 어리석다 | -.364 | .443 | .000 | -.239 | .080 | -.012 | -.101 |
| A150 | 심술궂다 | .066 | .443 | -.122 | -.069 | .135 | .358 | .003 |
| A015 | 간사하다 | -.084 | .437 | -.138 | -.007 | -.073 | .101 | .070 |
| A206 | 입이가볍다 | -.147 | .434 | -.015 | .212 | .009 | .175 | -.198 |
| A096 | 맹목적이다 | -.024 | .429 | .008 | .091 | .303 | .028 | -.167 |
| A099 | 모나다 | .202 | .427 | -.211 | -.228 | .091 | .159 | -.081 |
| A056 | 냉소적이다 | .216 | .416 | -.287 | -.283 | .194 | .052 | .125 |
| A079 | 독선적이다 | .370 | .407 | -.219 | -.201 | .151 | .187 | .092 |

〈표 20〉 요인3에 높은 부하량을 보인 45개 어휘 요인부하량

| 문항번호 및 어휘 | | 1 | 2 | 3 | 4 | 5 | 6 | 7 |
|---|---|---|---|---|---|---|---|---|
| A180 | 인자하다 | .065 | -.139 | .635 | .079 | -.045 | -.124 | .157 |
| A145 | 순수하다 | .024 | -.206 | .623 | .035 | -.046 | .010 | .146 |
| A146 | 순박하다 | .021 | -.055 | .615 | -.006 | -.117 | -.073 | -.027 |
| A179 | 온순하다 | -.151 | -.126 | .607 | -.024 | -.182 | -.132 | .229 |
| A255 | 포근하다 | .005 | -.196 | .581 | .249 | -.010 | -.101 | .050 |
| A217 | 정겹다 | .115 | -.189 | .567 | .222 | .019 | .082 | -.015 |
| A122 | 봉사적이다 | .131 | -.009 | .562 | .100 | -.057 | .032 | -.022 |
| A166 | 어질다 | .139 | -.186 | .554 | .046 | .100 | -.067 | .110 |
| A258 | 헌신적이다 | .125 | .003 | .534 | .089 | .002 | .075 | -.137 |
| A246 | 친절하다 | .130 | -.141 | .519 | .300 | .038 | .086 | .121 |
| A026 | 공손하다 | .067 | -.228 | .504 | -.033 | -.093 | -.094 | .185 |
| A152 | 아량있다 | .119 | -.226 | .502 | .164 | .219 | -.121 | -.012 |
| A023 | 고분고분하다 | -.338 | .058 | .499 | -.137 | -.182 | -.044 | .073 |
| A133 | 인간적이다 | .224 | -.151 | .497 | .346 | .132 | .040 | -.040 |
| A093 | 맑다 | .150 | -.109 | .482 | .125 | .030 | -.152 | .120 |
| A259 | 협동적이다 | .084 | -.139 | .477 | .207 | -.056 | .007 | -.109 |
| A178 | 예의바르다 | .258 | -.253 | .469 | .038 | -.052 | .039 | .279 |
| A077 | 도덕적이다 | .285 | -.260 | .462 | -.106 | -.079 | -.022 | .092 |
| A121 | 순종적이다 | -.352 | .085 | .453 | -.182 | -.163 | -.089 | .069 |
| A210 | 자상하다 | .171 | -.096 | .452 | -.120 | -.226 | -.058 | .254 |
| A125 | 부드럽다 | -.123 | -.166 | .451 | .091 | -.006 | -.102 | .152 |
| A138 | 성실하다 | .396 | -.099 | .432 | -.078 | -.288 | .091 | -.020 |
| A081 | 독실하다 | .260 | -.170 | .430 | .064 | -.113 | .025 | .062 |
| A068 | 다정다감하다 | .058 | -.092 | .419 | .338 | .096 | .229 | .150 |
| A143 | 무던하다 | -.072 | -.058 | .412 | .241 | .273 | -.280 | -.038 |
| A238 | 천진난만하다 | .004 | .051 | .411 | .283 | .198 | .040 | .035 |
| A234 | 참하다 | .065 | -.164 | .410 | -.089 | -.158 | .024 | .351 |
| A221 | 정직하다 | .402 | -.224 | .402 | .059 | .131 | -.024 | -.064 |
| A018 | 겸손하다 | .132 | -.191 | .398 | -.140 | -.154 | -.106 | .061 |
| A029 | 관대하다 | .050 | -.173 | .398 | .020 | .194 | -.168 | -.034 |
| A134 | 사려깊다 | .384 | -.148 | .398 | -.161 | -.158 | -.043 | .230 |
| A017 | 청렴하다 | .245 | -.154 | .381 | -.143 | -.058 | -.096 | .123 |
| A220 | 정숙하다 | .191 | -.130 | .373 | -.281 | -.244 | -.134 | .210 |
| A229 | 규칙적이다 | .234 | -.123 | .371 | -.105 | -.165 | .087 | .007 |
| A035 | 구수하다 | .193 | -.012 | .355 | .221 | -.003 | -.063 | -.233 |
| A203 | 인내하다 | .238 | -.093 | .352 | -.140 | -.181 | -.112 | .044 |
| A102 | 무난하다 | -.099 | -.188 | .352 | -.078 | -.031 | -.121 | .088 |
| A001 | 감상적이다 | -.067 | .013 | .346 | .169 | .077 | .311 | .140 |
| A117 | 구김없다 | .155 | -.152 | .345 | .181 | .130 | -.094 | .018 |
| A075 | 대중적이다 | .049 | -.112 | .343 | .262 | .069 | -.044 | -.038 |

계속해서, 〈표 20〉은 제3요인에 부하량이 가장 높이 할당된 45개의 어휘
및 적재된 요인부하량을 제시한 것이다. 표에서 알 수 있듯이 요인3의 경
우 인자함이나 자애 등과 관계된 어휘(인자하다, 어질다, 친절하다, 자상하
다 등), 봉사(봉사적이다, 헌신적이다 등), 온순(순박하다, 온순하다, 고분
고분하다, 순종적이다 등), 예의(공손하다, 예의바르다, 도덕적이다 등) 등
을 나타내는 어휘가 높은 요인부하량을 보이면서 요인 구성의 주요한 변인
으로 나타남을 보였다. 한편, 인간적이다, 맑다, 참하다 등과 같이 요인2의
의미와 반대되는 보다 구체적이지 않는 긍정적 평가적 어휘들 또한 특징
적으로 나타나고 있는데, 이는 부분적으로 요인2와 대조되는 요인으로서
의 특징도 보여주었다. 요인3은 Goldberg(1990)의 친화성 요인의 하위군
집(협동(cooperation), 온화(amiability), 공감(empathy), 관용(leniency),
예의(courtesy)이나, McCrae와 Costa(1992, NEO-PI-R)의 친화성 요인의
하위척도(신뢰성, 솔직성, 이타성, 순응성, 겸손, 동정)와도 유사한 것으로
여겨졌다.

특히, 요인3은 요인1과 마찬가지로 중국의 연구(Yang & Bond, 1997)에
서 나타난 사회지향-개인지향(Social Orientation- Self-Centeredness) 요인
의 어휘와는 상당한 유사성을 나타내었다(〈표 8〉참고). 중국의 요인에서
정직한(honest), 품위있는(good and gentle), 친절한(kind), 우호적인
(friendly), 솔직한(frank), 도덕적인(morally clean) 등의 어휘는 거의 동일
한 것으로 나타났다. 따라서 요인3은 5요인 모형의 친화성 요인과도 유사
하나 요인3에 속하는 어휘의 사회적 자비, 박애, 덕스러움 등의 의미론적
특징을 고려하여 '친애 요인'으로 명명하였다.

〈표 21〉 요인4에 포함된 어휘 및 요인부하량

| 문항번호 및 어휘 | | 1 | 2 | 3 | 4 | 5 | 6 | 7 |
|---|---|---|---|---|---|---|---|---|
| A132 | 붙임성이있다 | .281 | .043 | .156 | .686 | .082 | .013 | -.077 |
| A131 | 사교적이다 | .248 | -.026 | .125 | .655 | .054 | .019 | -.048 |
| A247 | 쾌활하다 | .236 | .006 | .247 | .654 | .148 | .063 | .016 |
| A055 | 내성적이다 | -.221 | .094 | .132 | -.646 | -.043 | .032 | .016 |
| A262 | 활발하다 | .275 | .034 | .173 | .615 | .156 | .108 | -.078 |
| A054 | 쑥스러워하다 | -.268 | .051 | .123 | -.533 | .033 | .093 | -.103 |
| A188 | 우호적이다 | .101 | -.187 | .327 | .518 | .091 | -.079 | .039 |
| A273 | 재미있다 | .285 | .069 | .142 | .517 | .196 | -.016 | -.083 |
| A009 | 까다롭다 | .088 | .156 | -.150 | -.513 | .151 | .115 | .051 |
| A042 | 기지가있다 | .406 | .029 | .045 | .488 | .171 | -.059 | .060 |
| A087 | 딱딱하다 | .197 | .246 | -.136 | -.487 | .151 | .008 | -.213 |
| A222 | 조용하다 | .006 | -.129 | .252 | -.480 | -.231 | -.141 | .285 |
| A060 | 넉살이좋다 | .186 | .068 | .203 | .479 | .145 | -.182 | -.173 |
| A103 | 무뚝뚝하다 | -.001 | .214 | -.045 | -.479 | .140 | -.235 | -.206 |
| A032 | 괴팍하다 | .034 | .328 | -.162 | -.470 | .067 | .033 | -.097 |
| A091 | 수다스럽다 | -.059 | .320 | .033 | .465 | .147 | .283 | -.092 |
| A123 | 수줍어하다 | -.315 | .014 | .301 | -.465 | -.033 | .190 | .048 |
| A245 | 친근하다 | .047 | -.134 | .453 | .461 | .181 | -.013 | .049 |
| A049 | 낙천적이다 | .078 | -.047 | .294 | .455 | .113 | -.300 | -.045 |
| A024 | 고지식하다 | -.215 | .275 | .142 | -.422 | -.082 | .013 | -.006 |
| A189 | 원만하다 | -.017 | -.219 | .417 | .422 | .111 | -.192 | .060 |
| A041 | 긍정적이다 | .184 | -.144 | .323 | .411 | .088 | -.302 | -.083 |
| A022 | 고리타분하다 | -.169 | .310 | .163 | -.365 | -.060 | .131 | .083 |
| A233 | 차분하다 | .148 | -.193 | .344 | -.361 | -.298 | -.203 | .303 |
| A045 | 깜찍하다 | .079 | .028 | .158 | .361 | .030 | .166 | .182 |
| A002 | 갑갑하다 | -.278 | .307 | .212 | -.352 | -.029 | .091 | .022 |
| A254 | 폐쇄적이다 | -.139 | .315 | -.111 | -.352 | -.045 | .076 | -.039 |
| A057 | 냉정하다 | .252 | .267 | -.321 | -.350 | .184 | .062 | .126 |
| A106 | 무심하다 | -.162 | .136 | -.100 | -.338 | .276 | -.217 | -.028 |
| A197 | 회의적이다 | -.134 | .244 | -.008 | -.331 | .252 | .200 | .067 |

〈표 21〉은 제4요인에 할당된 전체 어휘 및 적재된 요인부하량을 제시한 것이다. 요인4는 명랑성과 관계된 어휘(쾌활하다, 활발하다, 낙천적이다, 수줍어하다(-) 등), 사교 및 친근감과 관련된 어휘(붙임성이 있다, 우호적이다, 사교적이다, 친근하다 등), 기지와 관련된 어휘(재미있다, 기지가 있다, 넉살이 좋다), 개방성과 관련된 어휘(갑갑하다(-), 폐쇄적이다(-), 고지식하다

(-), 고리타분하다(-)) 등이 요인구성의 주요한 변인으로 나타났다. 요인1의 이러한 특징은 어휘 접근에 기초한 5요인 모형(Goldberg, 1990)의 Surgency 요인의 하위 몇 군집(사교성(gregariousness), 명랑성(playfulness), 표현성(expressiveness), 활기(animation), 유머(humor))으로 분류된 어휘들과 유사한 것으로 보였다. 또한 McCrae와 Costa(1992, NEO-PI-R)의 외향성 요인의 하위척도(온정, 사교성, 활동성, 긍정적 정서)와도 상당히 유사하였다.

그러나, 요인4의 경우, 또한 이들 두 모형과는 구별되는 특징적인 측면을 지니고 있는 것으로 보였다. 첫째, Goldberg 및 McCrae와 Costa의 두 모형에서 Surgency 혹은 외향성의 주요 하위군집이나 하위척도로 설정하고 있는 자기존중감(self-esteem), 포부(ambition), 용기(courage)(Goldberg, 1990)나 주장, 자극추구성(McCrae & Costa, 19992) 등과 관련된 어휘는 요인4에서 나타나지 않는다는 점이다. 이들과 관련된 어휘는 요인4보다는 오히려 요인1(유능성 요인)에 높은 부하량으로 적재되어 있음이 구별된다고 하겠다(예, 야심적이다, 정력적이다, 용기있다, 자신만만하다, 주도적이다, 열성적이다 등). 따라서 요인4는 외향성이라기보다는 다소 요인의 의미가 축소된 제한된 외향성으로서의 특징을 지니는 것으로 보인다. 둘째, 요인4에 속해 있는 많은 어휘들의 잔여 요인부하량은 제1요인(성실성) 및 특히 제3요인(친애)에 주로 분포되어 있음으로써 친화성 측면을 많이 보유하고 있다는 것이다. 따라서 요인4는 외향성 요인과는 다소 구별되는 '사교성 요인'으로 명명하는 것이 타당할 것으로 보였다.

〈표 22〉요인5, 6, 7에 포함된 전체 어휘 및 요인부하량

| 문항번호 및 어휘 | | 1 | 2 | 3 | 4 | 5 | 6 | 7 |
|---|---|---|---|---|---|---|---|---|
| A115 | 반항적이다 | .217 | .290 | -.133 | -.026 | .588 | .123 | -.004 |
| A171 | 엉뚱하다 | .041 | .262 | .087 | .059 | .537 | -.028 | -.024 |
| A114 | 반사회적이다 | .157 | .188 | -.093 | -.075 | .526 | .154 | .042 |
| A243 | 충동적이다 | -.086 | .284 | .024 | .158 | .446 | .196 | -.024 |
| A129 | 비판적이다 | .192 | .200 | -.150 | -.214 | .437 | .246 | .126 |
| A268 | 산만하다 | -.190 | .338 | -.051 | .117 | .430 | .119 | -.214 |
| A031 | 괴짜같다 | .275 | .343 | -.033 | .077 | .422 | .011 | -.091 |
| A107 | 태평스럽다 | -.202 | .127 | .172 | -.024 | .421 | -.393 | .012 |
| A051 | 독특하다 | .369 | .207 | .007 | .182 | .400 | -.002 | .019 |
| A053 | 낭비하다 | -.149 | .150 | -.073 | .151 | .394 | -.022 | -.025 |
| A127 | 부주의하다 | -.242 | .360 | -.090 | .072 | .373 | .034 | -.069 |
| A141 | 소탈하다 | -.013 | -.028 | .011 | .144 | .370 | -.137 | -.087 |
| A248 | 태연하다 | -.037 | .048 | .134 | .179 | .369 | -.366 | .084 |
| A039 | 근면하다 | .317 | -.067 | .309 | -.056 | -.363 | .094 | -.178 |
| A118 | 변덕스럽다 | -.274 | .280 | -.002 | -.014 | .353 | .304 | .152 |
| A010 | 과격하다 | .227 | .261 | -.095 | .005 | .318 | .187 | -.315 |
| A209 | 자기비판적이다 | .069 | .177 | .083 | -.255 | .312 | .219 | .114 |
| A069 | 단순하다 | -.159 | .173 | .260 | .107 | .309 | .033 | -.069 |
| A006 | 개방적이다 | .241 | -.111 | .115 | .160 | .263 | -.180 | -.058 |
| A208 | 자기만족적이다 | .185 | .139 | .060 | .146 | .247 | .055 | .106 |
| A148 | 신경질적이다 | .093 | .253 | -.030 | -.182 | .082 | .543 | .098 |
| A061 | 느긋하다 | -.032 | -.059 | .182 | -.043 | .085 | -.512 | .075 |
| A278 | 발끈하다 | .121 | .329 | -.056 | -.020 | .287 | .483 | -.093 |
| A272 | 여유있다 | .084 | -.058 | .292 | .088 | .107 | -.449 | .027 |
| A270 | 성급하다 | .108 | .204 | -.055 | .167 | .277 | .446 | -.180 |
| A120 | 무신경하다 | -.074 | .309 | .029 | -.044 | .017 | -.440 | -.084 |
| A261 | 화잘내다 | .148 | .292 | -.087 | -.033 | .167 | .412 | -.146 |
| A267 | 불평많다 | -.058 | .348 | -.160 | -.195 | .233 | .408 | .098 |
| A266 | 딱딱거리다 | .247 | .282 | -.273 | -.013 | .061 | .407 | .052 |
| A193 | 침착하다 | .242 | -.048 | .306 | .014 | -.018 | -.388 | .264 |
| A269 | 새침하다 | .017 | .331 | -.020 | .010 | -.019 | .353 | .254 |
| A276 | 침울하다 | -.128 | .269 | .071 | -.337 | .189 | .346 | .088 |
| A062 | 느리다 | -.279 | .195 | .120 | -.205 | .199 | -.343 | .127 |
| A271 | 어리광을떨다 | -.095 | .284 | .243 | .264 | .127 | .321 | .109 |
| A033 | 교양있다 | .384 | -.165 | .185 | -.009 | .028 | -.021 | .490 |
| A186 | 우아하다 | .356 | .041 | .153 | .064 | -.094 | .005 | .485 |
| A021 | 고상하다 | .206 | -.013 | .142 | -.204 | .017 | -.039 | .466 |
| A173 | 여성적이다 | -.213 | -.013 | .284 | -.063 | -.108 | .247 | .426 |
| A007 | 품위있다 | .341 | -.079 | .233 | -.122 | -.082 | -.099 | .355 |
| A177 | 예술적이다 | .150 | -.025 | .179 | .033 | .168 | -.010 | .348 |
| A109 | 문학적이다 | .208 | .010 | .148 | -.023 | .120 | .021 | .328 |

〈표 22〉는 제5, 6, 7요인에 할당된 전체 어휘 및 적재된 요인부하량을 차
례로 제시한 것이다. 요인5는 대인관계에 있어서 반친화적인 특징과 관련
된 어휘(반항적이다, 반사회적이다, 비판적이다, 과격하다 등), 심리적 불안
정성과 관련된 어휘(충동적이다, 산만하다, 부주의하다, 변덕스럽다 등), 독
특성과 관련된 어휘(엉뚱하다, 괴짜같다) 등으로 구성되어 반친화성과 심
리적 불안정성 등이 혼합되어 대인관계 부조화의 측면과 관련된 요인으로
나타났다. 요인5의 이러한 특징은 잔여 요인부하량이 요인2(부정가 요인)
에 특히 많이 분산되어 있음에서도 알 수 있었다. 더군다나 이차적인 요인
부하량으로 미루어 볼 때, '독특하다'와 같은 어휘는 제1요인으로 분류될
수도 있을 만큼의 상대적으로 큰 요인부하량(.369)을 지니고 있는 것으로
보이며, '변덕스럽다'와 같은 어휘는 그 특징으로 미루어 볼 때 제6요인으
로 분류될 수 있을 정도의 부하량(.304)를 지니고 있음에서 요인5는 혼합
요인적인 특징을 지니고 있음을 보였다. 한편, 5요인 모형과의 관계로 미루
어 보아 친화성 요인이 요인5와 부적 방향에서 다소의 관련성을 지닐 것으
로 생각되나, 엄격히 대응관계를 이룰 만큼의 현저한 유사 요인은 없는 듯
하다. 요인5는 '대인관계 부조화 요인'으로 명명하였다.

요인6은 불평이나 불만과 관련된 어휘(발끈하다, 화 잘내다, 불평많다,
딱딱거리다) 및 조급성(느긋하다(-), 여유있다(-), 성급하다, 침착하다(-)),
불안정(신경질적이다, 침울하다) 등과 관련된 어휘로 나타나 정서적 동요
요인으로 분류할 수 있는 것으로 나타났다. 요인6의 특징은 어휘접근에 기초
한 5요인 모형(Goldberg,1990)의 정서적 안정성 요인에서 평온(placidity),
불확실(insecurity(-)), 불안정(instability(-)) 등의 군집에 포함된 어휘들과
유사하며, McCrae와 Costa(1992)의 신경증 요인의 몇 하위척도인 불안, 우
울, 충동성 등과도 유사한 것으로 보였다.

요인7은 교양있다, 우아하다 등의 7개의 어휘로 구성되어 있으며, 부분적
으로는 5요인 모형에서 Goldberg(1990)의 지능요인의 군집인 창의성
(intelligence), 세련(sophistication) 등의 몇 어휘와 관련이 있을 것으로 보

이며, McCrae와 Costa(1992)의 개방성 요인과 관련된 심미성과도 유사한 것으로 나타났다. 그러나, 요인7의 경우 이들 지능이나 개방성 요인과는 한결 축소된 의미로 나타나는 듯하며, 특히 제1요인(유능성)과는 그 차이가 크지 않는 요인부하량을 지니고 있음으로 인하여 그 의미는 보다 축소되어야 하는 것으로 생각되었다. 잠정적인 요인으로서 제7요인은 축소된 의미로서의 '교양 요인'으로 명명할 수 있을 것이다.

이상의 요인에 포함된 어휘의 특징 분석과 및 분류 결과를 요약하면 다음과 같다.

요인1은 '유능성' 요인으로 명명하였다. 이는 용기, 담력, 의지, 능력, 통찰력, 진취성, 지도성, 결단력, 숙련성 등의 특징이 현저한 어휘로 구성되었기 때문이다. 5요인 모형의 성실성 요인, 중국의 유능감-무력감 요인의 어휘와 유사함을 발견할 수 있었다.

요인2는 '부정가' 요인으로 명명하였다. 무례함, 부도덕, 거만, 교활, 우둔함, 비열, 악함, 거침 등의 특징이 현저한 어휘로 구성되었으며, Tellegen과 Waller(1991)의 7요인 모형에 포함된 부정가 요인의 어휘와도 유사하였기 때문이다.

요인3은 '친애' 요인으로 명명하였다. 인자함이나 자애, 봉사, 온순, 예의 등을 나타내는 어휘가 높은 요인부하량을 보이며, 인간적이다, 맑다, 참하다 등과 같은 보다 구체적이지 않는 긍정적 평가적 어휘들을 상당수 지니고 있었기 때문이다. 5요인 모형의 친화성 요인과는 부분적으로, 중국의 사회지향-개인중심 지향 요인의 어휘와는 거의 유사함을 발견할 수 있었다.

요인4는 '사교성' 요인으로 명명하였다. 명랑성, 사교 및 친근감, 기지, 개방성 등을 나타내는 어휘 등 5요인 모형의 외향성과 유사하였으나, 5요인 모형에서 주요 하위척도로 설정하고 있는 자기존중감, 포부, 용기, 주장, 자극추구성 등은 오히려 요인1(유능성 요인)로 분류되었기 때문이다.

요인5는 '대인 부조화' 요인으로 명명하였다. 대인관계에 있어서 반친화적인 특징 및 심리적 불안정성, 특이성 등과 관련된 어휘로 구성되어 있었기 때문이다.

요인6은 '정서적 동요' 요인으로 명명하였다. 불평이나 불만, 조급, 불안정 등이 특징적이었기 때문이다. 5요인 모형의 정서적 안정성 혹은 신경증과 유사함을 발견할 수 있었다.

요인7은 '교양' 요인으로 명명하였다. 다만, 5요인 모형의 지능 혹은 개방성 요인과 유사함이 발견되었으나 보다 협소한 의미로 지적할 수 있었다.

전체적으로 볼 때, 유능성 및 친애 요인은 중국의 2개 요인과 매우 유사하였으며, 대인부조화 요인, 정서적 동요 요인, 교양 요인은 어휘들의 적재량이 그다지 높지 않음을 보여 주었다. 이들 3개 요인은 이외의 요인들과도 관련이 있는 것으로 생각되었으나 구분된 독립요인으로 분류하였다. 이는 전체 어휘들을 요인분석함에 있어서 최대한으로 가장 많은 수의 요인으로 산출해 보고자 하였기 때문이다.

# 제2절  5요인 성격특성 구조모형에 대한 타당성 고찰

아래에서는 [연구문제 2]의 2-1), 2-2)와 관련하여 우리 나라 성격특성 관련 어휘에서 산출된 요인 구조와 5요인 구조간의 비교 및 대응관계와 중복의 정도를 알기 위한 사전 분석절차의 하나로 먼저 BFI 문항에 대한 응답자료들을 토대로 5요인 구조의 산출 가능성을 검증하였다.

## 1. 5요인 성격특성 구조모형의 타당성 검증

BFI의 어휘에서 발견될 수 있는 특성요인의 수를 찾기 위하여, 44개 어휘에 대하여 독립적인 탐색적 요인분석을 실시하였다. 여기에는 배리막스 회전에 따른 주성분 분석방법을 사용하였으며, 가능한 해(요인수)를 결정하기 위하여 고유치 1 이상을 갖는 요인의 수 및 누가변량비를 파악하였으며, 스크리 플롯 결과를 살펴보았다. 그 결과는 각각 〈그림 3〉, 〈표 23〉과 같다.

〈표 23〉에서 알 수 있듯이 초기 요인의 고유치의 값의 형태는 5번째 요인 이후에 고유치의 값이 급격히 낮아지며, 스크리 플롯의 형태는 7내지 8번째의 잠재적인 요인해에서 어느 정도의 절단점이 있음을 보여주었다. 따라서 여기서는 먼저 5-7개의 요인해 만을 가정하여 차례로 탐색적으로 주성분 요인분석을 실시하였다. 왜냐하면 이는 BFI 자체가 이미 5요인 구조를 측정하는 검사도구로 인정받고 있는 것이라는 점 때문이며, 또한 요인해의 분석결과 7요인해 이상의 요인해가 필요하다고 여겨질 경우, 추가적인 요인분석을 실시하고자 하였기 때문이다. 6요인해의 결과는 〈표 25〉에, 5, 7요인해의 결과는 〈부록 9〉에 제시하였다.

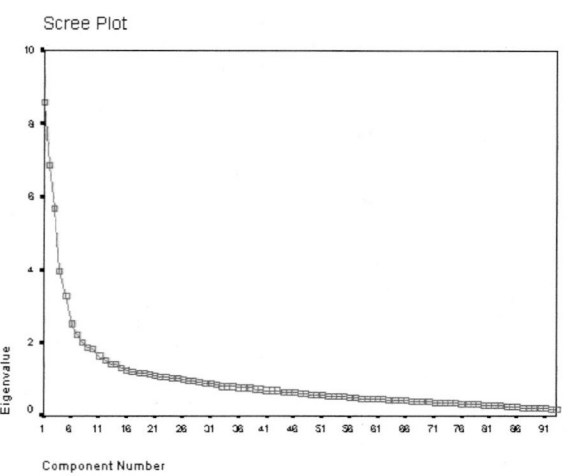

〈그림 3〉 BFI 44개 문항군에 대한 요인 스크리 플롯

〈표 23〉 초기에 산출된 앞 9개의 요인에 대한 고유치 및 누가변량비

| 요 인 | 1 | 2 | 3 | 4 | 5 | 6 | 7 | 8 | 9 |
|---|---|---|---|---|---|---|---|---|---|
| 고유치 | 7.05 | 4.63 | 3.51 | 2.74 | 2.13 | 1.67 | 1.46 | 1.13 | 1.04 |
| 누가변량(%) | 16.02 | 26.54 | 34.51 | 40.75 | 45.58 | 49.37 | 52.69 | 55.27 | 57.64 |

### 〈표 24〉 요인해에 높은 적재량을 나타낸 문항 및 요인의 특징

| 요인 | | 대표 어휘 | | | | | 특 징 |
|---|---|---|---|---|---|---|---|
| 5 요 인 해 | 1 | 13(C) | 3(C) | 33(C) | 28(C) | 38(C) | 요인1-6개의 성실성 문항과 외향성, 신경증 요인 문항이 2개씩 함께 묶임 |
| | | 26(E) | 34(N) | 23(C) | 16(E) | 24(N) | |
| | 2 | 30(O) | 5(O) | 40(O) | 25(O) | 44(O) | 요인2-개방성 요인이 현저함 |
| | | 41(O) | 20(O) | 15(O) | 10(O) | 35(O) | 요인3-대체로 친화성(-), 성실성 (-) 문항이 혼합. |
| | | 29(N) | | | | | |
| | 3 | 1(E) | 37(A) | 43(C) | 8(C) | 39(N) | 요인4-외향성과 신경증 문항이 혼합. |
| | | 12(A) | 2(A) | 18(C) | | | |
| | 4 | 31(E) | 21(E) | 4(N) | 19(N) | 36(E) | 요인5-친화성 요인으로 나타남 |
| | | 6(E) | 14(N) | 11(E) | 9(N) | | |
| | 5 | 32(A) | 42(A) | 17(A) | 7(A) | | |
| | | 22(A) | 27(A) | | | | |
| 6 요 인 해 | 1 | 30(O) | 5(O) | 40(O) | 25(O) | 44(O) | |
| | | 41(O) | 15(O) | 20(O) | 10(O) | 16(E) | |
| | | 35(O) | 29(N) | | | | 요인1-개방성 요인이 현저함. |
| | 2 | 3(C) | 28(C) | 13(C) | 38(C) | 33(C) | 요인2-성실성 요인이 현저함. |
| | | 26(E) | 23(C) | | | | 요인3-5요인해의 요인3과 동일함. |
| | 3 | 37(A) | 8(C) | 43(C) | 39(N) | 12(A) | 요인4-친화성 요인으로 나타남. |
| | | 18(C) | 1(E) | 2(A) | | | 요인5-외향성 요인이 현저함. |
| | 4 | 32(A) | 17(A) | 7(A) | 42(A) | | 요인6-신경증 요인으로 나타남. |
| | | 22(A) | 27(A) | | | | |
| | 5 | 21(E) | 36(E) | 6(E) | 31(E) | | |
| | | 4(N) | 11(E) | | | | |
| | 6 | 24(N) | 34(N) | 14(N) | 19(N) | 9(N) | |
| 7 요 인 해 | 1 | 5(O) | 25(O) | 20(O) | 40(O) | 10(O) | |
| | | 15(O) | 16(E) | 35(O) | | | 요인1-개방성 요인이 현저하나 문항수가 축소됨. |
| | 2 | 28(C) | 3(C) | 13(C) | 38(C) | 33(C) | 요인2-성실성 요인이 현저함. |
| | | 26(E) | 18(C) | 23(C) | | | 요인3-5요인해의 요인3과 유사함. |
| | 3 | 37(A) | 39(N) | 12(A) | 8(C) | 2(A) | 요인4-친화성 요인으로 나타남. |
| | | 43(C) | 1(E) | | | | 요인5-외향성 요인이 현저함. |
| | 4 | 32(A) | 7(A) | 17(A) | 42(A) | 22(A) | 요인6-신경증 요인으로 나타남. |
| | | 27(A) | 29(N) | | | | 요인7-개방성 요인의 3문항이 분리되어 나타남 |
| | 5 | 21(E) | 36(E) | 6(E) | 31(E) | | |
| | | 4(N) | 11(E) | | | | |
| | 6 | 24(N) | 34(N) | 19(N) | 14(N) | 9(N) | |
| | 7 | 41(O) | 44(O) | 30(O) | | | |

( )는 BFI에서 측정하는 요인명 - N(신경증), E(외향성), O(개방성), A(친화성), C(성실성)

〈표 24〉는 5, 6, 7요인해 과정을 통하여 산출된 요인과 여기에 포함된 BFI 검사의 문항번호 그리고 John 등(1991)이 BFI의 원척도가 측정하는 것으로 제시한 요인명을 제시한 것이다.

5요인해의 경우, 전체적으로 볼 때 5요인 모형에서 가정하고 있는 성실성(C), 개방성(O), 친화성(A) 요인은 비교적 분명하게 나타났으며, 외향성과 신경증은 상호 혼합되어 나타나거나 여타 요인을 측정하는 문항들이 첨가되어 나타나는 것으로 보였다.

구체적으로 살펴보면, 먼저 요인1의 경우 성실성(C)을 나타내는 6개의 문항과 외향성(E) 및 신경증(N)관련 문항이 2개씩 첨가되어 단일요인으로 구성됨을 알 수 있다. 외향성 문항의 경우, 26번 문항(주장적이다, assertive)과 16번 문항(열정적이다, enthusiasm)이 포함되어 나타났음을 알 수 있는데, 이는 우리나라 어휘의 요인해에서 성실성과 비슷한 요인으로 나타났던 유능성 요인의 경우, 주도적이다, 열성적이다 등의 어휘가 유능성으로 포함되었던 것과 유사한 것으로 보여진다. 요인2의 경우, 비교적아주 뚜렷하게 개방성을 측정하는 원척도의 문항들이 포함되어 있음을 알수 있었다. 다만, 신경증을 측정하는 29번 문항(쉽게 분위기를 탄다, can be moody) 만이 개방성 요인에 포함됨을 보였다. 요인3의 경우 특이하게 음가를 지닌 친화성 요인의 3문항(무례하다(rude to others), 싸움을 일으킨다(starts quarrels), 흠을 찾는다(find fault with)), 음가를 지닌 성실성 요인의 3문항(산만하다(distracted), 부주의하다(careless), 조직적이지 못하다(disorganized))이 주요 어휘로 포함되어 단일요인을 구성하고 있음을 보였다. 이러한 특징은 외향성을 측정하는 1번 문항(말이 많다, talkative), 신경증을 측정하는 39번 문항(신경질적이다, nervous)이 첨가되어 잠정적인 의미에서 독립적인 요인의 의미를 갖는 것으로 나타났다. 이는 원래의 5요인 모형에서는 설정하지 않았던 요인으로, 포함된 어휘들의 공통적인 속성으로 미루어 볼 때 표출적인 형태로 드러나는 '부정적 대인관계' 등의 의미를 갖는 요인으로 볼 수 있을 것으로 생각된다. 요인4의 경우, 외향성과 신경증을 측정하는 문항들이 각각 5문항과 4문항으로 결합되어 뚜렷한 의미론적 해석이 어려운 것으로 나타났다. 요인5의 경우, 원래의 BFI 척도에서 친화성 요인을 측정하는 6개 문항만이 나란히 결합함으로써 친화성 요인의 의미를 그대로 뚜렷하게 나타내고 있는 것으로 보였다.

6요인해는 5요인해에서 나타났던 성실성(C), 개방성(O), 친화성(A) 요인과 함께, 외향성(E), 신경증(N) 요인까지도 뚜렷하게 분리되는 것으로 나타났다. 다만, 요인산출의 순서는 5요인해와 다르다는 것을 알 수 있다. 구체적으로 살펴보면 요인1의 경우 5요인해에서와 마찬가지로 명확하게 개방성 요인의 특징이 현저하게 나타나는 가운데 원래의 척도에서 외향성과 신경증을 측정하는 한 개의 문항(각각 16번, 29번 문항)이 첨가되어 나타났다. 요인2의 경우 5요인해에서 보다 성실성 요인이 보다 현저하며, 원래의 척도에서 외향성 요인의 한 개 문항(28번 문항)만이 첨가되고 있는 것으로 보였다. 요인3의 경우에는 5요인해에서의 요인3에 포함되었던 문항과 특징이 분산됨이 없이 그대로 반영되어 나타났다. 마찬가지로 독립된 단일요인으로서의 가능성을 보여준다고 하겠다. 요인4의 경우 5요인해에서와 마찬가지로 원척도의 친화성 요인의 문항들만이 단독 차원을 구성하고 있음을 알 수 있었다. 요인5와 요인6의 경우, 5요인해에서와는 달리 구별되는 명확한 요인으로 각각 외향성과 신경증 요인을 구성하는 것으로 보였다. 다만 특징적인 것은 요인5에서 원래의 척도에서 신경증을 측정하는 4번 문항(우울하다, depressed)이 외향성의 음가 어휘로 나타나는 점이라고 하겠다.

7요인해의 경우, 앞의 6요인해에서 나타난 결과를 그대로 보존하고 있는 것으로 나타났다. 다만, 개방성과 관련된 요인1에서 예술, 문학과 관련된 문항(41번, 예술적 관심이 거의 없다(has few artistic interests); 44번, 예술, 음악, 문학 등에 조예가 있다(is sophisticated in art, music, or literature); 30번, 예술적, 심미적 경험을 중시 여긴다(values artistic, aesthetic experiences)들이 독립되어 요인7을 구성하고 있음을 보였다. 이렇게 볼 때 BFI 자료의 분석결과는 요인의 수의 간명성 및 포괄성이라는 양자의 관점에서 6요인해가 가장 타당할 것으로 판단되었다. 따라서 더 이상의 요인해를 가정한 요인분석은 생략하였다.

요컨대, BFI 44문항의 분석결과는 가정하고 있는 5요인 특성구조가 아니라, 본 연구에서 우리 나라 대학생을 대상으로 분석한 결과는 6요인해가 타당한 것으로 보였다. 이는 5요인 모형이 가정하고 있는 외향성(E), 친화성(A), 성실성(C), 신경증(N), 개방성(O)이라는 5요인 모두를 산출하기 위해서도 필요한 최소한의 요인수였다.

## 2. 변형된 5요인 성격특성 구조모형의 특징과 명명

앞의 6요인해에 근거한 요인분석 결과 각각의 요인이 비교적 타당한 의미로 구성될 수 있음을 보였다. 따라서 6요인해에 맞추어 요인의 특징을 살펴보고 요인명을 부여하는 추가적인 분석을 실시하였다.

〈표 25〉는 BFI 검사자료의 6요인해의 결과 각 요인에 포함된 어휘 및 요인부하량을 나타낸 것이다. 각각의 요인의 특징을 보다 명확하게 제시하기 위하여 각 문항번호에는 원래의 척도에서 측정하고자 했던 요인명과 문항내용에서 포함하고 있는 핵심어를 간략하게 기술하였다.

표에서 알 수 있듯이, 요인3을 제외한 요인1, 2, 4, 5, 6의 경우, 원래의 척도에서 의도하였던 문항이 거의 대부분 단일 요인내에 포함되어 요인의 성격이 뚜렷이 나타남을 보였다. 따라서 여기에서는 후속의 분석절차에서 토착요인과의 비교를 원활히 하기 위하여, 또한 5요인 모형이 설정하고 있는 어휘들이 동일한 요인 속에 충분한 크기로 부하량이 적재되어 있음을 고려하여 John(1991), Goldberg(1990), McCrae와 Costa(1992)의 명칭을 그대로 따르기로 하였다.

〈표 25〉 BFI 검사자료의 6요인해의 결과 포함된 어휘 및 요인부하량

| 문항번호 및 문항내용 | 1 | 2 | 3 | 4 | 5 | 6 |
|---|---|---|---|---|---|---|
| B30 (개방. artistic) | .694 | .049 | -.154 | .197 | .112 | -.183 |
| B5 (개방. original) | .684 | .266 | .135 | -.023 | -.163 | .220 |
| B40 (개방. play with ideas) | .651 | .259 | .159 | .014 | -.018 | .027 |
| B25 (개방. inventive) | .636 | .247 | .115 | .041 | -.127 | .342 |
| B44 (개방. sophisticated in art) | .635 | .025 | -.188 | .196 | .033 | -.180 |
| B41 (개방. few artistic interests | -.602 | .114 | .407 | -.103 | -.006 | .222 |
| B15 (개방. ingenious) | .580 | .241 | .158 | .063 | .172 | -.020 |
| B20 (개방. active imagination) | .576 | .093 | .260 | .137 | -.007 | .123 |
| B10 (개방. curious) | .510 | .111 | .199 | .105 | -.038 | .255 |
| B16 (외향. enthusiasm) | .412 | .368 | .269 | .108 | -.336 | .132 |
| B35 (개방. routine) | -.379 | .168 | .052 | .272 | .155 | -.019 |
| B3 (성실. does a thorough job) | .180 | .685 | -.043 | .096 | .108 | -.006 |
| B28 (성실. perseveres) | .109 | .681 | -.087 | .107 | .131 | -.036 |
| B13 (성실. reliable worker) | .150 | .679 | -.059 | .253 | -.020 | .048 |
| B38 (성실. make plan) | .065 | .636 | -.001 | -.017 | -.080 | .035 |
| B33 (성실. efficiently) | .226 | .607 | .057 | .208 | -.033 | .255 |
| B26 (외향. assertive) | .345 | .542 | .094 | -.068 | -.184 | .225 |
| B23 (성실. lazy) | .081 | -.468 | .340 | .123 | .253 | .092 |
| B37 (친화. rude to others) | .046 | .016 | .657 | -.183 | -.053 | .056 |
| B8 (성실. careless) | .137 | -.179 | .634 | .061 | .091 | -.080 |
| B43 (성실. distracted) | .073 | -.399 | .629 | .107 | -.003 | -.061 |
| B39 (신경. nervous) | .116 | .105 | .595 | -.229 | .144 | -.282 |
| B12 (친화. starts quarrels) | -.046 | .164 | .570 | -.191 | -.171 | .017 |
| B18 (성실. disorganized) | .035 | -.444 | .545 | .100 | .028 | -.104 |
| B1 (외향. talkative) | .104 | .009 | .512 | .186 | -.461 | -.256 |
| B2 (친화. find fault with) | -.007 | -.012 | .460 | -.130 | -.173 | -.283 |
| B32 (친화. kind) | .107 | .082 | -.107 | .764 | .003 | .072 |
| B17 (친화. forgiving nature) | .210 | .011 | -.077 | .687 | .051 | .096 |
| B7 (친화. helpful) | .164 | .091 | .041 | .681 | -.010 | .017 |
| B42 (친화. cooperate) | -.010 | .126 | -.071 | .673 | -.148 | -.071 |
| B22 (친화. trusting) | .015 | .023 | -.068 | .589 | .143 | .207 |
| B27 (친화. cold and aloof) | .060 | .022 | .286 | -.405 | .375 | .268 |
| B21 (외향. quiet) | -.045 | .063 | -.136 | .076 | .753 | .044 |
| B36 (외향. sociable) | .220 | .181 | .164 | .306 | -.609 | .143 |
| B6 (외향. reserved) | .015 | .050 | .022 | .083 | .577 | .033 |
| B31 (외향. shy, inhibited) | .023 | -.033 | .032 | .139 | .577 | -.343 |
| B4 (신경. depressed) | .166 | -.069 | .365 | -.101 | .539 | -.326 |
| B11 (외향. full of energy) | .291 | .285 | .171 | .168 | -.439 | .189 |
| B24 (신경. emotionally stable) | .118 | .251 | -.137 | .176 | .062 | .579 |
| B34 (신경. calm in tense) | .131 | .389 | -.108 | .229 | .062 | .514 |
| B14 (신경. can be tense) | .043 | .204 | .268 | .189 | .257 | -.505 |
| B19 (신경. worries a lot) | .062 | -.017 | .373 | .066 | .416 | -.502 |
| B9 (신경. relaxed) | .115 | .139 | -.014 | .259 | -.205 | .448 |
| B29 (신경. can be moody) | .335 | .087 | .166 | .316 | .081 | -.330 |

　요인1은 「개방성」요인으로 명명하며, 요인2는 「성실성」, 요인4는 「친화성」, 요인5는 「외향성」, 요인6은 「정서적 안정성」으로 각각 요인명을 부여하였다. 요인6의 경우, BFI 원 척도의 요인명은 신경증이었으나, 신경증 요인과 관련된 문항들이 요인3으로 별개로 분리됨으로써, 정서적 안정성을 측정하는 문항들로만 단일요인으로 묶여졌기 때문이다. 다만, 29번 문항(감정변화가 심하다/분위기에 민감하다)의 경우, 요인부하량의 상대적인 크기로 미루어, 개방성 요인이 아니라 신경증 요인의 문항으로 재배열하였다.

　요인3의 경우, 앞서 지적한 것처럼 음가를 지닌 친화성요인의 3문항과 음가를 지닌 성실성 요인의 3문항을 주요 어휘로 하여 원래의 척도에서 외향성과 신경증을 측정하는 어휘가 각각 한 개씩 포함되어 나타나 독립된 요인을 구성함을 나타내었다. 따라서, 대인관계에서의 부정적인 측면(37번, 무례: 12번, 싸움: 2번, 남의 허물캐기)과, 불성실성(8번, 부주의: 43번, 산만: 18번, 조직적이지 못함) 등의 측면 그리고, 표현적인 측면(39번, 신경증적: 1번, 말이 많음)을 고려하여, 「부정적 대인관계」요인으로 분류하였다. 그러나, 지적해 둘 것은 18번 문항(성실, disorganized)의 경우, 원래의 5요인 모형에 속해 있었던 성실성 요인에 .444의 요인부하량을 지니며, 1번 문항(외향, talkative) 역시 원 5요인 모형에 속해 있었던 외향성 요인에 .461이라는 높은 이차 부하량을 지니고 있다는 것이다. 따라서, 이들 문항의 경우, 이차요인 부하량의 상대적 크기를 고려하여 원래의 성실성, 외향성 요인으로 환원할 것인지 혹은 단일요인으로 분류할 것인지는 보다 추가적인 분석이 잇따라야 할 것으로 생각된다는 것이다. 이는 이후의 분석(즉, 〈표 27〉과 같이 제3요인을 독립적인 요인으로 가정하고 6요인간의 상호상관 계수를 산출한 결과)에서 보다 명료해지리라 생각된다.

# 제3절  토착적인 성격특성 요인구조와 5요인 성격특성 모형과의 비교

아래에서는 [연구문제 2]의 2-1), 2-2)에 따라 우리나라의 성격특성 요인들과 5요인 특성 요인과의 관계를 살피고 대응관계 및 요인의 중복의 정도를 파악하고자 하였다. 이를 위하여 토착 요인과 5요인 모형의 각 요인에 따라 요인점수간 상관 분석 및 중다회귀분석과 결합요인분석을 차례로 실시하였다.

## 1. 토착적인 성격특성 7개 요인과 변형된 6개 요인과의 관계

여기에서는 앞에서 산출된 토착 7요인과 BFI 검사에서 나타난 6요인 결과를 바탕으로 5요인 특성 요인구조와 토착요인들간의 요인구조들을 상호 비교하고, 또한 토착요인들과 5요인간의 일대일 대응관계가 과연 있는지, 나아가 전체적인 중복의 정도는 어떠한지를 살펴보고자 하였다.

이를 위하여 먼저, 토착 7요인 및 BFI의 5요인(요인6 부정적 대인관계」를 포함하여 6요인) 각각에 대해서 요인별 점수를 산출하고 상호상관 및 중다회귀분석을 수행하였다. 다만, 요인별 점수는 BFI의 6요인에 대해서는 포함되는 문항에 대한 반응점수를 합산하며, 토착 7요인에 대해서는 BFI의 각 요인에 속하는 평균 문항수를 고려하여 부하량이 높은 첫 7개 어휘에 대한 응답점수를 합산하여 이루어졌다.

### 〈표 26〉 토착 7요인간의 요인점수간의 상호상관행렬표

|  | 유능성 | 부정가 | 친 애 | 사교성 | 대인부조화 | 정서적 통제 |
|---|---|---|---|---|---|---|
| 부정가 | -.038 |  |  |  |  |  |
| 친 애 | .183** | .063 |  |  |  |  |
| 사교성 | .263** | .081* | .305** |  |  |  |
| 대인부조화 | .171** | .374** | .166** | .162** |  |  |
| 정서적통제 | .078 | .190** | -.015 | .035 | .306** |  |
| 교 양 | .296** | -.024 | .384** | .224** | .160** | .058 |

*p<.05  **p<.01

### 〈표 27〉 BFI 6요인간의 요인점수간의 상호상관행렬표

|  | 개방성 | 성실성 | 친화성 | 외향성 | 정서적안정성 |
|---|---|---|---|---|---|
| 성실성 | .405** |  |  |  |  |
| 친화성 | .241** | .210** |  |  |  |
| 외향성 | .233** | .265** | .198** |  |  |
| 정서적안정 | .103* | .284** | .156** | .414** |  |
| 부정적 대인관계 | .113** | -.183** | -.152** | .073 | -.312** |

*p<.05  **p<.01

먼저, 〈표 26〉, 〈표 27〉은 토착 7요인과 BFI 6요인의 각각의 요인간 상호상관을 산출한 결과를 나타낸 것이다. 〈표 26〉에서 알 수 있듯이 토착 7요인의 경우, 요인간에는 $r=-.04 \sim .38$ 범위의 상관이 존재하며 평균 상관계수는 .17로 나타났다. 절대치 기준으로 보아 가장 큰 상관을 보인 두 쌍의 요인은 친애 요인과 교양 요인($r=.38$), 부정가 요인과 대인부조화 요인($r=.37$) 이었다. 또한 가장 낮은 상관을 보인 두 쌍의 요인은 정서적 동요 요인과 친애 요인($r=-.02$), 부정가와 교양 요인($r=-.02$)으로 나타났다.

〈표 27〉의 BFI 6요인의 경우, 요인간에는 $r=-.31\sim.41$ 범위의 상관이 존재하며 평균 상관계수는 .22로 나타났다. 마찬가지로 절대치 기준으로 볼 때, 가장 큰 상관을 보인 두 쌍의 요인은 외향성 요인과 정서적 안정성 요인($r=.41$), 성실성 요인과 개방성 요인($r=.41$)이었으며, 가장 낮은 상관을 보인 두 쌍의 요인은 외향성 요인과 부정적 대인관계 요인($r=.07$), 개방성 요인과 정서적 안정성 요인($r=.10$)이었다.

전체적으로 볼 때, 토착 7요인과 BFI 6요인 모두에 있어 요인은 그리 높진 않으나, 어느 정도의 상관을 보이는 요인들이 있었으며, 토착 7요인에 비해 BFI 6요인간에 보다 높은 자체 요인들간의 상관을 보여주었다.

〈표 28〉은 토착7요인과 BFI 6요인과의 상호상관계수를 산출한 결과이다. BFI의 6요인 각각에서 가장 높은 상관을 보인 토착 7요인을 살펴보면, 개방성은 토착 요인 중 유능성과 가장 높은 상관($r=.16$)을 나타내었으며, 성실성 요인은 유능성 요인과($r=.45$), 친화성 요인은 부정가 요인($r=-.28$), 외향성은 유능성($r=.29$), 정서적 안정성은 유능성($r=.30$) 요인과 가장 높은 상관이 있는 것으로 나타났다. 5요인 모형에 속하지 않는 부정적 대인관계의 경우 토착요인의 부정가 요인과($r=.53$) 가장 큰 상관계수를 보였다.

〈표 28〉 토착 7요인과 BFI 6요인간의 요인점수간의 상관행렬표

|  | 유능성 | 부정가 | 친 애 | 사교성 | 대인부조화 | 정서적동요 | 교 양 |
|---|---|---|---|---|---|---|---|
| 개방성 | .155** | -.093* | -.117** | .001 | .084* | -.012 | .081* |
| 성실성 | .446** | -.178** | -.015 | .112** | -.091* | .062 | .219** |
| 친화성 | .039 | -.278** | .082* | -.019 | -.079 | -.181** | .003 |
| 외향성 | .286** | -.094* | -.011 | .148** | .041 | .031 | -.050 |
| 정서적안정 | .299** | -.215** | -.010 | .120** | -.121** | -.205** | .066 |
| 부정적 대인관계 | -.062 | .531** | -.032 | .019 | .400** | .352** | -.082* |

*$p<.05$  **$p<.01$

〈표 26〉-〈표 28〉의 결과를 종합적으로 고려해 볼 때, 상관계수의 산출결과는 토착요인과 BFI 요인간의 몇 가지 특징적인 관계를 가정해 볼 수 있을 것으로 생각된다.

첫째, 토착요인간의 자체 상관의 경우, 유능성 요인은 여타 요인들과 그다지 상관이 높지 않으나(부정가 $r=-.04$, 친애 $r=.18$, 사교성 $r=.26$, 대인부조화 $r=.17$, 정서적 동요 $r=.08$, 교양 $r=.30$), 유능성 요인은 5요인 모형의 성실성과 외향성, 정서적 안정성 등과는 상대적으로 가장 높은 상관을 나타내었다. 이러한 특징은 토착요인의 유능성 요인은 전체적으로 볼 경우 성실성 요인과 유사하지만 5요인 모형의 기준에서 본다면 성실성 요인에 비해 외향성 측면, 정서적 측면 등을 포괄하는 보다 폭넓은 의미로 정의될 수 있음을 보여준다는 것이다.

둘째, BFI 6요인의 자체 상관의 경우, 원래의 검사에서 포함되어 있지 않았던 부정적 대인관계 요인이 여타 요인들과 상대적으로 낮은 상관을 지니는 것으로 나타나(각각 개방성 $r=.11$, 성실성 $r=-.18$, 친화성 $r=-.15$, 외향성 $r=.07$, 정서적 안정성 $r=-.31$) 의미있는 요인으로서의 확정 가능성이 보다 높아졌다는 것이다. 이러한 결과는 특성 관련 어휘에 부여하는 의미가 우리나라 사람들과 여타 문화권의 사람과는 차이가 있음을 보여주는 것이라 할 것이다.

셋째, BFI 6요인에서 산출된 부정적 대인관계 요인은 토착 요인의 부정가 차원, 대인부조와 요인과 각각 높은 상관(차례로 $r=.53$, $r=.40$)으로 나타나 토착 요인인 부정가 요인과 대인부조화 요인의 양자의 결합으로 볼 수 있게 하였다. 그러나, 토착요인 자체내의 상관에서는 부정가 요인과 대인부조화 요인간의 상관($r=.38$)은 상대적으로 그다지 높지 않아 독립적인 요인으로서의 가능성을 열어놓고 있다는 것이다.

요컨대, 토착 7요인과 BFI 6요인간의 상관분석의 결과는 두 요인군 간에 1:1의 엄밀한 대응요인은 존재하지 않음을 보여주었으며, 한편으로는 토착요인들이 갖는 요인 의미의 확장성과 어휘에 부과되는 문화권에 따른 사람들의 지각 차이. 그리고 문화권에 따른 특성요인수의 차이의 가능성을 보여주었다고 하겠다.

계속해서, 〈표 29〉와 〈표 30〉은 토착7요인과 BFI 6요인간의 중복성의 정도를 알기 위하여 토착7요인을 독립변인으로 하고 BFI 6요인 각각을 종속변인으로 하여 단계적 중다회귀분석을 실시한 결과를 나타낸 것이다.

먼저 〈표 29〉에서 알 수 있듯이. 토착 7요인은 전체적으로 BFI 6요인 중 차례대로 개방성. 성실성. 친화성 요인에 대하여 각각 7.5%. 27.1%. 10.9%의 설명력을 지니고 있는 것으로 나타났다. 이러한 설명 비율은 토착요인들과 BFI의 요인간에는 비교적 관련성이 크지 않음을 의미한다고 하겠다.

〈표 29〉 BFI 6요인에 대한 중다회귀분석 결과표 1 (단계별 방식)

|  | 토착요인 | R | $R^2$ | $R^2$추가 | β | F |
|---|---|---|---|---|---|---|
| 개방성 | 유능성 | .155 | .024 | .024 | .155 | 14.64*** |
|  | 친 애 | .214 | .046 | .022 | -.150 | 13.59*** |
|  | 교 양 | .234 | .055 | .009 | .106 | 5.65* |
|  | 부정가 | .245 | .060 | .005 | -.074 | 3.39 |
|  | 대인부조화 | .269 | .072 | .012 | .122 | 7.70** |
|  | 정서적 동요 | .273 | .074 | .002 | -.051 | 1.47 |
|  | 사교성 | .273 | .075 | .000 | -.010 | .06 |
| 성실성 | 유능성 | .446 | .199 | .199 | .446 | 148.18*** |
|  | 대인부조화 | .477 | .228 | .029 | -.173 | 22.41*** |
|  | 교 양 | .490 | .240 | .012 | .118 | 9.77** |
|  | 친 애 | .505 | .255 | .015 | -.132 | 11.69** |
|  | 부정가 | .513 | .263 | .008 | -.099 | 6.72* |
|  | 정서적동요 | .520 | .270 | .007 | .086 | 5.29* |
|  | 사교성 | .521 | .271 | .001 | .036 | .88 |
| 친화성 | 부정가 | .278 | .077 | .077 | -.278 | 49.96*** |
|  | 정서적동요 | .307 | .094 | .017 | -.132 | 11.13** |
|  | 친 애 | .322 | .103 | .009 | .097 | 6.18* |
|  | 대인부조화 | .325 | .106 | .002 | .053 | 1.44 |
|  | 교 양 | .328 | .107 | .002 | -.046 | 1.17 |
|  | 유능성 | .329 | .108 | .001 | .026 | .41 |
|  | 사교성 | .330 | .109 | .001 | -.032 | .58 |

*$p$<.05  **$p$<.01  ***$p$<.001

　구체적으로 살펴보면. BFI의 개방성 요인의 경우 유능성 요인만이 2.4%의 설명력을 지니고 있을 뿐 의미상으로 볼 때 관련이 있을 것으로 추측되는 교양 요인의 경우에도 불과 0.9%의 설명력만을 지니는 것으로 나타났다. 이러한 결과는 전술한 7요인해의 요인분석결과(〈표 23〉)와 상관관계의 분석(〈표 26〉)에서의 결과와도 관련이 있어 보인다. 즉, 교양 요인의 경우 여기에 속한 어휘들이 유능성. 친애 요인에 다소의 요인부하량을 공유하고 있을 뿐만 아니라 어느 정도의 상관을 지니고(각각 $r=.30$, $r=.38$) 있는데, 정작 토착 요인인 유능성은 BFI 요인인 개방성과 상관($r=.16$)을 낮게 지니는 것으로 나타났기 때문이다. 결국, 토착적인 교양 요인은 BFI의 개방성 요인과는 다른 의미의 요인임을 보여준다고 하겠다.

　BFI의 성실성 요인의 경우, 토착요인인 유능성 요인에 의해 19.9%의 비교적 높은 설명력을 지님으로써 어느 정도의 공통적인 특징을 보여주는 것으로 나타났다. 다음으로 대인 부조화 요인이 2.9%의 두 번째로 높은 설명변량을 보이며, 상관분석에서 유능성 다음으로 높은 상관을 보였던 교양 요인($r=.22$)의 경우 독립변인들간의 상관을 고려한 단계별 중다회귀분석에서는 1.2%만의 설명력을 갖는 것으로 나타났다. 이는 토착 요인 자체의 상관분석에서 교양 요인이 유능성과 어느 정도의 상관($r=.30$)을 지니고 있었기 때문인 것으로 보인다.

　친화성 요인의 경우, 토착 요인인 부정가 요인에 의해서 7.7%의 설명변량을 가질 뿐 여타의 특기할 만한 관련성 있는 토착 요인은 갖지 않는 것으로 나타났다. 일면 유사한 토착 요인으로 여겨지는 친애 요인 및 사교성 요인의 경우 각각 0.9%와 0.1%의 설명력을 보여. 친화성 요인과는 관련이 없는 것으로 나타나고 있다. 이러한 관계는 요인해의 분석 및 상관관계의 분석에서도 알 수 있는 것처럼. BFI의 친화성 요인은 토착 요인 중 친애 요인($r=.08$)이나 사교성 요인($r=-.02$) 보다는 부정가 요인($r=-.28$)과 보다 관련이 있음을 보여주는 것이라 할 것이다. 이러한 결과는 동시에 친애 요인이 BFI의 요인들과는 전혀 다른 의미의 토착적인 요인임을 보여주는 것이라 하겠다.

계속해서 〈표 30〉은 BFI의 외향성, 정서적 안정성, 부정적 대인관계 요인과의 회귀분석 결과를 나타낸 것이다. 전체적으로 볼 때, 토착 7요인은 BFI의 외향성, 정서적 안정성, 부정적 대인관계 요인에 대하여 각각 12.45%, 18.2%1%, 39.1%의 설명력을 지니고 있는 것으로 나타났다. 이러한 설명 비율은 토착요인들이 BFI의 부정적 대인관계 요인을 제외하고는 비교적 관련성이 크지 않음을 의미한다고 보겠다. 구체적으로 살펴보면, BFI의 외향성 요인의 경우 유능성 요인만이 8.2%의 설명력을 지니고 있을 뿐, 의미상으로 관련이 있을 것으로 추측되는 친애, 사교성 요인의 경우에도 각각 불과 0.1%의 미미한 설명력만을 지니는 것으로 나타났다.

〈표 30〉 BFI 6요인에 대한 중다회귀분석 결과표 2 (단계별 방식)

| | 토착요인 | R | $R^2$ | $R^2$추가 | β | F |
|---|---|---|---|---|---|---|
| 외향성 | 유능성 | .286 | .082 | .082 | .286 | 53.36*** |
| | 교 양 | .319 | .102 | .020 | -.148 | 13.17*** |
| | 사교성 | .334 | .112 | .010 | .103 | 6.49* |
| | 부정가 | .347 | .121 | .009 | -.096 | 6.16* |
| | 대인부조화 | .349 | .122 | .001 | .041 | .92 |
| | 친 애 | .351 | .124 | .001 | -.042 | .95 |
| | 정서적 동요 | .352 | .124 | .000 | .022 | .30 |
| 정서적 안정성 | 유능성 | .299 | .090 | .090 | .299 | 58.80*** |
| | 정서적동요 | .377 | .142 | .053 | -.230 | 36.61*** |
| | 부정가 | .411 | .169 | .026 | -.166 | 18.91*** |
| | 사교성 | .416 | .173 | .004 | .065 | 2.77 |
| | 친 애 | .423 | .179 | .006 | -.084 | 4.57* |
| | 대인부조화 | .427 | .182 | .003 | -.064 | 2.23 |
| | 교 양 | .427 | .182 | .000 | .002 | .00 |
| 부정적 대인관계 | 부정가 | .531 | .282 | .282 | .531 | 234.36*** |
| | 정서적동요 | .589 | .347 | .066 | .261 | 59.90*** |
| | 대인부조화 | .610 | .372 | .024 | .174 | 23.12*** |
| | 교 양 | .620 | .385 | .013 | -.166 | 12.65*** |
| | 유능성 | .624 | .389 | .004 | -.070 | 4.25* |
| | 친 애 | .625 | .391 | .002 | -.045 | 1.66 |
| | 사교성 | .625 | .391 | .000 | -.007 | .04 |

*$p<.05$  **$p<.01$  ***$p<.001$

　정서적 안정성의 경우, 유능성 요인과 정서적 동요 요인, 그리고 부정가 요인이 차례대로 9.0%, 5.3%, 2.6%의 설명력을 갖는 것으로 나타났다. 이러한 결과 역시 앞의 상관관계의 분석결과(〈표 28〉)에서도 나타나는 바와 같이 BFI의 정서적 안정성은 토착 요인과의 관계에서 정서적 동요($r=-.21$) 요인보다는 오히려 유능성($r=.30$) 요인과 보다 상관이 높았다는 결과와 일치한다. 이러한 특징은 전술한 바처럼 토착 요인의 유능성 요인이 보다 폭넓은 외향성 요인, 정서적 요인 등을 포괄하는 보다 넓은 범위의 의미로 정의된다는 것을 보여주는 것이라 하겠다.

　부정적 대인관계의 경우 전체 39.1%의 설명변량 중 부정가 요인이 28.1%의 설명변량을 가짐으로써 가장 큰 관련성을 나타내고 있음을 알 수 있다. 이어서 정서적 동요 및 대인 부조화 요인이 각각 6.6%와 2.4%의 설명변량을 지니는 것으로 나타났다. 이는 상관분석의 결과에서도 지적한 바와 같이, BFI의 부정적 대인관계 요인은 토착 요인인 부정가와 가장 상관($r=.53$)이 높았음과 일치하는 것이다. 다만, 대인관계 부조화 요인의 경우 상관분석에서는 정서적 동요($r=.35$) 요인에 비해 보다 높은 상관계수($r=.40$)를 나타내었으나, 토착 요인 내의 자체 상관분석에서 부정가와 높은 상관($r=.37$)을 가짐으로써 정서적 동요 요인에 비해 설명력이 감소되었다고 할 것이다.

　이상의 단계별 중다회귀분석 결과를 요약하면 다음과 같다.

　첫째, 전체적인 특징은 토착 요인군과 BFI 요인군간의 상관관계 분석의 결과와 크게 다르지 않은 가운데 토착 7요인은 전체적으로 BFI의 6요인에 대하여 7.5%~39.1%의 설명변량을 보였다. 이러한 결과는 토착 요인군과 BFI의 6요인군은 유사성 혹은 공통성이 적음을 의미하는 것으로 보였다.

　둘째, 가장 높은 설명변량을 보인 요인쌍은 토착 요인인 부정가 요인과 BFI의 부정적 대인관계 요인으로 나타나 28.1%의 설명력을 지니고 있었다. 이러한 결과는 단순상관의 분석결과와 일치하며 부정가 요인과 부정적 대인관계 요인은 어느 정도 유사성이 있음을 보여 주었다.

셋째, 상관 분석 및 회귀분석의 결과에서도 토착 요인인 유능성 요인은 BFI의 성실성과의 관계뿐만 아니라 개방성, 외향성, 정서적 안정 등과 어느 정도의 관계성을 나타냄으로써 성실성에 비해 보다 폭넓은 의미를 갖는 요인임을 확인할 수 있었다.

## 2. 토착적인 성격특성 요인과 변형된 6개 요인 중복성 탐색

토착 7요인과 BFI 6요인에서 산출된 요인군간의 요인 중복성을 보다 명확하게 살펴보기 위하여 결합요인분석을 실시하였다. 토착 7요인의 경우, BFI의 각 요인에 포함되는 문항수를 고려하여 각 요인에서 높은 부하량을 나타낸 첫 7개의 어휘로 제한하였으며, BFI 문항은 전부를 포함하였다.

산출 가능한 요인의 수를 추정하기 위하여 배리막스 회전에 의한 주성분 요인분석을 실시하였으며, 초기 요인치의 스크리 플롯 결과 및 고유치가 높은 첫 10개의 요인에 대한 고유치와 누가변량을 산출한 결과는 각각 〈그림 4〉, 〈표 31〉과 같다.

〈표 31〉 초기에 산출된 앞 10개의 요인에 대한  고유치 및 누가변량비

| 요인 | 1 | 2 | 3 | 4 | 5 | 6 | 7 | 8 | 9 | 10 |
|---|---|---|---|---|---|---|---|---|---|---|
| 고유치 | 8.61 | 6.87 | 5.68 | 3.96 | 3.33 | 2.54 | 2.25 | 2.03 | 1.86 | 1.83 |
| 누가변량(%) | 9.26 | 16.65 | 22.76 | 27.01 | 30.59 | 33.32 | 35.74 | 37.92 | 39.93 | 41.90 |

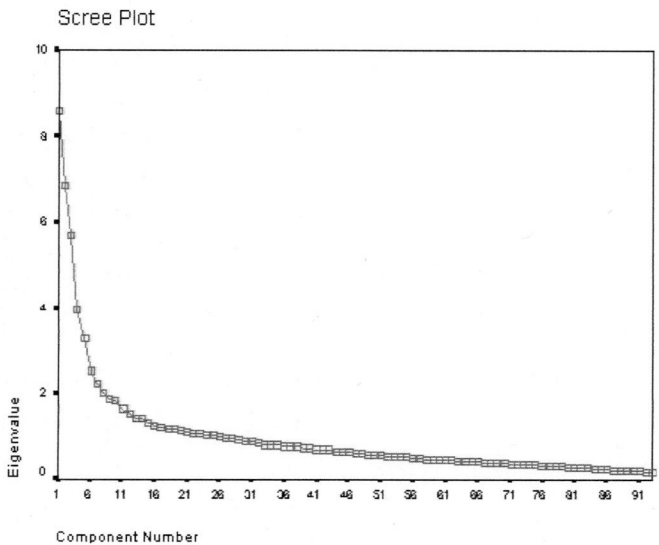

Scree Plot

〈그림 4〉 토착  7요인 문항과 BFI 6요인 문항의 결합에
의한 요인 스크리 플롯

〈그림 4〉 및 〈표 31〉에서 알 수 있듯이 7,8요인 내지 10요인 정도의 해
에서 어느 정도 가능한 한 요인의 수가 추정될 수 있음을 나타내었으며 이
를 토대로 7-10요인해를 산출하였다(〈부록 10〉참고). 결합요인분석에 의해
산출된 요인의 특징을 8, 9, 10요인해 각각에 따라 토착 요인과 BFI 요인
이 어떻게 재정렬 되는지를 요약한 결과는 〈표 32〉와 같다.

전체적으로 볼 때, 요인해에 따라 토착 7요인과 BFI 6요인은 상호 합쳐
지거나 새로운 요인으로 결합되기도 하지만, 모든 해에서 지속적으로 단일
요인을 구성하는 요인이 있음을 나타내었다. 요인해 별로 나타난 결과를
정리해 보면 다음과 같다.

첫째, 7요인해에서는 토착 7요인은 7개의 요인 중 4개의 요인으로 축소되
어 새로운 요인으로 나타나며, 원 7요인해에서 산출되었던 요인이 단독으로
새로운 요인을 구성하는 것은 없는 것으로 나타났다. BFI 6요인의 경우 6개
의 새로운 요인으로 요인들이 재정렬하며 친화성 요인만이 여타 요인의 어

휘나 문항과 혼합되지 않은 채 단독 요인으로 남아있음을 보여주었다.

둘째, 8요인해에서는 토착 7요인은 8개의 요인 중 5개의 요인으로 축소되어 새로운 요인으로 나타나며, 원 7요인해에서 산출되었던 요인이 단독으로 새로운 요인을 구성하는 것은 없는 것으로 나타났다. BFI 6요인의 경우 6개의 새로운 요인에 속하며 개방성, 외향성, 친화성 요인은 여타 요인의 어휘나 문항과 혼합되지 않은 채 단독 요인으로 남아있음을 보여주었다.

셋째, 9요인해에서는 토착 7요인은 6개의 요인에 분산되었으며, 8요인해와는 달리 대인부조화 요인이 단독 요인을 구성하였다. BFI 6요인의 경우 6개의 요인으로 분산되었으며 8요인해의 결과와 마찬가지로 개방성, 외향성, 친화성 요인은 여전히 단독 요인을 구성함을 보였다. 마지막으로 10요인해에서 토착 7요인은 7개의 요인으로 분류되어 대인부조화 요인과 사교성 요인이 단독요인을 구성하였으며, BFI 6요인은 2개의 요인으로 나누어진 개방성 요인을 포함하여 각기 7개의 다른 요인에 속하는 것으로 나타났으며, 개방성, 친화성, 외향성 요인은 여전히 토착 요인과 결합하지 않은 채 단독 요인을 구성하는 것으로 나타났다.

요컨대, 8-10의 모든 결합 요인해에서 토착 요인군과 BFI 요인군은 항상 혼합되거나 독립적이지는 않으며 요인해의 개수에 따라 다소의 변이를 보여주었다.

포함된 어휘들의 구체적인 이동 양상은 〈부록 10-결합요인 분석에 따른 요인행렬표〉에 제시되어 있다. 여기에서는 9요인해의 결과만을 제시하면 〈표 33〉과 같다.

〈표 32〉 결합요인 분석에 의한 7, 8, 9, 10요인 분석해

| 결합요인 | 7요인해 토착 7요인 | 7요인해 BFI 6요인 | 8요인해 토착 7요인 | 8요인해 BFI 6요인 | 9요인해 토착 7요인 | 9요인해 BFI 6요인 | 10요인해 토착 7요인 | 10요인해 BFI 6요인 |
|---|---|---|---|---|---|---|---|---|
| 1 | 유능성(전부) | 성실성(거의) 외향성(1) 신경증(2) | 유능성(거의) | 성실성(거의) | 유능성(거의) 교양(부분) | 성실성(거의) | 유능성(전부) 교양(부분) | 성실성(거의) |
| 2 | 부정가(전부) | 부정적 대인관계(전부) | 부정가(전부) | 부정적 대인관계(거의) | 부정가(거의) | 개방성(전부) | | 개방성(전부) |
| 3 | 진애(전부), 교양(거의) 정서적 동요(부분) | 개방성(전부) 외향성(1), 신경증(1) | 진애(전부) 사교성(전부) 교양(거의) | 개방성(전부) | 부정가(거의) | 부정적 대인관계(거의) | 부정가(거의) | 부정적 대인관계(부분) |
| 4 | 사교성(전부), 교양(거의) 정서적 동요(부분) 부조화(부분) | | 진애(전부) 사교성(전부) 교양(거의) | | 진애(거의) 사교성(거의) 교양(부분) | | 대인 부조화(전부) 정서적 동요(부분) | |
| 5 | 정서적 동요(부분) 부조화(전부) | 외향성(1) 신경증(1) | 정서적 동요(부분) 부조화(부분) | 외향성(전부) | 대인 부조화(전부) 정서적 동요(부분) | | 진애(거의) 교양(부분) | 진화성(전부) |
| 6 | | 외향성(거의) 신경증(부분)) | | 진화성(전부) | | 진화성(전부) | | |
| 7 | | 진화성(거의) | 대인 부조화(전부) 정서적 동요(부분) | 외향성(전부) | | 외향성(전부) | | 외향성(전부) |
| 8 | | | 정서적 동요(부분) | 정서적 안정성(-)(전부) | 정서적 동요(부분) | 정서적 안정성(-)(거의) | 정서적 동요(부분) | 정서적 안정성(전부) |
| 9 | | | | | 교양(부분) | 개방성(부분) | 사교성(전부) | |
| 10 | | | | | | | 교양(부분) | 개방성(부분) |
| 특징 | 토착7요인 : 4개의 요인으로 구성하는 요인 없음  BFI6요인 : 6개의 요인으로 1개의 요인구성 | | 토착7요인 : 5개의 요인으로 구성하는 요인 없음  BFI6요인 : 6개의 요인으로 3개의 요인구성 | | 토착7요인 : 6개의 요인으로 1개의 요인구성  BFI6요인 : 7개의 요인으로 3개의 요인구성 | | 토착7요인 : 7개의 요인으로 2개의 요인구성  BFI6요인 : 7개의 요인으로 3개의 요인구성 | |

<표 33> 토착 요인에서 산출된 대표어휘와 BFI 문항의 결합에 의한 요인분석결과 요인행렬표

| | | 1 | 2 | 3 | 4 | 5 | 6 | 7 | 8 | 9 |
|---|---|---|---|---|---|---|---|---|---|---|
| B13 | (성실, reliable worker) | .589 | .258 | -.092 | -.004 | -.106 | .302 | .040 | .125 | -.039 |
| B38 | (성실, make plan) | .570 | .153 | .158 | -.016 | -.100 | .053 | -.061 | .030 | -.005 |
| B3 | (성실, does a thorough job) | .567 | .287 | -.084 | -.079 | -.110 | .126 | .159 | .173 | -.045 |
| B28 | (성실, perseveres) | .561 | .180 | .086 | -.028 | -.174 | .158 | .169 | .078 | .048 |
| B33 | (성실, efficiently) | .556 | .381 | -.068 | -.086 | .006 | .230 | .026 | -.044 | -.083 |
| A241 | 분명하다 | .544 | .091 | -.069 | .093 | .184 | -.044 | -.028 | -.162 | -.072 |
| B26 | (외향, assertive) | .508 | .482 | -.104 | -.019 | .092 | -.044 | -.116 | -.007 | -.021 |
| B18 | (성실, disorganized) | -.505 | .134 | .287 | .050 | .210 | .087 | .039 | .166 | -.093 |
| B43 | (성실, distracted) | -.497 | .256 | .292 | .086 | .244 | .103 | -.013 | .158 | -.212 |
| B23 | (성실, lazy) | -.497 | .089 | .142 | -.084 | .156 | .070 | .226 | -.043 | .001 |
| A147 | 현명하다 | .493 | .116 | -.076 | .146 | .152 | -.057 | -.103 | -.008 | .026 |
| A162 | 진고하다 | .437 | .035 | -.067 | .138 | .140 | -.001 | -.039 | -.071 | .033 |
| A113 | 박력있다 | .432 | .129 | .033 | .108 | .284 | .046 | -.218 | -.125 | -.096 |
| B34 | (신경, calm in tense) | .422 | .228 | -.031 | -.077 | -.142 | .228 | .100 | -.389 | -.002 |
| A007 | 품위있다 | .414 | .029 | -.110 | .211 | .014 | -.010 | .108 | .082 | .283 |
| A232 | 진취적이다 | .413 | .114 | -.019 | .185 | .216 | .014 | -.153 | -.104 | .066 |
| A186 | 우아하다 | .399 | -.031 | -.013 | .312 | .115 | .028 | .043 | -.017 | .175 |
| A028 | 과감하다 | .360 | -.010 | .007 | .005 | .163 | .044 | -.217 | -.152 | -.032 |
| A033 | 교양있다 | .302 | .039 | -.192 | .234 | .117 | -.072 | .046 | -.023 | .280 |
| B5 | (개방, original) | .177 | .768 | -.023 | -.039 | -.015 | -.026 | -.109 | -.049 | .090 |
| B25 | (개방, inventive) | .214 | .723 | -.006 | -.024 | -.014 | .033 | -.088 | -.173 | .090 |
| B20 | (개방, active imagination) | -.011 | .668 | -.034 | -.045 | .067 | .129 | -.043 | .059 | .060 |

| | 1 | 2 | 3 | 4 | 5 | 6 | 7 | 8 | 9 |
|---|---|---|---|---|---|---|---|---|---|
| B40 (개방, play with ideas) | .149 | .662 | .085 | -.015 | -.018 | .035 | .012 | .089 | .219 |
| B10 (개방, curious) | .041 | .600 | -.102 | -.112 | .187 | .087 | .006 | -.105 | .020 |
| B15 (개방, ingenious) | .127 | .580 | .084 | -.075 | -.073 | .084 | .170 | .166 | .179 |
| B16 (외향, enthusiasm) | .278 | .523 | .147 | -.123 | .045 | .161 | -.300 | .035 | .018 |
| B11 (외향, full of energy) | .211 | .415 | .047 | -.087 | .065 | .215 | -.381 | -.096 | -.028 |
| B35 (개방, routine) | .218 | -.338 | .195 | .120 | .012 | .308 | .162 | -.045 | -.037 |
| A244 지시하다 | -.055 | -.101 | .734 | .104 | .045 | -.088 | .011 | -.002 | -.029 |
| A224 줄렵하다 | -.029 | -.088 | .717 | .138 | .016 | -.034 | .003 | -.055 | -.031 |
| A235 제제하다 | -.071 | -.114 | .705 | .087 | .044 | -.072 | .075 | -.030 | .047 |
| A237 친박하다 | -.130 | -.013 | .699 | .016 | .070 | -.023 | .001 | .026 | -.042 |
| A223 저속하다 | -.043 | -.006 | .659 | .013 | .060 | -.086 | .007 | .017 | -.043 |
| A161 가증스럽다 | -.027 | .084 | .558 | .037 | .144 | -.127 | -.019 | .081 | .032 |
| A158 아비하다 | -.094 | -.030 | .523 | -.049 | .193 | -.113 | .045 | .114 | .015 |
| B37 (친화, rude to others) | -.057 | .223 | .454 | -.123 | .354 | -.117 | -.044 | .039 | -.179 |
| B12 (친화, starts quarrels) | .105 | .149 | .452 | -.003 | .243 | -.107 | -.121 | .089 | -.193 |
| B8 (성실, careless) | -.307 | .246 | .390 | -.025 | .283 | .103 | .079 | .170 | -.039 |
| B2 (친화, find fault with) | -.070 | .033 | .333 | -.003 | .307 | -.084 | -.147 | .296 | -.025 |
| A146 순박하다 | -.051 | -.085 | -.066 | .599 | .079 | .200 | .049 | .025 | .029 |
| A145 순수하다 | -.004 | -.072 | -.041 | .568 | .179 | .098 | .013 | .022 | .053 |
| A180 인자하다 | .014 | -.068 | -.126 | .566 | .061 | .076 | .061 | .059 | .064 |
| A188 우호적이다 | .070 | -.037 | .082 | .531 | .026 | -.084 | .051 | -.038 | -.079 |

| | 1 | 2 | 3 | 4 | 5 | 6 | 7 | 8 | 9 |
|---|---|---|---|---|---|---|---|---|---|
| A132 붙임성이있다 | .124 | .118 | .095 | .520 | -.060 | .000 | -.157 | -.142 | -.182 |
| A131 사교적이다 | .109 | .132 | .018 | .517 | -.035 | -.065 | -.076 | -.187 | -.138 |
| A247 쾌활하다 | .117 | .010 | .093 | .511 | .008 | -.124 | .072 | -.099 | .020 |
| A217 정겹다 | -.025 | .011 | .044 | .507 | .114 | -.132 | -.098 | .025 | .003 |
| A255 포근하다 | .028 | -.045 | -.018 | .502 | .032 | .011 | -.167 | .101 | .136 |
| A179 온순하다 | -.010 | -.187 | .050 | .498 | -.011 | .132 | -.027 | .044 | .136 |
| A262 활발하다 | .179 | -.035 | .129 | .439 | .135 | -.122 | -.006 | -.170 | .019 |
| A122 봉사적이다 | .141 | -.123 | .053 | .397 | -.023 | .304 | -.024 | .027 | .122 |
| A054 쑥스러워하다 | -.015 | -.046 | .067 | .356 | -.119 | -.071 | .151 | -.141 | -.180 |
| A177 예술적이다 | .048 | -.092 | .090 | .331 | .149 | -.067 | -.039 | -.129 | .023 |
| A055 내성적이다 | .022 | -.020 | .095 | .307 | -.144 | -.085 | .249 | -.037 | -.130 |
| A115 반항적이다 | -.005 | .078 | .101 | -.008 | .680 | -.017 | .055 | -.093 | .097 |
| A114 반사회적이다 | -.008 | .056 | .004 | -.037 | .577 | -.032 | .001 | -.074 | .223 |
| A129 비판적이다 | .094 | -.018 | .087 | .017 | .516 | -.092 | .046 | .101 | .057 |
| A278 발끈하다 | .150 | .004 | .164 | .084 | .509 | .007 | -.009 | .157 | -.168 |
| A261 화를내다 | .113 | .025 | .200 | .098 | .464 | -.142 | .012 | .109 | -.212 |
| A270 성급하다 | .039 | -.032 | .053 | .180 | .387 | -.110 | -.148 | .076 | -.182 |
| A243 충동적이다 | -.124 | .015 | .130 | .143 | .363 | .048 | -.045 | -.184 | .016 |
| A031 괴짜답다 | -.008 | .134 | .268 | .068 | .359 | .020 | -.154 | -.057 | .150 |
| A268 산만하다 | -.281 | .067 | .268 | .159 | .346 | .033 | -.100 | .050 | -.157 |
| A171 엉뚱하다 | .026 | -.091 | .293 | .181 | .325 | .059 | .081 | -.034 | .182 |
| A071 당당하다 | .274 | -.124 | .060 | .145 | .277 | -.026 | -.170 | -.119 | .059 |
| A148 신경질적이다 | .021 | -.048 | .179 | .154 | .269 | -.002 | .149 | .145 | -.095 |

| | 1 | 2 | 3 | 4 | 5 | 6 | 7 | 8 | 9 |
|---|---|---|---|---|---|---|---|---|---|
| B32 (친화, kind) | .053 | .114 | -.138 | -.028 | -.109 | .728 | .014 | -.098 | .064 |
| B42 (친화, cooperate) | .074 | .008 | -.073 | .022 | -.055 | .663 | -.111 | -.010 | -.003 |
| B7 (친화, helpful) | .018 | .198 | -.096 | -.047 | -.014 | .652 | .009 | .020 | .053 |
| B17 (친화, forgiving nature) | .001 | .185 | -.201 | -.050 | -.070 | .638 | .027 | -.047 | .115 |
| B22 (친화, trusting) | .036 | .024 | -.104 | -.001 | -.016 | .556 | .142 | -.199 | .047 |
| B27 (친화, cold and aloof) | .012 | .157 | .150 | -.120 | .150 | -.396 | .375 | -.139 | -.096 |
| B21 (외향, quiet) | .028 | -.101 | -.005 | .051 | -.176 | .083 | .722 | -.030 | .091 |
| B6 (외향, reserved) | .016 | .009 | -.051 | -.038 | .077 | .086 | .585 | -.010 | -.014 |
| B36 (외향, sociable) | .167 | .339 | .019 | -.069 | .076 | .303 | -.572 | -.077 | -.054 |
| B31 (외향, shy, inhibited) | -.123 | -.089 | .029 | -.061 | .006 | .150 | .568 | .237 | .111 |
| B4 (신경, depressed) | -.214 | .144 | .196 | -.092 | .149 | -.066 | .508 | .363 | .050 |
| B1 (외향, talkative) | -.109 | .260 | .251 | .019 | .211 | .218 | -.433 | .303 | -.138 |
| B19 (신경, worries a lot) | -.214 | .080 | .137 | -.044 | .143 | .097 | .392 | .562 | -.001 |
| B14 (신경, can be tense) | .005 | .044 | .129 | -.060 | .099 | .236 | .278 | .520 | .031 |
| A061 느긋하다 | -.086 | -.106 | .054 | .205 | .127 | .121 | .003 | -.464 | -.015 |
| B24 (신경, emotionally stable) | .329 | .181 | -.091 | -.015 | -.059 | .156 | .080 | -.442 | .048 |
| B9 (신경, relaxed) | .182 | .205 | -.071 | -.106 | .047 | .244 | -.169 | -.416 | -.059 |
| B39 (신경, nervous) | -.029 | .223 | .361 | -.058 | .339 | -.172 | .176 | .384 | -.113 |
| A272 여유있다 | .031 | .051 | -.099 | .127 | .111 | .240 | .024 | -.381 | .030 |
| A120 무신경하다 | -.138 | .011 | .258 | .225 | -.012 | .070 | .198 | -.375 | -.022 |
| B29 (신경, can be moody) | -.047 | .265 | .026 | -.120 | .055 | .315 | .066 | .345 | .198 |
| B41 (개방, few artistic interests) | .061 | -.188 | .148 | .052 | .078 | -.066 | .030 | .067 | -.718 |
| B30 (개방, artistic) | .068 | .368 | -.004 | -.075 | .018 | .171 | .082 | .032 | .668 |
| B44 (개방, sophisticated in art) | .063 | .326 | .035 | -.021 | -.065 | .155 | .014 | .025 | .667 |
| A021 고상하다 | .270 | .004 | -.084 | .165 | .058 | -.109 | .143 | .148 | .385 |
| A109 문화적이다 | .170 | -.042 | .010 | .166 | .136 | .058 | .033 | -.042 | .232 |
| A173 여성적이다 | -.099 | -.102 | .073 | .205 | .077 | .115 | .028 | .209 | .229 |

요인해에 따른 토착 7요인의 변화를 기준으로 하여, 결합요인 분석의 구체적인 결과와 함께 이러한 변화가 보여주는 함축적인 의미들을 앞서 진술한 결과들과 연관시키면서 살펴보면 다음과 같다.

첫째, 유능성 요인은 7-10의 모든 요인해에서 항상 BFI의 성실성 문항과 결합하는 것으로 나타났다. 이러한 결과는 상관분석 및 중다회귀분석의 결과와 일관성이 있으며, 유능성과 성실성은 어느 정도의 중복성을 지닌 유사한 요인으로 볼 수 있는 것으로 보인다. 다만, 앞에서의 우리 나라 어휘의 7요인해 분석결과와 상관분석, 회귀분석의 결과를 미루어 볼 때 유능성 요인은 5요인 모형의 성실성 요소를 포섭하는 보다 포괄적인 요인으로 보인다.

둘째, 부정가 요인 또한 7-10의 모든 요인해에서 항상 BFI의 부정적 대인관계 요인과 결합하는 것으로 나타나, 258개의 우리 나라 성격특성 관련 어휘에서 산출될 수 있는 독립된 요인으로서의 의미는 물론, 부정적 대인관계 요인이 BFI 검사에서 나타나는 전형적인 5요인 이외의 다른 제6요인 요인임을 확정할 수 있도록 해주는 것으로 보인다. 부정가 요인과 부정적 대인관계 요인은 유사한 요인으로 볼 수 있을 것이다.

셋째, 친애 요인은 7-10의 모든 요인해에서 BFI의 어떤 요인과도 결합하지 않는 독립적인 요인으로 나타났다. 앞의 BFI 요인과의 상관분석에서도 친애 요인은 BFI의 모든 요인과 상관이 거의 없는 것으로 나타났다는 점과(개방성 $r=-.12$, 성실성 $r=-.02$, 친화성 $r=.08$, 외향성 $r=-.01$, 정서적 안정성 $r=-.01$, 부정적 대인관계 $r=-.03$) 일관성이 있는 것으로 보인다. 따라서 친애 요인은 5요인 모형에서는 나타나지 않는 토착적인 요인임을 확인할 수 있도록 해 주는 것으로 보인다.

넷째, 사교성 요인은 7, 8요인해 및 9요인해에서는 친애 요인과 결합하여 나타났으나 10요인해에서는 단독 요인으로 나타났다. 이러한 결과는 앞의 토착 요인 내의 상관관계분석에서 사교성이 친애 요인과 다소의 상관 ($r=.31$)을 지니고 있었던 것과 관련되어 보인다. 사교성 요인 또한 BFI의 특정 요인과 결합하지 않는 구별되는 요인으로 생각되었다.

다섯째, 대인 부조화 요인은 7, 8요인해에서는 정서적 동요 요인과 어느 정도 결합하나 9, 10 요인해에서는 독립적으로 나타남을 보였다. 이러한 결과는 대인 부조화 요인이 BFI 6요인과의 상관관계분석에서는 부정적인 대인관계 요인과 높은 상관($r=.40$)을 보였으나, 한편으로 또 다른 토착 요인인 부정가와 결합하였기 때문인 것으로 보인다. 이러한 결과는 회귀분석의 결과와 동일하다고 하겠다. 대인 부조화 요인의 경우, BFI 6요인에서 발견되지 않는 독립적인 토착 요인으로 볼 수 있을 것이다.

여섯째, 정서적 동요 요인은 부분적으로는 8, 9, 10의 요인해에서는 항상 BFI의 정서적 안정성 요인과 결합하며, 또한 부분적으로 대인 부조화 요인으로 흡수되는 것으로 나타났다. 정서적 동요 요인과 정서적 안정성 요인에 대한 상관분석의 결과($r=-.21$)나 회귀분석의 결과($R^2=5.3\%$)에서는 그다지 높은 관련성을 보이지 않았음에 비추어 볼 때 다소 상이한 결과라 할 것이다. 그러나, 토착어휘의 7요인해(〈표 23〉참고)에서 정서적 동요 요인은 포함되는 어휘수가 많지 않았다는 점과, 부분적으로 몇 어휘가 대인 부조화 요인으로 흡수되었다는 점을 감안한다면 이러한 결과는 정서적 동요 요인은 BFI의 정서적 안정성과 거의 유사한 것으로 보인다고 하겠다.

일곱째, 교양 요인은 7, 8요인해에서는 토착 요인인 친애 요인과 사교성 요인과 결합하며, 9, 10요인해에서는 유능성 요인으로 흡수되면서 일부분의 어휘가 개방성의 몇 어휘와 결합하는 것으로 나타났다. 특히 9, 10요인에서 결합하는 어휘들은 일관성이 있어 보이는데, 고상하다(9요인해), 문학적이다(9요인해), 여성적이다(9,10요인해) 등의 어휘가 BFI의 개방성 요인에 속하는 예술적 관심이 거의 없다. 예술적 · 심미적 경험을 중시 여긴다, 미술, 음악, 문학 등에 조예가 있다 등의 어휘와 결합한다는 것이다. 이러한 결과는 교양 요인이 5요인 모형의 개방성의 요소들과 유사하나 다만 보다 좁은 범주에서 부분적 유사성을 지닌 요인으로 보인다고 하겠다.

요약하자면, 유능감 요인은 성실성 요인과 유사하나 성실성 요인을 포섭

하는 보다 포괄적인 토착 요인이며, 부정가 요인은 BFI 검사에서 밝혀진
또 다른 요인인 부정적인 대인관계와 유사하게 나타나는 토착 요인으로 볼
수 있는 것으로 나타났다. 친애 요인과 사교성 요인 그리고 대인 부조화
요인은 대응되는 BFI의 요인을 갖지 않는 토착 요인으로, 정서적 동요 요
인은 BFI의 정서적 안정성 요인과 개방성 요인과 유사한 것으로 볼 수 있
게 하였다. 마지막으로 교양 요인의 경우 개방성 요인과 부분적인 유사성
을 지닌 것으로 볼 수 있었다. 한편 BFI 6요인의 관점에서 볼 때, 개방성,
친화성, 외향성 요인은 토착 요인과의 결합요인 분석결과에서도 여전히 독
립적인 요인으로 나타남을 보였다.

# 제6장 한국인의 토착적인 성격특성 구조에 대한 논의

본 연구는 어휘 접근(lexical approach)에 기초하여 우리나라의 자연언어에서 258개의 성격특성 관련 어휘를 찾아 성격특성 구조와 그 의미를 발견하고자 하였다. 또한 5요인 성격특성 모형과의 비교를 통해서 요인구조의 차이와 대응관계, 그리고 요인간의 중복성을 찾아보고자 하였다.

아래에서는 본 연구의 연구문제의 순서에 따라 분석 결과에서 나타난 두드러진 특징들을 요약하고 기존의 연구결과들과 관련지어 몇 가지 논의를 전개한다. 특히, 본 연구의 경우 주요한 연구방법으로서 어휘 접근 방식과 함께 결합된 에틱-에믹(combined etic-emic) 접근을 시도하였던 바 이와 관련한 논의도 함께 제시하였다. 마지막으로 본 연구의 결과와 관련 논의점에서 도출된 함의들을 바탕으로 후속연구를 위한 몇 가지 제언을 첨가하였다.

## 제1절 자연어휘 분석을 통하여 나타난 한국인의 성격특성 구조에 대한 논의

대학생 599명을 대상으로 성격특성 관련 어휘 258개에 대한 자기평정 자료를 수집하고, 이를 배리막스 회전에 의한 주성분 분석방법을 사용한 요인분석을 실시한 결과 7개의 요인구조가 산출되었다. 이들은 각각 유능성(요인Ⅰ), 부정가(요인Ⅱ), 친애(요인Ⅲ), 사교성(요인Ⅳ), 대인 부조화(요인V), 정서적 동요(요인Ⅵ), 교양(요인Ⅶ) 요인으로 명명할 수 있었다.

각각의 요인별로, 혹은 몇 개의 요인을 상호 관련지으면서 몇 가지 논의점을 살펴보기로 한다.

유능성 요인의 경우, 4~9요인해에서 항상 독립적인 요인구조임을 보여주었으며, 전체 어휘중의 상당수를 포함하여, 주로 용기, 의지, 능력, 통찰력, 진취성, 지도성 등과 관련된 어휘를 포함하였다. 이러한 특징은 일면 5요인 모형의 성실성 요인과 유사한 것으로 보인다. 성실성 요인의 하위군집인 조직화, 능률, 믿음직성, 정밀성, 끈기, 신중성, 과단성(Goldberg, 1990), 혹은 하위척도인 유능감, 정연성, 충실성, 성취에 대한 갈망, 자기규제성, 성실성(McCrae & Costa, 1992b, NEO-PI-R)과도 유사한 내용을 포함하기 때문이다. 중국의 토착 구조(Yang & Bond, 1990)로 제시된 유능성-무력감(Competence-Impotence) 차원과 비교하여서는, 분류된 어휘들(예를 들어, 단호한, 확고부동한, 능력있는, 용감한, 현명한, 독립적인 등)이 거의 동일한 것으로까지 여겨진다. 후자와 같은 이러한 점은 동일한 동양권에 속하는 중국에서 발견된 요인들이기에 향후 주목해 볼 만한 가치가 있는 것으로 여겨진다.

그러나, 한편으로 우리나라 어휘에서 산출된 유능성 요인은 5요인 모형의 성실성 요인과는 현저한 차이가 있어 보인다. 즉, 5요인 모형하에서는 전형적으로 외향성이나 정서적 안정성 등과 관련된 것이라고 여겨지는 어휘들(예컨대, 주장적이다, 열성적이다, 용기있다, 독립적이다, 우유부단하다(-) 등)이 유능성 요인에 상당수 포함됨으로써, 성실성과는 요인의 의미나 범위를 달리함을 보여주기 때문이다. 이와 같은 점은 요인Ⅳ로 산출된 사교성 요인의 특징과 관련하여 보다 뚜렷해진다. 즉, 본 연구의 결과에서 사교성 요인은 명랑성, 사교 및 친근감, 기지, 개방성 등을 특징으로 하여, 부분적으로 5요인 모형의 외향성과 유사하나 좀 더 좁은 의미영역으로 볼 수 있었는데, 이는 사교성 요인 역시 몇 가지 특징적인 측면에서 5요인 모형의 외향성과는 구별되었기 때문이다. 사교성 요인에서는 외향성(혹은

Surgency)의 주요 하위군집·척도로 설정하고 있는 자기존중감, 포부, 용기, 주장, 자극추구성 등과 같은 어휘가 나타나지 않는다는 것이다. 이러한 어휘는 유능성 요인(요인 I)에 높은 부하량으로 적재되어 나타난 것이다.

결국, 유능성 요인과 사교성 요인에서 보여지는 이와 같은 측면은 한편으로는 이러한 특징이 우리나라 사람들의 기본적인 성격적 특징을 보여주는 것으로, 다른 한편으로는 기존 연구들의 논쟁점과 관련성을 보여준다는 점에서 주목할 만한 것으로 여겨진다.

첫째, 우리나라 어휘의 분석에서 제1요인으로서의 유능성 요인이 산출되었다는 것이 우리나라 사람들의 성격적 특징과 관련하여 갖는 함축적 의미이다. 이는 우리나라 사람들이 자신이나 타인에 대한 지각, 기술, 평가에 있어 유능성이라는 차원을 가장 중요한 특성으로 삼는다는 것을 보여주는 것이다. 이는 유능성 요인이 모든 요인해에서 일관성있게 제1의 요인으로 산출되었을 뿐만 아니라, 적재되는 어휘량이 가장 많았음에서도 관찰할 수 있는 것으로 보인다. Goldberg(1981), Saucier와 Goldberg(1996)는 '한 문화에서 나타나는 거의 동의어에 가까운 용어들의 밀도가 문화에서 속성의 중요성을 나타내는 지표일 수 있다'라고 지적한 바 있다. 이러한 지적은 언어 상대론의 입장과도 유사한 것이다. 특정 문화에서 중요한 개념, 의미, 가치들은 궁극적으로 동질적인 다량의 어휘로 부호화되고 또한 흡수되는 것이다. 유능성 관련어휘 또한 이러한 경향으로 보인다.

둘째, 앞의 특징과 더불어, 미국 영어의 경우, 외향성 차원으로 분류되는 주요 하위요인이나 어휘들이 우리나라에서는 유능성 요인으로 나타난다는 특징과 관련된 함축적 의미이다. 우리나라 사람들은 기본적으로 내향성이 지배적(차재호, 1994)이라고 지적된다. 이러한 성격적 특징 아래에서는 5요인 구조에서 말하는 외향적인 성격적 특성 즉, 자기존중감, 포부, 용기 등이나 주장, 자극추구성 등은 내향성인 성격의 반대성향이라는 개념이 아니라, 능력이나, 진취성, 지도성 등과 관련된 유능성의 의미로 와 닿을 수 있다는 것이다. 이러한 측면에서 볼 때 우리 나라 사람들은 외향적인 성격에 보다 '유능성'이라는 긍정적인 가치를 부여하는 것으로 보인다는 것이다. 이러한 추론은 어디까지나 본 연구의 결과에서 나타난 함축적인 의미이기는 하나 보다 엄밀한 분석을 위해서는 후속연구가 기대된다고 하겠다.

셋째, 사교성에서 보여지는 특징 중의 하나가, McCrae와 Costa(1992)의 5요인 모형에서 외향성의 하위요인으로 간주되는 온정(E1)의 경우, 토착요인 구조에서는 확연히 친애 요인(요인Ⅲ)으로 나타난 것과 관련된 함축적 의미이다. 이와 같은 측면은 본 연구에서 산출된 요인Ⅳ(사교성)가 왜 5요인 구조와 동일한 명칭과 의미를 지닌 '외향성 요인'으로 분류될 수 없는지를 보여주는 동시에 5요인 구조와는 또 다른 문화적 차이를 보여주는 것이라고 여겨진다. 외향성 요인으로부터의 온정 요소의 이탈현상은 근래에 우리 나라 사람들을 대상으로 수행된 Piedmont와 Chae(1997)의 5요인 구조 연구결과에서도 유사하게 드러난다. Piedmont와 Chae의 연구에서, 외향성 하위요인인 온정(E1), 사교성(E2), 긍정적 정서(E6)는 요인분석 결과 주장성(E3), 활동성(E4), 자극추구성(E5) 요인들과 분리되어 여타의 친화성 하위요인들과 부분적으로 결합함을 보여주었다. 다만 Pedimont와 Chae는 이러한 외향성 하위요인의 친화성으로의 이동을 문화 특수적인 현상을 나타낸다기보다는 자료상에서의 표집오차 때문에 빚어진 것에 가깝다는 결론을 내리고 있다. 그러나, 본 연구의 결과 이러한 특징은 우리나라의 특성관련 어휘의 분석에서 분명히 나타나는 것으로 보인다. 이와 유사한 경향은 필리핀의 5요인 분석결과(Katigbak, Church, & Akamine, 1996)에서도 나타난다. 필리핀의 분석에서도 요인분석결과 온정(E1) 요소는 외향성의 차원이 아니라, 친화성의 차원으로 분류되었기 때문이다.

한편으로, 이와 같은 결과는 5요인 모형 주창자들 사이에 5요인 구조에 대한 완전한 합치가 부족하다는 취약점을 보여주는 것으로도 여겨진다. 즉, 5요인 모형에 대해 가해지는 비판점 중의 하나가 5요인에 대한 조작적 정의간에 불일치가 많다는 것이다. 온정(Warmth)과 관련하여 볼 때, McCrae와 Costa(1992b)는 이를 외향성의 하위척도로 포함시키는 반면,

John(1990)과 Goldberg(1990)는 형용사 '온정이 있는'을 친화성의 대표 어휘로 특징짓고 있는 것이다.

2번째 요인으로 산출된 부정가 요인(요인Ⅱ)은 5요인 모형의 전형적인 5개의 요인들 즉, 신경증, 외향성, 개방성, 친화성, 성실성과는 구별되는 토착요인으로 볼 수 있는 것으로 나타났다. 본 연구에서 나타난 부정가 요인은 Tellegen과 Waller(1987)의 7요인 모형에서 제시된 부정가(Negative Valence) 요인과 유사함을 보인다. 이들의 연구에서, 부정가 요인은 사악한(evil), 악독한(wicked), 부도덕한(immoral) 등의 어휘로 특징지워졌으며, 이러한 어휘는 본 연구의 부정가 요인에서 그대로 나타났기 때문이다.

Tellegen과 Waller의 연구에서 부정가 요인이 단일 요인으로 나타난 이유는 Goldberg의 5요인 모형과는 달리, 어휘 접근식 연구에서 이전에는 배제되었던 평가적 어휘를 제한하지 않고 포함시켰기 때문이다(Tellegen & Waller, 1995; Benet 등,1995; Waller, 1999). 그러나, 이와 같은 결과를 두고 McCrae와 John(1992)은 부정가 요인이란 단순히 요인분석 방법에 기인한 인공물임을 반박한 바 있다. 본 연구의 결과, 부정가 요인이란 인공물이 아니라 하나의 독립적인 특성 차원으로 보는 것이 타당하다는 것을 보여주었다. 이러한 결과는 본 연구에서도 어휘의 선정시 평가적인 의미의 포함유무를 어휘 선정의 준거로 삼지 않았음과도 관련된 것으로 볼 수 있겠으나, 평가어를 체계적으로 제외시킨 필리핀의 연구(Church et al., 1997)에서도 부정가 요인과 거의 유사한 요인이 여전히 산출됨을 보고하고 있기 때문이다. 사실상, Borkenau(1990) 등과 같은 성격학자들은 성격기술어와 측정이 근본적으로 평가적 활동이라고 지적한 바 있다. 평가적인 용어의 배제는 자칫 자기/타인-존중감 및 이와 관련된 개인차에 관심을 갖는 성격학자와 임상가들에게 중요하고도 유력한 평가적 차원의 출현 그 자체를 배제해 버릴 수 있기 때문이다(Tellegen & Waller, 1995). 이렇게 본다면, 평가적인 차원으로서의 부정가 요인은 적어도 우리나라에서는 중요한 하나의 특성구조 요인으로 보인다.

　친애 요인(요인Ⅲ) 또한 5요인 모형에서는 발견되지 않는 토착적인 특성 요인으로 볼 수 있는 것으로 나타났다. 여기에는 자비, 박애 등의 요소와 함께 우리의 유교적인 전통 사회에서 덕있는 사람과 관련된 어휘, 혹은 도덕적이며 가치로운 덕목으로 생각되는 어휘들이 상당히 포함되었는데, 이러한 경향은 동일한 유교문화의 전통을 지니고 있는 중국의 요인과도 유사한 것으로 보인다. Yang과 Bond(1990)의 연구에서, 정직한(honest), 품위있는(good and gentle), 친절한(kind), 우호적인(friendly), 솔직한(frank), 도덕적인(morally clean) 등의 어휘는 중국의 요인 구조에서 사회지향-개인지향 요인의 대표적인 어휘로 나타났으며, 이는 본 연구에서 산출된 친애요인과 동일한 어휘들로 보이기 때문이다. 이러한 특징은 우리나라와 중국, 일본을 포함하는 동양권 문화 속에서의 성격특성간의 비교 연구의 가능성을 보여주는 한 예로 생각된다.

　대인 부조화 요인(요인Ⅴ)은 대인관계에 있어서의 반친화적인 특성을 나타내는 어휘들 및 심리적 불안정성과 관련된 어휘로 구성된 다소 혼합요인적인 또 하나의 토착요인으로 보였다. 이러한 요인과 대응을 이룰만한 요인이 5요인 모형에서는 나타나지 않는 듯하다. 본 연구의 요인 분석의 결과에서 대인 부조화로 분류된 어휘들은 부분적으로 정서적 동요(요인Ⅵ)와 어느 정도의 관계를 지니는 것으로 나타나 잠정적인 성격의 요인으로 간주되었으나, 후속의 분석에서 이와 유사한 요인이 BFI의 요인구조 속에서 발견되었기 때문에 특성 요인으로 간주할 수 있었다. 대인 부조화 요인과 친애 요인은 우리 사회의 문화가치와 관련하여 또 다른 보다 깊은 논의가 필요할 것으로 보인다. 이는 우리 사회는 통칭 서구의 개인주의 문화와는 다른 집단주의 문화권(차재호, 1980; 이수원, 1997)으로 분류되는 것과 관련되어 있는 것으로 보이기 때문이다.

　일반적으로 개인주의적인 사회에서 자기 및 타인에 대한 평가는 일차적으로 개인적 성취, 우수함, 개인의 태도의 독특성과 독립성에 기반을 두지만, 집단주의 사회에서는 반대로 자기와 타인에 대한 평가는 상호의존성을

강조하는 사회적 연계망에 개인이 '속하는지' 혹은 '잘 들어맞는지'에 기초
를 둔다고 한다(Oyserman, 1993; Markus & Kitayama, 1991). 집단주의
문화권에서는 이상적인 인간형은 남과 더불어 조화롭게 사는 사람이며(이
수원, 1997, p.23), 사회적 규범에 대한 높은 가치, 그리고 관계 유지를 매우
중시하는 것이다. 본 연구에서 산출된 친애, 대인 부조화 요인은 이러한 집
단주의 문화권의 성격과 관련되어 있는 것으로 진단할 수 있을 듯하다. 최
근의 문화간 비교 연구의 뚜렷한 주제중의 하나가 '가치 방향에서의 문화간
차이'라는 지적(Berry 등, 1992)과 관련해 본다면 앞으로 개인주의-집단주
의 관점에서의 성격특성 구조의 연구도 이루어 질 수 있을 것으로 보인다.

정서적 동요 요인(요인Ⅵ)은 불평이나 불만, 조급성, 심리적 불안정 등과
관련된 어휘로 나타나 Goldberg(1990)의 정서적 안정성 요인의 하위군집인
평온, 불안정성 등과 유사하며, McCrae와 Costa(1992)의 신경증 요인의 몇
하위척도인 불안, 우울, 충동성 등과도 유사한 것으로 보였다. 중국의 낙천
성-신경증 요인, 필리핀의 정서적 통제(-) 요인 역시 유사한 요인으로 생
각된다.

본 연구에서 발견된 교양 요인(요인Ⅶ)은 5요인 모형의 개방성에 포함되
는 어휘들을 부분적으로 포함하였으나 요인을 구성하는 어휘의 수가 불과
7개로 나타나 안정적인 요인으로 확정할 수 없었다. 여기에는 교양있다, 우
아하다, 고상하다, 여성적이다, 품위있다, 예술적이다, 문학적이다의 어휘만
이 포함되었다.

이러한 측면은 한편으로는 5요인 모형의 창의성이나, 세련 등에 속한 몇
어휘(Goldberg, 1990)와, 혹은 하위요인인 심미성(O2)(McCrae & Costa,
1992)과도 유사한 것 같으나 개방성이라는 의미보다 훨씬 더 좁은 의미로
축소될 수 밖에 없음을 보였다. 특이한 점은 중국의 경우, 어휘 연구(Yang
& Bond, 1990)나 포괄적인 성격을 측정하는 것으로 알려진 중국 성격검사
(CAPI)에서도 5요인 모형과 같은 개방성 요인은 나타나지 않는다는 것이
다(Cheung et all, 1996). 본 연구결과와 유사하게 우리나라 문화에서 개방

성 요인의 모호성은 앞서 지적한 Piedmont와 Chae의 연구(1997) 및 안창
규와 이경임의 연구(1997)에서도 보인다. NEO-PI-R 한국어 번역판을 사
용한 위의 두 연구에서, 성실성의 하위요인들은 한결같이 낮은 신뢰도를
보였던 것이다. Piedmont와 Chae(1997)의 경우, 성실성 요인의 하위요인인
행동·가치의 개방성 요인은 각각 α=.46, .40을 보였으며, 안창규와 이경임
(1997)의 연구에서도 차례로 α=.54, .43으로 나타나 여타 5요인들에 비해
신뢰도가 훨씬 낮음을 보였던 것이다.

결국, 이러한 결과가 함축하는 바는 5요인 모형이 설정하는 개방성이란
관점에서 본다면 우리의 문화권에서는 적어도 개방성이 독립적인 요인으로
지각되지 않는 요인이거나 혹은 부분적으로(심미성 등과 관련된 교양요인
으로) 밖에 지각되지 않는 것으로 보인다. 중국에서의 연구와의 결과를 관
련시켜 본다면 이 또한 동서양의 문화권에 따른 차이가 아닌지 연구해 볼
만한 가치가 있는 것으로 생각된다.

요컨대, 본 연구에서 산출된 토착요인들은 많은 부분에서 서구의 5요인
모형과는 그 특징을 달리하는 것 같다. 이는 성실성 요인에서 교양요인에
이르기까지 전체적인 현상으로 보인다. 몇 가지 특징 예컨대, 성실성, 친애,
사교성, 교양 요인 등에서 나타나는 특징은 동양 문화권의 공통점 같아 보
이기도 하다.


## 제2절  5요인 성격특성 모형의 범문화간
## 보편성 주장에 대한 논의


토착 요인으로 분류된 7개의 요인과 5요인 모형간의 요인 구조의 비교
및 중복성 정도를 분석하기 위한 사전 절차로 5요인 검사(BFI: Big Five

Inventory, John, 1991) 문항만을 독립적으로 요인분석한 결과는 5요인 모형이 -적어도 BFI에 있어서는- 우리의 문화에서 성격특성 구조를 나타내기에는 충분히 포괄적이지 않음을 보여주었다.

본 연구에서의 요인분석 결과는 BFI 44문항의 어휘가 서구에서 가정하고 있는 5요인 특성구조가 아니라, 6요인해가 보다 타당한 것으로 나타났다. 이는 5요인 모형이 가정하고 있는 외향성(E), 친화성(A), 성실성(C), 신경증(N), 개방성(O)이라는 5요인 모두를 산출하기 위해서도 필요한 최소한의 요인수였다. 새롭게 산출된 요인은 원래의 척도에서 주로 친화성을 측정하는 음가의 문항(B37, 다른 사람들에게 무례하다: B12, 싸움을 일으킨다: B2, 흠을 찾는다)과, 성실성을 측정하는 음가의 문항(B43, 산만하다: B8, 부주의하다: B18, 조직적이지 못하다)들이 결합하는 것으로 나타났으며, 여기에 신경증 척도의 1문항(B39, 신경질적이다)과 외향성 1문항(B1, 말이 많다)이 포함되어 단일 요인을 구성하였다. 이는 대인관계에서 부정적인 관계 성향의 표출과 관련된 용어로 보였으며, 따라서 본 연구자는 이를 '부정적 대인관계 요인'으로 분류하였다.

다만, B18번 문항과 B1번 문항의 경우 각각 원래의 성실성 요인, 외향성 요인에 분류될 수 있을 만큼의 이차 요인 부하량(차례로 -.444, -.461)이 크게 나타났음에는 주목할 필요가 있어 보인다. 본 연구에서는 6요인 각각에 대해 요인점수를 산출하고 이들 요인간에 상호상관계수를 산출한 결과 새롭게 산출된 부정적 대인관계 요인은 여타 요인들간에 보이는 상관계수보다 상대적으로 더 작게 나타남(개방성 $r=.11$, 성실성 $r=-.18$, 친화성 -.15, 외향성 $r=.07$, 정서적 안정성 $r=-.31$)에 근거하여 새로운 요인으로서의 가능성을 진단하였으나, 이는 차후 보다 정밀한 분석이 요구되는 부분이라 할 것이다.

그럼에도 불구하고 본 연구의 결과를 어느 정도 인정할 수 있다면 부정적 대인관계 요인을 포함하여, BFI를 통해 산출된 5요인 구조의 산출결과는 전체적으로 다음과 같은 몇 가지 함축적 의미를 제공할 수 있는 것으로 보인다.

첫째, 신경증, 외향성, 개방성, 친화성, 성실성의 5가지 차원을 제시하는 성격특성의 5요인 모형은 범문화적이며 보편적인 것이 아니거나 혹은 적어도 BFI 검사는 5개의 구별되는 성격특성을 측정하는 것으로 볼 수 없다는 것이다. 이는 5요인 구조 검사를 자국어로 번역하여 문화적 보편성을 보고하고 있는 많은 연구들과, 특히 BFI 검사의 5요인 측정의 타당성을 보고하는 Martínez와 John(1998)의 결과와는 상반되는 것이다. Martínez와 John은 스페인 대학생들을 대상으로 스페인판 BFI를 사용하고 이것이 효과적이며, 신뢰롭고, 요인적으로도 타당한 5요인 척도라고 언급한 바 있다.

둘째, 이와 관련하여 BFI의 5개 요인 반복산출의 실패가 의미하는 바는 성격특성이란 5요인 모형에서 제시하는 것처럼 신경증, 외향성, 개방성, 친화성, 성실성이라는 5개 요인만이 아닐 수도 있으며, 그 의미를 달리하거나 혹은 다른 부가적인 요인을 필요로 할 수도 있다는 것이다. 이는 본 연구에서 제6요인으로 칭할 수 있는 부정적인 대인관계 요인이 산출되었다는 것, 그리고 부정적인 대인관계 요인이 독자적으로 산출됨으로써 원래의 몇 문항이 빠져버린 성실성, 친화성의 의미는 원척도에서 정의되었던 의미와 달라질 수 있다는 것 때문이다.

셋째, 다만 그럼에도 불구하고 BFI 검사의 경우 신경증, 외향성, 개방성, 친화성, 성실성이라는 5개의 요인을 측정하는 한에서는 문항들간의 내적일치성이 높다고 볼 때, 이러한 5요인들과 우리나라의 성격특성관련 어휘에서 산출한 요인간의 관계가 또 다른 분석과제로 대두될 수 있음을 시사하여 준다는 것이다. 아래에서는 이러한 관점에서 좀더 논의를 전개해 보고자 한다.

# 제3절  토착적인 특성구조와 5요인 특성 구조와의
# 관계에 대한 논의

　토착 요인으로 분류된 7개의 요인들과 5요인 모형의 요인 구조들간 1:1 대응관계 및 요인의 중복성 정도를 분석하기 위하여 본 연구에서는 중다회귀분석과 결합요인 분석을 실시하였다.

　토착 7요인들을 독립변인으로 하고 BFI 검사로 산출된 5요인 각각을 종속변인으로 하여 회귀분석을 수행한 결과, 이들간의 중복성 정도를 파악하려는 시도는 다소 실망스러운 결과를 보여주었다. 이는 토착 요인으로 산출된 요인들의 의미 파악 및 명명 과정에서 어느 정도 예견된 특징이기도 하였다. 상대적으로 높은 설명력을 보인 요인쌍은 유능성 요인이 성실성 요인의 약 20%, 대인관계 부조화 요인이 부정적 대인관계 요인의 28%정도를 설명하고 있을 뿐, 전체적인 관련성은 상당히 낮은 것으로 보였다. 토착 7요인 전체의 설명력과 관련시켜 볼 때는, 본 연구에서 독자적으로 산출된 부정적 대인관계 요인에 대하여 39.1%, 성실성 요인에 대하여 27.1%의 설명력을 가져 가장 높이 나타났으며, 개방성 요인의 경우, 전체 7요인의 설명력을 모두 합산한다고 하더라도 불과 7.5%의 낮은 설명력만을 보였을 뿐이었다.

　이는 5요인 구조가 토착 요인들을 충분히 포섭하지 못함을 보여주는 것이라 보아진다. 특히, 토착 요인에서 상대적으로 다소 미미한 요인으로 나타났던 교양 요인과 유사한 의미를 내포하고 있던 개방성의 경우, 토착 구조 속에서 교양 요인이 미미했듯이 토착요인 전체와의 관계 속에서도 가장 낮은 관계성만을 보여주었다. 이는 개방성 요인이 우리나라에서는 현저하지 않는 특성임을 다시 한번 보여준 것으로 생각된다.

　특기할 만한 것은, 토착 구조 요인에서 유능성 요인은 5요인 구조의 모든 요인과 골고루 어느 정도의 관계성을(개방성 $r=.16$, $R^2=2.4\%$, 성실성 $r=.45$, $R^2=19.9\%$, 외향성 $r=.29$, $R^2=8.2\%$, 정서적 안정성 $r=.30$, $R^2=9.0\%$) 보이는 것으로 나타났다는 것이다. 이는 앞선 논의에서 지적했듯이 토착적인 유능성 요인은 외향성 등의 요소까지 포함하여 서구의 5요인 모형에서 말하는 성실성의 의미보다 훨씬 드넓은 의미로 나타남을 보여주는 것이라 하겠다. 요컨대, 이러한 측면은 5요인 모형(McCrae & Costa, 1992b)이 성실성(C)의 하위요인으로 유능감(C1) 요인을 채택하고 있는 것과는 달리, 토착요인으로 밝혀진 유능성 요인의 경우 오히려 5요인 모형의 성실성 요인에 부가되는 의미보다 보다 폭넓은 영역을 포괄하는 광범위한 요인으로 볼 수 있는 듯하다.

본 연구에서 산출된 유능성과 유사한 요인들은 자국의 특성 어휘를 분석한 여러 연구에서도 유사하게 나타나는 것으로 보인다. 스페인의 절제성 요인(Martínez & Waller, 1997), 중국의 유능감-무력감 요인(Yang & Bond, 1990), 필리핀의 성실성 요인(Church et al., 1997) 등은 유능감 요인과 보다 유사한 것으로 생각된다. 특히, 스페인의 절제성 요인과 중국의 유능감-무력감 요인은 5요인 모형의 성실성보다는 본 연구에서 산출된 유능성 요인과 더욱 유사하다고 생각된다. 스페인의 절제성 요인의 경우, 5요인 모형의 성실성에 비해 보다 행동적인 측면, 정서적인 측면, 지적인 측면을 포함하여 광범위하게 요인이 구성됨을 지적하고 있기 때문이다. 중국의 경우, 한자어로 번역하였을 경우 속하는 용어까지도 동일할 것으로 보임은 앞선 논의에서 이미 지적한 바다.

토착 7요인과 5요인 구조간의 중복성을 요인 구조 속에서 파악하기 위하여 결합요인 분석을 한 결과, 유능성 요인과 성실성 요인, 정서적 동요 요인과 정서적 안정성 요인, 그리고 부정가 요인과 부정적 대인관계 요인의 경우 어느 정도 단일 요인으로 결합될 수 있는 가능성을 보였으나, 토착 요인의 경우 대인 부조화, 친애, 사교성 요인이, 그리고 BFI의 경우 개방성, 친화성, 외향성 요인이 여타 요인들과 혼합될 수 없는 독립적인 단독 요인을 구성하는 것으로 나타났다.

특히, BFI에서 관찰된 부정적 대인관계 요인은 여타의 BFI의 5요인과 계속해서 분리되는 결과를 보였을 뿐만 아니라, 토착 요인인 부정가 요인과 결합하는 것으로 나타났는데 이는 부정적 대인관계 요인이 BFI가 가정하지 않았던 독립된 요인으로서의 확증을 더욱 갖게 해 주는 것으로 보였다. 한편, 교양 요인의 경우 8요인해에서는 토착 요인인 친애요인과 사교성 요인과 결합하며, 9, 10요인해에서는 유능성 요인으로 흡수되면서 일부분의 어휘가 개방성의 몇 어휘와 결합하는 것으로 나타났다. 특히 9, 10요인에서 결합하는 어휘들은 일관성이 있어 보이는데 교양요인의 경우, 고상하다(9요인해), 문학적이다(9요인해), 여성적이다(9, 10요인해) 등의 어휘가 BFI의 개방성 요인에 속하는 예술적 관심이 거의 없다, 예술적 · 심미적 경험을 중시 여긴다, 미술, 음악, 문학 등에 조예가 있다 등의 어휘와 결합한다는 것이다. 이러한 결과를 고려한다면, 교양 요인의 경우 앞선 논의에서 지적하였듯이 잠정적인 요인으로 보아야 하거나 혹은 토착어휘에서는 부분적으로만 지각되는 요인임을 다시 한번 확인시켜 준 것으로 보인다.

본 연구에서 나타난 이러한 문화에 따른 요인 구조의 변이는 자국의 어휘와 5요인을 측정하는 검사들을 결합함으로써 결합된 에틱-에믹 접근을 시도한 대부분의 연구결과들(Martínez & Waller, 1997; Yang & Bond, 1990; Cheung & Leung, 1996; Katigbak et al., 1996; Church et al., 1997)에서 공통적으로 나타나는 것으로 보인다.

299개의 스페인 성격 형용사를 분석한 Martínez와 Waller(1997)의 연구에서는 긍정가, 부정가 차원을 포함한 정서성, 절제성, 몰입, 친화성, 개방성 등의 7요인을 산출함으로써 5요인 모형과는 일치하지 않은 결과를 나타내었으며, 원래의 5요인 문항들에서 차원간 이동이 일어나는 것을 발견하였다. 또한 Yang과 Bond(1990)의 중국인에 대한 연구는 150개의 특성 용어를 분석함으로써 사회지향-개인중심, 유능감-무력감, 표현성-내향성, 자기통제-충동성, 낙천성-신경증의 5개 요인을 산출하였는데 이 중 사회지향

-개인중심 요인과 낙천성-신경증 요인만이 각각 성실성과 신경증에 1:1의 대응관계가 있음을 지적하였다. 이들은 수입된 요인들이 중국인의 지각공간에서 특정 영역에 대해서는 상대적으로 덜 민감하다는 결론을 내리고 있다. 이렇듯 문화권에 따른 독특한 요인구조의 산출은 필리핀 사람들에 대한 연구(Church et al., 1997; Katigbak et al., 1996)에서도 마찬가지다. 필리핀의 7요인 구조를 지적한 Church 등(1997)은 적어도 5요인 모형이 주장하는 차원들 모두를 포함하는 필리핀의 성격 차원을 확인하기 위해서는 최소한 5-6개 이상의 요인들이 필요함을 지적하고 있기 때문이다.

요컨대, 토착 7요인과 BFI 5요인 구조와의 비교 분석 결과는 5요인 검사와 같은 제한된 측정도구로는 우리의 토착적인 성격특성을 간파해 낼 수 없음을 보여주었던 것으로 생각된다. 이는 타 문화권에서 개발된 측정도구로 문화 특수적인 성격 요인 구조를 파악하려는 부과된 에틱(imposed etic)연구의 한계와도 관련된 문제이다. 다음의 논의에서 이러한 점을 좀더 살펴보기로 한다.

# 제4절 문화상대적 성격 연구를 위한 결합된 에틱-에믹 접근법에 대한 논의

앞의 논의에서 고찰한 것과 같은 논의점들은 성격특성 연구에서 자칫 부과된 에틱 접근 방식만을 취할 경우, 특정 문화권의 독특한 성격특성 구조를 포착해 내는 데는 한계가 있음을 보여준 것이라고 생각된다. Cheung 등(1992)은 중국의 5요인 모형을 제시하면서, "만약 다만 5요인 검사만을 했다면 많은 유용한 정보를 잃어버렸을 것이다"(p. 548)라고 결론 내리고 있다.

정형화되어 있는 5요인 모형에 대한 반복연구들이 비록 어느 정도 설득력을 얻고 있다고 할지라도 이는 '적어도 5요인 구조에 관한 한 보편적이다' 라는 가설에 대한 검증 작업일 뿐 특정 문화권 자체내의 토착적인 성격연구에 관한 한 어떠한 정보도 제공할 수 없다고 생각된다. 이와 더불어 자국 내에서 독자적으로 추출된 성격특성 측정치의 결과 역시 5요인 모형에서 제시하는 요인과 동일함을 검증할 수 있을 때만이 이는 그 타당성을 입증받을 수 있는 것이다.

에믹 연구의 가장 중요한 가치는 특정한 토착적인 성격특성 요인구조를 찾아내는 데 있는 것뿐만 아니라, 이러한 토착 구조들의 전체적인 특징을 고찰함으로써 특정한 사회문화에서 보여지는 독특한 성격특성의 전체적인 윤곽을 발견할 수도 있다는 것이다. 스페인의 예는 이것을 보여주고 있다. Martínez와 Waller(1997)는 스페인 어휘에서, 유쾌한 정서를 나타내는 어휘와 사회적·지적 기술과 관련된 어휘 등을 포함하는 쾌활성(pleasantness) 요인이라는 독특한 차원을 발견하고 그 의미를 다음과 같이 부과하고 있다. 라틴 문화는 덜 개인주의적이고 보다 집단주의적이다. 즉, 그들은 집단내의 상호의존성과  집단의 목표를 강조한다. 그들의 가치 simpatía는 부드럽고 조화로운 관계성을 신장시키는 대인관계 행동 즉, 긍정적인 정서의 표현과 대인관계 갈등의 회피 등과 같은 것을 위한 욕구로서 묘사된다(p. 594).

본 연구에서 산출된 유능성, 부정가, 친애, 사교성, 대인 부조화, 정서적 동요, 교양 등의 요인 및 그리고 이러한 요인에 분류된 어휘들 또한 우리나라 사람들의 독특한 성격특성의 모습을 보여주는 것으로 생각된다.

하나의 특징으로, 토착 요인 구조와 어휘들에서 유교적인 가치나 태도에 관한 성향이 나타난다는 것이다. 우리나라 사람들의 지각구조 혹은 성격특성 구조의 커다란 축은 개인의 유능성 차원에 있는 것으로 나타났는데, 이는 단순히 개인의 능력이나 성실성과는 다른 전통 유교사회에서 입신양명(立身揚名), 고위관직으로의 등용 등에 대해 높은 현세적인 가치를 부여했던(부여하고 있는) 성향이 반영되어 있는 것으로 보이기 때문이다. 특히 유능성 요인에는 5요인 모형에서 제시하는 성실성의 요소뿐만이 아니라,

외향성과 관련된 것으로 보이는 요소들 즉, 용감, 주장성, 지배력 등이 지도성의 덕목처럼 나타남도 마찬가지인 것으로 풀이된다. 유교적인 가치나 덕목에 대한 내면화의 성향은 친애 요인에서도 나타나는 것으로 보인다. 친애 요인에는 인의예지신(仁義禮智信)의 실천윤리와 같은 어휘들이 나타나는 것처럼 보인다. 즉, 仁(인자하다, 어질다, 자상하다), 禮(예의바르다, 도덕적이다, 순종적이다), 信(헌신적이다, 독실하다, 사려깊다) 등이다.

이러한 특성은 우리와 유교적인 가치와 문화를 유사하게 공유하고 있는 중국 사람들의 성격 연구에서도 나타나는 듯하다. Cheung과 Leung(1998)은 중국인의 토착적인 성격특성 구조 산출의 결과가 보여주는 의미를 지적하면서 "중국인들은 한결같이 현대화된 유교적 가치 및 자기훈육 혹은 도야와 같은 성향들을 내면화하고 있었으며, 이것들이 중국인들의 성격의 중추적인 핵심으로 자리잡고 있었다"(p. 242)고 보고하고 있는 것이다. 여기에서 중국인들은 태도, 신념, 전형적인 행동, 심지어 정서적인 반응 등에서도 전통적인 유교적 가치를 반영하고 있는 것으로 나타났다.

앞선 논의에서 지적하였듯이, 중국의 토착 5요인 중 2-3개의 요인에서 요인들의 의미 및 포함되는 어휘들이 본 연구의 결과와 유사한 것으로 볼 수 있었던 것도 유교문화라는 공통점 때문이 아닌가 생각된다. 이러한 측면은 앞으로 보다 깊은 연구와 논의가 필요할 것으로 보여진다. 사실상, 우리 나라 사람들의 성격에 대한 기존의 인문학적 연구들의 경우 공통적으로 유교적인 요소의 영향을 강조해 왔다(예컨대, 권석만, 1997; 윤태림, 1970; 조긍호, 1990; 차재호, 1994). 그러나, 이와 동시에 함께 병행해야 할 사회과학적인 접근은 부족하다는 비판 또한 많았음(민경환, 1997)이 사실이다. 본 연구와 같이 어휘 분류에 기초한 토착적인 특성 구조 연구 또한 경험적 접근의 일환일 수 있을 것이다.

# 제5절  자연 어휘분석을 통한 성격특성 구조 분석방법의 의의와 한계에 대한 논의

본 연구에서는 어휘 접근 방식에 기초한 토착적인 성격특성을 탐색하는 절차를 택하였다. 비록, 어휘에 기초한 성격특성 구조의 역사가 60여년 이상을 거슬러 올라가지만(예컨대, Allport와 Odbert, 1936) 이러한 연구방법에 관한 타당성 논쟁 또한 끊이지 않고 있는 것이 사실이다.

어휘 접근식의 성격 연구를 수행할 경우, 특히 피검자들의 자기 혹은 타인평정에 기초한 자료수집의 의한 성격연구의 경우 그 비판점이 적지 않다. 포함되어야 할 성격특성 용어의 선정, 분류절차에 대한 의문(Benet 등, 1995)이 제기되며, 또 어휘에 기초한 차원들은 과학적이고 심리적인 개념이라기보다는 기껏해야 일반 사람들의 통속적인 관념(folk concept) 즉, 아마츄어 문외한의 공유된 성격구조에 불과하다는 비판 등(Tellegen, 1993; Tellegen & Waller, 1997)이 그것이다. 성격 연구에 형용사만을 포함시킬 것이냐, 혹은 명사나 동사도 포함시킬 것이냐 하는 논쟁에서부터, 상태어나 평가어를 포함시켜야 하느냐 하는 관점은 연구가들마다 시각을 달리하고 있는 것이 사실인 것이다.

비록, 어휘에 기초한 성격 구조의 연구의 비판점이 만만치 않다고 할지라도 한편으로 과학적 개념들은 이러한 관념에서 진화되며, 또 상호 교정되고 시간에 걸쳐 수렴되는 경향이 있다(Saucier, 1992)는 점을 염두에 둘 필요가 있을 것으로 생각된다. 사람들은 결국 언어라는 범주를 통해서 세상을 보고 이 범주 내에서 서로 다른 현상들을 분류하고 개념화하기 때문이다. 이는 성격이라는 현상에 대해서도 마찬가지일 것이다. 또한 어휘 접근의 경우 그것이 어느 누구의 성격이론에도 의존하지 않는다는 것이다(Almagor, Tellegen & Waller, 1995).

어휘 접근과 관련하여 또 하나 지적할 사항은 분류절차와 관련된 것이다. 본 연구의 경우 기존의 사람의 성격이나 태도, 행동 등을 나타내는 어휘목록을 수집하고, 11명의 평정자를 선정하여 특성 관련 목록을 선정하는 절차를 취하였다. 결국 동의어, 반의어 구분을 거쳐 얻어진 목록이 258개의 어휘로 나타난 것이었다. 그러나 이러한 절차가 충분한 합당성이 있는지에 대한 기준은 모호한 것이 사실이다. 나아가, 요인분석이라는 방법 자체가 포함되는 변인과 함수관계를 맺고 있기 때문에 어휘접근의 보다 큰 비판점으로 자리하는 이유가 되기도 하는 것이다. 보다 설득력있고 구조화된 어휘접근이 시도되기 위해서는 타당할 정도의 기준과 절차가 마련되어야 할 것으로 보인다. 그러한 경우에만, 반복적인 연구 또한 더해질 수 있을 것이며, 과학적 접근에 한층 가까워질 것이기 때문이다.

## 제6절  연구의 요약과 및 후속적인 경험적 연구를 위한 과제

먼저, 본 연구를 위한 문제 제기에서부터 최종적인 논의 과정까지의 전체 내용을 간략히 요약해 보면 다음과 같다.

항상적이고 안정성 있는 성격특성 차원을 발견하고 이를 체계화하려는 노력은 현대에 와서는 소위 Big Five라고 불리우는 5요인 모형에 의해서 주도되고 있는 것으로 보인다. 그러나, 많은 나라 혹은 문화권에서의 이러한 요인구조에 대한 광범위한 지지와는 별도로 자문화권내의 토착적인 성격특성 구조를 발견해 보려는 노력 또한 계속되고 있다. 본 연구는 이와 같은 배경하에서, 우리 나라의 토착적인 성격의 특성 구조와 그 의미를 발견해 보고자 하는 목적하에서 시도되었다. 더불어, 또한 널리 수용되고 있는 Big Five 5요인 모형과의 관련성을 포착해 내고 5요인 구조와의 대응성, 중복성을 고찰해 봄으로써 성격특성의 5요인 구조라는 보편성 주장의 타당성 또한 검증해 보고자 하였다.

구체적인 연구문제는 다음과 같이 설정하였다.

[연구문제 1] 우리나라의 자연언어에서 발견할 수 있는 한국인의 성격특성 요인은 무엇인가? 1-1) 우리나라의 자연언어에서 성격의 특성요인은 몇 개의 요인으로 분류될 수 있을 것인가? 1-2) 성격특성 요인은 어떤 의미로 분류될 수 있을 것인가?

[연구문제 2] 우리나라의 자연언어에서 발견할 수 있는 성격특성 요인은 여타 문화의 성격특성 요인과 어떻게 다른가? 2-1) 우리나라의 성격특성 요인들과 5요인 특성 요인들은 어떻게 다른가? 2-2) 우리나라의 성격특성 요인들과 5요인 특성 요인간의 대응관계 및 요인의 중복의 정도는 어떠할 것인가? 2-3) 우리나라의 성격특성 요인들은 토착적인 특성 구조를 산출함을 보여주는 여타 나라(예를 들면 중국, 스페인, 필리핀)의 요인과 유사성을 찾아 볼 수 있을 것인가?

이러한 연구문제에 따라 본 연구는 어휘 가설에 기초하여, 광범위한 우리나라의 자연언어를 토대로 요인분석적인 성격특성 요인을 발견하고자 하였다. 이를 위하여 (1)기존의 성격 관련 어휘 목록 4종류와 2종류의 국어사전을 이용하여 1,644개의 어휘를 총합해 내었으며, (2)동일 어휘를 삭제하여 1,279개 어휘 목록으로 구성된 평정자용 설문지를 작성하여, (3)11명의 평정자로 하여금 4가지의 기준에 각각의 어휘들을 평정하게 하였다. (4)이를 토대로 523개의 특성 관련 어휘를 추출하였고 (5)동의어·반의어 분류작업을 통하여 최종적인 278개로 구성된 특성 관련 어휘 목록으로 축소하였다. (6)어휘들은 최소화된 문장형의 진술문으로 변환되었으며, 번역된 5요인 구조검사(BFI: Big Five Inventory, John, 1991)의 44문항을 포함하여 최종적으로 322개 문항의 피험자용 성격특성구조검사로 작성되었다.

이를 토대로 부산 및 경남지역의 5개 대학교 대학생 621명의 자기평정 자료가 수집되었으며, 예비분석 과정에서 20개의 문항 및 22명의 응답자료가 제거되어 총 302개의 문항으로 된 599명의 응답자료를 분석자료로 삼았다.

자료의 분석은 연구문제에 따라, 258개 문항 및 BFI 44문항 각각에 대하여 배리막스 회전에 의한 주성분 분석방법의 요인분석이 수행되었고, 산출된 요인들간의 상호상관계수가 산출되었으며, 토착 구조와 5요인 구조와의 대응성, 중복성 등을 알기 위한 후속 조처로 중다회귀분석과 결합요인분석 등이 차례로 수행되었다.

설정된 연구문제에 따라 산출된 주요 결과들을 요약하면 다음과 같다.

첫째, 우리나라의 성격특성 관련 어휘 258개에 대한 응답자료를 요인분석 하였을 때 7개의 요인이 산출되었으며, 이는 토착적인 성격특성 요인으로 확인할 수 있었다. 차례로 요인 I 은 「유능성」요인으로 명명하였다. 용기, 담력, 의지, 능력, 통찰력, 진취성, 지도성, 결단력, 숙련성 등의 특징을 나타내는 어휘가 특징적이었다. 요인 II 는 「부정가」요인으로 명명하였다. 무례함, 부도덕, 거만, 교활, 우둔함, 비열, 악함, 거침 등의 특징을 나타내는 어휘들이 포함되었다. 요인 III 은 「친애」요인으로 명명하였다. 인자함이나 자애, 봉사, 온순, 예의 등을 나타내는 어휘가 특징적이었다. 요인 IV 는 「사교성」요인으로 명명하였다. 명랑성, 사교 및 친근감, 기지, 개방성 등을 나타내는 어휘로 구성됨을 보였다. 요인 V 는 「대인 부조화」요인으로 명명하였다. 대인관계에 있어서 반친화적인 특징 및 심리적 불안정성, 특이성 등과 관련된 어휘가 특징적이었다. 요인 VI 은 「정서적 동요」요인으로 명명하였다. 불평이나 불만, 조급, 불안정 등이 특징적이었기 때문이다. 요인 VII 은 「교양」요인으로 명명하였다.

둘째, BFI의 44개 문항에 대한 응답자료를 요인분석 하였을 때 6개의 요인이 산출되었으며, 이는 5요인 모형이 설정하고 있는 5개 차원(개방성, 성실성, 친화성, 외향성, 정서적 안정성)을 산출하기 위해 필요한 최소한의 요인수이기도 하였다.

요인의 명칭은 기존 연구자들의 정의에 따라 요인 I 은 「개방성」, 요인 II 는 성실성」, 요인 IV 는 「친화성」, 요인 V 는 「외향성」, 요인6은 「정서적 안정성」으로 부여하였다. 본 연구에서 새롭게 산출된 요인 III 의 경우 「부정적 대인관계」로 명명하였다. 이는 음가를 지닌 친화성 요인의 3문항, 음가를 지닌 성실성 요인의 3문항, 외향성과 신경증을 측정하는 어휘가 각각 한 문항씩 포함되어 대인관계 상황에서 반친화적으로 나타나는 개인의 표출적인 성향을 나타내는 문항들로 구성되어 있었기 때문이다.

셋째, 토착 7요인과 BFI 5(6)요인간의 1:1 대응성 및 중복의 정도를 알기 위하여 상호상관, 회귀분석 및 결합요인 분석을 실시한 결과 1:1 대응관계로 볼 수 있는 요인쌍은 나타나지 않았으며, 중복의 정도는 전체적으로 낮게 나타났다.

토착 7요인은 전체적으로 BFI의 6요인에 대하여 7.5%~39.1%의 설명변량을 보였다. 가장 높은 설명변량을 보인 요인쌍은 토착 요인인 부정가 요인과 BFI의 부정적 대인관계 요인이었으며, 28.1%의 설명력을 지니고 있었다. 특히, 유능성 요인은 5요인 구조의 모든 요인과 골고루 어느 정도의 관계성을(개방성 $r=.16$, $R^2=2.4\%$, 성실성 $r=.45$, $R^2=19.9\%$, 외향성 $r=.29$, $R^2=8.2\%$, 정서적 안정성 $r=.30$, $R^2=9.0\%$) 보이는 것으로 나타나, 5요인 모형의 성실성 요인의 의미에 비해 보다 넓은 범주의 성격 영역을 포괄하는 요인으로 나타남을 보였다.

결합요인분석 결과, 유능성 요인과 성실성 요인, 정서적 동요 요인과 정서적 안정성 요인, 그리고 부정가 요인과 부정적 대인관계 요인의 경우 어느 정도 단일 요인으로 결합될 수 있는 가능성을 보였으나, 토착 요인의 경우 대인 부조화, 친애, 사교성 요인이, 그리고 BFI의 경우 개방성, 친화성, 외향성 요인이 여타 요인들과 혼합될 수 없는 독립적인 단독 요인을 구성하는 것으로 나타났다.

180

한편, 5요인 모형과는 별도로 여타 문화권에서 제시된 요인구조와의 상호 관련성을 요인의 의미 및 내용적 측면에서 살펴보았을 때, 중국의 요인과는 최소 2가지 이상의 요인(유능성 요인 및 친애요인)에서 유사성이 있음을 발견할 수 있었다.

산출된 결과 및 본 연구의 방법과 관련하여 다음과 같은 몇 가지 측면들을 기존의 연구결과와 관련하여 논의하였다. (1)유능성, 친애, 사교성 등의 토착 요인이 갖는 우리 문화에서의 특징적인 의미, (2)BFI에서 산출된 6요인 구조를 토대로 5요인 모형이 주장하는 문화간 보편성 및 포괄성에 대한 반박, (3)토착적인 구조와 5요인 구조와의 비교결과를 통한 토착적인 요인 구조의 독자성을 논의, (4)문화상대적 성격연구를 위한 결합된 에틱-에믹 접근에 관한 논의, (5)어휘분류학적 접근의 의의와 한계 등이다.

마지막으로 본 연구에서 나타난 결과 및 앞의 논의와 관련하여 기대되는 성격 연구의 방향을 중심으로 몇 가지 제언을 하였다.

첫째, 무엇보다도 어휘 접근에 기초한 반복연구가 기대됨을 지적하였다. 둘째, 방법론적인 변이가 추가된 다양한 상황하에서의 성격특성 연구의 필요성을 지적하였다. 셋째, 고차 수준의 요인을 넘어 중간수준의 하위요인으로 요인들을 세분화하는 연구가 필요함을 제안하였다. 넷째, 동양 문화권의 공통적인 성격특성에 초점을 두고 이를 서양 문화권의 연구와 비교하는 연구가 이루어질 것을 제안하였다. 다섯째, 그럼에도 불구하고 5요인 성격특성 모형에 관한 지속적으로 계속될 필요성이 있음을 제안하였다. 여섯째, 성격연구의 문화비교학적 방법론과 관련하여 결합된 에틱-에믹 접근 방법이 성격연구에서 보다 폭넓게 채용되어야 할 것임을 제시하였다.

마지막으로 본 연구에서 나타난 결과 및 한계 그리고 논의사항에서 언급하였던 몇 가지 제언과 관련하여 앞으로의 성격 연구의 방향과 관련하여 몇 가지 과제를 제안하고자 한다.

첫째, 먼저 본 연구의 결과와 관련하여, 무엇보다도 우리 나라에서 반복적인 후속연구가 기대된다. 본 연구에서 산출된 토착 7요인이 반복적인 연구에서도 동일하게 나타나는지 혹은 여타의 요인으로 추출되는지를 검증할 필요성이 있는 것이다. 이러한 반복연구는 산출되는 요인 수에 대한 검증뿐만 아니라, 요인의 의미에 대한 검증을 포함할 것이 요구된다. 본 연구의 경우, 유능성 요인이나 부정가 요인, 친애요인 등의 명칭은 엄격한 의미에서 잠정적인 요인명에 불과함이 사실이다. 우리나라에서의 선행연구가 부족함으로 인하여, 본 연구의 경우 이들 요인명은 요인에 포함된 대표적인 어휘뿐만 아니라 5요인 모형 혹은 여타 나라에서 발견된 특성요인과의 관련성 하에 제시될 수밖에 없었다. 추후 연구는 이러한 특성요인의 의미에 대해서도 보다 명확히 정의내리는 작업이 필요할 것이다.

둘째, 본 연구에서는 우리나라 사람들의 성격특성구조를 탐색하기 위하여 어휘에 기초한 자기평정 자료를 사용하였다. 후속적인 연구들 또한 본 연구에서 사용된 어휘목록을 이용하여 동일한 접근방법을 취할 수도 있을 것이나 방법적인 변이가 있는 보다 다양한 접근방법으로 확산될 필요가 있을 듯하다. 예컨대, 어휘목록형이 아닌 구체적인 행동적 진술로 구성된 검사 혹은 다양한 상황적 맥락을 포함시킨 상태에서 이들 어휘들이 어떻게 사용되는가 하는 것 또한 체계적으로 검토해 볼 필요가 있다. 한 개인이 사용하는 어휘란 주어진 상황이나 조건에 따라 또 다른 뉘앙스와 의미를 지닐 수 있기 때문이다. 더불어 후속연구에서는 자기평정 자료뿐만 아니라 타인평정 등의 자료의 분석결과를 함께 수집함으로써 안정성과 요인 일관성 등을 검토해 볼 필요가 있을 것으로 생각된다.

셋째, 지속적인 몇 연구를 통하여 본 연구의 결과와 같이 토착적인 성격특성 요인으로서 커다란 축의 몇 요인이 추출될 수 있다면, 5요인 성격모형처럼 보다 중간수준의 하위요인으로 요인들을 세분화하는 연구가 필요할 것으로 보인다. 이러한 과정이 이어진다면 산출된 특성요인의 의미나 상호관계를 보다 명료화해 줄 수 있을 것이며 실용적인 측면에서도 보다 유용할 것으로 생각되기 때문이다.

넷째, 본 연구에서 산출된 우리 나라의 토착적인 성격특성 요인들은 서양 문화권의 5요인 구조 모형보다는 오히려 중국의 특성구조 요인과 보다 유사함을 보였다. 이러한 결과는 일본을 포함한 보다 넓은 범위에서 동양 문화권의 공통적인 성격특성에 초점을 두고 이를 서양 문화권의 특성구조와 비교해 보는 연구 또한 필요함을 암시해 주는 것으로 생각된다. 예컨대, 본 연구에서 나타난 유능성이나 친애 요인, 외향성 등의 요인은 비교문화 연구의 충분한 주제가 될 수 있는 것으로 나타났던 것이다. 물론, 이러한 연구는 나라간 연구자들의 충분한 공조가 있어야만 수행될 수 있는 어려운 과제가 될 것이나 이러한 접근이야말로 범문화적 보편성 혹은 법칙정립성을 찾고자 하는 성격연구에 진보를 가져오는 결과를 낳을 것이기 때문이다.

다섯째, 그럼에도 불구하고 5요인 성격특성 모형에 관한 반복적 연구는 지속적으로 계속될 필요성이 있어 보인다. 이는 40년 이상의 전통하에 이루어진 체계적인 연구결과들을 풍부하게 포함하고 있을 뿐만 아니라 적어도 비교문화간 연구를 위한 훌륭한 시발점 구실을 해주고 있기 때문이다. 본 연구와 관련시켜 본다면, 본 연구에서는 BFI를 활용함으로써 5요인 구조의 고차원의 타당성만이 확보된 검사를 우리나라의 성격특성 어휘들과 병행하여 사용하였으나, 이후의 연구에서는 NEO-PI-R 등과 같이 보다 정교화된 검사에 기초하여 우리나라의 특성 구조와 관련시켜 볼 것이 요구된다고 하겠다. 특히, 본 연구에서 추출된 BFI의 6요인에 대해서도 다시 한번 교차타당도를 확인하는 작업이 필요할 것으로 생각된다. 비록 본 연구에서는 5요인 모형이 가정하는 다섯 요인 외에 또 다른 한 요인을 산출하였으나, 이러한 것이 정말로 문화간 차이를 반영하는 것인지 혹은 어휘에 대한 단순한 뉘앙스의 차이에 기인하는 것인지는 보다 엄정한 후속연구가 뒤따라야 하는 것이다.

여섯째, 성격연구의 문화비교적 방법론과 관련하여 결합된 에틱-에믹 접근 방법이 보다 널리 채용되어야 할 것으로 보인다. 결합된 에틱-에믹 방법 또한 취약점이 없는 것은 아니나, 성격연구나 심리검사 분야에서 보다 일반적으로 수용되고 있는 부과된 에틱(imposed etic) 방법은 그 비판점이

생각보다 훨씬 더 심각할 것으로 보여지기 때문이다. 인지적 영역의 검사
예컨대, 학업능력을 측정하거나 적성을 측정하는 검사의 경우, 어느 정도의
문항분석 작업만으로도 그 편기성을 교정할 수 있는 충분한 측정학적 도구
들이 갖추어져 있는 것으로 보이나, 정의적 영역 적어도 성격영역과 같은
포괄적인 영역의 경우, 개념을 조작적으로 정의, 제한한다는 것만으로는 부
족한 경우가 많기 때문이다. 자기반성이 생략된 채 이루어지는 무분별한
수입도구의 남용은 자칫 의사에틱 현상(pseudo etic)을 낳을 수도 있다'는
비판(이수원, 1997)에 겸허하게 귀를 기울여야 할 것으로 보이기 때문이다.

# 참고문헌

권석만 (1997). 임상심리학에서의 비교문화 연구 : 정신병리에 나타난 한국 문화와 한국인의 특성. 심리학에서의 비교문화 연구(한국 심리학회 학술위원회편, pp. 251-294). 서울: 성원사.

김영채 (1984). 400개 성격특성 기술 형용사의 심상가와 호의가, 계명대학 사회과학논총, 2(1), 17-32.

김의철, 박영신역 (1998). 문화와 사고. 서울: 교육과학사

민경환 (1997). 성격심리학에서의 비교문화 연구. 심리학에서의 비교문화 연구(한국 심리학회 학술위원회편, pp. 210-249). 서울: 성원사.

박용수 (1994). 새 우리말 갈래사전. 서울: 서울대학교 출판부.

신기철, 신용철 (1993). 새 우리말 큰사전. 서울: 삼성출판사.

안신호, 권오식, 이승혜 (1990). 정서의 구조: 정서 단어의 분석, 한국심리학회 연차학술발표대회 논문초록, 11-21.

안창규, 이경임 (1997). NEO 인성검사의 해석과 활용, 부산대학교 대학원 교육학과, 미간행 자료.

안창규, 채준호 (1997). NEO-PI의 한국표준화를 위한 연구. 한국심리학회지: 상담과 심리치료, 9(1), 443-473.

윤태림 (1970). 한국인의 성격. 서울: 현암사

윤현섭 (1994). 언어심리학. 서울: 박영사.

윤호윤 (1970). 한국어 형용사의 호오도 측정, 서울 문리대학보, 16(25), 113-136.

이경임 (1995). 한국인의 NEO 인성검사 요인 구조와 부적응 집단 프로파

일, 부산대 박사학위 논문.

이상로, 이관용 (1984). 성격의 이론, 서울: 중앙적성출판사.

이수원, 김정권, 조경호 (1975). 인물평가 형용사의 적절성, 호오도 및 양면 가 측정, 한국심리학회 연차대회 학술발표논문집. 41-46.

이수원 (1995). 한국인의 인정: 그 심리적 속성(Ⅰ), 동양사상과 심리학 (임능빈편, pp. 561-581). 서울: 성원사

이수원 (1997). 한국심리학에서 비교문화 연구의 위상. 심리학에서의 비교 문화 연구(한국 심리학회 학술위원회편, pp. 15-26). 서울: 성원사.

이현수 (1985). 성격차원 검사요강, 서울: 중앙적성출판사.

전윤식, 이영석 (1986). 삐아제와 유아교육, 서울: 형설출판사.

조긍호 (1990). 맹자에 나타난 심리적 함의(Ⅰ): 인성론을 중심으로, 한국 심리학회지 : 사회, 5(1), 59-81.

조남국 (1997). 공정한 문화비교를 위한 방법적 대안. 심리학에서의 비교문 화 연구(한국 심리학회 학술위원회편, pp. 60-86). 서울: 성원사.

차재호 (1980). 한국인의 성격과 의식. 서울과학연구협의회, 서울: 고려원.

차재호 (1994). 문화설계의 심리학. 서울: 서울대학교 출판부.

최수향 (1997). 비교문화 발달심리학을 위한 방법론적 고찰. 심리학에서의 비교문화 연구(한국 심리학회 학술위원회편, pp. 173-207). 서울: 성원사.

한덕웅 (1992). 성격특성의 지각차원, 한국심리학회 연차대회 학술발표논문 집. 135-147.

한덕웅 (1994). 퇴계심리학: 성격 및 사회심리학적 접근. 서울: 성균관대 학교 출판부.

홍숙기역 (1990). 성격심리학, 서울: 박영사.

Almagor, M., Tellegen, A., & Waller, N. G. (1995). The Big Seven model: A cross-cultural replication and further exploration of the basic dimensions of natural language trait descriptors. *Journal of Personality and Social Psychology, 69,* 300-307.

Angleitner, A., Ostendorf, F., & John, O. P. (1990). Towards a taxonomy of personality descriptors in German: A psycho-lexical study. *European Journal of Personality, 4,* 87-118.

Benet, V., & Waller, N. G. (1995). The big seven factor model of personality description: Evidence for its cross-cultural generality in a spanish sample. *Journal of Personality and Social Psychology, 69(4),* 701-718.

Berry, J. W. (1989). Imposed etics-emics-derived etics: The operationalization of compelling idea. *International Journal of Psychology, 24,* 721-735.

Berry, J. W., Poortinga, Y. H., Segall, M. H., & Dasen, P. R. (1992). *Cross-cultural psychology: Research and Applications.* Cambridge: Cambridge University Press.

Block, J. (1995). A contraian view of the five-factor approach to personality description. *Psychological Bulletin, 117,* 187-215.

Bond, M. H., & Forgas, J. P. (1984). Linking person perception to behavioral intention across cultures. The role of cultural collectivism. *Journal of Cross-Cultural Psychology, 15,* 337-352.

Borkenau, P. (1990). Traits as ideal-based and goal-derived social categories. *Journal of Personality and Social Psychology, 58,* 381-396.

Borkenau, P., & Ostendorf, F. (1990). Comparing exploratory and confirmatory factor analysis: A study on the 5-factor model of personality. *Personality and Individual Differences, 11,* 515-524.

Borkenau, P., & Ostendorf, F. (1998). The big five as states: how useful is the five-factor model to describe intraindividual variations over time? *Journal of Research in Personality, 32,* 202-221.

Briggs, S. R. (1989). The optimal level of measurement for personality constructs. In D. M. Buss & N. Cantor (Eds.), *Personality psychology: Recent trends and emerging directions.* New York: Springer.

Capara, G. V., Barbaranelli, C., Borgogni, L., & Perugini, M. (1993). The "Big Five Questionnaire": A new questionnaire to assess the five factor model. *Personality and Individual Differences, 16,* 281-288.

Cheung, F. M., Leung, K., Fam, R. M., Song, W. Z., Zhang, J. X., & Zhang, J. P. (1996). Development of the Chinese Personality Assessment Inventory. *Journal of Personality Assessment, 59,* 528-551.

Cheung, F. M., & Leung, K. (1998). Indigenous personality measures: Chinese examples. *Journal of Cross-cultural Psychology, 29,* 233-249.

Cheung, P. C., Conger, A. J., Hau, K. T., Lew, W. J. F. & Lau, S. (1992). Development of the Multi-Trait Personality Inventory (MPTI): Comparison among four Chinese populations. *Journal of Personality Assessment, 59,* 528-551.

Church, A. T., & Katigbak, M. S. (1988). The emic strategy in the identification and assessment of personality dimensions in a non western culture. *Journal of Cross-cultural Psychology, 19*, 140-163.

Church, A. T., & Burke, P.J. (1994). Exploratory and confirmatory tests of the Big Five and Tellgen's three- and four-dimensional model. *Journal of Personality and Social Psychology, 66(1)*, 93-114.

Church, A. T., Reyes, J. A. S., Katigbak, M. S., & Grimm, S. D. (1997). Filipino personality structure and the big five model: A lexical approach. *Journal of Personality, 65(3)*, 477-527.

Clark, L. A. (1987). Mutual relevance of mainstream and cross-cultural psychology. *Journal of Consulting and Clinical Psychology, 55*, 461-470.

Costa, P. T., & McCrae, R. R. (1985). *The NEO Personality Inventory manual.* Odessa, FL : Psychological Assessment Resources.

Costa, P. T., & McCrae, R. R. (1992a). *Revised NEO Personality Inventory (NEO-PI-R) and NEO Five-Factor Inventory(NEO-FFI) professional manual.* Odessa, FL: Psychological Assessment Resources.

Costa, T. J., & McCrae, R. R. (1992b). The Revised NEO Personality Inventory. In S. R. Briggs & J. Cheek (Eds.), *Personality Measures(1)*, Greenwich, CT : JAI press.

Costa, P. T., & McCrae, R. R. (1994). Stability and change in personality from adolescence through adulthood. In C. F. Halverson, G. A. Kohnstamm, & R. P. Martin (Eds.), *The developing structure of temperament and personality from infancy to adulthood* (pp. 139-150). Hillsdale, NJ: Erbaum.

Costa, P. T., & McCrae, R. R. (1995). Primary Traits of Eysenck's P-E-N system: Three-and five-factor solutions. *Journal of Personality and Social Psychology, 69(2)*, 308-317.

De Raad, B., Muldero, E., Kloosterma, K., & Hofstee, W. K. B. (1988). Personality descriptive verbs. *European Journal of Personality, 2*, 81-96.

De Raad, B., & Hoskens, M. (1990). Personality descriptive nouns. *European Journal of Personality, 4*, 89-115.

De Raad, B. (1992). The replicability of the Big Five personality dimensions in three word-classes of the Dutch language. *European Journal of Personality, 6*, 15-29.

De Raad, B., & Perugini, M. (1998). Lingua franca of personality: Taxonomies and structures based on the psycholexical approach. *Journal of Cross-Cultural Psychology, 29(1)*, 212-233.

Digman, J. M., & Takemoto-Chock, N. K. (1981). Factors in the natural language of personality: Reanalysis, comparison and interpretation of six major studies. *Multivariate Behavioral Research, 16*, 149-170.

Digman, J. M., & Inouye, J. (1986). Further specification of the five robust factors of personality. *Journal of Personality and Social Psychology, 50(2)*, 116-123.

Digman, J. M. (1989). Five robust trait dimensions: Development, stability, and utility. *Journal of Personality, 57(2)*, 195-214.

Digman, J. M. (1990). Personality structure: Emergence of the five-factor model. *Annual Review of Psychology, 41*, 417-440.

Dixon, R. M. W. (1977). Where have all the adjectives gone? *Studies in*

*Language, 1,* 19-80.

Donahue, E. M. (1994). Do children use the big five too? content and structural form in personality description. *Journal of Personality, 62(1),* 45-66.

Eysenck, H. J., & Eysenck, S. B. G. (1975). Manual of the Eysenck Personality Questionnaire. San Diego, CA : EdITS.

Eysenck, H. J. (1991). Dimensions of personality : 16, 5, or 3 ? - Criteria for a taxonomic paradigm. *Personality and Individual Differences, 12,* 773-790.

Eysenck, H. J., Barrett, P., Wilson, G. D., & Jackson, C. (1992). Primary trait measurement of the 21 components of the P-E-N system. *European Journal of Psychological Assessment, 8,* 109-117.

Fujita. F. (1996). *The Big Five Taxonomy.*
In http://oit.iusb.edu/~ffujita/ big5.html.

Gergen, K. J., Gulerce, A., Lock, A., & Misra, G. (1996). Psychological science in cultural context. *American Psychologist, 51,* 496-503.

Goldberg, L. R. (1981). Language and individual difference : The search for universals in personality lexicons. In L. Wheeler(Ed.), *Review of Personality and Social Psychology, 2,* pp.141-165. Beverly Hills, CA : Sage.

Goldberg, L. R. (1990). An alternative "description of personality" : The big-five factor structure. *Journal of Personality and Social Psychology, 59(6),* 1216-1229.

Goldberg, L. R. (1992). The development of markers for the BIG-FIVE factor structure. *Psychological Assessment, 4,* 26-42.

Huang, C. D. & Church, A. T. (1997). Identifying cultural differences in items and traits. *Journal of Cross-Cultural Psychology, 28(2),* 192-218.

John, O. P., Goldberg, L. R., & Angleitner, A. (1984). Better than the alphabet: Taxonomics of personality descriptive terms in English, Dutch, and German. In H. Bonarius, G. van Heck, & N. Smid(Eds.), *Personality Psychology in Europe. Theoretical and empirical developments.* (pp.83-100). Lisse, The Netherlands: Swets & Zeitlinger.

John, O. P., Angleitner, A., & Ostendorf, F. (1988). The lexical approach to personality: A historical review of trait taxonomic research. *European Journal of Personality, 2,* 171-203.

John, O. P. (1990). The "Big Five" factor taxonomy: Dimensions of personality in the natural language and in questionnaires. In L.A. Pervin (Ed.), *Handbook of personality: Theory and research* (pp.66-100). New York: Guilford Press.

John, O. P. , Donahue, E. M., & Kentle, R. L. (1991). *The "Big Five" Inventory- Versions 4a and 54.* Berkeley: University of California, Berkeley, Institute of Personality and Social Research.

Katigbak, S., Church, A. T., & Akamine, T. X. (1996). Cross-cultural generalizability of personality dimensions: Relating indigenous and imported dimensions in two cultures. *Journal of Personality and Social Psychology, 70(1).* 99-114.

Larasen, R. J., & Ketelaar, T. (1991). Personality and susceptibility to positive and negative emotional states. *Journal of Personality and Social Psychology, 61,* 132-140.

Magnusson, D. (1990). Personality development from an interactional perspective. In L.A. Pervin (Ed.), *Handbook of personality: Theory and research* (pp.193-222). New York: Guilford Press.

Markus, H. R., & Kitayama, S. (1998). The cultural psychology of personality. *Journal of Cross-cultural Psychology. 29,* 63-98.

Martínez, V. B., & Waller, N. G. (1997). Further evidence for the cross-cultural generality of the big seven factor model: Indigenous and imported spanish personality constructs. *Journal of Personality, 65(3),* 567-598.

Martínez, V. B., & John, O. P. (1998). Los cinco grandes across cultures and ethic groups: Multitrait multimethod analysis of the big five in spanish and english. *Journal of Personality and Social Psychology, 75(3),* 729-750.

McCrae, R. R., & Costa, P. T. (1985). Updating Norman's adequate taxonomy: Intelligence and personality dimensions in natural language and in questionnaires. *Journal of Personality and Social Psychology, 49,* 710-721.

McCrae, R. R., & Costa, T. J. (1989). Reinterpreting the Myers-Briggs Type Indicator from the Five-Factor model of personality. *Journal of Personality, 57,* 17-40.

McCrae, R. R., & Costa, P. T. (1991). Adjective check list scales and the five-factor model. *Journal of Personality and Social Psychology, 60(4),* 630-637.

McCrae, R. R., & John, O. P. (1992). An introduction to the five-factor model and its applications. *Journal of Personality, 60,* 175-215.

McCrae, R. R., & Costa, P. T. (1992). Discriminant validity of NEO-PI-R facet scales. *Educational and Psychological Measurement, 52(1)*, 229-237.

McCrae, R. R. (1993). Moderated analyses of longitudinal personality stability. *Journal of Personality and Social Psychology, 65(3)*, 577-585.

McCrae, R. R., Zonderman, A. N., Costa, P. T., Bond, M. Hl, & Paunonen, S. P. (1996). Evaluating replicability of factors in the Revised NEO Personality Inventory: Confirmatory factor analysis versus Procrustes rotation. *Journal of Personality and Social Psychology, 70(3)*, 552-566.

McCrae, R. R., & Costa, P. T. (1997). Personality trait structure as a human universal. *American Psychologist, 52*, 509-516.

Mischel, W. (1981). *Introduction to personality(3rd ed.)*. New York: Holt, Rinehart & Winston.

Mischel, W. (1984). Convergences and challenges in the search for consistency. *American Psychologist, 39*, 351-364.

Montag, I., & Levin, J. (1994). The five-factor personality model in applied settings. *European Journal of Personality, 8*, 1-11.

Norman, W. T. (1963). Toward and adequate taxonomy of personality attributes: Replicated factor structure in peer nomination personality rating. *Journal of Abnormal and Social Psychology, 66*, 574-583.

Norman, W. T. (1967). *2,800 personality Trait Descriptors: Normative operating characteristics for a university population*. Ann Arbor: Department of Psychology, University of Michigan.

Oyserman, D. (1993). The lens of personhood: Viewing the self and others in a multicultural society. *Journal of Personality and Social Psychology, 65,* 993-1009.

Paunonen, S. V., Jackson, D. N., Trzebinski, J., & Forsterling, F. (1992). Personality structure across cultures: A multimethod evaluation. *Journal of Personality and Social Psychology, 62(3),* 447-456.

Peabody, D. (1984). Personality dimensions through trait inferences. *Journal of Personality and Social Psychology, 46,* 384-403.

Peabody, P. (1987). Selecting representative trait adjectives. *Journal of Personality and Social Psychology, 52,* 59-71.

Peabody, D., & Goldberg, L. R. (1989). Some determinants of factor structures from personality-trait descriptors. *Journal of Personality and Social Psychology, 52(3),* 552-567.

Piedmont, R. L., & Weinstein, H. P. (1993). A psychometric evaluation of the new NEO-PI-R facet scales for agreeableness and conscientiousness. *Journal of Personality Assessment, 60,* 302-318.

Piedmont, R. L., & Chae, J. H. (1997). Cross-cultural generalizability of the five-factor model of personality development and validation of the NEO PI-R for Koreans. *Journal of Cross-cultural Psychology, 28,* 131-156.

Rogers, T. B. (1995). *The psychological testing enterprise: An Introduction.* California: Brooks & Cole Publishing Company.

Saucier, G., (1992). Benchmarks: Integrating affective and interpersonal circles with the Big-Five personality factors. *Journal of Personality and Social Psychology, 62(6),* 1025-1035.

Saucier, G., & Goldberg, L. R. (1996). The language of personality:

Lexical perspectives on the five factor model. In J. S. Wiggins(Ed.), *Theoretical perspectives for the five-factor model.* New York: Guilford Press.

Shweder, R. A. (1990). Cultural psychology - what is it? In J. W. Stigler, R. A. Shweder, & G. Herdt (Eds.), *Cultural psychology: Essays on comparative human development.* Cambridge: Cambridge University Press.

Shweder, R. A., & Sullivan, M. A. (1990). Semiotic subject of cultural psychology. In L. A. Pervin (Ed.), *Handbook of Personality* (pp.399-416). New York: Guilford Press.

Somer, O., & Goldberg, L. R. (1999). The structure of Turkish trait-descriptive adjectives. *Journal of Personality and Social Psychology, 76,* 431-450.

Tellegen, A., & Atkinson, G. (1974). Openness to absorbing and self-altering experiences ("absorption"), a trait related to hyponotic susceptibility. *Journal of Abnormal Psychology, 83,* 268-277.

Tellegen, A. (1985). Structures of mood and personality and their relevance to assessing anxiety, with an emphasis on self-report. In A. H. Tuma & J.D. Master(Eds.), *Anxiety and the anxiety disorder* (pp. 681-706). Hisssdale, NJ: Erlbaum.

Tellgen, A., & Waller, N. G. (1987). *Reexamining basic dimensions of natural language trait descriptors.* Abstract presented at th 1995 annual meeting of the American Psychological Association.

Tellegen, A., Lykken, D. T., & Rich, S. (1988). Personality similarity in twins reared apart and together. *Journal of Personality and Social Psychology, 54,* 1031-1039.

Tellegen, A., Grove, W. M., & Waller, N. G. (1991). *Inventory of Personal Characteristics #7(IPC7)*. Minneapolis: University of Minnesota Department of Psychology.

Waller, N. G., & Zavala, J. (1993). Evaluating the Big Five. *Psychological Inquiry, 4*, 131-134.

Waller, N. G. (1999). Evaluatiing the Structure of personality. In C. R. Cloninger(Ed.), *Personality and psychopathology*. Washington, DC: American Psychiatric Press.

Watson, D. (1989). Strangers' ratings of the five robust personality factors: Evidence of a surprising convergence with self-report. *Journal of Personality and Social Psychology, 57(1)*, 120-128.

Watson, D., & Clark, L. A. (1992). On traits and temperament: general and specific factors of emotional experience and their relation to the five-factor model. *Journal of Personality, 60*, 441-476

Yang, K., & Bond, M. H. (1990). Exploring implicit personality theories with indigenous or imported constructs: The Chinese case. *Journal of Personality and Social Psychology, 58*, 1087-1095.

Yik, M. S. M., & Bond, M. H. (1993). Exploring the dimensions of Chinese person perception with indigenous and imported construct: Creating a culturally balanced scale. *International Journal of Psychology, 28*, 75-95.

Zuckerman, M., Kuhlman, D. M., Joireman, J., & Teta, P. (1993). A comparison of three structural models for personality: The Big Three, the Big Five, and the Alternative Five. *Journal of Personality and Social Psychology, 65*, 757-768.

# 〈부록 1〉　　　어휘 종합목록 (자료원별)

〈자료원1〉
400개

| | | | |
|---|---|---|---|
| 책임있는 | 관대한 | 긍정적인 | 점잖은 |
| 진실한 | 규칙적인 | 재치있는 | 정력적인 |
| 다정다감한 | 착실한 | 실용적인 | 현재적인 |
| 근면한 | 진보적인 | 정숙한 | 사색적인 |
| 극기하는 | 신중한 | 확실한 | 침착한 |
| 지혜로운 | 진지한 | 청결한 | 원기왕성한 |
| 성실한 | 훌륭한 | 박력있는 | 절제하는 |
| 도량이 큰 | 몰두하는 | 쾌활한 | 터놓는 |
| 건실한 | 총명한 | 윤리적인 | 대중적인 |
| 끈기있는 | 정정당당한 | 유쾌한 | 싹싹한 |
| 꾸준한 | 친절한 | 독립적인 | 계획적인 |
| 의리있는 | 공손한 | 즐거운 | 평온한 |
| 부지런한 | 봉사적인 | 씩씩한 | 세련된 |
| 감사하는 | 충실한 | 수수한 | 체계적인 |
| 정직한 | 호의적인 | 선명한 | 이지적인 |
| 슬기로운 | 활동적인 | 명확한 | 억제하는 |
| 예의바른 | 인자한 | 소박한 | 불굴의 |
| 따뜻한 | 선량한 | 탁월한 | 사근사근한 |
| 사려깊은 | 알뜰한 | 똑똑한 | 순진한 |
| 현명한 | 정중한 | 친하기 쉬운 | 붙임성있는 |
| 진취적인 | 결단적인 | 온정적인 | 민첩한 |
| 솔직한 | 명랑한 | 사귀기 쉬운 | 모험적인 |
| 순결한 | 온화한 | 합리적인 | 온순한 |
| 융통성있는 | 너그러운 | 주의깊은 | 차분한 |
| 신뢰로운 | 정당한 | 희생적인 | 문학적인 |
| 강인한 | 부드러운 | 매력적인 | 예리한 |
| 겸손한 | 탐구적인 | 재미있는 | 정적인 |
| 창의적인 | 아름다운 | 대담한 | 주도면밀한 |
| 아량있는 | 순박한 | 현실적인 | 낙천적인 |
| 어진 | 자비로운 | 이성적인 | 억척같은 |
| 창조적인 | 지적인 | 과학적인 | 논리적인 |
| 호감이 가는 | 박식한 | 의지적인 | 정밀한 |
| 분명한 | 활발한 | 과단성있는 | 야심적인 |
| 양심적인 | 상냥한 | 고결한 | 명상적인 |
| 용기있는 | 개방적인 | 관찰적인 | 천진난만한 |
| 협동적인 | 영리한 | 우호적인 | 낙관적인 |
| 원만한 | 지도적인 | 기품있는 | 근엄한 |
| 적극적인 | 사교적인 | 말쑥한 | 자신만만한 |
| 깨끗한 | 도덕적인 | 예술적인 | 세심한 |
| 인정있는 | 품위있는 | 말끔한 | 노련한 |
| 분별있는 | 열성적인 | 정확한 | 평범한 |
| 인내하는 | 여유있는 | 실제적인 | 결론적인 |
| 검소한 | 연구적인 | 확고한 | 얌전한 |
| | 정서적인 | 사회적인 | 엄숙한 |
| | 능동적인 | 통찰적인 | 생산적인 |
| | 털털한 | 행동적인 | 능란한 |

| | | | |
|---|---|---|---|
| 익살스러운 | 수리적인 | 바보같은 | 너저분한 |
| 조용한 | 단정적인 | 발끈하는 | 불공평한 |
| 온당한 | 태평스러운 | 지독한 | 변덕스러운 |
| 고상한 | 자기비판적인 | 무관심한 | 저속한 |
| 유순한 | 연약한 | 투털대는 | 지루한 |
| 온건한 | 피상적인 | 덤비는 | 편파적인 |
| 빈틈없는 | 격렬한 | 욕심쟁이의 | 화잘내는 |
| 이상주의적인 | 단순한 | 수다스러운 | 편의주의적인 |
| 감상적인 | 공격적인 | 조급한 | 자만하는 |
| 철저한 | 노골적인 | 적대적인 | 우물쭈물하는 |
| 날렵한 | 긴장된 | 주저하는 | 부도덕한 |
| 완벽한 | 냉정한 | 후회하는 | 허풍떠는 |
| 단호한 | 지배적인 | 괴벽스러운 | 태만한 |
| 평이한 | 서두르는 | 탐욕스러운 | 빈정거리는 |
| 엄밀한 | 과격한 | 시끄러운 | 둘러대는 |
| 재빠른 | 복종적인 | 냉소적인 | 무모한 |
| 엄격한 | 모방적인 | 야만적인 | 강요적인 |
| 조직적인 | 미숙한 | 상스러운 | 과장하는 |
| 호전적인 | 냉담한 | 부주의한 | 비꼬는 |
| 종교적인 | 떠들썩한 | 속기쉬운 | 도피적인 |
| 동정적인 | 메마른 | 독선적인 | 위험한 |
| 자의식적인 | 차가운 | 인색한 | 불건전한 |
| 수줍은 | 모진 | 얼빠진 | 변하기 쉬운 |
| 강경한 | 회의적인 | 칙칙한 | 의심하는 |
| 분방한 | 우울한 | 위태로운 | 불순한 |
| 열광적인 | 충동적인 | 머뭇거리는 | 난폭한 |
| 예민한 | 우유부단한 | 불안정한 | 조잡한 |
| 민감한 | 과민한 | 뽐내는 | 경박한 |
| 순종하는 | 침울한 | 자기과시적인 | 난체하는 |
| 원칙적인 | 성마른 | 미신적인 | 오만한 |
| 고독한 | 흥분하는 | 매정한 | 쩨쩨한 |
| 엄한 | 약삭빠른 | 무정한 | 부정한 |
| 완강한 | 염세적인 | 거칠은 | 음란한 |
| 보수적인 | 옹고집의 | 불안한 | 방자스러운 |
| 고분고분한 | 폭발적인 | 독단적인 | 편견에 찬 |
| 어린애 같은 | 딱딱한 | 불만에찬 | 불쾌한 |
| 쓸쓸한 | 이해타산적인 | 시시한 | 뻔뻔스러운 |
| 공상적인 | 수동적인 | 얄미운 | 신경질적인 |
| 꼼꼼한 | 반항적인 | 시샘하는 | 방탕한 |
| 괴짜의 | 들뜬 | 비판적인 | 기만적인 |
| 완고한 | 둔감한 | 신경과민의 | 낙오자적인 |
| 무뚝뚝한 | 무서운 | 조소적인 | 패배적인 |
| 잠잠한 | 말많은 | 낭비적인 | 속물근성의 |
| 소심한 | 겁많은 | 이기적인 | 거만한 |
| 설교적인 | 당황하는 | 맹목적인 | 추악한 |
| 자기만족적인 | 보채는 | 멍청한 | 무력한 |
| 세속적인 | 까다로운 | 기회주의적인 | 게으른 |
| 내성적인 | 심술궂은 | 미운 | 무력한 |
| 날카로운 | 의존적인 | 안이한 | 음흉한 |
| 느슨한 | 우둔한 | 욕구불만의 | 악의에 찬 |
| 고집센 | 어리석은 | 불친절한 | 건방진 |
| 비판적 | 퉁명스러운 | 천박한 | 꼴사나운 |

| | | | |
|---|---|---|---|
| 잔인한 | 충실하다 | 조용하다 | 노련하다 |
| 잔혹한 | 지혜롭다 | 준수하다 | 양순하다 |
| 헐뜯는 | 꾸준하다 | 사내답다 | 재빠르다 |
| 비굴한 | 따스하다 | 민첩하다 | 특이하다 |
| 교활한 | 갸륵하다 | 늘씬하다 | 엄밀하다 |
| 경멸하는 | 공손하다 | 늠름하다 | 태연하다 |
| 비열한 | 경건하다 | 의젓하다 | 당당하다 |
| 무책임한 | 검소하다 | 고독하다 | 걸걸하다 |
| 야비한 | 건강하다 | 비상하다 | 단단하다 |
| 배은망덕한 | 침착하다 | 강건하다 | 해박하다 |
| 반사회적인 | 자상하다 | 유순하다 | 민활하다 |
| | 자비하다 | 순박하다 | 근엄하다 |

〈자료원2〉
300개

| | | | |
|---|---|---|---|
| 성실하다 | 친밀하다 | 구수하다 | 무난하다 |
| 건실하다 | 깔끔하다 | 예민하다 | 어른답다 |
| 정직하다 | 정중하다 | 꼿꼿하다 | 집요하다 |
| 솔직하다 | 진중하다 | 독특하다 | 날카롭다 |
| 총명하다 | 냉철하다 | 현명하다 | 고고하다 |
| 진지하다 | 명쾌하다 | 완벽하다 | 텁텁하다 |
| 착실하다 | 고상하다 | 완전하다 | 강경하다 |
| 슬기롭다 | 명철하다 | 건장하다 | 후덕하다 |
| 진실하다 | 정확하다 | 화사하다 | 거침없다 |
| 청아하다 | 쾌활하다 | 온순하다 | 꼼꼼하다 |
| 순결하다 | 강인하다 | 야무지다 | 능란하다 |
| 우아하다 | 강직하다 | 틀림없다 | 묵묵하다 |
| 영특하다 | 단정하다 | 말쑥하다 | 독실하다 |
| 듬직하다 | 부드럽다 | 다부지다 | 엄격하다 |
| 끈기있다 | 아름답다 | 호연하다 | 평범하다 |
| 결백하다 | 겸손하다 | 인자하다 | 냉정하다 |
| 근면하다 | 활발하다 | 강렬하다 | 끈덕지다 |
| 명랑하다 | 굳건하다 | 재미있다 | 격렬하다 |
| 고결하다 | 원만하다 | 묵직하다 | 가냘프다 |
| 유능하다 | 겸허하다 | 유식하다 | 팔팔하다 |
| 순수하다 | 똑똑하다 | 똘똘하다 | 유다르다 |
| 친절하다 | 과감하다 | 뛰어나다 | 새촘하다 |
| 자애롭다 | 여유있다 | 빈틈없다 | 새침하다 |
| 청결하다 | 순진하다 | 비범하다 | 단순하다 |
| 깨끗하다 | 씩씩하다 | 호탕하다 | 덤덤하다 |
| 훌륭하다 | 원숙하다 | 깜찍하다 | 태평하다 |
| 온화하다 | 관대하다 | 철저하다 | 똑똑하다 |
| 영리하다 | 알뜰하다 | 든든하다 | 연약하다 |
| 신중하다 | 정결하다 | 현출하다 | 수단좋다 |
| 정숙하다 | 선량하다 | 긴민하다 | 냉엄하다 |
| 상냥하다 | 기특하다 | 민감하다 | 당돌하다 |
| 꾸밈없다 | 대범하다 | 면밀하다 | 싸늘하다 |
| 너그럽다 | 용감하다 | 유유하다 | 만만하다 |
| 소박하다 | 분명하다 | 치밀하다 | 과격하다 |
| 다정하다 | 다감하다 | 고매하다 | 완고하다 |
| 친근하다 | 섬세하다 | 자세하다 | 쌀쌀하다 |
| 청렴하다 | 천진하다 | 군군하다 | 영악하다 |
| | 싹싹하다 | 세밀하다 | 까다롭다 |
| | 말끔하다 | 은근하다 | 답답하다 |
| | 공정하다 | 얌전하다 | 과민하다 |

요염하다
도도하다
괴이하다
딱딱하다
미욱하다
나약하다
미숙하다
조급하다
야멸차다
투박하다
안일하다
입바르다
침울하다
능청맞다
소심하다
괴상하다
무정하다
초췌하다
심술궂다
메마르다
능글맞다
허약하다
어리석다
비속하다
괴팍하다
냉혹하다
박정스럽다
산만하다
음울하다
편협하다
거만하다
경솔하다
칠칠하다
둔감하다
뻣뻣하다
청승맞다
경망스럽다
가혹하다
무심하다
우둔하다
험상궂다
아둔하다
지독하다
게으르다
유치하다
인색하다
교만하다
모자라다
난폭하다
무모하다
건방지다
멍청하다

비천하다
미련하다
버릇없다
주제넘다
야박하다
앙칼지다
고약하다
조잡하다
호릿하다
무력하다
험악하다
불량하다
저속하다
음침하다
옹졸하다
주착없다
경박하다
졸렬하다
천박하다
잔인하다
뻔뻔하다
발칙하다
표독하다
상스럽다
궁상맞다
무지하다
잔혹하다
야비하다
방자하다
악랄하다
음험하다
비열하다
잔악하다
무례하다
간교하다
불손하다
음흉하다
비루하다
무능하다
추악하다
비겁하다
흉칙하다
극악하다
잡스럽다
포악하다
비굴하다
간사하다
추잡하다
음탕하다
악독하다
교활하다
흉악하다

간악하다
사악하다
불손하다

〈자료원3〉
78개
대범하다
여유있다
완고하다
예민하다
성실하다
의존적
변덕스럽다
안정되다
양심적
경솔하다
개방적
무능하다
불성실하다
자주적
한결같다
불안하다
열성적
주도적
따뜻하다
촌스럽다
겸손하다
조용하다
비겁하다
상냥하다
이지적
현실적
여성적
독창적
소심하다
성급하다
융통성있다
둔하다
감정적
이상적
남성적
헌신적
솔직하다
위선적
강하다
진보적
예의바르다
명랑하다
어리석다
인정있다
부지런하다

깨끗하다
적극적
공격적
교만하다
시끄럽다
용감하다
무뚝뚝하다
게으르다
더럽다
소극적
소박하다
끈기있다
결단성있다
세련되다
신중하다
폐쇄적
차다
약하다
협동적
교활하다
주책없다
절도있다
온순하다
몰인정하다
현명하다
우울하다
무례하다
재치있다
점잖다
무절제하다
난폭하다
보수적
유능하다

〈자료원4〉
57개
고분고분한
껄렁껄렁한
나긋나긋한
나지막한
당치않는
덜된
덤덤한
되바라진
두루뭉실한
떠들썩한
똑똑한
마땅찮은
말이 굼뜬
말이 많은
말이 없는
말이 적은

| | | | |
|---|---|---|---|
| 무딘 | 걱정스러운 | 몸둘 곳을 몰라하는 | 아니꼬운 |
| 무뚝뚝한 | 계면쩍은 | 못마땅스러운 | 아리송한 |
| 미끈한 | 고까운 | 못미더운 | 아쉬운 |
| 버럭대는 | 고요한 | 뭉클한 | 아슬아슬한 |
| 번듯한 | 곧이곧대로의 | 무거운 | 아찔한 |
| 불퉁스러운 | 곰곰한 | 무딘 | 안스러운 |
| 비아냥거리는 | 괘씸한 | 미안스러운 | 안타까운 |
| 뿌득뿌득우기는 | 괴로워하는 | 밉살스러운 | 알쏭달쏭한 |
| 서슴없는 | 구슬픈 | 방정맞은 | 애꿎은 |
| 수다스러운 | 굳센 | 부끄러워하는 | 애달파하는 |
| 수수한 | 궁금해하는 | 부러운 | 애매한 |
| 수월한 | 그윽해하는 | 비위사나운 | 애잔한 |
| 시끄러운 | 근심스러워하는 | 비위상하는 | 애절한 |
| 시글시끌한 | 꺼림칙한 | 비위에 거슬리는 | 애처로운 |
| 시시콜콜한 | 꽁하는 | 뾰로통하는 | 애틋한 |
| 시큰둥한 | 끔찍한 | 뿌듯한 | 야릇한 |
| 싱거운 | 날카로운 | 삐뚤은 | 어렴풋한 |
| 얄미운 | 남부끄러운 | 사랑스러운 | 어리둥절해 하는 |
| 어리벙병한 | 남우세스러운 | 산뜻한 | 어리벙병해 하는 |
| 어벙벙한 | 낯간지러운 | 살얼음을밟는것같은 | 어리숭한 |
| 어설픈 | 낯뜨거운 | 새무룩한 | 어설픈 |
| 어수룩한 | 낯부끄러운 | 새침한 | 어수선한 |
| 어줍잖은 | 낯설어하는 | 샐쭉해 하는 | 어이없는 |
| 엉뚱한 | 넋없어하는 | 서글픈 | 어정쩡한 |
| 엉큼스러운 | 노여워하는 | 서러운 | 어줍잖은 |
| 여문 | 눈꼴스러운 | 서먹서먹한 | 얼떨떨한 |
| 와자지껄한 | 눈앞이 캄캄한 | 서운한 | 얼얼한 |
| 요탓조탓하는 | 눈치코치없는 | 섬뜩한 | 열없는 |
| 우렁찬 | 느긋한 | 섭섭한 | 외로운 |
| 입이 건 | 느슨한 | 성가신 | 우스꽝스러운 |
| 입이싼 | 답답한 | 속시원한 | 울상스러운 |
| 입이 여문 | 대견한 | 속이 없는 | 입이 근질근질한 |
| 입이 험한 | 덤덤한 | 수줍어하는 | 자랑하는 |
| 지저분한 | 두려운 | 스산한 | 재미있는 |
| 지질맞은 | 두터운 | 스스럼없는 | 정다운 |
| 쩌렁쩌렁하는 | 뒤숭숭한 | 시끄러운 | 조마조마하는 |
| 카랑카랑한 | 귀가밝은 | 시답잖은 | 쥐뿔같은 |
| 터무니없는 | 귀가어두운 | 시들한 | 지긋지긋한 |
| 포달스러운 | 든든한 | 시무룩한 | 징그러운 |
| 헤픈 | 등골이 서늘한 | 시시한 | 징글징글한 |
| 호들갑스러운 | 따분한 | 시원섭섭한 | 짠 |
| | 떨떠름하는 | 시원찮은 | 짜증스러운 |
| 〈자료원5〉 | 또릿또릿한 | 실쭉해 하는 | 찌뿌둥한 |
| 176개 | 뜨끔한 | 싫은 | 찜찜한 |
| 가뜬한 | 마땅찮은 | 심드렁한 | 찹찹한 |
| 가벼운 | 마음에 차는 | 심술궂은 | 철없는 |
| 가엾은 | 말짱한 | 심심한 | 청승궂은 |
| 갑갑한 | 맑은 | 싱숭생숭한 | 청승맞은 |
| 같잖은 | 메스꺼운 | 씨무룩한 | 치를 떠는 |
| 개운한 | 머쓱한 | 써늘한 | 케케묵은 |
| 거뜬한 | 멀쩡한 | 쑥스러워하는 | 탐스러운 |
| 거북한 | 명명한 | 쓰라린 | 고리타분한 |

| | | | |
|---|---|---|---|
| 탐탁한 | 꾀죄죄한 | 무던한 | 어리숭한 |
| 하염없는 | 꾸김이 없는 | 무뚝뚝한 | 어설픈 |
| 한많은 | 꾸준한 | 미더운 | 어수룩한 |
| 한수높은 | 꿋꿋한 | 미련스러운 | 어지러운 |
| 허전한 | 끈덕진 | 미적지근한 | 억센 |
| 호젓한 | 끈질긴 | 미지근한 | 억지가 센 |
| 홀가분한 | 나긋나긋한 | 믿음직스러운 | 억척스러운 |
| 화들짝놀라는 | 날렵한 | 바라진 | 얼떨한 |
| 효성어린 | 날카로운 | 바른 | 엄살궂은 |
| 후련한 | 남다른 | 발칙스러운 | 엉큼한 |
| 흐리멍텅한 | 남우세스러운 | 방정맞은 | 여린 |
| 흐뭇한 | 낯가죽이 두꺼운 | 버젓한 | 여우같은 |
| | 넉넉한 | 번듯한 | 열없는 |

〈자료원6〉
211개

| | | | |
|---|---|---|---|
| | 넉살이 좋은 | 변변찮은 | 영악한 |
| 갑갑한 | 늑진한 | 볼썽사나운 | 오망스러운 |
| 개으른 | 눈이 높은 | 부드러운 | 올곧은 |
| 개떡같은 | 눈물이 없는 | 부지런한 | 올바른 |
| 게을러빠진 | 느린 | 빤들빤들한 | 올찬 |
| 갸륵한 | 능글맞은 | 빤빤한 | 옹골찬 |
| 거룩한 | 능청맞은 | 빼어난 | 옹졸한 |
| 거짓스러운 | 다부진 | 뻔뻔스러운 | 우락부락한 |
| 거친 | 답답한 | 뻣뻣한 | 우악스러운 |
| 건방진 | 당찬 | 사근사근한 | 울뚝불뚝한 |
| 건성맞은 | 대바른 | 사나이다운 | 유들유들한 |
| 게으른 | 덜렁되는 | 사람답다 | 의젓한 |
| 고리타분한 | 도도한 | 상스러운 | 익숙한 |
| 고부장한 | 되바라진 | 새침한 | 자분자분한 |
| 고분고분한 | 두루뭉실한 | 서글서글한 | 잔득한 |
| 고약한 | 뒤가 구린 | 수더분한 | 잔망스러운 |
| 고지식한 | 드센 | 수수한 | 잘난(체하는) |
| 곧바른 | 듬직한 | 숫기가 없는 | 잘다 |
| 곰상한 | 따사로운 | 시건방진 | 장난궂은 |
| 곱살스러운 | 떳떳한 | 시시껄렁한 | 재빠른 |
| 괄괄한 | 똑똑한 | 심술이 사나운 | 점잖은 |
| 구리팁팁한 | 똑바른 | 싱거운 | 정겨운 |
| 구질구질한 | 똘똘한 | 싹싹한 | 조용한 |
| 굳건한 | 뚱한 | 아둔한 | 좀스러운 |
| 굳센 | 뜨뜻미지근한 | 암팡진 | 주제넘는 |
| 귀가여린 | 뛰어난 | 암팍스러운 | 지긋지긋한 |
| 귀염성스러운 | 막되먹은 | 앙살궂은 | 진득한 |
| 까다로운 | 만만한 | 앙칼진 | 질긴 |
| 까부라진 | 매몰찬 | 애틋한 | 짓궂은 |
| 깐깐한 | 매서운 | 야무진 | 차가운 |
| 깜찍한 | 매정한 | 약은 | 차근차근한 |
| 깡다구가 있는 | 맵살스러운 | 약삭빠른 | 차분한 |
| 깨끗한 | 모난 | 약아빠진 | 착한 |
| 껄끄러운 | 모자라는 | 얄팍한 | 찬찬한 |
| 껄렁껄렁한 | 모진 | 얌전한 | 참한 |
| 꼬장꼬장한 | 모질다 | 어김없는 | 채신사나운 |
| 꼼꼼한 | 몰랑몰랑한 | 어른스러운 | 채신머리없는 |
| 꼿꼿한 | 못난 | 어린 | 천덕스러운 |
| | 못된 | 어리석은 | 철없는 |

추저분한
칠칠하다
코리타분한
콧대가 높은
콧대가 센
태깔스러운
털털한
투박한
퉁명스러운
포근한
한결같은
헤프다
호락호락한
홀가분한
훌륭한
흐지부지하는
힘겨워하는
힘있는

〈자료원7〉
128개
가로채는
갖다대는
거드는
거짓말하는
구슬리는
귀동냥하는
까바치는
깐족대는
꼬집는
꾸지람하는
끼어드는
나발거리는
나불거리는
나발부는
내리까는
내세우는
내지르는
너스레를 떠는
넘겨짚는
넙신거리는
노닥거리는
놀리는
농지거리하는
뇌까리는
누그러지는
능청을 떠는
다그치는
다투는
닦달하는
닦아세우는
달래는

대받는
더듬거리는
돌려다 붙이는
되씹는
둘러대는
뒤집어 엎는
뒷손가락질하는
들먹이는
들썩거리는
들어넘기는
들은체만체하는
따따부따하는
따지는
딱딱거리는
딴전을 피는
딸싹거리는
떠들썩거리는
떠듬거리는
떠벌리는
떠보는
떡떡거리는
떵떵거리는
또박또박한
뜨보는
막말하는
말꼬리를 무는
말꼬리를 다는
말끝을 흐리는
말대꾸하는
말만앞세우는
말을 삼키는
맞대꾸하는
맞장구를 치는
몰아세우는
바꾸어 말하는
바득바득하는
반말질하는
받아넘기는
받아들이는
발뺌하는
법석을 놓는
부르짖는
비꼬는
비아냥거리는
빈정거리는
빗대는
사분거리는
서슴거리는
소곤거리는
소리지르는
속닥거리는
수군덕거리는

수다를떠는
숙덕거리는
쉬쉬하는
시부렁거리는
시시덕거리는
싸부랑거리는
쏘아붙이는
쑤군거리는
씹다
아웅다웅하는
악다구니를 퍼붓는
악을 쓰는
알랑거리는
얼쩡거리는
엄포를 놓는
엉엉거리는
옹알거리는
와자지껄하는
외치는
우물거리는
이러쿵저러쿵하는
일러바치는
입만살은
입방아를 찧는
입을 봉하는
잘라말하는
재잘거리는
족쳐대는
종알거리는
주절거리는
중얼거리는
지껄이는
징징거리는
종알거리는
찡찡거리는
캐어묻는
큰소리를 치는
타이르는
투덜거리는
티격태격하는
허풍을 떠는
헐뜯는
호들갑을 떠는
호통을 치는
흉내를 내는

〈자료원8〉
212개
가누는
가다듬는
간들거리는
강짜를 부리는

거드름을 부리는
거들떠보지도않는
거들먹거리는
거슬리는
건너짚는
건들거리는
건방떠는
건성을 부리는
게으름을 부리는
견디어 내는
곤두서는
골을 내는
골똘한
골머리를 앓는
곱씹는
구슬리는
괴로워하는
굽실거리는
궁상을 떠는
귀담아 듣는
그리워하는
기뻐하는
기를쓰는
까놓는
까부랑거리는
까먹는
깔보는
깔아뭉개는
깜빡하는
깝작거리는
깨무는
꺼덕거리는
꺼들먹거리는
꺼려하는
껍적거리는
꼬부라진
꼼짝못하는
꾀병을 부리는
꽁무니를 빼는
꾀를 피우는
꾸미는
꿰뚫어보는
끌려들어가는
낄낄거리는
나부대는
난봉을 부리는
날뛰는
낮추어보는
낯가림하는
낯을 붉히는
내색하는
내세우는

넉살을 떠는
넋이 나간
넌더리를 내는
넘겨짚는
노여워하는
놀아나는
눈에 거슬리는
눈독을 들이는
눈물겨운
눈을 부라리는
눈살을 찌푸리는
눈웃음을 치는
눈총을 주는
눈치코치 없는
눈치채는
눈을 흘기는
늑장부리는
늘어진
능청을 떠는
달게여기는
달랑거리는
더듬는
덜렁거리는
덤벙거리는
도사리는
독살을 피우는
동동거리는
무각을 나타내는
두려워하는
뒤가 꿀려하는
뒤돌아보는
뒤지는
뒤가 켕기는
뒷전 노는
들먹거리는
들썩이는
들은체만체하는
딴전을 피는
달싹달싹대는
땡땡이 부리는
떵떵거리는
떼를 쓰는
마음을 쓰는
마음을 졸이는
말썽을 부리는
망설이는
머뭇거리는
멋모르는
몸서리를 치는
미루어 짐작하는
미워하는
미쳐날뛰는

밉성을 부리는
바득바득 우기는
박박거리는
발끈하는
발발거리는
방그레하는
방정을 떠는
배짱을 내미는
버티는
벌벌거리는
벼르는
본체만체하는
부끄러워하는
불끈하는
붉으락푸르락하는
비뚤어진
비위를 거스르는
비위를 맞추는
비쪽거리는
빙긋거리는
빼죽거리는
삔들거리는
뽐내는
삐뚤어진
새겨듣는
사리는
샐쭉거리는
생떼거리를 쓰는
성을 내는
세상을 모르는
속을 끓이는
속보이는
속을 썩이는
수줍어하는
시실거리는
심술을 부리는
아둥바둥하는
안간힘을 쓰는
안달복달하는
안절부절하는
알랑거리는
앙살을 피우는
앙탈을 부리는
애고대고하는
얌전을 부리는
얕잡아보는
어리광을 떠는
어물쩍하는
억누르는
억지를 부리는
얼렁뚱땅하는
엄살을 떠는

오락가락하는
올가미질하는
우겨대는
우쭐하는
울먹이는
울컥하는
움츠러지는
웃어대는
이를 가는
인정을 베푸는
잔꾀를 피우는
절절매는
점잔을 빼는
주눅이 든
주뼛거리는
주접떠는
주춤거리는
죽치는
지랄치는
진저리가 나는
집적거리는
짜증을 내는
쩔쩔매는
쪽을 못쓰는
쫄랑거리는
철이 든
철모르는
청승을 떠는
촐랑거리는
코방귀를 뀌는
탓하는
털어놓는
토라지는
트집을 잡는
팔딱거리는
펄펄뛰는
한숨짓는
해롱거리는
해죽거리는
허둥지둥하는
허위적거리는
헷갈리는
호들갑을 떠는
화끈거리는
화다닥하는
흐늘쩍거리는
흠칫거리는
흥얼거리는
흥청거리는
흥청망청하는
희번득이는
히죽거리는

〈자료원9〉
82개

가년스럽다
가당찮다
가련하다
가증스럽다
각박한
감싸는
객기를 부리는
경계하는
곤핍한
공감하는
공경하는
공박하는
공상적인
관능적인
팔시하는
광신적인
교양있는
권위주의적인
기운찬
기지가 있는
난잡한
냉담한
넋두리를 늘어놓는
누추한
능력있는
둥치는
등한시하는
망발을 일삼는
맹랑한
멸시하는
무게가 있는
무기력한
무사태평의
무신경한
무엄한
범상한
변명을 일삼는
부담스러운
부당한
불온한
불편한
불평하는
비하적인
비타협적인
빌붙는
사나운
사변적인
사양하는
생기있는
생색내는

설설기는

소탈한

손이 큰

수선스러운

신랄한

아랑곳 않는

악착같은

야단스러운

역겨운

염치없는

유연한

입이 가벼운

자세를 부리다

자조적인

자책하는

준수한

지겨운

참견하는

처량한

초라한

초조해 하는

측은한

치사스러운

파렴치하다

한심스러운

허술한

화끈한

황당한

호리다

흉금을 털어놓는

흥을 잡는

# 〈부록 2〉　어휘 선정을 위한 예비목록(평정자용)

---

도움을 주실 평정자 여러분께  먼저 감사의 말씀을 드립니다.

　다음은 우리글, 말 속에서 사람의 성격을 나타내는 어휘들을 추출하기 목적으로 **사람의 성격, 태도, 인품, 됨됨이 등을 나타낸다** 라고 생각되는 용어들을 국어사전 및 우리말 갈래사전 등에서 추출한 것입니다. 본 목록은 2차 자료를 추출하기 위한 예비목록이기 때문에 그 어휘의 양이 무척 방대합니다. 모쪼록 세심하고도 엄정한 평정을 부탁드리면서 다시 한번 감사를 전합니다.

어휘들 각각에 대하여 다음과 같이 **4가지 준거에 비추어 평정하여 주십시오.**
1) 일반적으로 일상생활에서 잘 사용하는 어휘인가?
2) 타인 혹은 자신의 성격을 나타내거나 평가하는 어휘로 볼 수 있는가?
3) 다소 안정적이고 지속적인 특성을 나타내는 것인가? 아니면 일시적이거나 어떤 상태를 나타내는 어휘인가?
4) 한 개인을 나타낼 때 긍정적인 의미(好價)로 사용하는가? 부정적인 의미(惡價)로 사용하는가?

년　월　일
연구자　최 태 진

---

◎**응답요령은 다음과 같습니다.**

1. 각 어휘에 대해서, **"사람이 ～～하다"** 라는 느낌을 떠올리시면서 응답해주십시오.

　예) 사람이 오만불손하다　　　사람이 인색하다

2. 어휘의 의미는 '**일상적으로 우리가 사용한다고 느끼는 바**'에 따라 그 의미를 생각하시되, 다만 정확한 의미의 이해가 부족할 경우, 별책으로 배부된 뜻풀이를 참고해 주십시오.

3. 우리가 일상적으로 사용하는 어휘 속에는 사람의 성격을 나타내거나 지각, 분류
   혹은 평가 하는 일종의 코드가 들어있다고 보여집니다. 각각의 **'어휘가 사람들을
   다양한 측면에서 서로 다르게 구별시켜주는 속성을 갖고있느냐'**의 여부에 따라
   성격을 나타내는 어휘인지 의 여부를 판정해 주십시오.

4. 평정형식은 다음과 같습니다.  해당 번호에 ○표를 해 주십시오.

   1) **일상적으로 사용하는 어휘인가의 여부**          (예)   1 --- 2 (아니오)
   2) **성격을 기술하거나 평가하는 어휘로의 사용여부**   (예)   1 --- 2 (아니오)
   3) **안정적 특성 혹은 일시적 상태 의미 여부**         (특성) 1 --- 2 (상태)
   4) **긍정적 혹은 부정적 의미로의 사용 여부**

                             (긍정적 의미) 1-- 2 --- 3 --- 4 --- 5 (부정적 의미)

| | 일상적 사용 어휘인가 | | 성격을 나타내는 어휘인가 | | 특성/상태어휘 중 어디에 가까운가 | | 긍정/부정적 의미 중 어디에 가까운가 | | | | |
|---|---|---|---|---|---|---|---|---|---|---|---|
| | 예 | 아니오 | 예 | 아니오 | 특성 | 상태 | 긍정 | | 중간 | | 부정 |
| 1. 가년스럽다 | 1 | 2 | 1 | 2 | 1 | 2 | 1 | 2 | 3 | 4 | 5 |
| 2. 가누다 | 1 | 2 | 1 | 2 | 1 | 2 | 1 | 2 | 3 | 4 | 5 |
| 3. 가다듬다 | 1 | 2 | 1 | 2 | 1 | 2 | 1 | 2 | 3 | 4 | 5 |
| 4. 가당찮다 | 1 | 2 | 1 | 2 | 1 | 2 | 1 | 2 | 3 | 4 | 5 |
| 5. 가뜬하다 | 1 | 2 | 1 | 2 | 1 | 2 | 1 | 2 | 3 | 4 | 5 |
| 6. 가련하다 | 1 | 2 | 1 | 2 | 1 | 2 | 1 | 2 | 3 | 4 | 5 |
| 7. 가로채다 | 1 | 2 | 1 | 2 | 1 | 2 | 1 | 2 | 3 | 4 | 5 |
| 8. 가볍다 | 1 | 2 | 1 | 2 | 1 | 2 | 1 | 2 | 3 | 4 | 5 |
| 9. 가엾다 | 1 | 2 | 1 | 2 | 1 | 2 | 1 | 2 | 3 | 4 | 5 |
| 10. 가증스럽다 | 1 | 2 | 1 | 2 | 1 | 2 | 1 | 2 | 3 | 4 | 5 |
| 11. 가혹하다 | 1 | 2 | 1 | 2 | 1 | 2 | 1 | 2 | 3 | 4 | 5 |
| 12. 각박하다 | 1 | 2 | 1 | 2 | 1 | 2 | 1 | 2 | 3 | 4 | 5 |
| 13. 간교하다 | 1 | 2 | 1 | 2 | 1 | 2 | 1 | 2 | 3 | 4 | 5 |
| 14. 간들거리다 | 1 | 2 | 1 | 2 | 1 | 2 | 1 | 2 | 3 | 4 | 5 |
| 15. 간사하다 | 1 | 2 | 1 | 2 | 1 | 2 | 1 | 2 | 3 | 4 | 5 |
| 16. 간악하다 | 1 | 2 | 1 | 2 | 1 | 2 | 1 | 2 | 3 | 4 | 5 |
| 17. 감사하다 | 1 | 2 | 1 | 2 | 1 | 2 | 1 | 2 | 3 | 4 | 5 |
| 18. 감상적이다 | 1 | 2 | 1 | 2 | 1 | 2 | 1 | 2 | 3 | 4 | 5 |
| 19. 감싸다 | 1 | 2 | 1 | 2 | 1 | 2 | 1 | 2 | 3 | 4 | 5 |
| 20. 감정적이다 | 1 | 2 | 1 | 2 | 1 | 2 | 1 | 2 | 3 | 4 | 5 |
| 21. 갑갑하다 | 1 | 2 | 1 | 2 | 1 | 2 | 1 | 2 | 3 | 4 | 5 |
| 22. 강건하다 | 1 | 2 | 1 | 2 | 1 | 2 | 1 | 2 | 3 | 4 | 5 |
| 23. 강경하다 | 1 | 2 | 1 | 2 | 1 | 2 | 1 | 2 | 3 | 4 | 5 |
| 24. 강렬하다 | 1 | 2 | 1 | 2 | 1 | 2 | 1 | 2 | 3 | 4 | 5 |
| 25. 강요적이다 | 1 | 2 | 1 | 2 | 1 | 2 | 1 | 2 | 3 | 4 | 5 |
| 26. 강인하다 | 1 | 2 | 1 | 2 | 1 | 2 | 1 | 2 | 3 | 4 | 5 |
| 27. 강직하다 | 1 | 2 | 1 | 2 | 1 | 2 | 1 | 2 | 3 | 4 | 5 |
| 28. 강짜를 부리다 | 1 | 2 | 1 | 2 | 1 | 2 | 1 | 2 | 3 | 4 | 5 |
| 29. 강하다 | 1 | 2 | 1 | 2 | 1 | 2 | 1 | 2 | 3 | 4 | 5 |
| 30. 갖다대다 | 1 | 2 | 1 | 2 | 1 | 2 | 1 | 2 | 3 | 4 | 5 |
| 31. 같잖다 | 1 | 2 | 1 | 2 | 1 | 2 | 1 | 2 | 3 | 4 | 5 |
| 32. 개떡같다 | 1 | 2 | 1 | 2 | 1 | 2 | 1 | 2 | 3 | 4 | 5 |
| 33. 개방적이다 | 1 | 2 | 1 | 2 | 1 | 2 | 1 | 2 | 3 | 4 | 5 |
| 34. 개운하다 | 1 | 2 | 1 | 2 | 1 | 2 | 1 | 2 | 3 | 4 | 5 |
| 35. 개으르다 | 1 | 2 | 1 | 2 | 1 | 2 | 1 | 2 | 3 | 4 | 5 |
| 36. 객기를 부리다 | 1 | 2 | 1 | 2 | 1 | 2 | 1 | 2 | 3 | 4 | 5 |
| 37. 가냘프다 | 1 | 2 | 1 | 2 | 1 | 2 | 1 | 2 | 3 | 4 | 5 |
| 38. 갸륵하다 | 1 | 2 | 1 | 2 | 1 | 2 | 1 | 2 | 3 | 4 | 5 |
| 39. 거들다 | 1 | 2 | 1 | 2 | 1 | 2 | 1 | 2 | 3 | 4 | 5 |
| 40. 거드름을 부리다 | 1 | 2 | 1 | 2 | 1 | 2 | 1 | 2 | 3 | 4 | 5 |
| 41. 거들떠보지도 않다 | 1 | 2 | 1 | 2 | 1 | 2 | 1 | 2 | 3 | 4 | 5 |
| 42. 거들먹거리다 | 1 | 2 | 1 | 2 | 1 | 2 | 1 | 2 | 3 | 4 | 5 |
| 43. 거뜬하다 | 1 | 2 | 1 | 2 | 1 | 2 | 1 | 2 | 3 | 4 | 5 |
| 44. 거룩하다 | 1 | 2 | 1 | 2 | 1 | 2 | 1 | 2 | 3 | 4 | 5 |
| 45. 거만하다 | 1 | 2 | 1 | 2 | 1 | 2 | 1 | 2 | 3 | 4 | 5 |

(이하 동일형식임으로 생략함. 목록은 어휘 뜻풀이집 참고)

## 〈부록 3〉           어휘 뜻풀이집

1. 가년스럽다      ----- 몹시 궁상스러워 보이다
2. 가누다         ----- 정신을 가다듬어 차리다
3. 가다듬다        ----- 어수선한 정신을 바로 차리다
4. 가당찮다        ----- 도무지 사리에 맞지 않아 엉뚱하다
5. 가뜬하다        ----- 마음이 매우 상쾌하고 가뿐하다
6. 가련하다        ----- 동정심이 가도록 애틋하다
7. 가로채다        ----- 남이 말하는 도중에 불쑥 끼어들어 말을 계속하지
                      못하게 하다
8. 가볍다         ----- 마음이 가뜬하거나 홀가분하다
9. 가엾다         ----- 딱하게 불쌍하다
10. 가증스럽다      ----- 보기에 괘씸하고 얄밉다
11. 가혹하다       ----- 매우 까다롭고 모질다
12. 각박하다       ----- 모나고 박정하다
13. 간교하다       ----- 간사하고 교사스러운 짓을 하다
14. 간들거리다      ----- 사람이 간드러진 태도로 되바라진 행동을 하다
15. 간사하다       ----- 성질이 간교하고 속이는 재주를 가진 태도가 있다
16. 간악하다       ----- 간사하고 악독하다
17. 감사하다       ----- 고마운 마음으로 인사하다
18. 감상적이다      ----- 대수롭지 않은 일에도 쉬이 감동하고 지나치게 슬
                      퍼하다
19. 감싸다        ----- 흉허물이나 약점을 덮어주다. 두둔하여 도와주다
20. 감정적이다      ----- 이성적인 판단이나 논리보다는 쾌, 불쾌, 기쁨, 노
                      여움 따위의 주관적인 감각에 보다 의존하다
21. 갑갑하다       ----- 마음속이 시원스럽게 트이거나 너르게 퍼지지 아
                      니하여 옹색하고 답답하다
22. 강건하다       ----- 의지나 기상 같은 것이 굳세고 꼿꼿하고 건전하다.
23. 강경하다       ----- 자기주장이나 의사에 대하여 타협함이 없이 힘차고
                      굳세다
24. 강렬하다       ----- 성질이 강하고 격렬하다
25. 강요적이다      ----- 억지로 요구하다
26. 강인하다       ----- 힘세고 검질기다
27. 강직하다       ----- 기질이 꼿꼿하고 곧다
28. 강짜를 부리다    ----- 샘이 나서 심술을 부리다
29. 강하다        ----- 성격이 단단하고 굳세다
30. 갖다대다       ----- 핑계로  삼아 돌리다
31. 같잖다        ----- 격에 어울리지 않아 아니꼽다
32. 개떡같다       ----- 사람이 하잘 것 없다
33. 개방적이다      ----- 태도나 생각을 선입견이나 편견없이 툭 터놓다
34. 개운하다       ----- 기분이 아주 가뜬하거나 상쾌하다
35. 개으르다       ----- 얄밉게 게으르다

212

36. 객기를 부리다 ----- 쓸데없이 용기나 혈기를 행동으로 나타내다
37. 가냘프다 ----- 여리고 강직하지 못하다
38. 갸륵하다 ----- 착하고 장하다
39. 거들다 ----- 남의 언동에 끼어들어 참견하다
40. 거드름을 부리다 ----- 거만한 행동을 어지간히 하다
41. 거들떠보지도 않다 ----- 거만한 태도로 아는 체도 아니하다
42. 거들먹거리다 ----- 함부로 젠 체하며 채신없이 행동하다
43. 거뜬하다 ----- 마음이 아주 후련하고 상쾌하다
44. 거룩하다 ----- 함부로 대하기 어려울 만큼 성스럽고 위대하다
45. 거만하다 ----- 잘난 체하고 남을 업신여기다
46. 거북하다 ----- 어색하고 겸연쩍다
47. 거슬리다 ----- 느끼기에 순순하지 않고 같잖게 어긋나다
48. 거짓말하다 ----- 사실이 아닌 것을 사실처럼 꾸며서 말하다
49. 거짓스럽다 ----- 거짓을 부리는 태도가 많다
50. 거칠다 ----- 성질이나 말 따위가 부드럽거나 순하지 않고 막되다
51. 거침없다 ----- 어떤 일을 진행함에 있어 중간에 순조롭지 못하게
걸리거나 막히는 일이 없다
52. 걱정스럽다 ----- 어쩐지 걱정이 되어 마음이 불안하다
53. 건강하다 ----- 사고나 사상 같은 것이 건전하다
54. 건너짚다 ----- 앞질러서 짐작으로 알아차리거나 넘겨짚다
55. 건들거리다 ----- 착실하지 않고 빈둥거리다
56. 건방지다 ----- 당치 않게 제가 젠 체하며 지나치게 주제넘다
57. 건성 맞다 ----- 건성을 부리는 태도가 있다
58. 건성을 부리다 ----- 건성으로 행동하다
59. 건실하다 ----- 건전하고 착실하다
60. 건장하다 ----- 몸이 크고 굳세다
61. 걸걸하다 ----- 외양이 준수하고 성질이 쾌활하다
62. 검소하다 ----- 사치하지 아니하고 간략하고 수수하다
63. 겁이 많다 ----- 무섭고 두려운 마음이 많다
64. 게으르다 ----- 노력을 아끼어 일을 싫어하는 성미나 버릇이 있다
65. 격렬하다 ----- 몹시 흥분될 만큼 매우 열렬하다
66. 견디어내다 ----- 끝까지 어려움이나 괴로움을 잘 참아내다
67. 결단적이다 ----- 맺고 끊는 힘이 있다
68. 결론적이다 ----- 최종적으로 판단을 내리다
69. 결백하다 ----- 행동이나 마음씨가 조촐하고 깨끗하여 아무런 허물
이 없다
70. 겸손하다 ----- 남을 대할 때에 거만하지 않고 공손한 태도로 제
몸을 낮추다
71. 겸허하다 ----- 잘난 체하거나 아는 체하는 티가 전혀 없이 제 몸
을 낮추다
72. 경건하다 ----- 공경하는 마음으로 깊이 삼가고 조심스러워 하다
73. 경계하다 ----- 뜻밖의 사고가 나지 않도록 미리 마음을 가다듬어

단속하다

74. 경망스럽다 ----- 언행이 가볍고 방정맞다
75. 경멸하다 ----- 깔보아 업신여기다
76. 경박하다 ----- 말이나 하는 짓이 방정맞고 진중하지 못하다
77. 경솔하다 ----- 말이나 행동이 조심성이 없이 가볍다
78. 계면쩍다 ----- 너무 미안하여 낯이 화끈거리는 느낌이 있다
79. 계획적이다 ----- 일을 함에 앞서서 방법, 차례, 규모 따위를 미리 생각하다
80. 고결하다 ----- 고상하고 순결하다
81. 고고하다 ----- 세속을 초월하여 고상하다/남보다 뛰어나게 고결하다
82. 고깝다 ----- 야속한 느낌이 있다
83. 고독하다 ----- 외로움을 느끼다
84. 고리타분하다 ----- 성미가 고리삭아 따분하다
85. 고매하다 ----- 인품, 학식, 재질 등이 고상하고 빼어나다
86. 꼬부장하다 ----- 마음이 조금 틀어지다
87. 고분고분하다 ----- 말이나 행동이 공손하고 부드럽다
88. 고상하다 ----- 저속하지 않고 품이 있으며 격이 높음
89. 고약하다 ----- 도리어 벗어나서 나쁘다/성미가 사납다
90. 고요하다 ----- 심정이 흔들림이나 움직임이 없이 안온하다
91. 고지식하다 ----- 성질이 그저 외곬으로 곧아 융통성이 없다
92. 고집세다 ----- 제 의견만 끈질기게 내세워 좀처럼 바꾸지 않고 굳게 버티다
93. 곤두서다 ----- 날카롭게 긴장하다
94. 곤핍하다 ----- 고달파서 노곤하고 힘이 없다
95. 곧바르다 ----- 마음이 똑바르다
96. 곧이곧대로하다 ----- 조금도 다르게는 생각하지 않고 바로 그대로 행하다
97. 골똘하다 ----- 어떤 한 가지 일이나 생각에 깊이 잠기다
98. 골머리를 앓다 ----- 어떻게 좋을지 몰라 이리저리 머리를 썩이다
99.. 골을 내다 ----- 벌컥 성을 내다
100. 곰곰하다 ----- 찬찬하고 자세하다
101. 곰상하다 ----- 태도가 부드럽고 조용하다
102. 곱살스럽다 ----- 보기에 성미가 곱고 예쁘장하다
103. 곱씹다 ----- 말이나 생각 같은 것을 거듭 되풀이하다
104. 공감하다 ----- 남의 의견, 감정, 생각, 주장, 논설 등에 대하여 자기도 꼭 그렇다고 느끼다
105. 공격적이다 ----- 남을 논란하거나 반대하여 나서다
106. 공경하다 ----- 남을 대할 때에 공손히 섬기다
107. 공박하다 ----- 남의 잘못을 몹시 따지고 공격하다
108. 공상적이다 ----- 현실적이 아니거나 또는 실현될 가망이 없는 것을 상상하다
109. 공손하다 ----- 어려워하는 기색이 있고 겸손하다
110. 공정하다 ----- 공평하고 올바르다

| | | |
|---|---|---|
| 111. 과감하다 | ----- | 과단성이 있게 용감하며 결단성이 있다 |
| 112. 과격하다 | ----- | 지나치게 성질이 격렬하고 괄괄하다 |
| 113. 과단성있다 | ----- | 일을 잘 잘라서 결단하다 |
| 114. 과민하다 | ----- | 감정이나 감각이 지나치게 예민하다 |
| 115. 과장하다 | ----- | 사실보다 지나치게 자랑하며 떠벌이다 |
| 116. 과학적이다 | ----- | 사고가 과학적인 면에서 정확성이나 타당성을 갖다 |
| 117. 관능적이다 | ----- | 육체적, 성적 쾌감을 자극하다 |
| 118. 관대하다 | ----- | 친절하게 대하거나 정성껏 대접하다 |
| 119. 관찰적이다 | ----- | 사물이 되어가는 형편이나 동태 따위를 주의하여 잘 살피다 |
| 120. 괄괄하다 | ----- | 성질이 거세고 급하다 |
| 121. 괄시하다 | ----- | 사람을 업신여겨 하찮게 대하다 |
| 122. 광신적이다 | ----- | 이성을 잃을 만큼 무조건하고 맹목적으로 믿다 |
| 123. 괘씸하다 | ----- | 그렇게 할 수 없는 사이의 사람에게서 믿음에 어그러지는 일을 당하거나 했을 때 분하고 밉살스럽다 |
| 124. 괴로워하다 | ----- | 마음이 편안하지 아니하고 언짢다 |
| 125. 괴벽스럽다 | ----- | 성미가 야릇하고 괴이한 버릇이 있다 |
| 126. 괴상하다 | ----- | 보통과 달리 이상야릇하다 |
| 127. 괴이하다 | ----- | 이상야릇하다 |
| 128. 괴짜의 | ----- | 괴상한 짓을 하는 기벽이 있다 |
| 129. 괴팍하다 | ----- | 성미가 괴상하여 붙임성이 없고 까다롭다 |
| 130. 교만하다 | ----- | 제 스스로가 잘난 체하며 겸손함이 없이 건방지고 방자하다 |
| 131. 교양있다 | ----- | 사회생활에서 이루어지는 품행을 갖추다 |
| 132. 교활하다 | ----- | 간사하고 능갈치다 |
| 133. 구리텁텁하다 | ----- | 성미가 단정하지 못하고 던적스럽다 |
| 134. 구수하다 | ----- | 마음을 끄는 은근한 맛이 있다 |
| 135. 구슬리다 | ----- | 그럴듯한 말로 남을 은근히 꾀면서 추어올리다 |
| 136. 구슬프다 | ----- | 처량하고 슬프다 |
| 137. 구질구질하다 | ----- | 깨끗하지 못한 태도로 구접스레 굴다 |
| 138. 굳건하다 | ----- | 굳세고 건실하여 뜻을 바꾸지 않고 그대로 나아가다 |
| 139. 굳굳하다 | ----- | 어려움에 부딪혀서도 굴하지 않고 잘 버티다 |
| 140. 굳세다 | ----- | 한 번 세운 뜻을 굽히거나 바꾸는 일이 없이 그대로 밀고 나가는 힘이 있다 |
| 141. 굽실거리다 | ----- | 남의 비위를 맞추기 위하여 너절하게 행동하다 |
| 142. 궁금해하다 | ----- | 무엇을 알고 싶어 마음이 안타깝다 |
| 143. 궁상맞다 | ----- | 꾀죄죄하고 초라하다 |
| 144. 권위주의적이다 | ----- | 권위에 대하여 자신을 낮추거나 맹목적으로 복종하며, 약한 자를 괴롭히는 태도나 행동으로 나타내다 |
| 145. 귀가 밝다 | ----- | 어떤 것을 듣고 판단하거나 이해하는 힘이 빠르다 |
| 146. 귀가 어둡다 | ----- | 어떤 것을 듣고 이해하는 힘이 무디다 |
| 147. 귀가 여리다 | ----- | 속는 줄 모르고 남의 말을 곧이듣기를 잘 하다 |

148. 귀담아 듣다 ----- 주의하여 잘 듣다
149. 귀동냥하다 ----- 남들이 주고 받는 말을 곁에서 얻어듣다
150. 귀염성스럽다 ----- 보기에 귀염성이 있다
151. 규칙적이다 ----- 어떤 규칙을 따라 절도가 있다
152. 그리워하다 ----- 보고 싶어하다
153. 그윽해하다 ----- 표정이 깊고 무게 있다
154. 극기하다 ----- 자신의 욕망, 충동, 감정 따위를 잘 누르다
155. 극악하다 ----- 더할 수 없이 지독하게 악하고 도의심이 없다
156. 근면하다 ----- 매우 부지런하다
157. 근심스러워하다 ----- 걱정이 되어 마음이 괴롭다
158. 근엄하다 ----- 신중하여 조심성이 있고 엄격하다
159. 긍정적이다 ----- 어떤 현상이나 사실 등에 대하여 옳다고 보다
160. 기를 쓰다 ----- 있는 힘을 다해 기승스럽게 애쓰다
161. 기만적이다 ----- 그럴듯하게 남을 속여 넘기다
162. 기뻐하다 ----- 반가워하다
163. 기운차다 ----- 살아 움직이는 힘이 되는 원기나 정력이 왕성하다
164. 기지가 있다 ----- 보통과는 다른 기이한 지혜가 있다
165. 기특하다 ----- 말씨나 행동이 신통하여 귀염성이 있다
166. 기품있다 ----- 타고난 성질, 기질 등이 고상하게 보이다
167. 기회주의적이다 ----- 어떤 일에 대에 정세에 따라 지조없이 편의적으로
                        행동하다
168. 긴민하다 ----- 어떤 일에 대처할 때 급박하면서도 민첩하다
169. 긴장하다 ----- 무엇을 함에 있어서 정신이나 행동이 단단히 하여 조
                    심성 있게 주의를 집중하다
170. 까놓다 ----- 마음속의 생각이나 비밀을 숨기거나 꺼리지 않고 모
                  두 털어놓다
171. 까다롭다 ----- 대하거나 다루기에 별스럽게 거북하고 불편하다
172. 까먹다 ----- 약속이나 기억하였던 것을 잊어버리다
173. 까바치다 ----- 숨기는 일을 속속들이 드러내어 일러 바치다
174. 까부라지다 ----- 심성이 바르지 않다
175. 까부랑거리다 ----- 함부로 자꾸 까불다
176. 깐깐하다 ----- 성미가 까다로울 만큼 빈틈이 없고 착실하다
177. 깐족대다 ----- 허튼소리를 검질기게 달라 붙어 자꾸 재깔이다
178. 깔끔하다 ----- 솜씨가 야물고 매끈하다/외양이나 차림새가 보기에
                    깔밋하다
179. 깔보다 ----- 남을 업신여기어 호락호락하게 보다
180. 깔아뭉개다 ----- 생각이나 마음을 아주 억눌러 버리거나 짓누르다
181. 깜빡하다 ----- 의식이나 기억이 순간적으로 흐려지다
182. 깜찍하다 ----- 몸집이나 나이에 비해, 생각보다 몹시 영악하거나
                    너무 단잡스럽다
183. 깝작거리다 ----- 방정맞게 까불거리다
184. 깡다구가 있다 ----- 고집하고 버티는 힘이 대단하고 악착같다

| | | |
|---|---|---|
| 185. 깨끗하다 | ----- | 정직하고 참되다 |
| 186. 깨물다 | ----- | 표정, 감정 따위를 나타내지 않으려고 꾹 참다 |
| 187. 꺼덕거리다 | ----- | 분수없이 잘난 체하고 까불다 |
| 188. 꺼들먹거리다 | ----- | 신이 나서 함부로 호기롭고 교만하게 행동하다 |
| 189. 꺼려하다 | ----- | 마음속에 꺼림칙하게 여기다 |
| 190. 꺼림칙하다 | ----- | 매우 마음에 거리끼어 언짢은 다가 있다 |
| 191. 껄끄럽다 | ----- | 성미가 끈끈하고 까다롭다 |
| 192. 껄렁껄렁하다 | ----- | 말이 믿음직하지 않고 종잡을 수 없게 허황하다 |
| 193. 껍적거리다 | ----- | 방정맞게 함부로 까불거리다 |
| 194. 꼬부라지다 | ----- | 마음이 바르지 못하고 틀어지다 |
| 195. 꼬장꼬장하다 | ----- | 성미가 곧고 꼿꼿하다 |
| 196. 꼬집다 | ----- | 남의 감정이나 비위를 상하게 말하다/중요한 내용이나 강조하려는 점을 분명하게 드러내어 지적하다 |
| 197. 꼴사납다 | ----- | 생김새나 됨됨이가 매우 나쁘다 |
| 198. 꼼꼼하다 | ----- | 성질이나 행동이 빈틈이 업을 정도로 아주 자세하고 찬찬하다 |
| 199. 꼼짝못하다 | ----- | 권세나 힘에 눌려 조금도 기를 못 피다 |
| 200. 꼿꼿하다 | ----- | 융통성이 없고 곧기만 하다/마음이 곧고 굳세다 |
| 201. 꽁무니를 빼다 | ----- | 겁이나서 달아나거나 도망치다 |
| 202. 꽁하다 | ----- | 마음속에 앙심이 있다 |
| 203. 꾀를 피우다 | ----- | 잔재주를 부리어 요리조리 꾀바른 짓을 하다 |
| 204. 꾀병을 부리다 | ----- | 거짓으로 일부러 앓는 체하다 |
| 205. 꾀죄죄하다 | ----- | 하는 짓이 잘고 다라우며 옹졸하다 |
| 206. 꾸김이 없다 | ----- | 마음에 숨기거나 음침한 데가 없이 버젓하다 |
| 207. 꾸미다 | ----- | 사실인 것처럼 겉으로 나타내다 |
| 208. 꾸밈없다 | ----- | 짐짓 가장하는 태도나 마음이 없다 |
| 209. 꾸준하다 | ----- | 노력이나 의지의 상태가 한결같이 부지런하고 쉼없이 끈기있다 |
| 210. 꾸지람하다 | ----- | 아랫사람의 잘못한 것을 걱정하여 꾸짖다 |
| 211. 꿋꿋하다 | ----- | 의지나 기개가 굽히지 않고 굳세다 |
| 212. 꿰뚫어보다 | ----- | 어떤 내용이나 본질을 환히 내다보거나 들여다 보다 |
| 213. 끈기있다 | ----- | 쉽사리 단념하지 않고 끈질기게 참아 나가는 기운이 있다 |
| 214. 끈덕지다 | ----- | 끈기가 있고 꾸준하다 |
| 215. 끈질기다 | ----- | 끈기있게 검질기다 |
| 216. 끌려 들어가다 | ----- | 마음이 무엇에 쏠려 따라 움직이게 되다 |
| 217. 끔찍하다 | ----- | 진저리가 날 정도로 몹시 참혹하다 |
| 218. 끼어들다 | ----- | 여럿이 이야기하는 가운데 도중에서 말참견을 하다 |
| 219. 낄낄거리다 | ----- | 억지로 참으면서 입 속으로 자꾸 웃다 |
| 220. 나긋나긋하다 | ----- | 꽤 상냥하고 친절하다 |
| 221. 나발거리다 | ----- | 말을 수다스럽게 지껄이다 |
| 222. 나부대다 | ----- | 가만히 있지 못하고 철없이 까불거나 부스대다 |

223. 나불거리다 ----- 경솔하게 입을 놀려 계속 말하다
224. 나약하다 ----- 뜻이 굳세지 못하고 약하다
225. 나지막하다 ----- 목소리가 꽤 나직하다
226. 낙관이다 ----- 문제 따위를 낙천적으로 보거나 대하다
227. 낙오자적이다 ----- 역량이 모자라서 사회나 시대의 진보에 뒤떨어지다
228. 낙천적이다 ----- 현실과 인생의 가치 또는 의의를 즐거운 것으로 여기다
229. 난봉을 부리다 ----- 허랑방탕한 짓을 하다
230. 난잡하다 ----- 조촐하지 못하고 막되고 너저분하다
231. 난 체하다 ----- 실속은 그러하지 않으면서 외양으로 잘난 척하다
232. 난폭하다 ----- 거칠고 사납다
233. 날뛰다 ----- 기세가 등등하여 함부로 막 행동하거나 몹시 덤비다
234. 날렵하다 ----- 민첩하고 슬기롭다
235. 날카롭다 ----- 사물을 이해. 판단. 처리하는 힘이 빠르다
236. 남다르다 ----- 남보다 두드러지게 다르다
237. 남부끄럽다 ----- 창피하여 남을 대하기가 부끄럽다
238. 남성적이다 ----- 여성적인 면과 대비하여 태도나 성격이 남자같다
239. 남우세스럽다 ----- 남에게서 비웃음이나 놀림을 받을 만하다
240. 낭비적이다 ----- 시간이나 재물 따위를 필요 이상으로 헤프게 쓰다
241. 낯가림하다 ----- 낯선 사람을 대하기를 꺼리다
242. 낯추어보다 ----- 남을 존중히 여기지 않고 낮추어 보다
243. 낯가죽이 두껍다 ----- 부끄러운 줄을 모를 만큼 뻔뻔하고 염치가 없다
244. 낯간지럽다 ----- 떳떳하지 못하여 듣거나 말하기에 몹시 미안하거나 부끄러운 느낌이 있다
245. 낯뜨겁다 ----- 몹시 무안하거나 부끄럽다
246. 낯부끄럽다 ----- 체면에 부끄럽다
247. 낯설어하다 ----- 눈에 익지 않다
248. 낯을 붉히다 ----- 성을 내어 얼굴빛이 붉어지다
249. 내리까다 ----- 다른 사람의 결함에 대하여 호되게 비판하다
250. 내색하다 ----- 마음에 느낀 정서나 감정을 얼굴에 보이게 하다
251. 내성적이다 ----- 겉으로 잘 나타내지 않고 마음속으로만 생각하다
252. 내세우다 ----- 자기의 주장이나 견해를 내놓고 주장하다
253. 내지르다 ----- 소리를 냅다 지르다
254. 냉담하다 ----- 태도나 마음씨가 동정심이 없이 쌀쌀하다
255. 냉소적이다 ----- 쌀쌀한 태도로 업신여겨 비웃다
256. 냉엄하다 ----- 냉혹하고 엄격하다
257. 냉정하다 ----- 따뜻한 정이 없이 매정하고 쌀쌀하다/들뜨거나 감정에 사로잡히지 아니하고 차분하며 침착하다
258. 냉철하다 ----- 사고, 판단 따위가 감정에 흐르지 않고 사물의 본질을 정확하게 꿰뚫고 있다
259. 냉혹하다 ----- 인정이 조금도 없이 쌀쌀하고도 가혹하다
260. 너그러운 ----- 마음이 넓고 크며 덕기가 있어 관용을 베푸는 성

질이 있다

261. 너스레를 떨다 ----- 짐짓 너스레를 늘어놓거나 말을 엉터리로 늘어놓다
262. 너저분하다 ----- 질서없이 널려 있어 지저분하다
263. 넉넉하다 ----- 마음이 넓고 크다
264. 넉살이 좋다 ----- 넉살좋게 보이다
265. 넋두리를 늘어놓다 ----- 불평이나 불만을 늘어놓으며 하소연하는 말을 하다
266. 넋없어하다 ----- 제정신이 없이 멍하다
267. 넌더리를 내다 ----- 몹시 성가셔 괴롭게 여기다
268. 넘겨짚다 ----- 무엇을 떠보기 위하여 짐작으로 앞질러서 말하다
269. 넙신거리다 ----- 빠르고 경망스럽게 입을 놀리어 말하다
270. 노골적이다 ----- 있는 그대로 숨기지 않고 드러내다
271. 노닥거리다 ----- 좀 수다스럽고 익살맞게 잔소리를 자꾸 늘어놓다
272. 노련하다 ----- 오랫동안 경험을 쌓아 익숙하고 능란하다
273. 노여워하다 ----- 화가 날 만큼 마음에 섭섭하고 분하다
274. 논리적이다 ----- 이유와 귀결과의 관계에 대한 추리형식에 적합한 사
                     고를 하다
275. 놀리다 ----- 상대방을 빈정거리거나 비웃다
276. 놀아나다 ----- 실속이 없이 들뜬 행동을 하다
277. 농지거리하다 ----- 점잖지 않게 함부로 농담하다
278. 뇌까리다 ----- 듣기 싫도록 자꾸 되뇌어서 말하다
279. 누그러지다 ----- 딱딱한 말씨가 부드러워지거나 약하여지다
280. 누추하다 ----- 지저분하고 더럽다
281. 눅진하다 ----- 성질이 부드러우면서도 끈끈하다
282. 눈꼴스럽다 ----- 하는 짓이 보기에 몹시 거슬리거나 아니꼽다
283. 눈독을 들이다 ----- 욕심을 내어 벼르거나 또는 주목할 사실로 하여 눈
                     여겨보다
284. 눈물겹다 ----- 눈물을 참을 수 없을 정도로 마음에 사무치거나 애
                   처롭다
285. 눈물이 없다 ----- 동정하는 마음이 없다
286. 눈살을 찌푸리다 ----- 마음에 못마땅하여 양미간을 찡그리다
287. 눈앞이 캄캄하다 ----- 어찌할 바를 몰라 아득하다
288. 눈에 거슬리다 ----- 보기에 마음에 들지 않아 불쾌한 느낌이 일다
289. 눈웃음을 치다 ----- 남의 마음을 끌려고 눈으로 가만히 살짝 웃다
290. 눈을 부라리다 ----- 눈을 부릅뜨고 마구 으르다
291. 눈을 흘기다 ----- 원망하거나 나무라는 뜻을 품고 눈을 옆으로 노려
                   떠보다
292. 눈이 높다 ----- 수준이 높은 것에만 관심을 두고 여간 것은 시시하
                   게 여길 만큼 거만하다/ 사물을 보는 안식이 높다
293. 눈총을 주다 ----- 가만히 어떤 뜻을 내포한 채 상대방을 노려보다
294. 눈치채다 ----- 남의 마음이나 태도를 눈치로 알아채다
295. 눈치코치없다 ----- 도무지 남의 생각이나 태도를 알아차리지 못하다
296. 느긋하다 ----- 서두르거나 조급해 하지 않고 여유가 있다

| | | |
|---|---|---|
| 297. 느리다 | ----- | 성질이 눅어 야무지지 못하다 |
| 298. 느슨하다 | ----- | 마음이나 맥이 탁 풀리어 죄어칠 힘이 없고 옹골차지 못하다 |
| 299. 늑장부리다 | ----- | 일부러 천천히 하거나 느린 태도를 취하는 |
| 300. 늘씬하다 | ----- | 몸매가 가늘고 키가 훌쩍 커서 맵시가 있다 |
| 301. 늘어지다 | ----- | 근심. 걱정이 없어 마음이 편해지다 |
| 302. 늠름하다 | ----- | 사람의 생김생김이나 태도가 의젓하고 씩씩하다 |
| 303. 능글맞다 | ----- | 밉살스럽게 교묘하게 잘 둘러대는 재주가 있다 |
| 304. 능동적이다 | ----- | 자립성을 지니고 적극적으로 행동하다 |
| 305. 능란하다 | ----- | 서투른 데가 없이 익숙하거나 솜씨가 있어 아주 쉽게 잘하다 |
| 306. 능력있다 | ----- | 일을 감당해 낼 수 있는 힘이 있다 |
| 307. 능청맞다 | ----- | 마음속은 엉큼하면서도 겉으로는 천연스럽다 |
| 308. 다감하다 | ----- | 감정이나 감수성이 풍부하다 |
| 309. 다그치다 | ----- | 바삐 다그쳐서 묻다 |
| 310. 다부지다 | ----- | 벅찬 일을 견디어 낼 강단이 있다 |
| 311. 다정다감하다 | ----- | 애틋한 정도 많고 느끼는 생각도 많다 |
| 312. 다투다 | ----- | 잘잘못이나 이해관계를 서로 가리어 옥신각신하다 |
| 313. 닦달하다 | ----- | 단단히 단속을 하거나 몹시 나무라다 |
| 314. 닦아세우다 | ----- | 남을 꼼짝 못하게 몰아치다 |
| 315. 단단하다 | ----- | 속이 배서 여무지다. 속이 차서 실속이 있다 |
| 316. 단순하다 | ----- | 외곬으로 숫되다 |
| 317. 단정적이다 | ----- | 딱 잘라서 결정하거나 결단하여 작정하다 |
| 318. 단호하다 | ----- | 한 번 결심한 것대로 결기있게 처리하다 |
| 319. 달게여기다 | ----- | 딴 의견이나 불평. 불만없이 응당한 것으로 여기다 |
| 320. 달랑거리다 | ----- | 침착하지 못하고 가볍게 자꾸 까불다 |
| 321. 달래다 | ----- | 옳은 말로 잘 구슬리거나 타이르다 |
| 322. 달싹달싹대다 | ----- | 무엇에 자극을 받아 마음이 몹시 들떠서 움직이다 |
| 323. 답답하다 | ----- | 남의 심정이나 뜻 따위를 이해하지 못 할 만큼 지나치게 고지식하다 |
| 324. 당당하다 | ----- | 모양이나 됨됨이가 매우 깨끗하고 의젓하다 |
| 325. 당돌하다 | ----- | 윗사람에게 해대는 짓이 아니꼽고 건방지다/조금도 꺼리거나 어렴성 없이 올차고 다부지다 |
| 326. 당차다 | ----- | 마음이나 하는 짓이 야무지고 오달지다 |
| 327. 당치않다 | ----- | 말이 합당하지 아니하다 |
| 328. 당황하다 | ----- | 놀라거나 다급하여 어리둥절하다 |
| 329. 대견하다 | ----- | 마음에 퍽 흐뭇하고 자랑스럽다 |
| 330. 대담하다 | ----- | 일에 대하는 태도가 용감하고 담력이 있다 |
| 331. 대바르다 | ----- | 마음이나 품성이 곧고 바르다 |
| 332. 대받다 | ----- | 남의 말에 반항하여 들이대다 |
| 333. 대범하다 | ----- | 사물에 대하여 잘게 굴거나 까다롭지 않고 예사롭다 |
| 334. 대중적이다 | ----- | 널리 일반 사람들을 중심으로 하다 |

| 335. 더듬거리다 | ----- | 말을 하거나 글을 읽을 때 자꾸 더듬다 |
| 336. 더럽다 | ----- | 하는 짓이 비겁하고 인색하다/하는 짓이 얌전치 못<br>하다 |
| 337. 덜되다 | ----- | 하는 말이 도리에 어긋나고 마땅치 않다 |
| 338. 덜렁거리다 | ----- | 침착하지 못하고 경망하게 까불다 |
| 339. 덤덤하다 | ----- | 말할 자리에서 아무 말도 없이 조용히 있다 |
| 340. 덤벙거리다 | ----- | 들뜬 행동으로 아무 데나 간섭을 하며 마구 서두르다 |
| 341. 덤비다 | ----- | 함부로 대들다 |
| 342. 도덕적이다 | ----- | 도덕을 지키고 받들어 행동하려는 마음과 착한 행<br>실을 하다 |
| 343. 도도하다 | ----- | 잘난 체하여 주제넘게 거만하다 |
| 344. 도량이 크다 | ----- | 사물을 잘 다룰 수 있는 너그러운 마음을 지니다 |
| 345. 도사리다 | ----- | 긴장하여 신경을 모으다 |
| 346. 도피적이다 | ----- | 소극적으로 도망하여 피하려 하다 |
| 347. 독단적이다 | ----- | 남과 의논하지 아니하고 자기 혼자의 의견대로 결<br>단하다 |
| 348. 독립적이다 | ----- | 남에게 의지하지 않으며 다른 것에 속박되거나 지<br>배를 받지 않다 |
| 349. 독살을 피우다 | ----- | 독살스러운 짓을 몹시 하다 |
| 350. 독선적이다 | ----- | 자기만이 옳다고 믿어 객관성을 생각하지 않고 행<br>동하다 |
| 351. 독실하다 | ----- | 마음이 도탑고 정성스럽다 |
| 352. 독창적이다 | ----- | 모방하지 않고 자기 혼자만의 생각으로 새롭고 독<br>특한 것을 처음으로 만들어 내거나 창안하다 |
| 353. 독특하다 | ----- | 특별나게 다르다/견줄 만한 것이 없이 뛰어나게 다<br>르다 |
| 354. 돌려다 붙이다 | ----- | 하고자 하는 말을 에둘러서 둘러대다 |
| 355. 동동거리다 | ----- | 안타까워 발을 자꾸 가볍게 구르다 |
| 356. 동정적이다 | ----- | 남의 괴로움이나 슬픔이나 불행 따위를 자기 일처<br>럼 느껴 딱하고 가엾게 여기다 |
| 357. 되바라지다 | ----- | 나이가 어린 사람이 말하는 꼴이 신중하지 못하고<br>지나치게 똑똑하다 |
| 358. 되씹다 | ----- | 잇달아 자꾸 되풀이하여 말하다 |
| 359. 두각을 나타내다 | ----- | 여러 사람 중에서 학식, 재능, 성적 따위가 남보다<br>뛰어나서 특별히 두드러지다 |
| 360. 두려워하다 | ----- | 좋지 않은 일이 닥칠까봐 걱정이 생기고 꺼리는 마<br>음으로 불안하다 |
| 361. 두루뭉실하다 | ----- | 말하는 꼴이 이것도 아니고 저것도 아니게 또렷하<br>지 않다 |
| 362. 두텁다 | ----- | 남에게 대한 마음씀이 알뜰하고 크다 |
| 363. 둔감하다 | ----- | 예민하지 못한 감각이나 감정을 지니다 |
| 364. 둔하다 | ----- | 깨우침이 늦고 재주가 없다/동작이 어줍고 느리다 |

| 365. 둘러대다 | ----- | 그럴듯한 말로 꾸며대다 |
| 366. 뒤가 꿀려하다 | ----- | 자기의 부족점으로 말미암아 마음이 떳떳하지 못하고 좀 켕기다 |
| 367. 뒤가 켕기다 | ----- | 자기의 잘못이나 약점이 뒷날에 좋지 못한 무슨 일이 있을까봐 겁이 나다 |
| 368. 뒤돌아보다 | ----- | 지난 일을 돌이켜 생각하여 보다 |
| 369. 뒤숭숭하다 | ----- | 느낌이나 마음이 어수선하고 불안하다 |
| 370. 뒤지다 | ----- | 수준이 남보다 뒤떨어지거나 남의 뒤에 처지다 |
| 371. 뒤집어 엎다 | ----- | 야단스럽게 떠들고 볶아치다 |
| 372. 뒷손가락질하다 | ----- | 맞대놓고 직접하지 않고 뒤에서 흉보거나 비난하다 |
| 373. 뒷전 놀다 | ----- | 뒤로 슬며시 딴 짓을 하다 |
| 374. 드세다 | ----- | 성질이 몹시 강하고 사납다 |
| 375. 든든하다 | ----- | 마음이 허전하지 않고 미덥다 |
| 376. 들뜨다 | ----- | 마음이나 또는 분위기가 가라앉지 아니하고 들썽거리다 |
| 377. 들먹거리다 | ----- | 남을 귀찮게 들추어 자꾸 말하다 |
| 378. 들썩거리다 | ----- | 아주 요란하고 부산하게 떠들다 |
| 379. 들어넘기다 | ----- | 듣고서도 관심을 가지지 않고 지나쳐 버리다 |
| 380. 들은체 만체하다 | ----- | 듣고도 그에 대한 아무런 반응도 없다 |
| 381. 듬직하다 | ----- | 믿음성 있게 묵직하다 |
| 382. 등골이 서늘하다 | ----- | 두려움이나 무서움을 느껴 마음이 아찔하여지다 |
| 383. 등치다 | ----- | 위협하여 남의 어떤 것을 빼앗다 |
| 384. 등한시하다 | ----- | 어떤 일에 마음을 두지 않고 소홀히 여기거나 무심하다 |
| 385. 따따부따하다 | ----- | 딱딱한 말씨로 시비하다 |
| 386. 따뜻하다 | ----- | 감정이나 분위기가 정답고 포근하다 |
| 387. 따분하다 | ----- | 재미가 없어 지루하고 답답하다 |
| 388. 따사롭다 | ----- | 따스한 감이 있다 |
| 389. 따지다 | ----- | 무엇을 밝히거나 알아내려고 자세히 캐어묻거나 추궁하다 |
| 390. 딱딱거리다 | ----- | 딱딱한 말씨로 자꾸 을러대다 |
| 391. 딱딱하다 | ----- | 태도나 말씨 또는 분위기 따위가 거칠고 꺽꺽하다 |
| 392. 딴전을 피우다 | ----- | 앞에 놓인 어떤 일과는 아무 연관이 없는 아주 딴 말이나 딴 짓을 하다 |
| 393. 딸싹거리다 | ----- | 몹시 소란스럽고 부산스럽게 떠들다 |
| 394. 땡땡이 부리다 | ----- | 꾀를 내어 놀다 |
| 395. 떠들썩하다 | ----- | 여럿이 크게 떠들어 꽤 시끄럽다 |
| 396. 떠듬거리다 | ----- | 말소리를 몹시 떠듬거리다 |
| 397. 떠벌리다 | ----- | 지나치게 과장하여 떠들어 놓다 |
| 398. 떠보다 | ----- | 에둘러서 하는 말로 남의 속뜻을 넌지시 알아보다 |
| 399. 떡떡거리다 | ----- | 거만하게 으시대며 자꾸 큰 소리를 치다 |
| 400. 떨떠름하다 | ----- | 마음에 몹시 달갑게 여기지 않다 |

401. 떳떳하다 ----- 거리낌 없이 버젓하고 어엿하다
402. 떵떵거리다 ----- 실속없이 함부로 큰소리만 자꾸 치다
403. 떼를 쓰다 ----- 이치에 맞지 않는 말이나 행동으로 의견이나 요구를 억지로 주장하다
404. 또릿또릿하다 ----- 흐리거나 허수한 데가 없이 똑똑하다
405. 또박또박하다 ----- 한 마디 한 마디 똑똑하게 말을 하거나 글을 읽다
406. 똑똑하다 ----- 사리에 밝고 분명하다
407. 똑바르다 ----- 조금도 그릇되거나 어그러지지 않고 아주 올바르다
408. 똘똘하다 ----- 매우 똑똑하고 영리하다
409. 뚱하다 ----- 말수가 적고 묵직하며 붙임성이 없다
410. 뛰어나다 ----- 여럿 가운데서 수준이 두드러지게 아주 높다
411. 뜨끔하다 ----- 마음에 센 자극을 받아서 충격이 심하거나 몹시 걸리는 느낌이 있다
412. 뜨뜻미지근하다 ----- 결단성과 적극성이 없다
413. 떠보다 ----- 상대방의 속마음을 알아보려고 어떤 말이나 행동을 넌지시 걸어보다
414. 마땅찮다 ----- 말이 이치나 경우에 맞지 아니하다
415. 마음에 차다 ----- 마음에 흡족하다
416. 마음을 쓰다 ----- 마음을 어떤 대상에 기울이다
417. 마음을 졸이다 ----- 안타깝게 몹시 조바심하다
418. 막되다 ----- 거칠고 나쁘다/경우도 예절도 없이 사납고 우악하다
419. 막말하다 ----- 나오는 대로 속되게 마구 말하다
420. 만만하다 ----- 조심스럽거나 어렵지 않아 마음 놓고 다룰 만하다
421. 말꼬리를 달다 ----- 끝난 말에 덧붙여 말하다
422. 말꼬리를 물다 ----- 남의 말이 끝나자 마자 이내 말하다
423. 말끔하다 ----- 구지레하지 않고 환하게 깨끗하다
424. 말끝을 흐리다 ----- 말끝을 분명히 하지 않고 얼버무리다
425. 말대꾸하다 ----- 남이 하는 말을 받아들이지 않고 자기나름의 의견을 나타내다
426. 말만 앞세우다 ----- 실천은 하지 않고 하겠다고 말만 앞질러 하다
427. 말썽을 부리다 ----- 말썽을 일으키어 일을 버르집어 놓다
428. 말쑥하다 ----- 말끔하고 깨끗하다
429. 말을 삼키다 ----- 하려고 하던 말을 그만 두다
430. 말이 굼뜨다 ----- 말이 술술 나오지 않고 자꾸 막히거나 굼뜨다
431. 말이 많다 ----- 쓸 말 못쓸 말 할 것 없이 말수가 많다
432. 말이 없다 ----- 말 수가 매우 적다
433. 말짱하다 ----- 정신이 맑고 또렷하다
434. 맑다 ----- 정신이 초롱초롱하고 또렷하다
435. 망발을 일삼다 ----- 말이나 행동을 잘못하여 자신에게나 조상에게 욕되게 하다
436. 망설이다 ----- 머뭇거리고 태도를 결정하지 못하다
437. 맞대꾸하다 ----- 맞대고 말대꾸하다

438. 맞장구를 치다 ----- 남의 말에 마주 호응하거나 동의하다
439. 매력적이다 ----- 반하게 하는 힘. 끄는 힘이 있다
440. 매섭다 ----- 매몰차고 날카롭다
441. 매스껍다 ----- 먹은 것이 되넘어 올 것같이 이상하게 아니꼽다
442. 매정하다 ----- 얄미울 만큼 인정머리가 없다
443. 맵살스럽다 ----- 보기에 몹시 얄밉다
444. 맹랑하다 ----- 가볍게 만만이 볼 수 없을 만큼 똘똘하고 깜찍하다
445. 맹목적이다 ----- 주관이나 원칙없이 덮어놓고 행동하다
446. 머뭇거리다 ----- 말이나 행동을 선뜻 결단하여 행동하지 못하고 할 듯 말듯하다
447. 머쓱하다 ----- 무안을 당하거나 기가 꺽이어 열없고 어색하다
448. 멀겋다 ----- 정신이 조금 흐릿하다
449. 멋모르다 ----- 까닭. 영문. 속내 따위를 알지 못하다
450. 멍멍하다 ----- 말이 없이 어리둥절하다
451. 멍청하다 ----- 사물을 똑똑하게 판단처리하는 능력이 없어 멍하다
452. 메마르다 ----- 사람 사이에 인정이 없거나 생활에 정서가 없다
453. 매몰차다 ----- 인정이나 싹싹한 맛이 없이 매우 쌀쌀하다
454. 면밀하다 ----- 생각이 소홀하지 않고 찬찬하고 세밀하다
455. 멸시하다 ----- 남을 업신여겨 보잘 것 없이 생각하다
456. 명랑하다 ----- 어두운 기운이 없이 유쾌하고 활발하다
457. 명상적이다 ----- 고요한 가운데 눈을 감고 깊이 생각하다
458. 명철하다 ----- 총명하여 사리나 세태에 환하게 밝다
459. 명쾌하다 ----- 말이나 글의 조리가 명백하여 마음이 시원하다
460. 명확하다 ----- 명백하고 확실하다
461. 모나다 ----- 성질이 원만하지 못하다
462. 모방적이다 ----- 다른 것을 보고 본뜨거나 본받기를 잘하다
463. 모자라다 ----- 지능이 정상적인 사람보다 낮다
464. 모질다 ----- 마음씨가 몹시 매섭고 독하다
465. 모험적이다 ----- 위험을 무릅쓰고 행동하길 좋아하다
466. 몰두하다 ----- 한 가지 일에 온 정신을 다 기울이다
467. 몰랑몰랑하다 ----- 성질이 좀 무르고 약하다
468. 몰아세우다 ----- 마구 나무라며 닦아세워 꾸짖다
469. 몰인정하다 ----- 인정이 전혀 없다
470. 몸둘 곳을 몰라하다----- 어렵거나 두렵거나 하여 어떻게 해야 할지 모르다
471. 몸서리를 치다 ----- 지긋지긋하도록 싫증이 나거나 무섭거나 하여 몸을 떨다
472. 못나다 ----- 똑똑하지 못하다
473. 못되다 ----- 못나거나 덜되다/성질이 악하거나 고약하다
474. 못마땅하다 ----- 마음에 맞갖지 않은 데가 있다
475. 못미덥다 ----- 미덥지 못하다
476. 무겁다 ----- 기분이 어둡고 답답하다
477. 무게가 있다 ----- 사람의 됨됨이의 위신이나 신중성이 있다

478. 무관심하다　　----- 관심이나 흥미를 갖지 않다
479. 무기력하다　　----- 기력이 없다
480. 무난하다　　　----- 말썽될 것이나 탈 잡힐 것 없이 무던하다
481. 무능하다　　　----- 재능이 없거나 수단이 없다
482. 무던하다　　　----- 마음씨가 순박하고 참되고 너그럽다
483. 무디다　　　　----- 느끼고 깨닫는 힘이 부족하고 둔하다
484. 무뚝뚝하다　　----- 아기자기한 인정미가 없어 남의 형편을 잘 살피지
　　　　　　　　　　　　못하고 정다운 데가 없다
485. 무력하다　　　----- 활동력, 능력 따위의 역량이 없다
486. 무례하다　　　----- 예의가 없다
487. 무모하다　　　----- 앞뒤를 깊이 헤아려 생각하려는 신중성이 없다
488. 무사태평의　　----- 무슨 일이든 안온하게 생각하여 근심 걱정 없이 태
　　　　　　　　　　　　평하다
489. 무섭다　　　　----- 두려운 느낌이 들다
490. 무신경하다　　----- 어떤 자극이나 치욕에도 느낌이 없고 반응이 적다
491. 무심하다　　　----- 특별이 이렇다 저렇다 생각이 없다
492. 무엄하다　　　----- 삼가고 어려워하는 마음이 없다
493. 무절제하다　　----- 절제함이 없다
494. 무정하다　　　----- 애정이나 인정이 없다
495. 무지하다　　　----- 아는 것이 없다
496. 무책임하다　　----- 책임성이 없다
497. 묵묵하다　　　----- 아무 말없이 잠잠하다
498. 묵직하다　　　----- 틀지고 무게가 있다
499. 문학적이다　　----- 문학을 좋아하며 능하거나 열의를 갖다
500. 뭉클하다　　　----- 걱정되는 생각이 풀리지 않고 맺혀 있다
501. 미끈하다　　　----- 말하는 것이 거침새가 없다
502. 미덥다　　　　----- 믿음성이 있다
503. 미련스럽다　　----- 보기에 어리석고 둔하다
504. 미루어 짐작하다 ----- 미리 앞질러 헤아리다
505. 미숙하다　　　----- 경험이나 수련이 모자라 일에 익지 못하여 서투르다
506. 미신적이다　　----- 아무런 과학적 근거도 없는 것을 종교적 신앙처럼
　　　　　　　　　　　　맹목적으로 믿다
507. 미안스럽다　　----- 미안한 감이 있다
508. 미욱하다　　　----- 됨됨이가 어리석고 미련하다
509. 밉다　　　　　----- 생김새나 마음 따위가 마음에 들지않다
510. 미워하다　　　----- 밉게 여기다
511. 미적지근하다　----- 성격이 맺고 끊는 데가 없고 흐리멍덩하다
512. 미지근하다　　----- 태도가 철저하지 못하고 어줍다
513. 미쳐 날뛰다　　----- 미친 듯이 함부로 날뛰다
514. 민감하다　　　----- 사물이나 사람에 대해 예민한 감각, 느낌이 날카롭
　　　　　　　　　　　　고 빠르다
515. 민첩하다　　　----- 활동하는 힘이 능란하고 재빠르다

516. 민활하다   ----- 민첩하고 활발하다
517. 믿음직하다   ----- 믿음직한데가 있다
518. 밉살스럽다   ----- 하는 짓이나 말이 몹시 밉다
519. 밉성을 부리다   ----- 밉살스럽게 행동하다
520. 바꾸어 말하다   ----- 먼저 한 말을 알기 쉽게 또는 간단하게 달리 표현하여 말하다
521. 바득바득 우기다   ----- 무리로 악지스럽게 자꾸 우기거나 조르다
522. 바라지다   ----- 마음속이 깊지 못하고 포용성이 적다
523. 바르다   ----- 거짓이나 속임이 없이 정직하다
524. 바보같다   ----- 어리석고 멍청하게 보이다
525. 박력있다   ----- 강하게 일을 밀고 나가는 힘이 있다
526. 박박거리다   ----- 악지를 부리면서 자꾸 기를 쓰거나 우기다
527. 박식하다   ----- 두루 넓은 지식을 소유하고 있다
528. 박정하다   ----- 인정. 동정심이 약하다
529. 반말질하다   ----- 반말을 하다
530. 반사회적이다   ----- 사회의 진보발전에 반대되는 성질. 태도를 지니다
531. 반항적이다   ----- 순순히 복종하지 않고 반대하여 대들다
532. 받아넘기다   ----- 말을 거침없이 척척 받아서 처리하다
533. 받아들이다   ----- 비판이나 의견을 옳다고 인정하고 응하여 듣다
534. 발끈하다   ----- 갑자기 바라지게 성을 내다
535. 발발거리다   ----- 겁이 날 때에 몸을 가냘프게 자꾸 떨다
536. 발뺌하다   ----- 책임을 면하려는 변명을 하다
537. 발칙하다   ----- 보기에 매우 버릇이 없다
538. 방그레하다   ----- 입을 예쁘게 벌리며 소리 없이 부드럽게 웃다
539. 방자하다   ----- 어려워하거나 삼가는 태도가 없이 건방지다
540. 방정맞다   ----- 몹시 까불어서 아주 경망스럽다
541. 방정을 떨다   ----- 몹시 방정스런 짓을 하다
542. 방탕하다   ----- 주색이나 잡기에 빠져 행실이 좋지 못하다
543. 배은망덕하다   ----- 남한테 입은 은덕을 잊고 저버리다
544. 배짱을 내밀다   ----- 배짱있는 태도를 취하다
545. 버럭대다   ----- 소리를 냅다 지르다
546. 버릇없다   ----- 어른에게 대하여 마땅히 지켜야 할 예절을 차릴 줄 모르다
547. 버젓하다   ----- 흠 잡히거나 굽힐 것이 없어 떳떳하고 당당하다
548. 버티다   ----- 어려운 일에 굽히지 않고 끝까지 참고 배기다
549. 번듯하다   ----- 나무랄 데 없이 아주 썩 버젓하고 당당하다
550. 벌벌거리다   ----- 무서워서 자꾸 떨다
551. 범상하다   ----- 대수롭지 아니하고 평범하다
552. 법석을 떨다   ----- 시끌시끌하게 몹시 떠들다
553. 벼르다   ----- 무엇을 꼭 실현하려고 미리부터 마음을 먹다
554. 변덕스럽다   ----- 보기에 이랬다 저랬다 하여 변하기 잘하는 성질이나 태도를 갖고 있다

555. 변명을 일삼다 ----- 어떤 잘못에 대하여 구구한 구실로 그 이유를 둘러대다
556. 변변찮다 ----- 됨됨이가 흠없이 어지간하다
557. 변하기 쉽다 ----- 마음, 성질, 취미, 습관 같은 것을 쉽사리 바꾸다
558. 보수적이다 ----- 새로운 것을 반대하고 재래의 것을 중시하여 유지하려고 하는 경향을 지니다
559. 보채다 ----- 무엇을 요구하여 귀찮도록 조르다
560. 복종적이다 ----- 명령이나 요구 또는 타인의 의견에 그대로 따라서 따르다
561. 본체만체하다 ----- 보고도 못 본 것처럼 하다
562. 볼썽사납다 ----- 체면 또는 예절을 차리지 못하여 남이 보기에 언짢다
563. 봉사적이다 ----- 웃어른이나 타인을 받들어 섬기다
564. 부끄러워하다 ----- 부끄러운 태도를 나타내다
565. 부담스럽다 ----- 짐스러운 느낌이 들다
566. 부당하다 ----- 정당하지 않거나 이치에 맞지 아니하다
567. 부도덕하다 ----- 도덕적이 아닌, 덕에 어그러진 태도나 행실을 보이다
568. 부드럽다 ----- 성질이나 태도가 억제지 않아 곱고도 순하다
569. 부러워하다 ----- 남의 좋은 것을 보고 그렇게 되고 싶거나 갖고 싶어하는 마음이 많다
570. 부르짖다 ----- 무엇을 호소하기 위하여 크게 떠들다
571. 부정하다 ----- 옳지 않다고 판단되는 행위를 하는
572. 부주의하다 ----- 일정한 대상에 주의를 하지 않고 도리어 딴 사물에 정신이 팔리다
573. 부지런하다 ----- 하는 일이 재빠르고 꾸준하다
574. 분명하다 ----- 아주 똑똑하고 영리하다
575. 분방하다 ----- 어떤 규칙이나 규범에 거리끼거나 얽매이지 않고 제 맘이 내키는데로 나아가다
576. 분별있다 ----- 올바른 판단능력을 가지고 있다
577. 불건전하다 ----- 정신이나 사상따위가 건전하지 않다
578. 불공평하다 ----- 좌로나 우로나 어느 한쪽으로 치우치다
579. 불굴의 ----- 온갖 고난에도 굽히지 않고 꿋꿋이 나아가다
580. 불끈하다 ----- 흥분하여 성을 월컥 한 번 내다
581. 불량하다 ----- 행실이나 성질 등이 나쁘다
582. 불만에 차다 ----- 만족하지 못한 모습을 역력히 드러내다
583. 불성실하다 ----- 성실하지 못하다
584. 불손하다 ----- 거만하여 겸손하지 못하다, 버릇이 없다
585. 불안정하다 ----- 어떤 일에 대해 마음이 흔들려 안정되지 못하다
586. 불안하다 ----- 안심이 되지 않아 마음이 조마조마하다
587. 불온하다 ----- 말, 행동, 사상 등이 치안을 어지럽게 할 우려가 있어 온당하지 않다
588. 불친절하다 ----- 남을 대하는 태도가 성의가 없고 고분하지 못하다
589. 불쾌하다 ----- 무슨 일이 못마땅하여 기분이 좋지 않다

590. 불퉁하다 ----- 퉁명스럽고 야멸차게 말을 불쑥불쑥하는 듯하다
591. 불편하다 ----- 편하지 아니하고 거북스럽다
592. 불평하다 ----- 마음에 불만이 있어 못마땅하게 여기다
593. 붉으락 푸르락하다 ----- 몹시 흥분하거나 노하여 얼굴빛이 붉게 혹은 푸르게 변하다
594. 붙임성 있다 ----- 남과 잘 사귀거나 어울리는 성질이 있다
595. 비겁하다 ----- 비열하고 겁이 많다
596. 비굴하다 ----- 줏대가 없이 품성이 비열하다
597. 비꼬다 ----- 남의 비위가 상할 만큼 엇먹게 말을 하다
598. 비뚤어지다 ----- 사람이 그릇된 방향으로 비꼬이거나 틀어지다
599. 비루하다 ----- 행동이나 성질이 다랍고 추저분하다/행실이 야하고 더럽다
600. 비범하다 ----- 보통 수준에서 훨씬 뛰어나다
601. 비상하다 ----- 말이나 생각 등이 예사롭지 않고 특별하다
602. 비속하다 ----- 격이 낮고 속되다
603. 비아냥거리다 ----- 보기에 얄밉게 비웃으며 놀리는데가 있다
604. 비열하다 ----- 하는 짓이 치뜰고 용렬하다
605. 비위를 거스르다 ----- 어떤 대상에 대하여, 비위가 상하게 작용하다
606. 비위를 맞추다 ----- 남의 비위에 맞도록 하여 주다
607. 비위사납다 ----- 마음에 거슬려 아니꼽다
608. 비쭉거리다 ----- 언짢아서 소리 없이 입술 끝을 쑥 나오게 움직이다
609. 비천하다 ----- 지체가 낮고 천하다
610. 비타협적이다 ----- 타협하지 않고 원칙을 굳게 지키다
611. 비판적이다 ----- 인물, 행위, 판단, 학설 . 작품 따위를 평가하고 그릇된 점을 밝혀내길 좋아하다
612. 비하적이다 ----- 자기 자신을 낮추다
613. 빈정거리다 ----- 은근히 비웃으며 놀려대거나 빗대어 말하다
614. 빈틈없다 ----- 모자란 점이나 남에게 책잡히기 쉬운 약점이 없다
615. 빌붙다 ----- 남의 호감이나 환심을 사기 위하여 붙좇으며 알랑거리다
616. 빗대다 ----- 바로 대지 않고 비뚜름하게 말하다
617. 빙긋거리다 ----- 입을 슬며시 벌릴 듯하면서 소리 없이 가볍게 웃다
618. 빤들빤들하다 ----- 부끄러워 할 줄을 모르고 몹시 빤빤스럽다
619. 빤빤하다 ----- 얌치 없이 부끄러운 짓을 하고도 태연스럽다
620. 빼어나다 ----- 두드러지게 뛰어나다
621. 빼죽거리다 ----- 불만이 있거나 울려고 할 때 소리없이 입술 끝을 쌜룩이다
622. 빽들거리다 ----- 하는 일 없이 얄밉고 유들유들하게 게으름을 부리다
623. 뻔뻔스럽다 ----- 보기에 부끄러운 짓을 하고도 예사롭다
624. 뻣뻣하다 ----- 태도나 성격이 아주 억세다
625. 뽐내다 ----- 자랑스럽게 우쭐거리다
626. 뾰로통하다 ----- 아주 못마땅하여 얼굴에 성난 빛이 얄망궂게 나타

나 있다

627. 뿌득뿌득 우기다 ----- 매우 무리하게 자꾸 우기거나 조르다
628. 뿌듯하다 ----- 마음에 그득하여 벅차다
629. 삐뚤다 ----- 마음쓰는 것이 그릇된 방향으로 나가서 바르지 못하다
630. 사교적이다 ----- 남과 잘 사귀거나 교제를 나누다
631. 사귀기 쉽다 ----- 서로 가까이 하여 얼굴을 익히고 사이 좋게 지내고 싶은 느낌이 들다
632. 사근사근하다 ----- 사람의 성질이나 생김새가 붙임성이 있고 시원스럽다
633. 사납다 ----- 성질이나 행동 또는 생김새가 모질고 억세다
634. 사나이답다 ----- 사나이로서 손색이 업다
635. 사람답다 ----- 됨됨이나 하는 짓이 사람의 도리에 어그러짐이 없다
636. 사랑스럽다 ----- 사랑하고 싶도록 귀엽다
637. 사려깊다 ----- 여러가지 일에 관한 깊은 생각을 잘하다
638. 사리다 ----- 정신이나 신경을 긴장되게 바싹 가다듬다
639. 사변적이다 ----- 경험에 의하지 않고 순수한 사유에 의한 것에 의존하다
640. 사분거리다 ----- 살짝살짝 우스운 소리를 하면서 사람을 지근덕거리다
641. 사색적이다 ----- 어떤 것에 대하여 깊이 생각하고 이치를 더듬기를 좋아하다
642. 사악하다 ----- 도리에 어긋나고 악하다
643. 사양하다 ----- 겸손하게 응하지 않거나 받지 아니하다
644. 사회적이다 ----- 사교적이며 어울리기를 좋아하며 잘 적응하다
645. 산뜻하다 ----- 기분이나 느낌이 깨끗하고 시원하다
646. 산만하다 ----- 말이나 행동이 어수선하여 걷잡을 수 없다
647. 살얼음을 밟는 것 같다
----- 위태위태하여 마음이 불안하다
648. 상냥하다 ----- 성질이 사근사근하고 부드럽다
649. 상스럽다 ----- 말과 행동이 교양없이 낮고 천하여 품위가 없어 보이다
650. 새겨듣다 ----- 말하는 사람의 본뜻이 무엇인가를 잘 헤아려서 듣다
651. 새무룩하다 ----- 마음에 못마땅하여 말이 없고 조금 언짢은 기색이 있다
652. 새침하다 ----- 쌀쌀하게 시치미를 떼는 태도가 있다
653. 샐쭉거리다 ----- 싫은 생각이 나서 얼굴이나 입을 자꾸 걀쭉하게 샐그러뜨리다
654. 생기있다 ----- 활발하고 생생한 기운이 있다
655. 생떼거리를쓰다 ----- 당치 않은 일을 억지로 하려고 고집하다
656. 생산적이다 ----- 생각이나 마음가짐이 생산과 관계가 있거나 건설적이다
657. 생색내다 ----- 대수롭지 않는 일을 가지고 자기의 낯을 지나치게 드러내다

658. 서글서글하다 ----- 성질이 부드럽고 상냥하다
659. 서글프다 ----- 슬프고도 외롭다
660. 서두르다 ----- 일을 빨리 해치우려고 바삐 나대거나 급하게 차리다
661. 서러워하다 ----- 원통하고 슬프다
662. 서먹서먹하다 ----- 매우 낯이 설거나 스스러워 어색하다
663. 서슴거리다 ----- 말을 딱 잘라서 하지 못하고 언행을 머뭇거리며 망설이다
664. 서슴없다 ----- 망설이는 티가 없다
665. 서운하다 ----- 마음에 차지 아니하여 아쉽거나 섭섭하다
666. 선량하다 ----- 착하고 어질다
667. 선명하다 ----- 깨끗하고 밝다
668. 설교적이다 ----- 어떤 일의 관점이나 견해를 다른 사람에게 설득시키기 위해 단단히 타일러서 가르치려 하다
669. 설설기다 ----- 남 앞에서 매우 무섭거나 두려워서 기를 펴지 못하고 그저 순종하거나 복종하다
670. 섬뜩하다 ----- 소름이 끼치도록 무섭고 끔찍하다
671. 섬세하다 ----- 감정 또는 행동이 몹시 찬찬하고 세밀하다
672. 섭섭하다 ----- 서운하고 아쉽다/못마땅하거나 불만스럽다
673. 성가시다 ----- 자꾸 들볶거나 괴롭게 굴어 귀찮고 싫다
674. 성급하다 ----- 성질이 팔팔하고 몹시 급하다
675. 성마르다 ----- 도량이 좁고 성미가 급하다
676. 성실하다 ----- 정성스럽고 참되어 실속이 있다
677. 성을 내다 ----- 노여움을 나타내다
678. 세련되다 ----- 언동이나 말따위가 어색하거나 서투른 데가 없이 미끈하게 잘 다듬어져 있다
679. 세밀하다 ----- 자세하고 빈틈없이 꼼꼼하다
680. 세상을 모르다 ----- 물정이나 일의 앞뒤 사정을 분별하지 못하다
681. 세속적이다 ----- 속되고 저열한/세상에 속한 것에 익숙하다
682. 세심하다 ----- 마음을 쓰는 것이 꼼꼼하고 자세하다
683. 소곤거리다 ----- 작은 목소리로 가만가만 말하다
684. 소극적이다 ----- 자진하여 앞장서 나아가려는 기백이나 박력이 모자라며 활동적이 아니다
685. 소리지르다 ----- 목소리를 크게 내다
686. 소박하다 ----- 자연스러워 꾸밈이나 거짓이 없이 순진하다
687. 소심하다 ----- 도량이 좁거나 대담하지 못하고 겁이 많다
688. 소탈하다 ----- 자질구레하고 까다로운 예절이나 형식을 찾지 않고 수수하고 털털하다
689. 속기쉽다 ----- 생각이나 의견이 굳건하지 못하여 쉬이 속아넘어가다
690. 속닥거리다 ----- 좀 큰소리로 소곤소곤 말하다
691. 속물근성의 ----- 세속적인 명예와 이익에만 급급한 성격이나 태도를 지니다
692. 속보이다 ----- 엉큼한 마음이 들여다 보이다

693. 속시원하다 ----- 바라던 대로 이루어져 마음이 상쾌하다
694. 속을 썩이다 ----- 마음대로 되지 않거나 좋지 않은 일로 몹시 마음이 괴로워하다
695. 속이 없다 ----- 생각에 줏대가 없다
696. 손이 크다 ----- 사람됨이 깐깐하지 않아 물건이나 재물을 다루는 데서, 씀씀이가 푼푼하다
697. 솔직하다 ----- 거짓으로 꾸미거나 숨김이 업이 바르고 곧다
698. 수군덕거리다 ----- 질서없이 마구 수군거리다
699. 수다스럽다 ----- 수선스럽게 말수가 많다
700. 수단이 좋다 ----- 말을 하거나 일을 다루어 처리하는 능력이나 솜씨가 좋다
701. 수더분하다 ----- 성실이 순하고 소박하여 무던하다
702. 수동적이다 ----- 남으로 부터 움직임을 받다
703. 수리적이다 ----- 계산이나 숫자를 이용하는데 밝다
704. 수선스럽다 ----- 남의 정신을 부산하고 어지럽게 만드는 말이나 짓을 하는 태도가 있다
705. 수수하다 ----- 사람의 성질이 꾸밈이나 거짓이 없고 까탈스럽지 않아 수월하고 무던하다
706. 수월하다 ----- 대답이 시원시원하다
707. 수줍어하다 ----- 어려워하거나 부끄러워하는 태도가 많다
708. 숙덕거리다 ----- 여러 사람이 모여 남이 모르게 이야기하다
709. 순결하다 ----- 마음에 조금도 더러움이 없이 깨끗하다
710. 순박하다 ----- 소박하고 순진하다
711. 순수하다 ----- 마음속에 사사로운 욕심이나 사념 따위가 없다
712. 순종하다 ----- 거스리지 않고 순순히 따르다
713. 순진하다 ----- 마음이 꾸밈이 없이 순박하고 참되다
714. 숫기가 없다 ----- 숫기가 없어 부끄러움을 잘 탄다
715. 쉬쉬하다 ----- 말이 새나갈까 봐 서로 경계하면서 은밀히 말하다
716. 스산하다 ----- 마음이나 기분 따위가 가라앉지 않고 몹시 어수선하다
717. 스스럼없다 ----- 스스러운 티가 없다
718. 슬기롭다 ----- 이치를 빨리 깨달아 밝히고 정확하게 가려내는 능력이 있다
719. 시건방지다 ----- 시큰둥하게 건방지다
720. 시끄럽다 ----- 정신을 차릴 수 없게 번거롭거나 번잡스러워서 귀찮다
721. 시끄럽다 ----- 듣기 싫을 만큼 몹시 소리가 크고 떠들썩하다
722. 시끌시끌하다 ----- 몹시 시끄럽다
723. 시답잖다 ----- 만족스럽지 못하거나 대수롭지 아니하다
724. 시들하다 ----- 마음에 차지 않고 언짢다
725. 시무룩하다 ----- 마음에 못마땅하여 부루퉁하다
726. 시부렁거리다 ----- 쓸데없는 말로 주책없이 함부로 자꾸 지껄이다

727. 시샘하다 ----- 저보다 잘 되거나 나은 이를 공연히 미워하고 싫어하다
728. 시시껄렁하다 ----- 시시하고 껄렁하다
729. 시시덕거리다 ----- 실없이 잘 웃고 몹시 지껄이다
730. 시시콜콜하다 ----- 말이 시시하고 자질구레하다
731. 시시하다 ----- 떨떨하고 아니꼽다
732. 시실거리다 ----- 실없이 까불며 웃다
733. 시원섭섭하다 ----- 한편으로는 시원하면서도 다른 한편으로는 섭섭하다
734. 시원찮다 ----- 마음에 시원하지 아니하다
735. 시큰둥하다 ----- 말하는 꼴이 아니꼬운 데가 있다
736. 신경과민의 ----- 사소한 자극에 대해서도 쉽사리 감응하다
737. 신경질적이다 ----- 과민하거나 섭약하여 정서가 변화하기를 잘하다
738. 신랄하다 ----- 어떤 일의 분석이나 지적이 매우 모질고 날카롭다
739. 신뢰롭다 ----- 믿고 의뢰할 수 있다
740. 신중하다 ----- 차근차근하며 조심성이 있다
741. 실용적이다 ----- 실질적인 쓸모에 관심을 많이 갖다
742. 실제적이다 ----- 있는 그대로의 정황, 현실이나 실용성을 중시 여기다
743. 실쭉해하다 ----- 마음에 차지 않아서 고까와 하는 태도가 한 번 드러나다
744. 싫다 ----- 마음에 언짢다
745. 심드렁하다 ----- 마음에 탐탁하지 않다
746. 심술궂다 ----- 온당하지 않게 공연한 고집을 부리는 마음이 있다
747. 심술부리다 ----- 남이 방해가 되도록 심술궂은 짓을 하다
748. 심술사납다 ----- 심술이 나쁘고 모질다
749. 심심하다 ----- 하는 일이 없어 지루하고 재미가 없다
750. 싱겁다 ----- 하는 짓이 좀 멋적다
751. 싱숭생숭하다 ----- 마음이 들떠서 걷잡지 못할 정도로 뒤숭숭하다
752. 싸늘하다 ----- 태도가 매우 쌀쌀하다
753. 싸부랑거리다 ----- 경망스럽게 자꾸 실없는 말을 마구 지껄이다
754. 싹싹하다 ----- 눈치가 재빠르고 상냥하다
755. 쌀쌀하다 ----- 성질이나 태도가 정다운 맛이나 붙임성이 없게 차다
756. 써늘하다 ----- 갑자기 놀라거나 걱정스러울 때에 가슴이 덜컥 내려앉자 으스스한 느낌이 있다
757. 쏘아붙이다 ----- 남의 감정이 상하도록 날카롭게 말을 해대다
758. 쑤군거리다 ----- 남이 알아듣지 못하게 낮은 소리로 가만가만 이야기하다
759. 쑥스러워하다 ----- 어색하여 부끄럽다
760. 쓰라리다 ----- 정신적으로 몹시 괴롭고 아프다
761. 쓸쓸하다 ----- 외롭고 적적하다
762. 씨무룩하다 ----- 마음에 못마땅하거나 불만스러워 아주 언짢은 기색이 있다
763. 씩씩하다 ----- 행동이나 태도가 굳세고 위엄스럽다

764. 씹다 ----- 말을 몹시 언짢게 내뱉다
765. 아니꼽다 ----- 말과 행동이 눈꼴이 사나워 불쾌하다
766. 아둔하다 ----- 영리하지 못하고 머리가 매우 둔하다
767. 아둥바둥하다 ----- 무엇을 이루려 자꾸 이악스레 기를 쓰다
768. 아랑곳 않다 ----- 어떤 일에 나서서 간섭하거나 또는 마음에 두고 생각하지 않다
769. 아량있다 ----- 베푸는 마음이나 남의 허물을 기꺼이 용서해 주는 마음을 지니다
770. 아름답다 ----- 마음에 들어 감각이나 감정에 기쁨과 만족을 줄 만하다
771. 아리송하다 ----- 기연가미연가하여 똑똑히 분간하기 어렵다
772. 아쉽다 ----- 필요할 때 없거나 모자라서 답답하고 안타깝다
773. 아슬아슬하다 ----- 잘못될까 두려워서 소름이 끼치도록 위태롭거나 조마조마하다
774. 아웅다웅하다 ----- 서로 시비질을 하며 함부로 자꾸 다투다
775. 아찔하다 ----- 갑자기 정신이 내둘려 쓰러질 것 같다
776. 악다구니를 퍼붓다 ----- 기를 쓰며 욕을 마구하다
777. 악독하다 ----- 지독하게 우겨대거나 애를 쓰거나 하다
778. 악랄하다 ----- 악독하고 잔인하다/매섭고 표독하다
779. 악을 쓰다 ----- 악을 내어 소리를 지르다
780. 악의에 차다 ----- 남을 해치려는 나쁜 마음을 지닌
781. 악착같다 ----- 조그마한 일에 기를 쓰고 아득바득하다
782. 안간힘을 쓰다 ----- 불만과 고통, 울화 따위를 꾹 눌러 참다
783. 안달복달하다 ----- 몹시 안달을 하며 볶아치다
784. 안스럽다 ----- 자기보다 약한 사람이 괴로운 처지에 있어서 보기에 딱하고 안타깝다
785. 안이하다 ----- 근심이 없고 편안하다
786. 안일하다 ----- 어떤 일을 편안하고 쉽게 생각하다
787. 안절부절하다 ----- 마음이 불안하거나 초조하여 어찌할 바를 모르다
788. 안정되다 ----- 정신과 마음이 편안하고 고요하다
789. 안타깝다 ----- 보기에 딱하여 애타고 갑갑하다
790. 알뜰하다 ----- 일이나 생활을 착실하고 규모 있게 하여 빈틈이 없다
791. 알랑거리다 ----- 남의 비위를 맞추거나 환심을 사려고 아첨하는 짓을 자꾸하다
792. 알쏭달쏭하다 ----- 생각이 섞바뀌어 알 듯 알 듯 하면서도 또렷하지 아니하다
793. 암팍스럽다 ----- 성격이나 하는 짓이 매정스럽게 차갑고 날카롭다
794. 암팡지다 ----- 야무지고 다부지다
795. 앙살궂다 ----- 매우 앙살스럽다
796. 앙살을 피우다 ----- 앙살스러운 태도를 나타내다
797. 앙칼지다 ----- 매우 앙큼하고 날카롭다
798. 앙탈을 부리다 ----- 매우 앙탈을 하다

| | | |
|---|---|---|
| 799. 애고대고하다 | ----- | 몹시 서럽게 목놓아 울다 |
| 800. 애꿎다 | ----- | 아무런 잘못도 없이 횡액에 걸리어 억울하다 |
| 801. 애달프다 | ----- | 마음이 안타깝거나 쓰라리다/애처럽고 딱하다 |
| 802. 애매하다 | ----- | 잘못이나 사건과는 아무런 관련이 없이 추궁을 당하거나 벌을 받아 억울하다 |
| 803. 애잔하다 | ----- | 애틋하고 애처롭다 |
| 804. 애절하다 | ----- | 견디기 어려울 정도로 애가 타다 |
| 805. 애처롭다 | ----- | 애타게 가엾고 불쌍하다 |
| 806. 애틋하다 | ----- | 정답고 알뜰한 맛이 있다 |
| 807. 야단스럽다 | ----- | 매우 떠들썩하게 벌이거나 매우 부산하게 법석거리다 |
| 808. 야릇하다 | ----- | 감정이 뭐라고 나타낼 수 없도록 이상하고 묘하다 |
| 809. 야만적이다 | ----- | 교양이 없고 무례하며 도의심이 없다 |
| 810. 야멸차다 | ----- | 남의 형편을 돌보는 마음이 없고 제 생각만 하다/태도가 오달지고 차갑다 |
| 811. 야무지다 | ----- | 사람됨이 야물고 오달지다 |
| 812. 야박하다 | ----- | 박정하고 야멸차다 |
| 813. 야비하다 | ----- | 성질이나 행동이 교양이 없이 야하고 비루하다 |
| 814. 야심적이다 | ----- | 자기 분수에 맞지 않게 야망을 채우려는 욕심을 지니다 |
| 815. 약삭빠르다 | ----- | 꾀가 있고 민첩하며 눈치가 몹시 빠르다 |
| 816. 약아빠지다 | ----- | 몹시 약다 |
| 817. 약다 | ----- | 눈치가 빠르며 꾀바르다 |
| 818. 약하다 | ----- | 연하고 물러 견뎌내는 힘이 약하다/결심, 의지 따위가 굳세고 단단하지 못하다 |
| 819. 얄밉다 | ----- | 말이 깜찍스럽고 밉다 |
| 820. 얄팍하다 | ----- | 사람됨이 깊은 데가 없고 되바라지다 |
| 821. 얌전하다 | ----- | 성질이 안온하고 고우며 말이나 하는 짓이 단정하다 |
| 822. 양순하다 | ----- | 어질고 숙부드러우며 순하다 |
| 823. 양심적이다 | ----- | 양심에 비추어 보아 거리끼거나 부끄럽지 아니하다 |
| 824. 얕잡아보다 | ----- | 상대방을 실제보다 낮추어 아무렇게나 대접하다 |
| 825. 어김없다 | ----- | 어기는 일이 없다 |
| 826. 어렴풋하다 | ----- | 생각이나 기억이 똑똑하지 않고 흐릿하다 |
| 827. 어른스럽다 | ----- | 나이는 어리나 어른 같은 데가 있다 |
| 828. 어리광을 떨다 | ----- | 매우 경망스럽게 어리광을 자꾸 부리다 |
| 829. 어리둥절해 하다 | ----- | 정신이 얼떨떨하다 |
| 830. 어리벙벙하다 | ----- | 하는 말이 또렷하지 않아 무엇인지 대중하기 어렵다 |
| 831. 어리석다 | ----- | 슬기롭지 못하고 둔하다 |
| 832. 어리숙하다 | ----- | 어리석은 듯하다 |
| 833. 어리다 | ----- | 경험이 적거나 수준이 낮다 |
| 834. 어물쩍하다 | ----- | 꾀를 부리느라고 행동을 똑똑하지 않게 하다 |
| 835. 어벙벙하다 | ----- | 어찌할 줄 몰라 말없이 어리숙하고 벙벙하다 |
| 836. 어설프다 | ----- | 말하는 태도가 탐탁하여 착실한 맛이 없다 |

| | | |
|---|---|---|
| 837. 어수룩하다 | ----- | 똑똑하지 못하고 좀 어리석은 점이 있다 |
| 838. 어수선하다 | ----- | 마음이나 뒤숭숭하고 산란하다 |
| 839. 어이없다 | ----- | 하도 기가 막혀 어쩔 생각이 없다 |
| 840. 어정쩡하다 | ----- | 얼떨떨하고 뻥뻥하다 |
| 841. 어줍잖다 | ----- | 아니꼽게 생각하여 엽신여기는 태도가 있다 |
| 842. 어지럽다 | ----- | 품행이 바르지 못하고 더럽다 |
| 843. 어질다 | ----- | 마음이 너그럽고 인정이 두터우며 착하다 |
| 844. 억누르다 | ----- | 어떤 감정을 강하게 억제하다 |
| 845. 억세다 | ----- | 뜻한 바를 이루려는 짓이 억척스럽고 세차다 |
| 846. 억제하다 | ----- | 욕망. 감정 따위를 억누르다 |
| 847. 억지를 부리다 | ----- | 무리한 고집을 부리다 |
| 848. 억척스럽다 | ----- | 어떤 난관에도 굴하지 않을 만큼 힘있고 억세다 |
| 849. 얼떨하다 | ----- | 하는 짓이 똑똑하지 못하고 흐릿하거나 모자라는 데 가 있다 |
| 850. 얼렁뚱땅하다 | ----- | 능청스럽게 수단을 써서 어물쩍 행동하다 |
| 851. 얼빠지다 | ----- | 정신이 없거나 혼란하다 |
| 852. 얼얼하다 | ----- | 술에 몹시 취하여 정신이 아리숭하다 |
| 853. 얼쩡거리다 | ----- | 근사한 말로 얼렁거리며 남을 속이다 |
| 854. 엄격하다 | ----- | 언행. 태도, 규율 따위가 매우 엄하다 |
| 855. 엄밀하다 | ----- | 엄중하고 세밀하여 빈틈이 없다 |
| 856. 엄살궂다 | ----- | 엄살스러운 태도가 있다 |
| 857. 엄살을 떨다 | ----- | 일부러 엄살하는 태도를 나타내다 |
| 858. 엄숙하다 | ----- | 엄하고 정중하다 |
| 859. 엄포를 놓다 | ----- | 호통을 치거나 헛된 위협으로 으르다 |
| 860. 엄하다 | ----- | 다스리거나 다루는 태도가 몹시 심하고 냉정하다 |
| 861. 엉뚱하다 | ----- | 분수에 넘치는 말이 많다 |
| 862. 엉엉거리다 | ----- | 자꾸 엄살을 부리며 가난의 괴로움을 하소연하다 |
| 863. 엉큼하다 | ----- | 엉뚱한 야심이나 욕심을 품고 분수 밖의 일을 하 려는 태도가 있다 |
| 864. 여리다 | ----- | 마음이 약하고 무르다 |
| 865. 여물다 | ----- | 말하는 태도가 여무지고 옹골차다 |
| 866. 여성적이다 | ----- | 남성적인 면과 대조하여 생각이나 행동 등이 여성 적이다 |
| 867. 여우같다 | ----- | 몹시 간사하고 요망스럽다 |
| 868. 여유있다 | ----- | 너무 성급하게 덤비지 않고 사리를 너그럽게 판단 하는 마음이 있다 |
| 869. 역겹다 | ----- | 몹시 역하다. 역정이 나게 겹다 |
| 870. 연구적이다 | ----- | 어떤 일에 대하여 깊이 생각하고 사리를 따지어 보는 경향이 짙다 |
| 871. 연약하다 | ----- | 성질이나 자신의 견해에 대해 단단하지 않고 무르 다. 확고한 신념이 없다 |
| 872. 열광적이다 | ----- | 너무 기뻐서 열정을 다 바쳐 흥분하다 |

873. 열성적이다 ----- 어떤 일에 대하여 열렬한 정신을 갖고 있다
874. 열없다 ----- 겁이 많고 뱃심이 없거나 담이 크지 못하다
875. 염세적이다 ----- 세상을 무의미 혹은 비관적으로 바라보는 성향을 강하게 지니다
876. 염치없다 ----- 체면과 부끄러움을 아는 마음이 없다
877. 영리하다 ----- 눈치가 빠르고 똑똑하다. 슬기롭고 민첩하다
878. 영악하다 ----- 이해에 밝고 열성이 대단하다
879. 영특하다 ----- 영민하고 특별하다
880. 예리하다 ----- 판단, 분석따위에서 두뇌의 작용이 날카롭다
881. 예민하다 ----- 감각, 행동 등이 날카롭고 민감하다
882. 예술적이다 ----- 문학, 음악, 회화, 연극 등 미적으로 창조, 표현하는 것을 즐기다
883. 예의바르다 ----- 사람에게 나타내는 말투나 몸가짐이나 행동 따위가 올바르고 적절하다
884. 오락가락하다 ----- 정신이 있다 없다 하다
885. 오만하다 ----- 태도나 행동이 거만하여 예의를 돌보지 아니하다
886. 오망스럽다 ----- 보기에 엉뚱하고 요망스럽다
887. 온건하다 ----- 사상이나 행동 등이 온당하고 건실하다
888. 온당하다 ----- 사리에 벗어나지 않고 타당하다
889. 온순하다 ----- 성질이나 마음씨가 고분고분하고 양순하다
890. 온정적이다 ----- 따뜻한 인정, 정다운 마음을 갖다
891. 온화하다 ----- 온순하고 인자하다
892. 올가미질하다 ----- 사람이 걸려 들도록 꾀를 부리다
893. 올곧다 ----- 바르고 곧다
894. 올바르다 ----- 곧고 바르다
895. 올차다 ----- 여무지고 기운차다
896. 옹고집의 ----- 억지가 몹시 심하다
897. 옹골차다 ----- 힘에 겨운 일도 감당할 만큼 다부지다
898. 옹알거리다 ----- 혼자 입속말로 똑똑하지 않게 재깔이다
899. 옹졸하다 ----- 성질이 너그럽지 못하고 좁다
900. 왁자지껄하다 ----- 여러 사람이 모여 정신이 어지럽도록 떠들고 지껄이다
901. 완강하다 ----- 태도가 완고하고 의지가 굳세다
902. 완고하다 ----- 완강하고 고루하다
903. 완벽하다 ----- 결점이 업이 완전하다
904. 완전하다 ----- 부족이나 흠이 없다
905. 외롭다 ----- 의지할 곳이 없어 매우 쓸쓸하다
906. 외치다 ----- 큰소리를 지르다
907. 요염하다 ----- 사람의 마음을 흘릴 만큼 얼굴이 매우 아리땁다
908. 요탓조탓하다 ----- 요리 탓하고 조리탓하다
909. 욕구불만의 ----- 욕구가 충족되지 않다
910. 욕심을 부리다 ----- 몹시 하고자 하거나 가지고 싶어서 탐내는 마음이

강하다

| | | |
|---|---|---|
| 911. 용감하다 | ----- | 어려움이나 두려움을 모르며 씩씩하고 기운차다 |
| 912. 용기있다 | ----- | 용감스러운 기운을 갖고 있다 |
| 913. 우겨대다 | ----- | 계속해서 우기다 |
| 914. 우둔하다 | ----- | 어리석고 둔하다. 무디다 |
| 915. 우락부락하다 | ----- | 하는 짓이 거칠고 험상궂다 |
| 916. 우렁차다 | ----- | 소리의 울림이 굉장하다 |
| 917. 우물거리다 | ----- | 말을 시원스럽게 하지 못하고 꾸물거리다 |
| 918. 우물쭈물하다 | ----- | 말이나 행동을 우물거리며 흐리멍덩하게 하다 |
| 919. 우스꽝스럽다 | ----- | 보기에 매우 우습다 |
| 920. 우아하다 | ----- | 점잖고 품위가 높으며 아름답다 |
| 921. 우악스럽다 | ----- | 보기에 모질고 우락부락하다 |
| 922. 우울하다 | ----- | 근심스러워 활기가 없다. 마음이 흐리고 명랑치 못한 심리상태를 보이다 |
| 923. 우유부단하다 | ----- | 어물거리기만 하고 딱 잘라서 결단하지 못하다 |
| 924. 우쭐하다 | ----- | 젠 체하며 뽐내다 |
| 925. 우호적이다 | ----- | 사이가 좋게 지내다 |
| 926. 울뚝불뚝하다 | ----- | 성미가 변덕스럽고 급하여 뚝뚝하고 우악스럽다 |
| 927. 울먹이다 | ----- | 울상이 되어 울 듯하다 |
| 928. 울상스럽다 | ----- | 보기에 울상을 하고 있다 |
| 929. 울컥하다 | ----- | 격한 감정이 갑자기 크게 치밀다 |
| 930. 움츠러지다 | ----- | 몹시 겁을 먹고 아예 대어들 생각이 없어지다 |
| 931. 웃어대다 | ----- | 잇달아 계속해서 웃다 |
| 932. 원기왕성하다 | ----- | 몸과 마음으로 타고난 기운이 넘치다 |
| 933. 원만하다 | ----- | 성격이나 인품 같은 것이 모나지 않고 두루 너그럽다 |
| 934. 원숙하다 | ----- | 인식. 지식 같은 것이 오묘한 지경에 이름/빈틈이 없이 원만함 |
| 935. 원칙적이다 | ----- | 어떤 행동이나 이론 등에서 지켜야 할 근본의 법칙을 잘 지키다 |
| 936. 위선적이다 | ----- | 외면 치레로 착한 척하다 |
| 937. 위태롭다 | ----- | 형세가 마음을 놓을 수 없게 어렵고 안전하지 못하다 |
| 938. 위험하다 | ----- | 좋지 않은 일이 생길 걱정이 있어 위태하고 험악하다 |
| 939. 유능하다 | ----- | 재능이 뛰어나다 |
| 940. 유다르다 | ----- | 다른 사람에 비하여 두드러지게 다르다 |
| 941. 유들유들하다 | ----- | 부끄러운 줄도 모르고 뻔뻔스럽다 |
| 942. 유순하다 | ----- | 성질이 부드럽고 온순하다 |
| 943. 유식하다 | ----- | 아는 것이 많다 |
| 944. 유연하다 | ----- | 성질이 침착하고 여유가 있다 |
| 945. 유유하다 | ----- | 동작이 태연하거나 느리다 |
| 946. 유치하다 | ----- | 생각이나 행동이 수준이나 정도가 낮다 |
| 947. 유쾌하다 | ----- | 마음이 즐겁고 기분이 좋다 |
| 948. 윤리적이다 | ----- | 행하거나 지켜야 할 도리. 도덕 규범을 잘 따르다 |

949. 융통성있다 ----- 임기응변으로 일을 잘 처리하다. 변통의 재주가 있다
950. 은근하다 ----- 겉으로 나타내지는 않지만 마음으로 생각하는 정도가 깊다
951. 음란하다 ----- 음란하고 난잡하다
952. 음울하다 ----- 쓸쓸하고 명쾌하지 못하다
953. 음침하다 ----- 성질이 명랑하지 못하여 그늘지고 의뭉스럽다
954. 음탕하다 ----- 음란한 것을 좋아하다
955. 음험하다 ----- 겉은 부드럽고 솔직한 것 같으나 속은 내흉스럽고 비틀어져 있다
956. 음흉하다 ----- 마음속이 음침하고 내흉스럽다
957. 의리있다 ----- 신의를 지켜야 할 교제상의 도리를 지키다
958. 의심하다 ----- 확실히 알지 못하거나 믿지 못하여 이상하게 생각하다
959. 의젓하다 ----- 점잖고 무게가 있다
960. 의존적이다 ----- 독립적이지 못하고 다른 사람이나 그 무엇에 기대다
961. 의지적이다 ----- 경험에 의해서 어떤 목적을 자각하고, 그것을 달성하기 위하여 적극적으로 노력하다
962. 이기적이다 ----- 자기만의 이익을 꾀하려고 하다
963. 이러쿵 저러쿵하다 ----- 이러하다는 둥 저러하다는 둥 말하다
964. 이를 갈다 ----- 분하거나 원통하여 참을 수 없는 마음을 독하게 먹다
965. 이상주의적이다 ----- 실제로는 실현할 수 없다 하더라도 이성으로 생각할 수 있는 완전한 상태나 모습을 지표로 삼는 사고방식
966. 이성적이다 ----- 감정에 흐르지 않고 이성을 근본으로 하여 판단. 행동을 하다
967. 이지적이다 ----- 이성과 지혜를 기초로 하여 행동, 판단하다
968. 이해타산적이다 ----- 이해 관계를 이모저모 따져 헤아리다
969. 익살스럽다 ----- 남을 웃기기 위하여 일부러 하는 재미있고 우스운 말이나 짓을 하다
970. 익숙하다 ----- 여러 번 겪거나 손에 익어서 썩 솜씨가 능란하다
971. 인내하다 ----- 어려움이나 괴로움을 참고 견디다
972. 인색하다 ----- 재물에 대한 욕심이 많아서 체면이나 도리를 돌아보지 않고 몹시 다랍게 아끼다
973. 인자하다 ----- 마음이 어질고 자애스럽다
974. 인정있다 ----- 남을 도와주는 따뜻하고 갸륵한 마음을 갖다
975. 일러바치다 ----- 어떤 비밀이나 잘못을 윗사람에게 고자질하다
976. 입만 살다 ----- 행동으로는 잘 하지 못하면서도 이러니 저러니 말만 잘하다
977. 입바르다 ----- 옳은 말이기는 하지만 듣는 이가 꺼려할 만큼 거침없이 날카롭게 말을 잘하다
978. 입방아를 찧다 ----- 쓸데없는 말을 방정맞게 자꾸하다
979. 입을 봉하다 ----- 말을 하지 않고 입을 다물다

980. 입이 가볍다 ----- 말수가 많고 신중하지 못하여 경솔하다
981. 입이 걸다 ----- 말이 많고 험하다
982. 입이 근질근질하다 ----- 무엇을 말하고 싶어서 참기 어렵다
983. 입이 여물다 ----- 말이 똑똑하고 실속이 있다
984. 입이 험하다 ----- 험하게 말하는 버릇이 있다
985. 입이 싸다 ----- 신중성이 없이 경솔하게 말하는 버릇이 있다
986. 자기과시적이다 ----- 자기의 존재를 인정받기 위하여 남에게 자기를 과시하다
987. 자기만족적이다 ----- 자기 자신 또는 자기의 행위에 대해서 자기 스스로 만족해 하다
988. 자기비판적이다 ----- 자기가 범한 과오에 대해 깨닫고 자기 스스로 비판하다
989. 자랑하다 ----- 자랑할 만하여 마음에 흐뭇하다
990. 자만하다 ----- 자기 스스로 거드름 부리며 만족하게 여기다
991. 자분자분하다 ----- 성질이 매우 부드럽고 찬찬하다
992. 자비롭다 ----- 동정심이 많고 사랑하고 크게 가엾게 여기는 마음을 지니다
993. 자상하다 ----- 성질이 차분하고 꼼꼼하다
994. 자세를 부리다 ----- 무엇을 등대고 세력을 부리다
995. 자신만만하다 ----- 제 능력이나 가치 또는 어떤 것에 대해서 매우 자신을 갖다
996. 자애롭다 ----- 자비로우며 사랑이 도탑다
997. 자의식적이다 ----- 외계보다는 자기자신에 대한 생각이 의식의 중심을 이루다
998. 자조적이다 ----- 스스로 자기를 비웃다
999. 자주적이다 ----- 남의 도움이나 간섭을 받지 아니하고 자신의 일을 스스로 처리하다
1000. 자책하다 ----- 양심에 걸리어 스스로 자기를 책망하다
1001. 잔꾀를 피우다 ----- 제게 이롭도록 잔꾀를 부리다
1002. 잔득하다 ----- 제법 침착하고 듬직하다
1003. 잔망스럽다 ----- 하는 짓이 매우 얄밉도록 맹랑한데가 있다
1004. 잔인하다 ----- 인정이 없고 아주 모질다
1005. 잔혹하다 ----- 남의 괴로움이나 고통을 조금도 생각지 않아 성질이나 태도가 지독하게 잔인하다
1006. 잘난 체하다 ----- 됨됨이가 똑똑하고 뛰어나다
1007. 잘다 ----- 생각이나 성질이 너그럽지 못하고 좀스럽다
1008. 잘라말하다 ----- 생각, 요구, 결심 같은 것을 간명하게 단정하여 말하다
1009. 잠잠하다 ----- 이렇다할 활동도 아무런 의사 표시도 없이 덤덤하다
1010. 잡스럽다 ----- 잡되고 상스럽다
1011. 장난궂다 ----- 장난기가 많다
1012. 재미있다 ----- 아기자기하게 즐겁고 유쾌한 맛이 있다

| | | |
|---|---|---|
| 1013. 재빠르다 | ----- | 재치있고 빠르다 |
| 1014. 재잘거리다 | ----- | 낮은 목소리로 자꾸 재깔이다 |
| 1015. 재치있다 | ----- | 눈치 빠른 재주. 능란한 솜씨가 있다 |
| 1016 저속하다 | ----- | 품위가 낮고 속되다 |
| 1017 적극적이다 | ----- | 어떤 일을 밀고 나가는 힘이 있으며 대상에 대하여 바싹 다잡아 활동하다 |
| 1018 적대적이다 | ----- | 어떤 사람. 집단 혹은 의견에 대하여 서로 적으로 맞서려 하는 태도를 지니다 |
| 1019. 절도있다 | ----- | 동작. 생활 따위에서 정도에 알맞도록 하는 규칙적인 한도가 있다 |
| 1020. 절절매다 | ----- | 두려움이나 위엄을 느끼어 어쩔 줄 모르게 행동하다 |
| 1021. 절제하다 | ----- | 방종하지 않도록 자기의 욕망을 제어하다 |
| 1022. 점잔을 빼다 | ----- | 짐짓 점잖은 태도를 짓다 |
| 1023. 점잖다 | ----- | 몸가짐이나 품격이 묵중하고 얌전하다 혹은 속되지 않고 높다 |
| 1024. 정겹다 | ----- | 매우 다정하다 |
| 1025. 정결하다 | ----- | 정조가 굳고 행실이 결곡하고 깨끗하다 |
| 1026. 정답다 | ----- | 정이 있어 따뜻하다 |
| 1027. 정당하다 | ----- | 바르고 마땅하며 이치에 합당하다 |
| 1028. 정력적이다 | ----- | 기운차게 활동하다 |
| 1029. 정밀하다 | ----- | 정교하고 치밀하다 |
| 1030. 정서적이다 | ----- | 기쁨, 두려움. 슬픔. 근심 등을 표정이나 태도 등에 잘 드러내다 |
| 1031. 정숙하다 | ----- | 조용하고 엄숙하다 |
| 1032. 정적이다 | ----- | 조용하며 행동적이지 않다 |
| 1033. 정정당당하다 | ----- | 정당하고 떳떳하다 |
| 1034. 정중하다 | ----- | 상대방을 존중하여 대하는 태도가 깍듯하고 점잖다 |
| 1035. 정직하다 | ----- | 마음에 거짓이 없고 바르다 곧다 |
| 1036. 정확하다 | ----- | 바르고 확실하다 |
| 1037. 조급하다 | ----- | 성질이 참을성이 업이 몹시 급하다 |
| 1038. 조마조마하다 | ----- | 닥쳐 올 일에 대하여 마음이 초조하고 불안스럽다 |
| 1039. 조소적이다 | ----- | 비웃음을 잘 치다 |
| 1040. 조용하다 | ----- | 말이나 행동, 성격 등이 수선스럽지 않아 차근차근하고 매우 얌전하다 |
| 1041. 조잡하다 | ----- | 언행이나 솜씨 따위가 거칠고 잡스럽게 막되다 |
| 1042. 조직적이다 | ----- | 일이나 행동 따위가 체계가 있게 짜여 있다 |
| 1043. 족쳐대다 | ----- | 잇달아 거듭 족치다 |
| 1044. 졸렬하다 | ----- | 서투르고 어려워 남만 못하다 |
| 1045. 좀스럽다 | ----- | 사람의 됨됨이나 하는 짓이 지나치게 잘다 |
| 1046. 종교적이다 | ----- | 종교에 딸리거나 종교의 색채를 띠다 |
| 1047. 종알거리다 | ----- | 경망스럽거나 수선스럽게 계속 재깔거리다 |
| 1048. 주눅이 들다 | ----- | 부끄럽거나 무서워하여 기가 줄어들다 |

1049. 주도면밀하다 ----- 주의가 고루 미쳐서 빈틈이 없이 꼼꼼하다
1050. 주도적이다 ----- 주동적인 처지가 되어 이끌거나 또는 지도하다
1051. 주뼛거리다 ----- 어줍거나 부끄러워서 자꾸 머뭇거리다
1052. 주의깊다 ----- 마음에 새기어 정신을 집중하다
1053. 주저하다 ----- 머뭇거리거나 나아가지 못하고 망설이다
1054. 주절거리다 ----- 낮은 목소리로 자꾸 중얼거리다
1055. 주접떨다 ----- 주접스러운 태도를 행동에 나타내어 부리다
1056. 주제넘다 ----- 제 분수에 지나친 태도가 있다
1057. 주착없다 ----- 일정한 줏대나 주견이 없이 되는대로 하다
1058. 주춤거리다 ----- 망설이거나 머뭇거리는 행동을 거듭하다
1059. 죽치다 ----- 밖에 나가 활동하지 못하고 오랫동안 한 곳에 붙박여 있다
1060. 준수(遵守)하다 ----- 전부터 내려오는 전례나 규칙이나 명령 등을 그대로 좇아서 지키다
1061. 준수(俊秀)하다 ----- 재주와 슬기가 남달리 뛰어나다
1062. 중얼거리다 ----- 못마땅한 일이 있거나 할 때에 남이 알아듣지 못할 정도로 계속해서 혼잣말을 하다
1063. 쥐뿔같다 ----- 아니꼽거나 같잖다
1064. 즐겁다 ----- 마음에 거슬리는 것이 없이 흐뭇하고 사뭇 기쁘다
1065. 지겹다 ----- 아주 싫어 진저리가 날 지경으로 지리하다
1066. 지긋지긋하다 ----- 넌더리가 날 만큼 몹시 싫거나 괴롭다
1067. 지껄이다 ----- 꽤 큰소리로 좀 떠들썩하게 이야기하다
1068. 지도적이다 ----- 바르고 옳다고 믿는 어떤 목적이나 방향으로 가리키거나 이끌다
1069. 지독하다 ----- 더할 수 없이 아주 독하다
1070. 지랄치다 ----- 지랄병이 난 것처럼 함부로 마구 야단치다
1071. 지루하다 ----- 진저리가 날 지경으로 따분하다
1072. 지배적이다 ----- 상태편의 의사를 무시하고 그 사고나 행동을 구속하려 하다
1073. 지저분하다 ----- 말이 추잡하고 더럽다
1074. 지적이다 ----- 지식이 있는. 혹은 지식에 대한 탐구나 열망이 많다
1075. 지질맞다 ----- 하는 말이 시원치 않아 보잘것없다
1076. 지혜롭다 ----- 슬기가 있어 득실이나 옳고 그름을 분별하는 마음을 가지고 있다
1077. 진득하다 ----- 성질이 누긋하고 하는 짓이 무게가 있다
1078. 진보적이다 ----- 어떤 일이나 상황, 사회적 문제나 모순을 변혁해 가려는 사고방식을 지니다
1079. 진실하다 ----- 거짓이 없이 바르고 참되다
1080. 진저리가나다 ----- 못 견딜 만큼 귀찮고 지긋지긋한 느낌이 일다
1081. 진중하다 ----- 점잖고 무게가 있다
1082. 진지하다 ----- 태도가 참답고 착실하다
1083. 진취적이다 ----- 온갖 어려움을 무릅쓰고 목적을 향해 앞으로 나가

가려는 태도나 성질을 갖다

| | | |
|---|---|---|
| 1084. 질기다 | ----- | 사람의 성질이 무르거나 부드럽지 않고 버텨가는 힘이 있다 |
| 1085. 집요하다 | ----- | 고집스럽게 몹시 검질기다 |
| 1086. 집적거리다 | ----- | 남을 자꾸 성가시게 건드리다 |
| 1087. 짓궂다 | ----- | 성미가 심술궂은 데가 있다 |
| 1088. 징그럽다 | ----- | 보기에 불쾌하도록 흉하고 끔찍하다 |
| 1089. 징글징글하다 | ----- | 몹시 징그럽다 |
| 1090. 징징거리다 | ----- | 실망하거나 마음에 못마땅하여 군소리를 자꾸하다 |
| 1091. 짜증을 내다 | ----- | 짜증을 내다 |
| 1092. 짜다 | ----- | 마음에 달갑지 않다 |
| 1093. 쩌렁쩌렁하다 | ----- | 목소리가 세고 여무져 울림이 몹시 크다 |
| 1094. 쩔쩔매다 | ----- | 어쩔 줄을 몰라서 정신을 못 차리고 헤매다 |
| 1095. 쩨쩨하다 | ----- | 사람이 잘고 인색하다. 치사스럽고 다랍다 |
| 1096. 쪽을 못쓰다 | ----- | 무엇에 반하거나 혹하여 꼼짝 못하다 |
| 1097. 쫄랑거리다 | ----- | 몹시 까불며 자꾸 경망스럽게 행동하다 |
| 1098. 쫑알거리다 | ----- | 남아 알아듣기 어려울 만큼 매우 불평스럽게 혼잣말을 하다 |
| 1099. 찌뿌둥하다 | ----- | 표정이나 기분이 밝지 못하고 몹시 언짢다 |
| 1100. 찜찜하다 | ----- | 마음에 꺼림칙하거나 못미더운 느낌이 있다 |
| 1101. 찡찡거리다 | ----- | 마음에 못마땅하여 몹시 짜증을 내며 찡얼거리다 |
| 1102. 차갑다 | ----- | 인정이 없이 쌀쌀하다 |
| 1103. 차근차근하다 | ----- | 하는 짓. 성미 같은 것이 조리있고 찬찬하다 |
| 1104. 차분하다 | ----- | 마음이 가라앉아 조용하다 |
| 1105. 착실하다 | ----- | 들뜨지 않고 찬찬하다 실답다 |
| 1106. 착하다 | ----- | 마음씨가 하는 짓이 바르고 어질다 |
| 1107. 찬찬하다 | ----- | 성질이 자세하고 차근차근하다 |
| 1108. 참견하다 | ----- | 남의 일이나 말에 간섭하거나 아는 체하여 나서다 |
| 1109. 참하다 | ----- | 성질이 찬찬하고 얌전하다 |
| 1110. 찹찹하다 | ----- | 마음이 들뜨지 않고 조용하다 |
| 1111. 창의적이다 | ----- | 새로운 방안을 내세우거나. 새롭게 생각하는 태도나 사고방식을 지니다 |
| 1112. 채신사납다 | ----- | 몸가짐이 방정하지 못하여 볼꼴이 사납다 |
| 1113. 책임있다 | ----- | 발생한 어떤 사태나 결과에 대해 자신의 잘못인 경우 기꺼이 법적. 도의적 제재나 부담을 지다 |
| 1114. 처량하다 | ----- | 마음이 구슬퍼질 만큼 쓸쓸하다 |
| 1115. 천덕스럽다 | ----- | 품격이 낮고 야비하다 |
| 1116. 천박하다 | ----- | 학문 또는 생각이 얕고 얇다 |
| 1117. 천진난만하다 | ----- | 조금의 꾸밈이나 거짓이 없이 자연 그대로의 아주 순진함을 지니다 |
| 1118. 철모르다 | ----- | 사리를 분간하지 못하다 |
| 1119. 철없다 | ----- | 사리를 분간할 능력이 없다 |

| | | |
|---|---|---|
| 1120. 철들다 | ----- | 사리를 분별하여 판단하는 힘이 생기다 |
| 1121. 철저하다 | ----- | 속속들이 꿰뚫어 미치어 빈틈이나 부족함이 없다 |
| 1122. 청결하다 | ----- | 맑고 깨끗하다 |
| 1123. 청렴하다 | ----- | 마음이 청백하고 재물을 탐내는 일이 없다 |
| 1124. 청승을 떨다 | ----- | 청승맞게 굴다 |
| 1125. 청아하다 | ----- | 속되거나 상스러운 티를 벗어 맑고 아름답다 |
| 1126. 체계적이다 | ----- | 일이나 절차를 생각하고 행하는 것이 아주 정돈되고 일정한 원리에 따라 수행하다 |
| 1127. 체신머리없다 | ----- | 몸가짐이 방정하지 못하여 체모가 없다 |
| 1128. 초라하다 | ----- | 겉 모양이나 옷차림이 호졸근하고 궁상스럽다 |
| 1129. 초조해하다 | ----- | 애를 태워서 마음을 죄다 |
| 1130. 초췌하다 | ----- | 고생이나 병으로 인하여 몸이 파리하고 해쓱하다 |
| 1131. 촌스럽다 | ----- | 어울린 맛이 없이 촌사람의 태도가 있다 |
| 1132. 출랑거리다 | ----- | 체신없이 까불며 경망스럽게 행동하다 |
| 1133. 총명하다 | ----- | 썩 영리하고 재주가 있다 |
| 1134. 추악하다 | ----- | 품격이 더럽고 흉악하다 |
| 1135. 추잡하다 | ----- | 말과 행동이 추저분하여 조촐하지 아니하다 |
| 1136. 추저분하다 | ----- | 더럽고 너저분하다 |
| 1137. 충동적이다 | ----- | 세심한 판단보다는 본능이나 반사적으로 동작이나 행위를 수행하다 |
| 1138. 충실하다 | ----- | 속이 허실이 없이 올차서 단단하고 여물다 |
| 1139. 측은하다 | ----- | 보기에 가엾고 애처럽다 |
| 1140. 치를 떨다 | ----- | 몹시 분하거나 지긋지긋하여 이를 떨다 |
| 1141. 치밀하다 | ----- | 자세하고 빈틈 없이 꼼꼼하다 |
| 1142. 치사하다 | ----- | 보기에 창피하고 떳떳하지 못하며 남부끄럽다 |
| 1143. 칙칙하다 | ----- | 산뜻하거나 밝고 고운 맛이 없고 짙기만하여 어둡다 |
| 1144. 친근하다 | ----- | 친근한 맛이나 느낌이 있다 |
| 1145. 친밀하다 | ----- | 친밀한 성질이나 특성이 있다 |
| 1146. 친절하다 | ----- | 남을 대하는 태도가 성의가 있으며 정답고 고분고분하다 |
| 1147. 친하기 쉽다 | ----- | 태도나 성격에 비추어 쉽게 가까이 사귀기 쉽다 |
| 1148. 칠칠하다 | ----- | 나이에 비해 숙성하고 점잖다 |
| 1149. 침울하다 | ----- | 마음에 걱정과 근심스러운 일이 있어 뚱하고 우울하다 |
| 1150. 침착하다 | ----- | 행동이 들뜨지 않고 찬찬하다 |
| 1151. 카랑카랑하다 | ----- | 목소리가 쇳소리처럼 맑고 높다 |
| 1152. 캐어묻다 | ----- | 알고자 하는 것을 자세히 파고들어 묻다 |
| 1153. 케케묵다 | ----- | 사상이 몹시 낡고 뒤떨어지다 |
| 1154. 코리타분하다 | ----- | 하는 짓이나 성미가 몹시 다랍다 |
| 1155. 코방귀를 뀌다 | ----- | 아니꼽거나 맞갖잖아서 코방귀 소리를 내다 |
| 1156. 콧대가 높다 | ----- | 잘난 체하고 뽐내는 기가 있다 |
| 1157. 콧대가 세다 | ----- | 남의 말을 잘 듣지 않고 제 뜻대로만 하려는 고집 |

이 세다

| | | |
|---|---|---|
| 1158. 쾌활하다 | ----- | 싹싹하고 활발하다 |
| 1159. 큰소리 치다 | ----- | 털어놓고 장담하거나 희떱게 말하다 |
| 1160. 타이르다 | ----- | 깨닫도록 사리를 밝혀 알아듣도록 말해주다 |
| 1161. 탁월하다 | ----- | 월등하게 뛰어나다 |
| 1162. 탐구적이다 | ----- | 매사에 의문을 갖고 진리, 과학 따위를 더듬어 파고 들어 깊이 연구하려는 마음을 지니다 |
| 1163. 탐욕스럽다 | ----- | 지나치게 탐내는 욕심을 갖다 |
| 1164. 탐탁하다 | ----- | 모양이나 태도가 마음에 들어맞다 |
| 1165. 탐스럽다 | ----- | 마음이 끌리도록 보기 좋다 |
| 1166. 탓하다 | ----- | 잘못된 것을 나무라거나 원망하다 |
| 1167. 태깔스럽다 | ----- | 보기에 교만한 태도가 있다 |
| 1168. 태만하다 | ----- | 게으르고 느리다 |
| 1169. 태연하다 | ----- | 태도나 기색이 아무렇지도 않고 예사롭다 |
| 1170. 태평스럽다 | ----- | 몸이나 마음이나 집안 등에 전혀 걱정을 하지 않고 무신경하다 |
| 1171. 터놓다 | ----- | 숨기거나 감추는 것이 없이 생각이나 느낌을 드러내 놓다 |
| 1172. 터무니없다 | ----- | 하는 말이 허황되어 도무지 근거가 없다 |
| 1173. 털어놓다 | ----- | 마음속에 생각한 바를 있는 대로 다 내놓다 |
| 1174. 털털하다 | ----- | 사람의 성격이 까다롭지 않고 소탈하다 |
| 1175. 텁텁하다 | ----- | 성미가 따분하거나 까다롭지 않고 소탈하다 |
| 1176. 토라지다 | ----- | 마음에 시답지 않아 시쁘둥해지거나 뒤틀려지다 |
| 1177. 통찰적이다 | ----- | 현상 사물을 온통 밝혀서 두루 살피는 힘이 있다 |
| 1178. 투덜거리다 | ----- | 자꾸 불평스러운 말로 중얼거리다 |
| 1179. 투박하다 | ----- | 보기에 투박한 태도가 있다 |
| 1180. 투털대다 | ----- | 불만이나 불평으로 싫은 태도를 중얼중얼거리며 나타내다 |
| 1181. 퉁명스럽다 | ----- | 무뚝뚝하고 멋없이 불쾌한 맛이나 기색을 보이는 태도가 있다 |
| 1182. 트집을 잡다 | ----- | 공연히 조그마한 흠집들 가지고 남을 괴롭게 굴다 |
| 1183. 특이하다 | ----- | 두드러지게 다르다 |
| 1184. 틀림없다 | ----- | (약속이나 신뢰 등을) 지킴에 어긋남이 없으며 확실하다 |
| 1185. 티격태격하다 | ----- | 서로 뜻이 맞지 않아 이러니저러니 시비하다 |
| 1186. 파렴치하다 | ----- | 수치를 수치로 알지 않고 뻔뻔스럽다 |
| 1187. 팔딱거리다 | ----- | 성미가 급하여 갑자기 성을 자꾸 내다 |
| 1188. 팔팔하다 | ----- | 성질이 참을성이 적어 급하고 거세다/힘차고 매우 생기가 있다 |
| 1189. 패배적이다 | ----- | 성공이나 승리에 대한 자신감이 없으며 미리 겁부터 집어먹다 |
| 1190. 펄펄뛰다 | ----- | 억울한 일이나 의외의 일을 당하였을 때에 깜짝놀 |

| | | |
|---|---|---|
| | | 라거나 매우 강하게 부인하다 |
| 1191. 편견에 차다 | ----- | 사실적인 근거가 없이 이루어진 개인적, 선입적인 판단 또는 태도를 지니다 |
| 1192. 편의주의적이다 | ----- | 어떤 사물을 근본적으로 처리하지 않고, 임시 변통으로 끝내다 |
| 1193. 편파적이다 | ----- | 생각이나 행동이 공평하지 못하고 한쪽으로 치우치다 |
| 1194. 편협하다 | ----- | 도량이 좁고 편벽되어 너그럽지 못하다 |
| 1195. 평범하다 | ----- | 뛰어나거나 색다른 점이 없이 보통이다 |
| 1196. 평온하다 | ----- | 평화롭고 안온하다 |
| 1197. 평이하다 | ----- | 평이한 성질이나 특성으로 까다롭지 않고 알기 쉽거나 손쉽다 |
| 1198. 폐쇄적이다 | ----- | 마음의 문을 닫고 외부와의 교류를 끊다 |
| 1199. 포근하다 | ----- | 감정이나 분위기 따위가 보드랍고 편안한 느낌이 있다 |
| 1200. 포달스럽다 | ----- | 포달을 부리는 태도가 있다 |
| 1201. 포악하다 | ----- | 사납고 악하다 |
| 1202. 폭발적이다 | ----- | 성격이나 행동이 마치 불이 일어나며 갑작스럽게 터짐과 같이 돌발적이다 |
| 1203. 표독하다 | ----- | 사납고 독살스럽다 |
| 1204. 품위있다 | ----- | 도덕적 가치나 인격을 가지고 있다 |
| 1205. 피상적이다 | ----- | 행동이나 말이 깊지가 않고 겉으로 나타나 보이는 형상, 겉치레를 하다 |
| 1206. 하염없다 | ----- | 이렇다 할 생각이 없다 |
| 1207. 한결같다 | ----- | 처음이나 끝이 변함없이 꼭 같다 |
| 1208. 한 많다 | ----- | 억울하거나 원통스러워서 맺힌 마음이 많다 |
| 1209. 한수높다 | ----- | 남이 생각하거나 실천하고 있는 것보다 더 높은 수준에 있다 |
| 1210. 한숨짓다 | ----- | 한숨을 쉬다 |
| 1211. 한심스럽다 | ----- | 정도에 너무나 모자라서 가엾고 딱하며 어이가 없다 |
| 1212. 합리적이다 | ----- | 생각이나 말, 행동이 도리에 맞고 정당하다 |
| 1213. 해롱거리다 | ----- | 경솔하게 실없이 잘 까불다 |
| 1214. 해박하다 | ----- | 다방면으로 학식이 넓다. 사물에 관하여 널리 알다 |
| 1215. 해죽거리다 | ----- | 흐뭇하여 입을 살며시 벌리며 자꾸 웃다 |
| 1216. 행동적이다 | ----- | 깊이 숙고하거나 생각보다는 행함과 실천을 보다 중시하다 |
| 1217. 허둥지둥하다 | ----- | 다급하여 몹시 허둥거리다 |
| 1218. 허술하다 | ----- | 꽉 짜이지 못하고 헐고 너절하다 |
| 1219. 허약하다 | ----- | 힘이나 기운이 튼튼하지 못하고 약하다 |
| 1220. 허위적거리다 | ----- | 어려운 지경에서 벗어나려고 자꾸 손발을 부자유스럽게 내두르다 |
| 1221. 허전하다 | ----- | 무엇을 잃은 것처럼 서운한 느낌이 있다 |
| 1222. 허풍떨다 | ----- | 너무 지나치게 과장하여 실속없이 하는 말이나 행 |

|  |  |  |
|---|---|---|
|  |  | 동을 하다 |
| 1223. 헌신적이다 | ----- | 어떤 일에 자기의 이해 관계를 떠나 몸과 마음을 바쳐 있는 힘을 다하다 |
| 1224. 헐뜯다 | ----- | 남을 해치려고 깍아내리거나 헐어서 말하다 |
| 1225. 험상궂다 | ----- | 험악하게 보이다 |
| 1226. 험악하다 | ----- | 생김새나 태도가 험상스럽고 막되다 |
| 1227. 헷갈리다 | ----- | 갈피를 잡을 수 없게 뒤섞이다 |
| 1228. 헤프다 | ----- | 말이 신중하지 않고 수다스럽고 싱겁다 |
| 1229. 현명하다 | ----- | 마음이 어질고 판별이 밝다 |
| 1230. 현실적이다 | ----- | 이상보다는 현실 우선의 생각이나 견해를 지니고 있다 |
| 1231. 현출하다 | ----- | 두드러지게 드러나다 |
| 1232. 협동적이다 | ----- | 서로 마음과 힘을 모아 함께 하다 |
| 1233. 호감이 가다 | ----- | 좋게 여기는 감정을 불러 일으키다 |
| 1234. 호들갑스럽다 | ----- | 말이 야단스럽고 방정맞다 |
| 1235. 호락호락하다 | ----- | 사람이 만만하여 다루기 쉽다 |
| 1236. 호리다 | ----- | 그럴 듯하게 속여 넘기다 |
| 1237. 호연하다 | ----- | 뜻이 크고 넓다 |
| 1238. 호의적이다 | ----- | 좋은 마음 또는 좋게 보이는 마음을 가지고 있다 |
| 1239. 호전적이다 | ----- | 싸움하기를 즐기다 |
| 1240. 호젓하다 | ----- | 쓸쓸하고 외롭다 |
| 1241. 호탕하다 | ----- | 사람됨이 기개가 세차고 호걸스럽다 |
| 1242. 호통을 치다 | ----- | 크게 꾸짖고 주의를 주다 |
| 1243. 홀가분하다 | ----- | 듬직하지 못하고 가볍다 |
| 1244. 화끈거리다 | ----- | 갑자기 따가운 일을 당하여 자꾸 얼굴이 달아오르다 |
| 1245. 화끈하다 | ----- | (속) 통이 크다 |
| 1246. 화다닥하다 | ----- | 갑작스럽게 놀래어 몸을 한 번 일으키다 |
| 1247. 화들짝 놀라다 | ----- | 몹시 화뜰하고 깜짝놀라다 |
| 1248. 화사하다 | ----- | 화려하고 사치하다 |
| 1249. 화를 잘내다 | ----- | 쉽사리 성을 벌컥내다 |
| 1250. 확고하다 | ----- | 견해나 자기 생각이 확실하고 견고하여 동요됨이 없다 |
| 1251. 확실하다 | ----- | 틀림없이 실지와 같다 |
| 1252. 활동적이다 | ----- | 성과를 거두기 위해서 의식적인 동작이나 행동을 적극적으로 하다 |
| 1253. 활발하다 | ----- | 생기있고 힘차며 시원스럽다 |
| 1254. 황당하다 | ----- | 언행이나 행실이 종잡을 수 없이 허황하다 |
| 1255. 회의적이다 | ----- | 어떤 일에 의심을 품다 |
| 1256. 효성어리다 | ----- | 효성을 다한 흔적이 깃들어 있다 |
| 1257. 후덕하다 | ----- | 어질고 무던하다 |
| 1258. 후련하다 | ----- | 불안하거나 답답하던 것이 풀려 마음이 시원하다 |
| 1259. 후회하다 | ----- | 지난 일의 잘못을 깨치고 뉘우치다 |
| 1260. 훌륭하다 | ----- | 사람 됨됨이나 행실이 썩 좋아서 나무랄 곳이 없다 |

1261. 흉금을 털어놓다 ----- 가슴속의 심정을 스스럼 없이 모두 털어놓고 이야기하다
1262. 흉내를 내다 ----- 남이 하는 말을 그대로 옮겨서 하다
1263. 흉물스럽다 ----- 성질이나 하는 짓이 음흉하게 보이다
1264. 흉악하다 ----- 성질이나 하는 짓이 음흉하고 몹시 악하다
1265. 흉을 잡다 ----- 남의 허물이나 결점을 꼬집어서 들추어내다
1266. 흉칙하다 ----- 엉큼하고 음충맞다
1267. 흐늘쩍거리다 ----- 둔하고 느리게 계속해서 흐늘거리다
1268. 흐리멍텅하다 ----- 정신이 맑지 못하고 흐리다
1269. 흐뭇하다 ----- 마음이 느긋하고 만족스럽다
1270. 흐지부지하다 ----- 태도가 확실하지 않게 흐리멍텅하다
1271. 흠칫거리다 ----- 목이나 몸을 움츠리며 갑작스럽게 자꾸 놀리다
1272. 흥분하다 ----- 어떤 자극에 감정이 북받쳐 일어나기를 잘하다
1273. 흥얼거리다 ----- 흥에 겨워서 입 속으로 노래를 부르다
1274. 흥청거리다 ----- 흥에 겨워서 마음껏 거드럭 거리다
1275. 희번덕이다 ----- 눈을 크게 뜨고 흰자위를 번득번득 자꾸 움직이다
1276. 희생적이다 ----- 일정한 목적을 이루기 위하여 자기를 돌보지 않고 바치거나 버리다
1277. 히죽거리다 ----- 흐뭇하여 입을 슬며시 벌리며 자꾸 웃다
1278. 힘겨워하다 ----- 힘에 부쳐 능히 당하여 내기 어렵다
1279. 힘있다 ----- 어떤 일을 이루어 낼 능력이 있다

# 〈부록 4〉　　　　어휘의 평정결과 분석

| | | | | | | | | | 상용<br>특성 | 비상용<br>특성 | 상용<br>속성 | 비상용<br>속성 |
|---|---|---|---|---|---|---|---|---|---|---|---|---|
| 1. 가년스럽다 | 0 | 11 | 4 | 6 | 4 | 6 | 4.4 | 0.49 | x | x | x | x |
| 2. 가누다 | 2 | 9 | 0 | 11 | 1 | 9 | 2.8 | 0.75 | x | x | x | * |
| 3. 가다듬다 | 9 | 2 | 0 | 11 | 0 | 11 | 2.9 | 1.22 | x | x | * | x |
| 4. 가당찮다 | 6 | 5 | 3 | 8 | 5 | 6 | 4.09 | 1.08 | x | x | x | x |
| 5. 가뜬하다 | 2 | 9 | 0 | 11 | 0 | 10 | 1.8 | 1.17 | x | x | x | * |
| 6. 가련하다 | 7 | 4 | 1 | 10 | 3 | 8 | 3.82 | 0.57 | x | x | x | x |
| 7. 가로채다 | 9 | 2 | 1 | 10 | 0 | 11 | 4.09 | 1.16 | x | x | * | x |
| 8. 가볍다 | 11 | 0 | 6 | 5 | 5 | 6 | 2.8 | 1.25 | x | x | x | x |
| 9. 가엾다 | 11 | 0 | 1 | 10 | 1 | 10 | 3.45 | 0.78 | x | x | * | x |
| 10. 가증스럽다 | 8 | 3 | 7 | 4 | 8 | 3 | 4.64 | 0.64 | * | x | x | x |
| 11. 가혹하다 | 9 | 2 | 4 | 7 | 5 | 6 | 4.82 | 0.39 | * | x | x | x |
| 12. 각박하다 | 10 | 1 | 7 | 4 | 9 | 2 | 4.27 | 0.86 | * | x | x | x |
| 13. 간교하다 | 8 | 3 | 11 | 0 | 10 | 1 | 4.73 | 0.45 | * | x | x | x |
| 14. 간들거리다 | 3 | 8 | 6 | 5 | 5 | 6 | 4.09 | 1.08 | x | x | x | x |
| 15. 간사하다 | 11 | 0 | 11 | 0 | 11 | 0 | 4.55 | 0.89 | * | x | x | x |
| 16. 간악하다 | 0 | 11 | 9 | 2 | 10 | 1 | 4.82 | 0.57 | x | * | x | x |
| 17. 감사하다 | 11 | 0 | 0 | 11 | 1 | 10 | 1.7 | 1.19 | x | x | * | x |
| 18. 감상적이다 | 11 | 0 | 10 | 1 | 8 | 3 | 2.91 | 1 | * | x | x | x |
| 19. 감싸다 | 11 | 0 | 5 | 6 | 4 | 6 | 2 | 1.13 | x | x | x | x |
| 20. 감정적이다 | 11 | 0 | 10 | 1 | 8 | 3 | 3.45 | 0.89 | * | x | x | x |
| 21. 갑갑하다 | 11 | 0 | 10 | 1 | 8 | 3 | 3.73 | 0.96 | * | x | x | x |
| 22. 강건하다 | 5 | 6 | 9 | 2 | 11 | 0 | 1.82 | 0.94 | x | x | x | x |
| 23. 강경하다 | 6 | 5 | 9 | 2 | 9 | 2 | 2.55 | 0.78 | x | x | x | x |
| 24. 강렬하다 | 9 | 2 | 4 | 7 | 5 | 6 | 2.45 | 0.66 | x | x | x | x |
| 25. 강요적이다 | 10 | 1 | 6 | 5 | 6 | 5 | 4.09 | 1 | x | x | x | x |
| 26. 강인하다 | 10 | 1 | 11 | 0 | 11 | 0 | 2 | 1.28 | * | x | x | x |
| 27. 강직하다 | 9 | 2 | 10 | 0 | 11 | 0 | 1.82 | 0.72 | * | x | x | x |
| 28. 강짜를 부리다 | 6 | 5 | 7 | 3 | 3 | 8 | 3.82 | 0.94 | x | x | x | x |
| 29. 강하다 | 11 | 0 | 10 | 1 | 11 | 0 | 2.09 | 0.9 | * | x | x | x |
| 30. 갖다대다 | 6 | 5 | 1 | 9 | 0 | 11 | 4.09 | 0.51 | x | x | x | x |
| 31. 같잖다 | 11 | 0 | 1 | 10 | 3 | 8 | 4.55 | 0.5 | x | x | * | x |
| 32. 개떡같다 | 6 | 5 | 5 | 5 | 3 | 8 | 4.64 | 0.48 | x | x | x | x |
| 33. 개방적이다 | 10 | 1 | 11 | 0 | 10 | 1 | 2 | 0.85 | * | x | x | x |
| 34. 개운하다 | 10 | 1 | 0 | 11 | 2 | 9 | 2 | 0.85 | x | x | * | x |
| 35. 개으르다 | 3 | 8 | 10 | 1 | 9 | 2 | 4.09 | 0.79 | x | * | x | x |
| 36. 객기를 부리다 | 9 | 2 | 5 | 6 | 4 | 7 | 3.82 | 0.83 | x | x | x | x |
| 37. 가냘프다 | 10 | 1 | 3 | 8 | 7 | 4 | 3.45 | 0.66 | x | x | x | x |
| 38. 갸륵하다 | 5 | 6 | 5 | 6 | 7 | 4 | 1.82 | 0.94 | x | x | x | x |
| 39. 거들다 | 6 | 5 | 2 | 8 | 3 | 8 | 3 | 1.04 | x | x | x | x |
| 40. 거드름을 부리다 | 9 | 2 | 8 | 3 | 5 | 6 | 4.09 | 0.79 | x | x | x | x |
| 41. 거들떠보지도 않다 | 10 | 1 | 1 | 10 | 1 | 10 | 4.36 | 0.48 | x | x | * | x |
| 42. 거들먹거리다 | 11 | 0 | 8 | 3 | 4 | 7 | 4.27 | 0.62 | x | x | x | x |
| 43. 거든하다 | 7 | 4 | 0 | 10 | 1 | 10 | 1.91 | 0.51 | x | x | x | x |

| | | | | | | | | 상용 특성 | 비상용 특성 | 상용 속성 | 비상용 속성 |
|---|---|---|---|---|---|---|---|---|---|---|---|
| 44. 거룩하다 | 6 | 5 | 2 | 9 | 9 | 2 | 1.45 | 1.16 | x | x | x | x |
| 45. 거만하다 | 11 | 0 | 11 | 0 | 11 | 0 | 4.73 | 0.45 | * | x | x | x |
| 46. 거북하다 | 10 | 1 | 0 | 11 | 1 | 10 | 4.18 | 0.39 | x | x | * | x |
| 47. 거슬리다 | 10 | 1 | 0 | 11 | 0 | 11 | 4.27 | 0.45 | x | x | * | x |
| 48. 거짓말하다 | 11 | 0 | 2 | 9 | 5 | 6 | 4.82 | 0.39 | x | x | x | x |
| 49. 거짓스럽다 | 4 | 7 | 6 | 4 | 5 | 6 | 4.73 | 0.45 | x | x | x | x |
| 50. 거칠다 | 11 | 0 | 10 | 1 | 10 | 1 | 4.27 | 0.45 | * | x | x | x |
| 51. 거침없다 | 10 | 1 | 9 | 2 | 8 | 3 | 2.91 | 0.79 | * | x | x | x |
| 52. 걱정스럽다 | 11 | 0 | 1 | 10 | 2 | 9 | 3.45 | 0.66 | x | x | * | x |
| 53. 건강하다 | 11 | 0 | 7 | 4 | 9 | 2 | 1.36 | 0.88 | * | x | x | x |
| 54. 건너짚다 | 7 | 4 | 3 | 8 | 4 | 7 | 3.64 | 0.88 | x | x | x | x |
| 55. 건들거리다 | 9 | 2 | 5 | 6 | 6 | 5 | 4.09 | 0.29 | x | x | x | x |
| 56. 건방지다 | 11 | 0 | 11 | 0 | 9 | 2 | 4.45 | 0.5 | * | x | x | x |
| 57. 건성 맞다 | 2 | 9 | 5 | 5 | 6 | 5 | 4.09 | 0.29 | x | x | x | x |
| 58. 건성을 부리다 | 2 | 9 | 2 | 8 | 3 | 8 | 4 | 0 | x | x | x | * |
| 59. 건실하다 | 9 | 2 | 10 | 1 | 11 | 0 | 1.18 | 0.39 | * | x | x | x |
| 60. 건장하다 | 10 | 1 | 0 | 11 | 7 | 4 | 1.73 | 0.62 | x | x | x | x |
| 61. 걸걸하다 | 5 | 6 | 7 | 4 | 11 | 0 | 2.73 | 0.62 | x | x | x | x |
| 62. 검소하다 | 11 | 0 | 8 | 3 | 11 | 0 | 1.55 | 0.5 | * | x | x | x |
| 63. 겁이 많다 | 11 | 0 | 11 | 0 | 10 | 1 | 3.73 | 0.45 | * | x | x | x |
| 64. 게으르다 | 11 | 0 | 9 | 2 | 11 | 0 | 4.36 | 0.48 | * | x | x | x |
| 65. 격렬하다 | 10 | 1 | 5 | 6 | 4 | 7 | 3.55 | 0.99 | x | x | x | x |
| 66. 견디어내다 | 9 | 2 | 6 | 5 | 5 | 6 | 1.73 | 0.45 | x | x | x | x |
| 67. 결단적이다 | 5 | 6 | 10 | 0 | 9 | 2 | 2.18 | 0.57 | x | x | x | x |
| 68. 결론적이다 | 6 | 5 | 2 | 8 | 5 | 6 | 2.82 | 0.39 | x | x | x | x |
| 69. 결백하다 | 11 | 0 | 6 | 5 | 6 | 5 | 1.73 | 0.62 | x | x | x | x |
| 70. 겸손하다 | 11 | 0 | 10 | 1 | 11 | 0 | 1.27 | 0.45 | * | x | x | x |
| 71. 겸허하다 | 10 | 1 | 9 | 2 | 10 | 1 | 1.18 | 0.39 | * | x | x | x |
| 72. 경건하다 | 8 | 3 | 5 | 6 | 8 | 3 | 1.27 | 0.45 | * | x | x | x |
| 73. 경계하다 | 10 | 1 | 4 | 7 | 4 | 7 | 3.27 | 0.96 | x | x | x | x |
| 74. 경망스럽다 | 7 | 4 | 10 | 1 | 9 | 2 | 4.36 | 0.48 | x | x | x | x |
| 75. 경멸하다 | 9 | 2 | 3 | 7 | 4 | 7 | 4.55 | 0.5 | x | x | x | x |
| 76. 경박하다 | 10 | 1 | 9 | 2 | 10 | 1 | 4.55 | 0.5 | * | x | x | x |
| 77. 경솔하다 | 11 | 0 | 10 | 1 | 7 | 4 | 4.45 | 0.5 | x | x | x | x |
| 78. 계면쩍다 | 5 | 6 | 1 | 10 | 3 | 8 | 3.27 | 0.45 | x | x | x | x |
| 79. 계획적이다 | 11 | 0 | 7 | 4 | 8 | 3 | 2.91 | 0.9 | * | x | x | x |
| 80. 고결하다 | 6 | 5 | 9 | 2 | 10 | 1 | 1.27 | 0.45 | x | x | x | x |
| 81. 고고하다 | 10 | 1 | 9 | 2 | 8 | 3 | 1.45 | 0.5 | * | x | x | x |
| 82. 고깝다 | 3 | 8 | 1 | 9 | 1 | 10 | 4 | 0 | x | x | x | * |
| 83. 고독하다 | 11 | 0 | 6 | 5 | 6 | 5 | 3.55 | 0.5 | x | x | x | x |
| 84. 고리타분하다 | 11 | 0 | 11 | 0 | 11 | 0 | 4.09 | 0.29 | * | x | x | x |
| 85. 고매하다 | 6 | 5 | 10 | 0 | 8 | 3 | 1.64 | 0.64 | x | x | x | x |
| 86. 꼬부장하다 | 1 | 10 | 1 | 9 | 5 | 6 | 3.6 | 0.49 | x | x | x | x |
| 87. 고분고분하다 | 10 | 1 | 10 | 1 | 8 | 3 | 2.64 | 0.48 | * | x | x | x |
| 88. 고상하다 | 10 | 1 | 11 | 0 | 11 | 0 | 1.73 | 0.62 | * | x | x | x |
| 89. 고약하다 | 11 | 0 | 10 | 1 | 9 | 2 | 4.45 | 0.5 | * | x | x | x |
| 90. 고요하다 | 6 | 5 | 3 | 7 | 2 | 9 | 2.27 | 0.45 | x | x | x | x |
| 91. 고지식하다 | 11 | 0 | 11 | 0 | 11 | 0 | 3.91 | 0.29 | * | x | x | x |

| | | | | | | | | | 상용<br>특성 | 비상용<br>특성 | 상용<br>속성 | 비상용<br>속성 |
|---|---|---|---|---|---|---|---|---|---|---|---|---|
| 92. 고집세다 | 11 | 0 | 11 | 0 | 11 | 0 | 3.73 | 0.62 | * | x | x | x |
| 93. 곤두서다 | 5 | 6 | 0 | 10 | 1 | 10 | 4 | 0.43 | x | x | x | x |
| 94. 곤핍하다 | 0 | 11 | 0 | 10 | 0 | 11 | 4.09 | 0.29 | x | x | x | * |
| 95. 곧바르다 | 5 | 6 | 10 | 0 | 10 | 1 | 1.64 | 0.48 | x | x | x | x |
| 96. 곧이곧대로하다 | 11 | 0 | 7 | 4 | 9 | 2 | 3.18 | 0.57 | * | x | x | x |
| 97. 골똘하다 | 7 | 4 | 1 | 9 | 3 | 8 | 2.55 | 0.5 | x | x | x | x |
| 98. 골머리를 앓다 | 10 | 1 | 1 | 10 | 1 | 10 | 3.82 | 0.39 | x | x | * | x |
| 99.. 골을 내다 | 9 | 2 | 3 | 8 | 2 | 9 | 3.73 | 0.45 | x | x | * | x |
| 100. 곰곰하다 | 0 | 11 | 4 | 6 | 7 | 4 | 2.27 | 0.45 | x | x | x | x |
| 101. 곰상하다 | 1 | 10 | 6 | 4 | 9 | 2 | 2.09 | 0.51 | x | * | x | x |
| 102. 곱살스럽다 | 2 | 9 | 6 | 4 | 9 | 2 | 2.7 | 1 | x | * | x | x |
| 103. 곱씹다 | 5 | 6 | 0 | 10 | 3 | 8 | 3.45 | 0.5 | x | x | x | x |
| 104. 공감하다 | 10 | 1 | 2 | 9 | 3 | 8 | 2 | 1.04 | x | x | * | x |
| 105. 공격적이다 | 11 | 0 | 10 | 1 | 10 | 1 | 4.27 | 0.45 | * | x | x | x |
| 106. 공경하다 | 11 | 0 | 3 | 8 | 6 | 5 | 1.45 | 0.5 | x | x | x | x |
| 107. 공박하다 | 1 | 10 | 3 | 7 | 3 | 8 | 3.82 | 0.72 | x | x | x | * |
| 108. 공상적이다 | 7 | 4 | 8 | 3 | 7 | 4 | 3.27 | 0.62 | x | x | x | x |
| 109. 공손하다 | 11 | 0 | 9 | 2 | 11 | 0 | 1.45 | 0.5 | * | x | x | x |
| 110. 공정하다 | 11 | 0 | 7 | 4 | 11 | 0 | 1.27 | 0.45 | * | x | x | x |
| 111. 과감하다 | 11 | 0 | 11 | 0 | 9 | 2 | 2.36 | 0.64 | * | x | x | x |
| 112. 과격하다 | 11 | 0 | 11 | 0 | 8 | 3 | 4 | 0 | * | x | x | x |
| 113. 과단성있다 | 5 | 6 | 10 | 0 | 9 | 2 | 2.09 | 0.79 | x | x | x | x |
| 114. 과민하다 | 9 | 2 | 9 | 1 | 8 | 2 | 4 | 0 | x | x | x | x |
| 115. 과장하다 | 11 | 0 | 6 | 5 | 7 | 4 | 4 | 0 | x | x | x | x |
| 116. 과학적이다 | 9 | 2 | 5 | 6 | 9 | 2 | 2.18 | 0.57 | * | x | x | x |
| 117. 관능적이다 | 7 | 4 | 0 | 11 | 4 | 7 | 2.82 | 0.57 | x | x | x | x |
| 118. 관대하다 | 11 | 0 | 11 | 0 | 9 | 2 | 1.7 | 0.46 | * | x | x | x |
| 119. 관찰적이다 | 5 | 6 | 4 | 6 | 10 | 1 | 2.27 | 0.62 | x | x | x | x |
| 120. 괄괄하다 | 8 | 3 | 10 | 0 | 10 | 1 | 3.64 | 0.64 | * | x | x | x |
| 121. 괄시하다 | 10 | 1 | 3 | 8 | 0 | 11 | 4.27 | 0.45 | x | x | * | x |
| 122. 광신적이다 | 5 | 6 | 4 | 6 | 7 | 4 | 4.36 | 0.64 | x | x | x | x |
| 123. 괘씸하다 | 11 | 0 | 1 | 10 | 2 | 9 | 4.36 | 0.48 | x | x | * | x |
| 124. 괴로워하다 | 11 | 0 | 0 | 11 | 0 | 11 | 3.91 | 0.51 | x | x | * | x |
| 125. 괴벽스럽다 | 2 | 9 | 10 | 0 | 9 | 2 | 4.18 | 0.57 | x | * | x | x |
| 126. 괴상하다 | 11 | 0 | 8 | 3 | 8 | 3 | 4.18 | 0.39 | * | x | x | x |
| 127. 괴이하다 | 2 | 9 | 8 | 2 | 7 | 4 | 4.09 | 0.51 | x | x | x | x |
| 128. 괴짜의 | 10 | 1 | 10 | 1 | 8 | 3 | 3.64 | 0.64 | * | x | x | x |
| 129. 괴팍하다 | 11 | 0 | 11 | 0 | 9 | 2 | 4.45 | 0.5 | * | x | x | x |
| 130. 교만하다 | 11 | 0 | 10 | 1 | 10 | 1 | 4.55 | 0.5 | * | x | x | x |
| 131. 교양있다 | 11 | 0 | 7 | 4 | 10 | 1 | 1.73 | 0.62 | * | x | x | x |
| 132. 교활하다 | 11 | 0 | 11 | 0 | 11 | 0 | 4.45 | 0.5 | * | x | x | x |
| 133. 구리텁텁하다 | 0 | 11 | 4 | 6 | 9 | 2 | 3.64 | 0.77 | x | * | x | x |
| 134. 구수하다 | 11 | 0 | 6 | 4 | 8 | 3 | 1.91 | 0.29 | * | x | x | x |
| 135. 구슬리다 | 7 | 4 | 1 | 10 | 1 | 10 | 3.73 | 0.62 | x | x | x | x |
| 136. 구슬프다 | 5 | 6 | 0 | 11 | 0 | 11 | 3.64 | 0.48 | x | x | x | x |
| 137. 구질구질하다 | 11 | 0 | 6 | 5 | 3 | 8 | 4.18 | 0.39 | x | x | * | x |
| 138. 굳건하다 | 7 | 4 | 9 | 2 | 10 | 1 | 1.9 | 0.54 | x | x | x | x |
| 139. 굳굳하다 | 6 | 5 | 7 | 4 | 10 | 1 | 1.82 | 0.57 | x | x | x | x |

| | | | | | | | | 상용 특성 | 비상용 특성 | 상용 속성 | 비상용 속성 |
|---|---|---|---|---|---|---|---|---|---|---|---|
| 140. 굳세다 | 11 | 0 | 10 | 1 | 11 | 0 | 2 | 0.6 | * | x | x | x |
| 141. 굽실거리다 | 10 | 1 | 6 | 5 | 3 | 8 | 4.45 | 0.5 | x | x | * | x |
| 142. 궁금해하다 | 11 | 0 | 2 | 9 | 3 | 8 | 2.91 | 0.29 | x | x | * | x |
| 143. 궁상맞다 | 9 | 2 | 6 | 5 | 3 | 8 | 4.09 | 0.29 | x | x | * | x |
| 144. 권위주의적이다 | 10 | 1 | 10 | 1 | 10 | 1 | 4.45 | 0.5 | * | x | x | x |
| 145. 귀가 밝다 | 9 | 2 | 1 | 10 | 6 | 5 | 2.55 | 0.89 | x | x | x | x |
| 146. 귀가 어둡다 | 10 | 1 | 1 | 10 | 6 | 5 | 3.73 | 0.62 | x | x | x | x |
| 147. 귀가 여리다 | 9 | 2 | 6 | 5 | 8 | 3 | 3.91 | 0.29 | * | x | x | x |
| 148. 귀담아 듣다 | 11 | 0 | 4 | 7 | 4 | 7 | 2 | 0.43 | x | x | x | x |
| 149. 귀동냥하다 | 6 | 5 | 0 | 11 | 0 | 11 | 3.36 | 0.48 | x | x | x | x |
| 150. 귀염성스럽다 | 4 | 7 | 6 | 5 | 8 | 3 | 2 | 0.43 | x | x | x | x |
| 151. 규칙적이다 | 11 | 0 | 6 | 5 | 9 | 2 | 1.82 | 0.57 | * | x | x | x |
| 152. 그리워하다 | 11 | 0 | 0 | 11 | 0 | 11 | 2.45 | 0.66 | x | x | * | x |
| 153. 그윽해하다 | 2 | 9 | 0 | 11 | 1 | 10 | 2.27 | 0.62 | x | x | x | * |
| 154. 극기하다 | 4 | 7 | 4 | 7 | 6 | 5 | 2 | 0.85 | x | x | x | x |
| 155. 극악하다 | 2 | 9 | 9 | 2 | 10 | 1 | 4.91 | 0.29 | x | * | x | x |
| 156. 근면하다 | 11 | 0 | 9 | 2 | 11 | 0 | 1.36 | 0.48 | * | x | x | x |
| 157.. 근심스러워하다 | 9 | 2 | 2 | 9 | 3 | 8 | 3.91 | 0.29 | x | x | * | x |
| 158. 근엄하다 | 10 | 1 | 9 | 2 | 11 | 0 | 2.73 | 0.75 | * | x | x | x |
| 159. 긍정적이다 | 11 | 0 | 11 | 0 | 11 | 0 | 1.27 | 0.45 | * | x | x | x |
| 160. 기를 쓰다 | 11 | 0 | 1 | 10 | 2 | 9 | 3.45 | 0.5 | x | x | * | x |
| 161. 기만적이다 | 7 | 4 | 7 | 4 | 6 | 5 | 4.73 | 0.45 | x | x | x | x |
| 162. 기뻐하다 | 11 | 0 | 0 | 11 | 1 | 10 | 1.27 | 0.45 | x | x | * | x |
| 163. 기운차다 | 11 | 0 | 3 | 8 | 4 | 7 | 1.36 | 0.48 | x | x | x | x |
| 164. 기지가 있다 | 8 | 3 | 7 | 4 | 10 | 1 | 1.64 | 0.48 | * | x | x | x |
| 165. 기특하다 | 11 | 0 | 1 | 10 | 6 | 5 | 1.36 | 0.48 | x | x | x | x |
| 166. 기품있다 | 9 | 2 | 5 | 6 | 10 | 1 | 1.18 | 0.39 | * | x | x | x |
| 167. 기회주의적이다 | 10 | 1 | 10 | 1 | 8 | 3 | 4.82 | 0.39 | * | x | x | x |
| 168. 긴민하다 | 0 | 11 | 5 | 6 | 9 | 2 | 2.11 | 0.87 | x | * | x | x |
| 169. 긴장하다 | 11 | 0 | 1 | 10 | 3 | 8 | 3.55 | 0.5 | x | x | * | x |
| 170. 까놓다 | 6 | 5 | 3 | 7 | 3 | 8 | 3.45 | 0.78 | x | x | x | x |
| 171. 까다롭다 | 11 | 0 | 11 | 0 | 10 | 1 | 3.82 | 0.39 | * | x | x | x |
| 172. 까먹다 | 10 | 1 | 2 | 9 | 2 | 9 | 3.73 | 0.45 | x | x | * | x |
| 173. 까바치다 | 2 | 9 | 0 | 11 | 1 | 10 | 4.27 | 0.45 | x | x | x | * |
| 174. 까부라지다 | 1 | 10 | 4 | 7 | 7 | 4 | 4.3 | 0.46 | x | x | x | x |
| 175. 까부랑거리다 | 7 | 4 | 6 | 5 | 5 | 6 | 4.27 | 0.45 | x | x | x | x |
| 176. 깐깐하다 | 11 | 0 | 11 | 0 | 11 | 0 | 4 | 0.43 | * | x | x | x |
| 177. 깐족대다 | 4 | 7 | 3 | 8 | 3 | 8 | 4.27 | 0.45 | x | x | x | x |
| 178. 깔끔하다 | 11 | 0 | 8 | 3 | 9 | 2 | 1.82 | 0.39 | * | x | x | x |
| 179. 깔보다 | 11 | 0 | 4 | 7 | 4 | 7 | 4.45 | 0.5 | x | x | x | x |
| 180. 깔아뭉개다 | 10 | 1 | 1 | 10 | 2 | 9 | 4.73 | 0.45 | x | x | * | x |
| 181. 깜빡하다 | 11 | 0 | 2 | 9 | 3 | 8 | 3.82 | 0.39 | x | x | * | x |
| 182. 깜찍하다 | 11 | 0 | 3 | 8 | 9 | 2 | 2.3 | 0.9 | * | x | x | x |
| 183. 깝작거리다 | 0 | 11 | 3 | 8 | 3 | 8 | 3.64 | 0.77 | x | x | x | * |
| 184. 깡다구가 있다 | 10 | 1 | 11 | 0 | 11 | 0 | 2.09 | 0.51 | * | x | x | x |
| 185. 깨끗하다 | 11 | 0 | 5 | 6 | 6 | 5 | 1.64 | 1.15 | x | x | x | x |
| 186. 깨물다 | 5 | 6 | 0 | 11 | 0 | 11 | 3.18 | 0.83 | x | x | x | x |
| 187. 꺼덕거리다 | 3 | 8 | 3 | 8 | 2 | 9 | 3.73 | 0.75 | x | x | x | * |

| | | | | | | | | | 상용<br>특성 | 비상용<br>특성 | 상용<br>속성 | 비상용<br>속성 |
|---|---|---|---|---|---|---|---|---|---|---|---|---|
| 188. | 꺼들먹거리다 | 3 | 8 | 6 | 5 | 2 | 9 | 4.09 | 0.51 | x | x | x | * |
| 189. | 꺼려하다 | 8 | 3 | 2 | 9 | 2 | 9 | 4 | 0.6 | x | x | * | x |
| 190. | 꺼림칙하다 | 11 | 0 | 0 | 11 | 0 | 11 | 4.09 | 0.67 | x | x | * | x |
| 191. | 껄끄럽다 | 11 | 0 | 4 | 7 | 3 | 8 | 4.09 | 0.51 | x | x | * | x |
| 192. | 껄렁껄렁하다 | 10 | 1 | 7 | 4 | 6 | 5 | 4.36 | 0.48 | x | x | x | x |
| 193. | 껍적거리다 | 3 | 8 | 4 | 7 | 3 | 8 | 4.36 | 0.48 | x | x | x | * |
| 194. | 꼬부라지다 | 7 | 4 | 2 | 9 | 3 | 8 | 3.91 | 0.67 | x | x | x | x |
| 195. | 꼬장꼬장하다 | 10 | 1 | 10 | 1 | 8 | 3 | 3.91 | 1 | x | * | x | x |
| 196. | 꼬집다 | 9 | 2 | 2 | 9 | 3 | 8 | 3.91 | 0.51 | x | x | * | x |
| 197. | 꼴사납다 | 10 | 1 | 1 | 10 | 2 | 9 | 4.18 | 0.39 | x | x | * | x |
| 198. | 꼼꼼하다 | 11 | 0 | 11 | 0 | 11 | 0 | 1.82 | 0.57 | * | x | x | x |
| 199. | 꼼짝못하다 | 11 | 0 | 0 | 11 | 1 | 10 | 3.73 | 0.62 | x | x | * | x |
| 200. | 꼿꼿하다 | 10 | 1 | 10 | 1 | 8 | 3 | 2.55 | 1.08 | * | x | x | x |
| 201. | 꽁무니를 빼다 | 7 | 4 | 2 | 9 | 1 | 10 | 4 | 0.74 | x | x | x | x |
| 202. | 꽁하다 | 11 | 0 | 10 | 1 | 7 | 4 | 4.09 | 0.29 | x | x | x | x |
| 203. | 꾀를 피우다 | 9 | 2 | 4 | 7 | 2 | 9 | 4.09 | 0.29 | x | x | * | x |
| 204. | 꾀병을 부리다 | 9 | 2 | 1 | 10 | 1 | 10 | 4.18 | 0.39 | x | x | * | x |
| 205. | 꾀죄죄하다 | 10 | 1 | 0 | 11 | 2 | 9 | 4.18 | 0.39 | x | x | * | x |
| 206. | 꾸김이 없다 | 8 | 3 | 9 | 2 | 9 | 2 | 1.91 | 0.67 | * | x | x | x |
| 207. | 꾸미다 | 10 | 1 | 5 | 6 | 5 | 6 | 3.73 | 0.75 | x | x | x | x |
| 208. | 꾸밈없다 | 11 | 0 | 11 | 0 | 10 | 1 | 1.82 | 0.57 | * | x | x | x |
| 209. | 꾸준하다 | 11 | 0 | 9 | 2 | 10 | 1 | 1.64 | 0.48 | * | x | x | x |
| 210. | 꾸지람하다 | 11 | 0 | 0 | 11 | 0 | 11 | 4.09 | 0.29 | x | x | * | x |
| 211. | 꿋꿋하다 | 11 | 0 | 11 | 0 | 9 | 2 | 1.73 | 0.45 | * | x | x | x |
| 212. | 꿰뚫어보다 | 9 | 2 | 3 | 8 | 8 | 3 | 2 | 0.43 | * | x | x | x |
| 213. | 끈기있다 | 11 | 0 | 9 | 2 | 11 | 0 | 1.55 | 0.5 | * | x | x | x |
| 214. | 끈덕지다 | 7 | 4 | 8 | 3 | 9 | 2 | 2.36 | 0.77 | x | x | x | x |
| 215. | 끈질기다 | 11 | 0 | 10 | 1 | 9 | 2 | 2.55 | 0.78 | * | x | x | x |
| 216. | 끌려 들어가다 | 3 | 8 | 0 | 11 | 1 | 10 | 3.64 | 0.48 | x | x | x | * |
| 217. | 끔찍하다 | 11 | 0 | 0 | 11 | 0 | 11 | 4.55 | 0.5 | x | x | * | x |
| 218. | 끼어들다 | 11 | 0 | 1 | 10 | 2 | 9 | 4.09 | 0.51 | x | x | * | x |
| 219. | 낄낄거리다 | 8 | 3 | 0 | 11 | 1 | 10 | 4.09 | 0.29 | x | x | * | x |
| 220. | 나긋나긋하다 | 11 | 0 | 10 | 1 | 8 | 3 | 2.09 | 0.29 | * | x | x | x |
| 221. | 나발거리다 | 1 | 10 | 2 | 9 | 4 | 7 | 4.18 | 0.39 | x | x | x | x |
| 222. | 나부대다 | 6 | 5 | 4 | 7 | 4 | 7 | 4.18 | 0.39 | x | x | x | x |
| 223. | 나불거리다 | 10 | 1 | 3 | 8 | 3 | 8 | 4.18 | 0.39 | x | x | * | x |
| 224. | 나약하다 | 11 | 0 | 9 | 2 | 9 | 2 | 4.09 | 0.29 | * | x | x | x |
| 225. | 나지막하다 | 9 | 2 | 0 | 11 | 3 | 8 | 2.82 | 0.39 | x | x | x | x |
| 226. | 낙관적이다 | 11 | 0 | 11 | 0 | 10 | 1 | 1.64 | 0.64 | * | x | x | x |
| 227. | 낙오자적이다 | 2 | 9 | 3 | 8 | 8 | 3 | 4.45 | 0.5 | x | * | x | x |
| 228. | 낙천적이다 | 11 | 0 | 11 | 0 | 11 | 0 | 1.45 | 0.5 | * | x | x | x |
| 229. | 난봉을 부리다 | 2 | 9 | 4 | 7 | 1 | 10 | 4.55 | 0.5 | x | x | x | * |
| 230. | 난잡하다 | 10 | 1 | 5 | 6 | 7 | 4 | 4.64 | 0.48 | x | x | x | x |
| 231. | 난 체하다 | 8 | 3 | 10 | 1 | 7 | 4 | 4.73 | 0.45 | x | x | x | x |
| 232. | 난폭하다 | 11 | 0 | 11 | 0 | 9 | 2 | 4.82 | 0.39 | * | x | x | x |
| 233. | 날뛰다 | 10 | 1 | 4 | 7 | 3 | 8 | 4.27 | 0.45 | x | x | * | x |
| 234. | 날렵하다 | 11 | 0 | 4 | 7 | 6 | 5 | 1.91 | 0.29 | x | x | x | x |
| 235. | 날카롭다 | 11 | 0 | 10 | 1 | 8 | 3 | 3.45 | 0.66 | * | x | x | x |

| | | | | | | | | | 상용 특성 | 비상용 특성 | 상용 속성 | 비상용 속성 |
|---|---|---|---|---|---|---|---|---|---|---|---|---|
| 236. 남다르다 | 10 | 1 | 4 | 7 | 10 | 1 | 2.45 | 0.5 | * | x | x | x |
| 237. 남부끄럽다 | 10 | 1 | 0 | 11 | 4 | 7 | 4.09 | 0.29 | x | x | x | x |
| 238. 남성적이다 | 11 | 0 | 10 | 1 | 10 | 1 | 2.82 | 0.39 | * | x | x | x |
| 239. 남우세스럽다 | 3 | 8 | 1 | 10 | 3 | 8 | 4.18 | 0.39 | x | x | x | * |
| 240. 낭비적이다 | 10 | 1 | 5 | 6 | 8 | 3 | 4.27 | 0.45 | * | x | x | x |
| 241. 낯가림하다 | 11 | 0 | 8 | 3 | 9 | 2 | 3.82 | 0.39 | * | x | x | x |
| 242. 낯추어보다 | 10 | 1 | 4 | 7 | 7 | 4 | 4.18 | 0.39 | x | x | x | x |
| 243. 낯가죽이 두껍다 | 7 | 4 | 7 | 4 | 10 | 1 | 4.36 | 0.64 | x | x | x | x |
| 244. 낯간지럽다 | 10 | 1 | 2 | 9 | 2 | 9 | 4 | 0.43 | x | x | * | x |
| 245. 낯드겁다 | 11 | 0 | 1 | 10 | 1 | 10 | 4.18 | 0.39 | x | x | * | x |
| 246. 낯부끄럽다 | 9 | 2 | 1 | 10 | 1 | 10 | 4 | 0.6 | x | x | * | x |
| 247. 낯설어하다 | 10 | 1 | 3 | 8 | 1 | 10 | 3.27 | 0.45 | x | x | * | x |
| 248. 낯을 붉히다 | 9 | 2 | 2 | 9 | 2 | 9 | 3.36 | 0.64 | x | x | * | x |
| 249. 내리까다 | 4 | 7 | 3 | 8 | 3 | 8 | 4.27 | 0.45 | x | x | x | x |
| 250. 내색하다 | 9 | 2 | 2 | 9 | 3 | 8 | 2.91 | 0.29 | x | x | * | x |
| 251. 내성적이다 | 11 | 0 | 10 | 1 | 11 | 0 | 3 | 0 | * | x | x | x |
| 252. 내세우다 | 11 | 0 | 5 | 6 | 5 | 6 | 3.73 | 0.62 | x | x | x | x |
| 253. 내지르다 | 1 | 10 | 2 | 9 | 2 | 9 | 3.73 | 0.75 | x | x | x | * |
| 254. 냉담하다 | 11 | 0 | 10 | 1 | 9 | 2 | 4.09 | 0.29 | * | x | x | x |
| 255. 냉소적이다 | 10 | 1 | 11 | 0 | 11 | 0 | 4.09 | 0.29 | * | x | x | x |
| 256. 냉엄하다 | 5 | 6 | 7 | 4 | 9 | 2 | 4.18 | 0.72 | x | x | x | x |
| 257. 냉정하다 | 11 | 0 | 11 | 0 | 11 | 0 | 4 | 0.6 | * | x | x | x |
| 258. 냉철하다 | 10 | 1 | 10 | 1 | 10 | 1 | 2.64 | 0.98 | * | x | x | x |
| 259. 냉혹하다 | 10 | 1 | 10 | 1 | 10 | 1 | 4.45 | 0.5 | * | x | x | x |
| 260. 너그러운 | 11 | 0 | 11 | 0 | 11 | 0 | 1.64 | 0.48 | * | x | x | x |
| 261. 너스레를 떨다 | 6 | 5 | 4 | 7 | 4 | 7 | 3.82 | 0.39 | x | x | x | x |
| 262. 너저분하다 | 6 | 5 | 3 | 8 | 4 | 7 | 4 | 0 | x | x | x | x |
| 263. 넉넉하다 | 10 | 1 | 7 | 4 | 10 | 1 | 1.82 | 0.57 | * | x | x | x |
| 264. 넉살이 좋다 | 10 | 1 | 10 | 1 | 9 | 2 | 2.55 | 0.78 | * | x | x | x |
| 265. 넋두리를 늘어놓다 | 10 | 1 | 0 | 11 | 1 | 10 | 3.82 | 0.39 | x | x | * | x |
| 266. 넋없어하다 | 3 | 8 | 0 | 11 | 1 | 10 | 3.73 | 0.45 | x | x | x | * |
| 267. 넌더리를 내다 | 6 | 5 | 1 | 10 | 1 | 10 | 4.18 | 0.39 | x | x | x | x |
| 268. 넘겨짚다 | 11 | 0 | 2 | 9 | 4 | 7 | 3.73 | 0.45 | x | x | x | x |
| 269. 넙신거리다 | 0 | 11 | 3 | 8 | 3 | 8 | 4.2 | 0.4 | x | x | x | * |
| 270. 노골적이다 | 11 | 0 | 3 | 8 | 7 | 4 | 3.82 | 0.57 | x | x | x | x |
| 271. 노닥거리다 | 10 | 1 | 0 | 11 | 0 | 11 | 4.09 | 0.29 | x | x | * | x |
| 272. 노련하다 | 11 | 0 | 5 | 6 | 8 | 3 | 2 | 0 | * | x | x | x |
| 273. 노여워하다 | 6 | 5 | 1 | 10 | 1 | 10 | 3.91 | 0.51 | x | x | x | x |
| 274. 논리적이다 | 11 | 0 | 11 | 0 | 11 | 0 | 1.73 | 0.45 | * | x | x | x |
| 275. 놀리다 | 11 | 0 | 1 | 10 | 1 | 10 | 4 | 0 | x | x | * | x |
| 276. 놀아나다 | 7 | 4 | 1 | 10 | 1 | 10 | 4.27 | 0.45 | x | x | x | x |
| 277. 농지거리하다 | 2 | 9 | 2 | 9 | 2 | 9 | 4.18 | 0.57 | x | x | x | * |
| 278. 뇌까리다 | 2 | 9 | 0 | 11 | 0 | 11 | 4.18 | 0.72 | x | x | x | * |
| 279. 누그러지다 | 8 | 3 | 0 | 11 | 0 | 11 | 2.45 | 0.66 | x | x | * | x |
| 280. 누추하다 | 10 | 1 | 0 | 11 | 2 | 9 | 3.91 | 0.29 | x | x | * | x |
| 281. 눅진하다 | 4 | 7 | 1 | 10 | 3 | 8 | 3.27 | 1.05 | x | x | x | x |
| 282. 눈꼴스럽다 | 8 | 3 | 1 | 10 | 0 | 11 | 4.36 | 0.48 | x | x | * | x |

| | | | | | | | | 상용<br>특성 | 비상용<br>특성 | 상용<br>속성 | 비상용<br>속성 |
|---|---|---|---|---|---|---|---|---|---|---|---|
| 283. 눈독을 들이다 | 9 | 2 | 1 | 10 | 1 | 10 | 3.73 | 0.45 | x | x | * | x |
| 284. 눈물겹다 | 11 | 0 | 0 | 11 | 2 | 9 | 2.82 | 0.83 | x | x | * | x |
| 285. 눈물이 없다 | 11 | 0 | 4 | 7 | 6 | 5 | 3.91 | 0.51 | x | x | x | x |
| 286. 눈살을 찌푸리다 | 11 | 0 | 0 | 11 | 0 | 11 | 4.09 | 0.29 | x | x | * | x |
| 287. 눈앞이 캄캄하다 | 10 | 1 | 0 | 11 | 1 | 10 | 3.91 | 0.29 | x | x | * | x |
| 288. 눈에 거슬리다 | 10 | 1 | 1 | 10 | 1 | 10 | 4.27 | 0.45 | x | x | * | x |
| 289. 눈웃음을 치다 | 10 | 1 | 1 | 10 | 3 | 8 | 3.6 | 0.66 | x | x | * | x |
| 290. 눈을 부라리다 | 8 | 3 | 1 | 10 | 1 | 10 | 4 | 0.6 | x | x | * | x |
| 291. 눈을 흘기다 | 11 | 0 | 1 | 10 | 1 | 10 | 4.09 | 0.51 | x | x | * | x |
| 292. 눈이 높다 | 11 | 0 | 3 | 8 | 4 | 7 | 3.55 | 0.5 | x | x | x | x |
| 293. 눈총을 주다 | 9 | 2 | 1 | 10 | 1 | 10 | 4 | 0.43 | x | x | * | x |
| 294. 눈치채다 | 10 | 1 | 1 | 10 | 1 | 10 | 3 | 0.43 | x | x | * | x |
| 295. 눈치코치없다 | 11 | 0 | 8 | 3 | 4 | 7 | 4.09 | 0.29 | x | x | x | x |
| 296. 느긋하다 | 11 | 0 | 10 | 1 | 8 | 3 | 2.45 | 0.5 | * | x | x | x |
| 297. 느리다 | 11 | 0 | 5 | 6 | 8 | 3 | 3.73 | 0.45 | * | x | x | x |
| 298. 느슨하다 | 9 | 2 | 6 | 5 | 7 | 4 | 3.73 | 0.62 | x | x | x | x |
| 299. 늑장부리다 | 9 | 2 | 3 | 8 | 5 | 6 | 4.09 | 0.29 | x | x | x | x |
| 300. 늘씬하다 | 11 | 0 | 0 | 11 | 5 | 6 | 1.73 | 0.62 | x | x | x | x |
| 301. 늘어지다 | 8 | 3 | 2 | 9 | 4 | 7 | 3.82 | 0.57 | x | x | x | x |
| 302. 늠름하다 | 10 | 1 | 5 | 6 | 10 | 1 | 1.55 | 0.5 | * | x | x | x |
| 303. 능글맞다 | 10 | 1 | 10 | 1 | 10 | 1 | 4.27 | 0.45 | * | x | x | x |
| 304. 능동적이다 | 11 | 0 | 11 | 0 | 11 | 0 | 1.27 | 0.45 | * | x | x | x |
| 305. 능란하다 | 7 | 4 | 5 | 6 | 9 | 2 | 2.18 | 0.83 | x | x | x | x |
| 306. 능력있다 | 11 | 0 | 3 | 8 | 10 | 1 | 1.45 | 0.5 | * | x | x | x |
| 307. 능청맞다 | 11 | 0 | 9 | 2 | 9 | 2 | 3.82 | 0.57 | * | x | x | x |
| 308. 다감하다 | 6 | 5 | 10 | 1 | 11 | 0 | 1.45 | 0.5 | x | x | x | x |
| 309. 다그치다 | 10 | 1 | 4 | 7 | 2 | 9 | 3.91 | 0.51 | x | x | * | x |
| 310. 다부지다 | 11 | 0 | 9 | 2 | 10 | 1 | 1.73 | 0.45 | * | x | x | x |
| 311. 다정다감하다 | 11 | 0 | 11 | 0 | 11 | 0 | 1.27 | 0.45 | * | x | x | x |
| 312. 다투다 | 11 | 0 | 0 | 11 | 1 | 10 | 4.27 | 0.45 | x | x | * | x |
| 313. 닦달하다 | 11 | 0 | 5 | 6 | 2 | 9 | 4.27 | 0.45 | x | x | * | x |
| 314. 닦아세우다 | 8 | 3 | 6 | 5 | 3 | 8 | 4.55 | 0.5 | x | x | * | x |
| 315. 단단하다 | 9 | 2 | 2 | 9 | 8 | 3 | 2.18 | 0.57 | * | x | x | x |
| 316. 단순하다 | 11 | 0 | 11 | 0 | 11 | 0 | 3.55 | 0.5 | * | x | x | x |
| 317. 단정적이다 | 10 | 1 | 6 | 5 | 7 | 4 | 3.55 | 0.5 | x | x | x | x |
| 318. 단호하다 | 10 | 1 | 11 | 0 | 9 | 2 | 2.27 | 0.75 | * | x | x | x |
| 319. 달게여기다 | 2 | 9 | 0 | 11 | 3 | 8 | 3.2 | 0.98 | x | x | x | * |
| 320. 달랑거리다 | 5 | 6 | 2 | 9 | 1 | 10 | 3.9 | 0.54 | x | x | x | x |
| 321. 달래다 | 9 | 2 | 0 | 11 | 0 | 11 | 2.55 | 0.66 | x | x | * | x |
| 322. 달싹달싹대다 | 2 | 9 | 2 | 9 | 1 | 10 | 3.73 | 0.45 | x | x | x | * |
| 323. 답답하다 | 11 | 0 | 9 | 2 | 6 | 5 | 3.91 | 0.29 | x | x | x | x |
| 324. 당당하다 | 11 | 0 | 7 | 4 | 9 | 2 | 1.36 | 0.48 | * | x | x | x |
| 325. 당돌하다 | 10 | 1 | 10 | 1 | 10 | 1 | 3.91 | 0.29 | * | x | x | x |
| 326. 당차다 | 10 | 1 | 11 | 0 | 10 | 1 | 1.82 | 0.57 | * | x | x | x |
| 327. 당치않다 | 10 | 1 | 1 | 10 | 2 | 9 | 4 | 0.43 | x | x | * | x |
| 328. 당황하다 | 11 | 0 | 1 | 10 | 1 | 10 | 3.73 | 0.45 | x | x | * | x |
| 329. 대견하다 | 11 | 0 | 3 | 8 | 6 | 5 | 1.64 | 0.48 | x | x | x | x |
| 330. 대담하다 | 11 | 0 | 11 | 0 | 11 | 0 | 2 | 0.6 | * | x | x | x |

| | | | | | | | | | 상용 특성 | 비상용 특성 | 상용 속성 | 비상용 속성 |
|---|---|---|---|---|---|---|---|---|---|---|---|---|
| 331. 대바르다 | 0 | 11 | 7 | 4 | 10 | 1 | 2.09 | 0.9 | x | * | x | x |
| 332. 대받다 | 1 | 10 | 1 | 10 | 4 | 7 | 3.64 | 0.48 | x | x | x | x |
| 333. 대범하다 | 10 | 1 | 11 | 0 | 11 | 0 | 1.82 | 0.39 | * | x | x | x |
| 334. 대중적이다 | 11 | 0 | 6 | 5 | 9 | 2 | 2.82 | 0.57 | * | x | x | x |
| 335. 더듬거리다 | 11 | 0 | 1 | 10 | 1 | 10 | 4 | 0 | x | x | * | x |
| 336. 더럽다 | 11 | 0 | 3 | 8 | 4 | 7 | 4.45 | 0.5 | x | x | x | x |
| 337. 덜되다 | 9 | 2 | 3 | 8 | 5 | 6 | 4.18 | 0.39 | x | x | x | x |
| 338. 덜렁거리다 | 11 | 0 | 6 | 5 | 3 | 8 | 4.09 | 0.29 | x | x | * | x |
| 339. 덤덤하다 | 11 | 0 | 5 | 6 | 6 | 5 | 2.73 | 0.62 | x | x | x | x |
| 340. 덤벙거리다 | 11 | 0 | 7 | 4 | 5 | 6 | 4 | 0 | x | x | x | x |
| 341. 덤비다 | 10 | 1 | 4 | 7 | 4 | 7 | 3.91 | 0.51 | x | x | x | x |
| 342. 도덕적이다 | 11 | 0 | 8 | 3 | 10 | 1 | 1.7 | 0.9 | * | x | x | x |
| 343. 도도하다 | 11 | 0 | 10 | 1 | 8 | 3 | 3.73 | 0.62 | * | x | x | x |
| 344. 도량이 크다 | 6 | 5 | 10 | 1 | 10 | 1 | 1.45 | 0.89 | x | x | x | x |
| 345. 도사리다 | 6 | 5 | 2 | 9 | 2 | 9 | 3.55 | 0.89 | x | x | x | x |
| 346. 도피적이다 | 8 | 3 | 2 | 9 | 4 | 7 | 4.09 | 0.29 | * | x | x | x |
| 347. 독단적이다 | 11 | 0 | 11 | 0 | 10 | 1 | 4.18 | 0.39 | * | x | x | x |
| 348. 독립적이다 | 11 | 0 | 9 | 2 | 11 | 0 | 1.55 | 0.5 | * | x | x | x |
| 349. 독살을 피우다 | 1 | 10 | 3 | 8 | 4 | 7 | 4.64 | 0.48 | x | x | x | x |
| 350. 독선적이다 | 11 | 0 | 11 | 0 | 11 | 0 | 4.64 | 0.48 | * | x | x | x |
| 351. 독실하다 | 9 | 2 | 5 | 6 | 10 | 1 | 1.73 | 0.62 | * | x | x | x |
| 352. 독창적이다 | 11 | 0 | 10 | 1 | 11 | 0 | 1.27 | 0.45 | * | x | x | x |
| 353. 독특하다 | 11 | 0 | 8 | 3 | 11 | 0 | 1.91 | 0.29 | * | x | x | x |
| 354. 돌려다 붙이다 | 4 | 7 | 2 | 9 | 1 | 10 | 4 | 0 | x | x | x | x |
| 355. 동동거리다 | 6 | 5 | 1 | 10 | 2 | 9 | 3.73 | 0.45 | x | x | x | x |
| 356. 동정적이다 | 10 | 1 | 8 | 3 | 10 | 1 | 2.45 | 0.66 | * | x | x | x |
| 357. 되바라지다 | 8 | 3 | 9 | 2 | 9 | 2 | 4.1 | 0.3 | * | x | x | x |
| 358. 되씹다 | 10 | 1 | 3 | 8 | 2 | 9 | 3.82 | 0.57 | x | x | * | x |
| 359. 두각을 나타내다 | 11 | 0 | 1 | 10 | 3 | 8 | 1.82 | 0.39 | x | x | * | x |
| 360. 두려워하다 | 10 | 1 | 1 | 10 | 0 | 11 | 4.09 | 0.29 | x | x | * | x |
| 361. 두루뭉실하다 | 9 | 2 | 10 | 1 | 7 | 4 | 3.27 | 0.62 | x | x | x | x |
| 362. 두텁다 | 8 | 3 | 3 | 8 | 7 | 4 | 2.36 | 1.07 | x | x | x | x |
| 363. 둔감하다 | 9 | 2 | 7 | 4 | 11 | 0 | 4.09 | 0.29 | * | x | x | x |
| 364. 둔하다 | 11 | 0 | 7 | 4 | 10 | 1 | 4.09 | 0.29 | * | x | x | x |
| 365. 둘러대다 | 10 | 1 | 2 | 9 | 2 | 9 | 4.09 | 0.51 | x | x | * | x |
| 366. 뒤가 꿀려하다 | 4 | 7 | 0 | 11 | 0 | 11 | 4.55 | 0.5 | x | x | x | x |
| 367. 뒤가 켕기다 | 9 | 2 | 0 | 11 | 0 | 11 | 4.55 | 0.5 | x | x | * | x |
| 368. 뒤돌아보다 | 10 | 1 | 1 | 10 | 1 | 10 | 3 | 0.6 | x | x | * | x |
| 369. 뒤숭숭하다 | 9 | 2 | 0 | 11 | 0 | 11 | 4 | 0 | x | x | * | x |
| 370. 뒤지다 | 8 | 3 | 1 | 10 | 3 | 8 | 4.09 | 0.29 | x | x | * | x |
| 371. 뒤집어 엎다 | 8 | 3 | 2 | 9 | 2 | 9 | 4.36 | 0.48 | x | x | * | x |
| 372. 뒷손가락질하다 | 4 | 7 | 3 | 8 | 2 | 9 | 4.64 | 0.48 | x | x | x | x |
| 373. 뒷전 놀다 | 2 | 9 | 3 | 8 | 2 | 9 | 4.45 | 0.5 | x | x | x | * |
| 374. 드세다 | 10 | 1 | 8 | 3 | 11 | 0 | 4.09 | 0.29 | * | x | x | x |
| 375. 든든하다 | 10 | 1 | 4 | 7 | 7 | 4 | 1.73 | 0.45 | x | x | x | x |
| 376. 들뜨다 | 10 | 1 | 1 | 10 | 2 | 9 | 3.36 | 0.64 | x | x | * | x |
| 377. 들먹거리다 | 8 | 3 | 0 | 11 | 0 | 11 | 3.91 | 0.29 | x | x | * | x |
| 378. 들썩거리다 | 6 | 5 | 0 | 11 | 0 | 11 | 3.82 | 0.39 | x | x | x | x |

| | | | | | | | | | 상용특성 | 비상용특성 | 상용속성 | 비상용속성 |
|---|---|---|---|---|---|---|---|---|---|---|---|---|
| 379. 들어넘기다 | 6 | 5 | 1 | 10 | 2 | 9 | 3.64 | 0.64 | x | x | x | x |
| 380. 들은체 만체하다 | 10 | 1 | 1 | 10 | 2 | 9 | 4.18 | 0.57 | x | x | * | x |
| 381. 듬직하다 | 11 | 0 | 9 | 2 | 8 | 3 | 1.73 | 0.45 | * | x | x | x |
| 382. 등골이 서늘하다 | 4 | 7 | 0 | 11 | 1 | 9 | 4.1 | 0.3 | x | x | x | x |
| 383. 등치다 | 7 | 4 | 2 | 9 | 2 | 8 | 4.36 | 0.48 | x | x | x | x |
| 384. 등한시하다 | 10 | 1 | 2 | 9 | 2 | 8 | 4.18 | 0.39 | x | x | * | x |
| 385. 따따부따하다 | 3 | 8 | 3 | 8 | 2 | 8 | 4.09 | 0.29 | x | x | x | * |
| 386. 따뜻하다 | 11 | 0 | 11 | 0 | 10 | 0 | 1.27 | 0.45 | * | x | x | x |
| 387. 따분하다 | 10 | 1 | 7 | 4 | 3 | 7 | 3.82 | 0.57 | x | x | x | x |
| 388. 따사롭다 | 7 | 4 | 5 | 6 | 6 | 4 | 1.27 | 0.45 | x | x | x | x |
| 389. 따지다 | 11 | 0 | 8 | 3 | 5 | 5 | 3.91 | 0.29 | x | x | x | x |
| 390. 딱딱거리다 | 9 | 2 | 8 | 3 | 6 | 5 | 4 | 0 | x | x | x | x |
| 391. 딱딱하다 | 11 | 0 | 7 | 4 | 8 | 3 | 3.82 | 0.39 | * | x | x | x |
| 392. 딴전을 피우다 | 10 | 1 | 1 | 10 | 1 | 9 | 4.18 | 0.39 | x | x | * | x |
| 393. 딸싹거리다 | 1 | 10 | 1 | 10 | 1 | 10 | 4 | 0 | x | x | x | * |
| 394. 땡땡이 부리다 | 6 | 5 | 2 | 9 | 2 | 9 | 4.45 | 0.5 | x | x | x | x |
| 395. 떠들썩하다 | 10 | 1 | 1 | 10 | 0 | 11 | 3.64 | 0.64 | x | x | * | x |
| 396. 떠듬거리다 | 8 | 3 | 2 | 9 | 1 | 10 | 4 | 0 | x | x | * | x |
| 397. 떠벌리다 | 11 | 0 | 8 | 3 | 4 | 7 | 4.18 | 0.39 | x | x | x | x |
| 398. 떠보다 | 9 | 2 | 2 | 9 | 1 | 10 | 4 | 0.43 | x | x | * | x |
| 399. 떡떡거리다 | 0 | 11 | 2 | 9 | 1 | 10 | 3.9 | 0.3 | x | x | x | * |
| 400. 떨떠름하다 | 9 | 2 | 0 | 11 | 0 | 11 | 4.09 | 0.29 | x | x | * | x |
| 401. 떳떳하다 | 10 | 1 | 3 | 8 | 5 | 6 | 1.7 | 0.46 | x | x | x | x |
| 402. 떵떵거리다 | 10 | 1 | 2 | 9 | 3 | 8 | 3.45 | 0.78 | x | x | * | x |
| 403. 떼를 쓰다 | 10 | 1 | 5 | 6 | 3 | 8 | 3.91 | 0.9 | x | x | * | x |
| 404. 또릿또릿하다 | 7 | 4 | 2 | 8 | 5 | 6 | 1.73 | 0.45 | x | x | x | x |
| 405. 또박또박하다 | 8 | 3 | 1 | 10 | 2 | 9 | 1.73 | 0.45 | x | x | * | x |
| 406. 똑똑하다 | 11 | 0 | 6 | 5 | 11 | 0 | 1.45 | 0.5 | * | x | x | x |
| 407. 똑바르다 | 10 | 1 | 8 | 3 | 9 | 2 | 1.27 | 0.45 | * | x | x | x |
| 408. 똘똘하다 | 11 | 0 | 6 | 5 | 11 | 0 | 1.64 | 0.48 | * | x | x | x |
| 409. 뚱하다 | 7 | 4 | 7 | 4 | 3 | 8 | 4 | 0 | x | x | x | x |
| 410. 뛰어나다 | 11 | 0 | 2 | 9 | 9 | 2 | 1.36 | 0.48 | * | x | x | x |
| 411. 뜨끔하다 | 7 | 4 | 0 | 11 | 1 | 10 | 3.82 | 0.39 | x | x | x | x |
| 412. 뜨뜻미지근하다 | 10 | 1 | 7 | 4 | 4 | 7 | 4 | 0 | x | x | x | x |
| 413. 떠보다 | 7 | 4 | 1 | 10 | 1 | 10 | 4.09 | 0.51 | x | x | x | x |
| 414. 마땅찮다 | 10 | 1 | 0 | 11 | 0 | 11 | 4.18 | 0.39 | x | x | * | x |
| 415. 마음에 차다 | 9 | 2 | 0 | 11 | 2 | 9 | 1.73 | 0.45 | x | x | x | x |
| 416. 마음을 쓰다 | 10 | 1 | 1 | 10 | 2 | 9 | 2.45 | 0.89 | x | x | * | x |
| 417. 마음을 졸이다 | 11 | 0 | 1 | 10 | 2 | 9 | 3.73 | 0.45 | x | x | * | x |
| 418. 막되다 | 10 | 1 | 7 | 4 | 10 | 1 | 4.64 | 0.48 | * | x | x | x |
| 419. 막말하다 | 10 | 1 | 1 | 10 | 4 | 7 | 4.64 | 0.48 | x | x | x | x |
| 420. 만만하다 | 11 | 0 | 4 | 7 | 8 | 3 | 3.64 | 0.64 | * | x | x | x |
| 421. 말꼬리를 달다 | 9 | 2 | 1 | 10 | 2 | 9 | 4 | 0.43 | x | x | * | x |
| 422. 말꼬리를 물다 | 5 | 6 | 2 | 9 | 2 | 9 | 4 | 0.43 | x | x | x | x |
| 423. 말끔하다 | 10 | 1 | 6 | 5 | 7 | 4 | 1.73 | 0.45 | x | x | x | x |
| 424. 말끝을 흐리다 | 11 | 0 | 1 | 10 | 4 | 7 | 3.91 | 0.29 | x | x | x | x |
| 425. 말대구하다 | 11 | 0 | 1 | 10 | 1 | 10 | 4 | 0.43 | x | x | * | x |
| 426. 말만 앞세우다 | 11 | 0 | 7 | 4 | 5 | 6 | 4.45 | 0.5 | x | x | x | x |

| | | | | | | | | | 상용특성 | 비상용특성 | 상용속성 | 비상용속성 |
|---|---|---|---|---|---|---|---|---|---|---|---|---|
| 427. 말썽을 부리다 | 10 | 1 | 2 | 9 | 1 | 10 | 4.18 | 0.39 | x | x | * | x |
| 428. 말쑥하다 | 10 | 1 | 3 | 8 | 5 | 6 | 1.82 | 0.57 | x | x | x | x |
| 429. 말을 삼키다 | 5 | 6 | 1 | 10 | 2 | 9 | 3.09 | 1 | x | x | x | x |
| 430. 말이 굼뜨다 | 2 | 9 | 4 | 7 | 7 | 4 | 3.91 | 0.29 | x | x | x | x |
| 431. 말이 많다 | 11 | 0 | 10 | 1 | 9 | 2 | 3.91 | 0.51 | * | x | x | x |
| 432. 말이 없다 | 11 | 0 | 9 | 2 | 9 | 1 | 3.09 | 0.67 | * | x | x | x |
| 433. 말짱하다 | 11 | 0 | 2 | 9 | 2 | 9 | 2.18 | 0.39 | x | x | * | x |
| 434. 맑다 | 11 | 0 | 5 | 6 | 8 | 3 | 1.36 | 0.48 | * | x | x | x |
| 435. 망발을 일삼다 | 5 | 6 | 4 | 7 | 6 | 5 | 4.91 | 0.29 | x | x | x | x |
| 436. 망설이다 | 11 | 0 | 2 | 9 | 2 | 9 | 3.82 | 0.39 | x | x | * | x |
| 437. 맞대꾸하다 | 7 | 3 | 2 | 9 | 1 | 10 | 4 | 0.43 | x | x | x | x |
| 438. 맞장구를 치다 | 11 | 0 | 2 | 9 | 0 | 11 | 2.82 | 0.72 | x | x | * | x |
| 439. 매력적이다 | 11 | 0 | 7 | 4 | 9 | 2 | 1.45 | 0.5 | * | x | x | x |
| 440. 매섭다 | 9 | 2 | 8 | 3 | 11 | 0 | 3.36 | 0.77 | * | x | x | x |
| 441. 매스껍다 | 11 | 0 | 4 | 7 | 3 | 8 | 4.27 | 0.45 | x | x | * | x |
| 442. 매정하다 | 11 | 0 | 9 | 2 | 10 | 1 | 4.45 | 0.5 | * | x | x | x |
| 443. 맵살스럽다 | 0 | 11 | 4 | 7 | 6 | 5 | 4.2 | 0.6 | x | x | x | x |
| 444. 맹랑하다 | 10 | 1 | 10 | 1 | 11 | 0 | 3.55 | 0.89 | * | x | x | x |
| 445. 맹목적이다 | 10 | 1 | 7 | 4 | 9 | 2 | 3.91 | 1.08 | * | x | x | x |
| 446. 머뭇거리다 | 11 | 0 | 2 | 9 | 2 | 9 | 3.82 | 0.72 | x | x | * | x |
| 447. 머쓱하다 | 8 | 3 | 0 | 11 | 1 | 10 | 3.7 | 0.46 | x | x | * | x |
| 448. 멀겋다 | 0 | 11 | 0 | 11 | 2 | 9 | 3.9 | 0.3 | x | x | x | * |
| 449. 멋모르다 | 11 | 0 | 0 | 11 | 2 | 9 | 3.91 | 0.51 | x | x | * | x |
| 450. 멍멍하다 | 5 | 6 | 0 | 11 | 1 | 10 | 3.82 | 0.57 | x | x | x | x |
| 451. 멍청하다 | 11 | 0 | 9 | 2 | 10 | 1 | 4.27 | 0.45 | * | x | x | x |
| 452. 메마르다 | 11 | 0 | 8 | 3 | 9 | 2 | 4.18 | 0.39 | * | x | x | x |
| 453. 메몰차다 | 10 | 1 | 11 | 0 | 11 | 0 | 4.73 | 0.45 | * | x | x | x |
| 454. 면밀하다 | 4 | 7 | 8 | 3 | 11 | 0 | 2.09 | 0.51 | x | x | x | x |
| 455. 멸시하다 | 11 | 0 | 2 | 9 | 6 | 5 | 4.18 | 1.11 | x | x | x | x |
| 456. 명랑하다 | 11 | 0 | 10 | 1 | 10 | 1 | 1.64 | 0.48 | * | x | x | x |
| 457. 명상적이다 | 8 | 3 | 8 | 3 | 11 | 0 | 1.91 | 0.51 | * | x | x | x |
| 458. 명철하다 | 3 | 8 | 8 | 3 | 11 | 0 | 1.55 | 0.5 | x | * | x | x |
| 459. 명쾌하다 | 10 | 1 | 7 | 4 | 9 | 2 | 1.55 | 0.5 | * | x | x | x |
| 460. 명확하다 | 11 | 0 | 8 | 3 | 9 | 2 | 1.82 | 1.11 | * | x | x | x |
| 461. 모나다 | 11 | 0 | 11 | 0 | 11 | 0 | 4.27 | 0.45 | x | x | x | x |
| 462. 모방적이다 | 8 | 3 | 5 | 6 | 6 | 5 | 4 | 0.6 | x | x | x | x |
| 463. 모자라다 | 11 | 0 | 5 | 6 | 7 | 4 | 4.18 | 0.39 | x | x | x | x |
| 464. 모질다 | 11 | 0 | 11 | 0 | 11 | 0 | 4.27 | 0.62 | * | x | x | x |
| 465. 모험적이다 | 10 | 1 | 9 | 2 | 11 | 0 | 1.91 | 0.67 | * | x | x | x |
| 466. 몰두하다 | 11 | 0 | 6 | 5 | 5 | 6 | 1.82 | 0.57 | x | x | x | x |
| 467. 몰랑몰랑하다 | 7 | 4 | 5 | 6 | 3 | 8 | 3.55 | 0.5 | x | x | x | x |
| 468. 몰아세우다 | 11 | 0 | 2 | 9 | 2 | 9 | 4.09 | 0.29 | x | x | * | x |
| 469. 몰인정하다 | 10 | 1 | 9 | 2 | 10 | 1 | 4.64 | 0.48 | * | x | x | x |
| 470. 몸둘 곳을 몰라하다 | 9 | 2 | 0 | 11 | 0 | 11 | 3.45 | 0.5 | x | x | * | x |
| 471. 몸서리를 치다 | 11 | 0 | 0 | 11 | 0 | 11 | 4.18 | 0.39 | x | x | * | x |
| 472. 못나다 | 11 | 0 | 4 | 7 | 9 | 2 | 4.18 | 0.39 | * | x | x | x |
| 473. 못되다 | 11 | 0 | 10 | 1 | 11 | 0 | 4.55 | 0.5 | * | x | x | x |

| | | | | | | | | 상용 특성 | 비상용 특성 | 상용 속성 | 비상용 속성 |
|---|---|---|---|---|---|---|---|---|---|---|---|
| 474. 못마땅하다 | 7 | 4 | 1 | 10 | 0 | 11 | 4.09 | 0.29 | x | x | x | x |
| 475. 못미덥다 | 10 | 1 | 5 | 6 | 3 | 8 | 4.09 | 0.29 | x | x | * | x |
| 476. 무겁다 | 10 | 1 | 2 | 9 | 4 | 7 | 3.55 | 0.89 | x | x | x | x |
| 477. 무게가 있다 | 10 | 1 | 6 | 5 | 6 | 5 | 2.73 | 0.86 | x | x | x | x |
| 478. 무관심하다 | 11 | 0 | 4 | 7 | 4 | 7 | 3.91 | 0.51 | x | x | x | x |
| 479. 무기력하다 | 11 | 0 | 3 | 8 | 4 | 7 | 4.18 | 0.57 | x | x | x | x |
| 480. 무난하다 | 10 | 1 | 11 | 0 | 10 | 1 | 2.09 | 0.51 | * | x | x | x |
| 481. 무능하다 | 11 | 0 | 5 | 6 | 11 | 0 | 4.18 | 0.39 | * | x | x | x |
| 482. 무던하다 | 10 | 1 | 11 | 0 | 11 | 0 | 2 | 0.43 | * | x | x | x |
| 483. 무디다 | 11 | 0 | 9 | 2 | 11 | 0 | 4 | 0 | * | x | x | x |
| 484. 무뚝뚝하다 | 11 | 0 | 10 | 1 | 11 | 0 | 3.82 | 0.39 | * | x | x | x |
| 485. 무력하다 | 10 | 1 | 2 | 9 | 7 | 4 | 4.27 | 0.45 | x | x | x | x |
| 486. 무례하다 | 10 | 1 | 7 | 4 | 7 | 4 | 4.55 | 0.5 | x | x | x | x |
| 487. 무모하다 | 10 | 1 | 6 | 5 | 7 | 4 | 4.27 | 0.45 | x | x | x | x |
| 488. 무사태평의 | 8 | 3 | 9 | 2 | 10 | 1 | 4 | 0.74 | * | x | x | x |
| 489. 무섭다 | 11 | 0 | 10 | 1 | 9 | 2 | 4.27 | 0.45 | * | x | x | x |
| 490. 무신경하다 | 10 | 1 | 7 | 4 | 10 | 1 | 4.09 | 0.29 | * | x | x | x |
| 491. 무심하다 | 11 | 0 | 10 | 1 | 10 | 1 | 4.09 | 0.29 | * | x | x | x |
| 492. 무엄하다 | 4 | 7 | 5 | 6 | 10 | 1 | 4.09 | 0.51 | x | x | x | x |
| 493. 무절제하다 | 10 | 1 | 6 | 5 | 11 | 0 | 4.45 | 0.5 | * | x | x | x |
| 494. 무정하다 | 11 | 0 | 11 | 0 | 11 | 0 | 4 | 0.43 | * | x | x | x |
| 495. 무지하다 | 9 | 2 | 2 | 9 | 7 | 4 | 4.18 | 0.39 | x | x | x | x |
| 496. 무책임하다 | 11 | 0 | 10 | 1 | 11 | 0 | 4.55 | 0.5 | * | x | x | x |
| 497. 묵묵하다 | 7 | 4 | 9 | 2 | 7 | 4 | 2.45 | 0.78 | x | x | x | x |
| 498. 묵직하다 | 7 | 4 | 6 | 5 | 8 | 3 | 2.64 | 0.64 | x | x | x | x |
| 499. 문학적이다 | 8 | 3 | 6 | 5 | 10 | 1 | 2.09 | 0.51 | * | x | x | x |
| 500. 뭉클하다 | 10 | 1 | 0 | 11 | 0 | 11 | 2.27 | 0.96 | x | x | * | x |
| 501. 미끈하다 | 9 | 2 | 2 | 9 | 2 | 9 | 2.27 | 0.75 | x | x | * | x |
| 502. 미덥다 | 10 | 1 | 8 | 3 | 7 | 4 | 1.82 | 0.39 | x | x | x | x |
| 503. 미련스럽다 | 10 | 1 | 9 | 2 | 7 | 4 | 4.09 | 0.29 | x | x | x | x |
| 504. 미루어 짐작하다 | 9 | 2 | 1 | 10 | 1 | 10 | 3 | 0.85 | x | x | * | x |
| 505. 미숙하다 | 11 | 0 | 3 | 8 | 4 | 7 | 4.09 | 0.29 | x | x | x | x |
| 506. 미신적이다 | 10 | 1 | 5 | 6 | 8 | 3 | 4.27 | 0.62 | * | x | x | x |
| 507. 미안스럽다 | 10 | 1 | 0 | 11 | 2 | 9 | 2.91 | 0.9 | x | x | * | x |
| 508. 미욱하다 | 1 | 10 | 5 | 6 | 7 | 4 | 3.82 | 0.57 | x | x | x | x |
| 509. 밉다 | 11 | 0 | 0 | 11 | 2 | 9 | 4.18 | 0.39 | x | x | * | x |
| 510. 미워하다 | 10 | 1 | 1 | 10 | 3 | 8 | 4.18 | 0.39 | x | x | * | x |
| 511. 미적지근하다 | 8 | 3 | 7 | 4 | 5 | 6 | 4 | 0 | x | x | x | x |
| 512. 미지근하다 | 10 | 1 | 5 | 6 | 2 | 9 | 4 | 0 | x | x | * | x |
| 513. 미쳐 날뛰다 | 9 | 2 | 2 | 9 | 0 | 11 | 4.64 | 0.48 | x | x | * | x |
| 514. 민감하다 | 11 | 0 | 11 | 0 | 10 | 1 | 2.45 | 0.66 | * | x | x | x |
| 515. 민첩하다 | 9 | 2 | 7 | 4 | 11 | 0 | 1.82 | 0.39 | * | x | x | x |
| 516. 민활하다 | 2 | 9 | 6 | 5 | 9 | 2 | 1.73 | 0.45 | x | * | x | x |
| 517. 믿음직하다 | 11 | 0 | 11 | 0 | 11 | 0 | 1.45 | 0.5 | * | x | x | x |
| 518. 밉살스럽다 | 10 | 1 | 9 | 2 | 7 | 4 | 4.1 | 0.3 | x | x | x | x |
| 519. 밉성을 부리다 | 3 | 8 | 5 | 6 | 2 | 9 | 4 | 0 | x | x | x | * |
| 520. 바꾸어 말하다 | 9 | 2 | 2 | 9 | 0 | 11 | 3.55 | 0.66 | x | x | * | x |
| 521. 바득바득 우기다 | 10 | 1 | 7 | 4 | 2 | 9 | 4.2 | 0.4 | x | x | * | x |

| | | | | | | | | | 상용<br>특성 | 비상용<br>특성 | 상용<br>속성 | 비상용<br>속성 |
|---|---|---|---|---|---|---|---|---|---|---|---|---|
| 522. | 바라지다 | 5 | 6 | 8 | 3 | 8 | 3 | 3.82 | 0.94 | x | x | x | x |
| 523. | 바르다 | 10 | 1 | 11 | 0 | 11 | 0 | 1.55 | 0.5 | * | x | x | x |
| 524. | 바보같다 | 11 | 0 | 4 | 7 | 8 | 3 | 4.18 | 0.39 | * | x | x | x |
| 525. | 박력있다 | 11 | 0 | 9 | 2 | 11 | 0 | 1.82 | 0.39 | * | x | x | x |
| 526. | 박박거리다 | 2 | 9 | 3 | 8 | 2 | 9 | 4 | 0 | x | x | x | * |
| 527. | 박식하다 | 10 | 1 | 3 | 8 | 10 | 1 | 1.55 | 0.66 | * | x | x | x |
| 528. | 박정하다 | 3 | 8 | 5 | 6 | 8 | 3 | 3.82 | 0.57 | x | * | x | x |
| 529. | 반말질하다 | 3 | 8 | 1 | 10 | 2 | 9 | 4.18 | 0.39 | x | x | x | * |
| 530. | 반사회적이다 | 11 | 0 | 9 | 2 | 11 | 0 | 4.27 | 0.45 | * | x | x | x |
| 531. | 반항적이다 | 11 | 0 | 11 | 0 | 10 | 1 | 4.36 | 0.48 | * | x | x | x |
| 532. | 받아넘기다 | 10 | 1 | 2 | 9 | 2 | 9 | 3.18 | 0.94 | x | x | * | x |
| 533. | 받아들이다 | 11 | 0 | 2 | 9 | 2 | 9 | 2.27 | 0.45 | x | x | * | x |
| 534. | 발끈하다 | 10 | 1 | 9 | 2 | 4 | 7 | 4.09 | 0.29 | x | x | x | x |
| 535. | 발발거리다 | 4 | 7 | 5 | 6 | 2 | 9 | 4 | 0.43 | x | x | x | x |
| 536. | 발뺌하다 | 11 | 0 | 3 | 8 | 2 | 9 | 4.36 | 0.48 | x | x | * | x |
| 537. | 발칙하다 | 5 | 6 | 5 | 6 | 4 | 7 | 4.45 | 0.5 | x | x | x | x |
| 538. | 방그레하다 | 1 | 10 | 0 | 11 | 1 | 10 | 1.8 | 0.4 | x | x | x | * |
| 539. | 방자하다 | 2 | 9 | 5 | 6 | 5 | 6 | 4.27 | 0.45 | x | x | x | x |
| 540. | 방정맞다 | 11 | 0 | 9 | 2 | 5 | 6 | 4.27 | 0.45 | x | x | x | x |
| 541. | 방정을 떨다 | 10 | 1 | 5 | 6 | 2 | 9 | 4.27 | 0.45 | x | x | * | x |
| 542. | 방탕하다 | 10 | 1 | 7 | 4 | 9 | 2 | 4.82 | 0.39 | * | x | x | x |
| 543. | 배은망덕하다 | 10 | 1 | 4 | 7 | 4 | 7 | 4.91 | 0.29 | x | x | x | x |
| 544. | 배짱을 내밀다 | 6 | 5 | 4 | 7 | 2 | 9 | 4 | 0.85 | x | x | x | x |
| 545. | 버럭대다 | 3 | 8 | 1 | 10 | 1 | 10 | 4.18 | 0.39 | x | x | x | * |
| 546. | 버릇없다 | 11 | 0 | 7 | 4 | 9 | 2 | 4.18 | 0.57 | * | x | x | x |
| 547. | 버젓하다 | 7 | 4 | 3 | 8 | 7 | 4 | 2.09 | 0.79 | x | x | x | x |
| 548. | 버티다 | 10 | 1 | 4 | 7 | 4 | 7 | 2.82 | 0.83 | x | x | x | x |
| 549. | 번듯하다 | 11 | 0 | 3 | 8 | 4 | 7 | 2 | 0.6 | x | x | x | x |
| 550. | 벌벌거리다 | 3 | 8 | 0 | 11 | 0 | 11 | 4 | 0 | x | x | x | * |
| 551. | 범상하다 | 7 | 4 | 4 | 7 | 10 | 1 | 2.27 | 0.62 | x | x | x | |
| 552. | 법석을 떨다 | 5 | 6 | 2 | 9 | 0 | 11 | 4 | 0 | x | x | x | x |
| 553. | 벼르다 | 8 | 2 | 1 | 10 | 0 | 11 | 3.91 | 0.51 | x | x | * | x |
| 554. | 변덕스럽다 | 11 | 0 | 11 | 0 | 8 | 3 | 4.27 | 0.45 | * | x | x | x |
| 555. | 변명을 일삼다 | 8 | 3 | 6 | 5 | 8 | 3 | 4.36 | 0.48 | * | x | x | x |
| 556. | 변변찮다 | 9 | 2 | 2 | 9 | 5 | 6 | 4 | 0.85 | x | x | x | x |
| 557. | 변하기 쉽다 | 9 | 2 | 4 | 7 | 4 | 7 | 4 | 0.6 | x | x | x | x |
| 558. | 보수적이다 | 11 | 0 | 11 | 0 | 11 | 0 | 3.64 | 0.48 | * | x | x | x |
| 559. | 보채다 | 10 | 1 | 4 | 7 | 2 | 9 | 4 | 0.43 | x | x | * | x |
| 560. | 복종적이다 | 9 | 2 | 10 | 1 | 10 | 1 | 3.82 | 0.39 | * | x | x | x |
| 561. | 본체만체하다 | 11 | 0 | 2 | 9 | 4 | 7 | 3.91 | 0.29 | x | x | x | x |
| 562. | 볼썽사납다 | 9 | 2 | 0 | 11 | 0 | 11 | 4.36 | 0.48 | x | x | * | x |
| 563. | 봉사적이다 | 10 | 1 | 8 | 3 | 9 | 2 | 1.55 | 0.5 | * | x | x | x |
| 564. | 부끄러워하다 | 11 | 0 | 8 | 3 | 5 | 6 | 2.64 | 0.77 | x | x | x | x |
| 565. | 부담스럽다 | 11 | 0 | 2 | 9 | 1 | 10 | 3.82 | 0.39 | x | x | * | x |
| 566. | 부당하다 | 11 | 0 | 1 | 9 | 2 | 9 | 4.09 | 0.29 | x | x | * | x |
| 567. | 부도덕하다 | 11 | 0 | 6 | 5 | 8 | 3 | 4.36 | 0.48 | * | x | x | x |
| 568. | 부드럽다 | 11 | 0 | 10 | 1 | 8 | 3 | 1.55 | 0.5 | * | x | x | x |
| 569. | 부러워하다 | 11 | 0 | 0 | 11 | 1 | 10 | 2.55 | 0.5 | x | x | * | x |

| | | | | | | | | 상용<br>특성 | 비상용<br>특성 | 상용<br>속성 | 비상용<br>속성 |
|---|---|---|---|---|---|---|---|---|---|---|---|
| 570. 부르짖다 | 8 | 3 | 0 | 11 | 1 | 10 | 3.36 | 0.48 | x | x | * | x |
| 571. 부정하다 | 9 | 2 | 6 | 5 | 8 | 3 | 4.09 | 0.29 | * | x | x | x |
| 572. 부주의하다 | 10 | 1 | 8 | 3 | 7 | 4 | 3.91 | 0.29 | x | x | x | x |
| 573. 부지런하다 | 11 | 0 | 9 | 2 | 10 | 1 | 1.55 | 0.5 | * | x | x | x |
| 574. 분명하다 | 10 | 1 | 10 | 1 | 10 | 1 | 1.64 | 0.48 | * | x | x | x |
| 575. 분방하다 | 7 | 4 | 9 | 2 | 11 | 0 | 2.91 | 0.79 | x | x | x | x |
| 576. 분별있다 | 11 | 0 | 8 | 3 | 11 | 0 | 1.55 | 0.5 | * | x | x | x |
| 577. 불건전하다 | 10 | 1 | 8 | 3 | 8 | 2 | 4.18 | 0.39 | * | x | x | x |
| 578. 불공평하다 | 10 | 1 | 6 | 5 | 9 | 2 | 4.36 | 0.48 | * | x | x | x |
| 579. 불굴의 | 11 | 0 | 7 | 4 | 10 | 1 | 1.91 | 0.79 | * | x | x | x |
| 580. 불끈하다 | 9 | 2 | 10 | 1 | 3 | 8 | 3.73 | 0.62 | x | x | * | x |
| 581. 불량하다 | 10 | 1 | 4 | 7 | 6 | 5 | 4.27 | 0.45 | x | x | x | x |
| 582. 불만에 차다 | 11 | 0 | 8 | 3 | 3 | 8 | 4.18 | 0.39 | x | x | * | x |
| 583. 불성실하다 | 9 | 2 | 8 | 3 | 10 | 1 | 4.36 | 0.48 | * | x | x | x |
| 584. 불손하다 | 10 | 1 | 6 | 5 | 7 | 4 | 4.27 | 0.45 | x | x | x | x |
| 585. 불안정하다 | 11 | 0 | 7 | 4 | 4 | 7 | 4.27 | 0.45 | x | x | x | x |
| 586. 불안하다 | 11 | 0 | 7 | 4 | 4 | 7 | 4.27 | 0.45 | x | x | x | x |
| 587. 불온하다 | 6 | 5 | 7 | 4 | 5 | 6 | 4.18 | 0.39 | x | x | x | x |
| 588. 불친절하다 | 11 | 0 | 11 | 0 | 6 | 5 | 4.18 | 0.39 | x | x | x | x |
| 589. 불쾌하다 | 11 | 0 | 3 | 8 | 2 | 9 | 4.27 | 0.45 | x | x | * | x |
| 590. 불퉁하다 | 3 | 8 | 7 | 4 | 5 | 6 | 4.27 | 0.45 | x | x | x | x |
| 591. 불편하다 | 11 | 0 | 2 | 9 | 2 | 9 | 4.18 | 0.39 | x | x | * | x |
| 592. 불평하다 | 11 | 0 | 8 | 3 | 3 | 8 | 4.18 | 0.39 | x | x | * | x |
| 593. 붉으락 푸르락하다 | | | | | | | | | | | | |
| | 7 | 4 | 3 | 8 | 2 | 9 | 4.27 | 0.45 | x | x | x | x |
| 594. 붙임성 있다 | 11 | 0 | 10 | 1 | 11 | 0 | 1.73 | 0.45 | * | x | x | x |
| 595. 비겁하다 | 10 | 1 | 9 | 2 | 10 | 1 | 4.09 | 0.29 | * | x | x | x |
| 596. 비굴하다 | 10 | 1 | 10 | 1 | 11 | 0 | 4.45 | 0.5 | * | x | x | x |
| 597. 비꼬다 | 11 | 0 | 6 | 5 | 4 | 7 | 4.09 | 0.79 | x | x | x | x |
| 598. 비뚤어지다 | 11 | 0 | 8 | 3 | 5 | 6 | 4.09 | 0.79 | x | x | x | x |
| 599. 비루하다 | 2 | 9 | 5 | 6 | 7 | 4 | 4.1 | 0.7 | x | x | x | x |
| 600. 비범하다 | 9 | 2 | 7 | 4 | 11 | 0 | 1.73 | 0.86 | * | x | x | x |
| 601. 비상하다 | 11 | 0 | 5 | 6 | 11 | 0 | 1.73 | 0.86 | * | x | x | x |
| 602. 비속하다 | 4 | 7 | 4 | 7 | 10 | 1 | 4.18 | 0.39 | x | x | x | x |
| 603. 비아냥거리다 | 10 | 1 | 5 | 6 | 2 | 9 | 4.27 | 0.45 | x | x | * | x |
| 604. 비열하다 | 10 | 1 | 9 | 2 | 11 | 0 | 4.73 | 0.45 | * | x | x | x |
| 605. 비위를 거스르다 | 11 | 0 | 0 | 11 | 0 | 11 | 4.27 | 0.45 | x | x | * | x |
| 606. 비위를 맞추다 | 11 | 0 | 5 | 6 | 2 | 9 | 3.36 | 0.88 | x | x | * | x |
| 607. 비위사납다 | 4 | 7 | 1 | 10 | 2 | 9 | 4.1 | 0.3 | x | x | x | x |
| 608. 비쭉거리다 | 2 | 9 | 3 | 8 | 3 | 8 | 4.2 | 0.4 | x | x | x | * |
| 609. 비천하다 | 6 | 5 | 2 | 9 | 8 | 3 | 4.45 | 0.5 | x | x | x | x |
| 610. 비타협적이다 | 10 | 1 | 11 | 0 | 11 | 0 | 3.91 | 0.79 | * | x | x | x |
| 611. 비판적이다 | 11 | 0 | 11 | 0 | 11 | 0 | 3.45 | 0.99 | * | x | x | x |
| 612. 비하적이다 | 5 | 6 | 8 | 3 | 10 | 1 | 4.36 | 0.48 | x | x | x | x |
| 613. 빈정거리다 | 11 | 0 | 7 | 4 | 2 | 9 | 4.36 | 0.48 | x | x | * | x |
| 614. 빈틈없다 | 11 | 0 | 11 | 0 | 10 | 1 | 2.18 | 0.94 | * | x | x | x |
| 615. 빌붙다 | 10 | 1 | 5 | 6 | 5 | 6 | 4.09 | 0.29 | x | x | x | x |
| 616. 빗대다 | 11 | 0 | 5 | 6 | 4 | 7 | 3.9 | 0.3 | x | x | x | x |

| | | | | | | | | | 상용 특성 | 비상용 특성 | 상용 속성 | 비상용 속성 |
|---|---|---|---|---|---|---|---|---|---|---|---|---|
| 617. | 빙긋거리다 | 1 | 10 | 0 | 11 | 0 | 11 | 2.64 | 0.98 | x | x | x | * |
| 618. | 빤들빤들하다 | 2 | 9 | 4 | 7 | 5 | 6 | 3.82 | 0.72 | x | x | x | x |
| 619. | 빤빤하다 | 7 | 4 | 6 | 5 | 7 | 4 | 3.91 | 0.67 | x | x | x | x |
| 620. | 빼어나다 | 10 | 1 | 3 | 8 | 10 | 1 | 1.73 | 0.86 | * | x | x | x |
| 621. | 빼죽거리다 | 2 | 9 | 3 | 8 | 5 | 6 | 4.18 | 0.39 | x | x | x | x |
| 622. | 뺀들거리다 | 7 | 4 | 6 | 5 | 4 | 7 | 4.18 | 0.39 | x | x | x | x |
| 623. | 뺀뺀스럽다 | 11 | 0 | 11 | 0 | 8 | 3 | 4.36 | 0.48 | * | x | x | x |
| 624. | 뻣뻣하다 | 10 | 1 | 8 | 3 | 5 | 6 | 3.91 | 0.29 | x | x | x | x |
| 625. | 뽐내다 | 10 | 1 | 5 | 6 | 5 | 6 | 3.82 | 0.39 | x | x | x | x |
| 626. | 뽀로통하다 | 8 | 3 | 3 | 8 | 1 | 10 | 3.91 | 0.29 | x | x | * | x |
| 627. | 뿌득뿌득 우기다 | 7 | 4 | 4 | 7 | 2 | 9 | 4.18 | 0.57 | x | x | x | x |
| 628. | 뿌듯하다 | 11 | 0 | 0 | 11 | 0 | 11 | 1.82 | 0.39 | x | x | * | x |
| 629. | 삐뚤다 | 9 | 2 | 10 | 1 | 5 | 6 | 4.18 | 0.39 | x | x | x | x |
| 630. | 사교적이다 | 11 | 0 | 11 | 0 | 11 | 0 | 1.73 | 0.45 | * | x | x | x |
| 631. | 사귀기 쉽다 | 11 | 0 | 10 | 1 | 10 | 1 | 1.91 | 0.67 | * | x | x | x |
| 632. | 사근사근하다 | 10 | 1 | 11 | 0 | 9 | 2 | 1.73 | 0.45 | * | x | x | x |
| 633. | 사납다 | 10 | 1 | 10 | 1 | 9 | 2 | 4.27 | 0.45 | * | x | x | x |
| 634. | 사나이답다 | 9 | 2 | 10 | 1 | 11 | 0 | 2.18 | 0.72 | * | x | x | x |
| 635. | 사람답다 | 8 | 3 | 5 | 6 | 10 | 1 | 1.36 | 0.48 | * | x | x | x |
| 636. | 사랑스럽다 | 11 | 0 | 6 | 5 | 7 | 4 | 1.18 | 0.39 | x | x | x | x |
| 637. | 사려깊다 | 10 | 1 | 10 | 1 | 11 | 0 | 1.09 | 0.29 | * | x | x | x |
| 638. | 사리다 | 7 | 4 | 4 | 7 | 6 | 5 | 3.82 | 0.39 | x | x | x | x |
| 639. | 사변적이다 | 7 | 4 | 7 | 4 | 10 | 1 | 2.91 | 0.79 | x | x | x | x |
| 640. | 사분거리다 | 1 | 10 | 4 | 7 | 4 | 7 | 3.5 | 0.67 | x | x | x | x |
| 641. | 사색적이다 | 9 | 2 | 9 | 2 | 11 | 0 | 2.09 | 0.67 | * | x | x | x |
| 642. | 사악하다 | 8 | 3 | 10 | 1 | 11 | 0 | 4.91 | 0.29 | * | x | x | x |
| 643. | 사양하다 | 9 | 2 | 2 | 9 | 3 | 8 | 2.73 | 0.86 | x | x | * | x |
| 644. | 사회적이다 | 10 | 1 | 9 | 2 | 11 | 0 | 1.73 | 0.62 | * | x | x | x |
| 645. | 산뜻하다 | 11 | 0 | 2 | 9 | 2 | 9 | 1.55 | 0.5 | x | x | * | x |
| 646. | 산만하다 | 10 | 1 | 10 | 1 | 7 | 4 | 4.18 | 0.39 | x | x | x | x |
| 647. | 살얼음을 밟는 것같다 | | | | | | | | | | | | |
| | | 8 | 3 | 0 | 11 | 1 | 10 | 3.82 | 0.39 | x | x | * | x |
| 648. | 상냥하다 | 11 | 0 | 11 | 0 | 10 | 1 | 1.45 | 0.5 | * | x | x | x |
| 649. | 상스럽다 | 7 | 4 | 2 | 9 | 8 | 3 | 4.36 | 0.48 | x | x | x | x |
| 650. | 새겨듣다 | 11 | 0 | 2 | 9 | 3 | 8 | 1.91 | 0.51 | x | x | * | x |
| 651. | 새무룩하다 | 1 | 10 | 2 | 9 | 4 | 7 | 3.73 | 0.62 | x | x | x | x |
| 652. | 새침하다 | 9 | 2 | 11 | 0 | 5 | 6 | 3.55 | 0.66 | x | x | x | x |
| 653. | 샐쭉거리다 | 5 | 6 | 3 | 8 | 1 | 10 | 3.73 | 0.62 | x | x | x | x |
| 654. | 생기있다 | 11 | 0 | 6 | 5 | 3 | 8 | 1.64 | 0.48 | x | x | * | x |
| 655. | 생떼거리를쓰다 | 6 | 5 | 5 | 6 | 1 | 10 | 4.36 | 0.48 | x | x | x | x |
| 656. | 생산적이다 | 9 | 2 | 2 | 9 | 9 | 2 | 1.55 | 0.5 | * | x | x | x |
| 657. | 생색내다 | 11 | 0 | 3 | 8 | 4 | 7 | 4.09 | 0.29 | x | x | x | x |
| 658. | 서글서글하다 | 11 | 0 | 10 | 1 | 10 | 1 | 1.55 | 0.5 | * | x | x | x |
| 659. | 서글프다 | 11 | 0 | 0 | 11 | 2 | 9 | 4 | 0 | x | x | * | x |
| 660. | 서두르다 | 11 | 0 | 5 | 6 | 4 | 7 | 3.73 | 0.45 | x | x | x | x |
| 661. | 서러워하다 | 10 | 1 | 0 | 11 | 0 | 11 | 3.91 | 0.29 | x | x | * | x |
| 662. | 서먹서먹하다 | 11 | 0 | 0 | 11 | 0 | 11 | 4 | 0 | x | x | * | x |
| 663. | 서슴거리다 | 1 | 10 | 1 | 10 | 2 | 9 | 4 | 0 | x | x | x | * |

| | | | | | | | | | 상용<br>특성 | 비상용<br>특성 | 상용<br>속성 | 비상용<br>속성 |
|---|---|---|---|---|---|---|---|---|---|---|---|---|
| 664. 서슴없다 | 10 | 1 | 6 | 5 | 4 | 7 | 2.64 | 0.88 | x | x | x | x |
| 665. 서운하다 | 11 | 0 | 0 | 11 | 1 | 10 | 4 | 0.43 | x | x | * | x |
| 666. 선량하다 | 10 | 1 | 10 | 1 | 9 | 2 | 1.45 | 0.5 | * | x | x | x |
| 667. 선명하다 | 9 | 2 | 2 | 9 | 5 | 6 | 1.64 | 0.48 | x | x | x | x |
| 668. 설교적이다 | 8 | 3 | 5 | 6 | 9 | 2 | 3.27 | 0.62 | * | x | x | x |
| 669. 설설기다 | 8 | 3 | 1 | 10 | 1 | 10 | 4.09 | 0.29 | x | x | * | x |
| 670. 섬뜩하다 | 10 | 1 | 0 | 11 | 2 | 9 | 4.64 | 0.48 | x | x | * | x |
| 671. 섬세하다 | 11 | 0 | 11 | 0 | 11 | 0 | 1.73 | 0.45 | * | x | x | x |
| 672. 섭섭하다 | 11 | 0 | 0 | 11 | 0 | 11 | 4 | 0 | x | x | * | x |
| 673. 성가시다 | 11 | 0 | 2 | 9 | 1 | 10 | 4.09 | 0.29 | x | x | * | x |
| 674. 성급하다 | 11 | 0 | 11 | 0 | 7 | 4 | 4.18 | 0.39 | x | x | x | x |
| 675. 성마르다 | 2 | 9 | 7 | 4 | 7 | 4 | 4 | 0 | x | x | x | x |
| 676. 성실하다 | 11 | 0 | 10 | 1 | 11 | 0 | 1.27 | 0.45 | * | x | x | x |
| 677. 성을 내다 | 11 | 0 | 3 | 8 | 2 | 9 | 4.09 | 0.29 | x | x | * | x |
| 678. 세련되다 | 11 | 0 | 4 | 7 | 10 | 1 | 1.73 | 0.45 | * | x | x | x |
| 679. 세밀하다 | 8 | 3 | 11 | 0 | 9 | 2 | 1.82 | 0.39 | * | x | x | x |
| 680. 세상을 모르다 | 11 | 0 | 1 | 10 | 4 | 7 | 3.73 | 0.45 | x | x | x | x |
| 681. 세속적이다 | 8 | 3 | 5 | 6 | 8 | 3 | 3.91 | 0.51 | * | x | x | x |
| 682. 세심하다 | 11 | 0 | 11 | 0 | 11 | 0 | 2 | 0 | * | x | x | x |
| 683. 소곤거리다 | 9 | 2 | 0 | 11 | 0 | 11 | 3.18 | 0.39 | x | x | * | x |
| 684. 소극적이다 | 11 | 0 | 11 | 0 | 11 | 0 | 3.91 | 0.29 | * | x | x | x |
| 685. 소리지르다 | 11 | 0 | 0 | 11 | 0 | 11 | 3.82 | 0.57 | x | x | * | x |
| 686. 소박하다 | 11 | 0 | 10 | 1 | 11 | 0 | 1.82 | 0.39 | * | x | x | x |
| 687. 소심하다 | 11 | 0 | 11 | 0 | 11 | 0 | 4 | 0.43 | * | x | x | x |
| 688. 소탈하다 | 9 | 2 | 10 | 1 | 11 | 0 | 1.73 | 0.45 | * | x | x | x |
| 689. 속기쉽다 | 10 | 1 | 7 | 4 | 8 | 3 | 3.91 | 0.29 | * | x | x | x |
| 690. 속닥거리다 | 9 | 2 | 0 | 11 | 0 | 11 | 3.64 | 0.48 | x | x | * | x |
| 691. 속물근성의 | 9 | 2 | 7 | 4 | 10 | 1 | 4.64 | 0.48 | * | x | x | x |
| 692. 속보이다 | 11 | 0 | 2 | 9 | 3 | 8 | 4.18 | 0.39 | x | x | * | x |
| 693. 속시원하다 | 11 | 0 | 2 | 9 | 2 | 9 | 1.82 | 0.39 | x | x | * | x |
| 694. 속을 썩이다 | 11 | 0 | 1 | 10 | 1 | 10 | 4.09 | 0.29 | x | x | * | x |
| 695. 속이 없다 | 11 | 0 | 3 | 8 | 5 | 6 | 3.45 | 0.66 | x | x | x | x |
| 696. 손이 크다 | 9 | 2 | 2 | 9 | 5 | 6 | 2.82 | 0.94 | x | x | x | x |
| 697. 솔직하다 | 11 | 0 | 11 | 0 | 11 | 0 | 1.55 | 0.5 | * | x | x | x |
| 698. 수군덕거리다 | 5 | 6 | 1 | 10 | 2 | 9 | 4 | 0 | x | x | x | x |
| 699. 수다스럽다 | 11 | 0 | 9 | 2 | 6 | 5 | 3.91 | 0.29 | x | x | x | x |
| 700. 수단이 좋다 | 8 | 3 | 3 | 8 | 5 | 6 | 3.09 | 0.9 | x | x | x | x |
| 701. 수더분하다 | 10 | 1 | 9 | 2 | 11 | 0 | 2.09 | 0.51 | * | x | x | x |
| 702. 수동적이다 | 11 | 0 | 11 | 0 | 11 | 0 | 3.91 | 0.29 | * | x | x | x |
| 703. 수리적이다 | 4 | 7 | 7 | 4 | 10 | 1 | 2.73 | 0.45 | x | x | x | x |
| 704. 수선스럽다 | 6 | 5 | 9 | 2 | 5 | 6 | 4 | 0 | x | x | x | x |
| 705. 수수하다 | 11 | 0 | 7 | 4 | 10 | 1 | 1.82 | 0.57 | * | x | x | x |
| 706. 수월하다 | 10 | 1 | 3 | 8 | 8 | 3 | 1.82 | 0.39 | * | x | x | x |
| 707. 수줍어하다 | 11 | 0 | 10 | 1 | 6 | 5 | 2.91 | 0.51 | x | x | x | x |
| 708. 숙덕거리다 | 6 | 5 | 1 | 10 | 1 | 10 | 4 | 0 | x | x | x | x |
| 709. 순결하다 | 11 | 0 | 1 | 10 | 8 | 3 | 1.55 | 0.5 | * | x | x | x |
| 710. 순박하다 | 10 | 1 | 11 | 0 | 11 | 0 | 1.73 | 0.45 | * | x | x | x |
| 711. 순수하다 | 11 | 0 | 11 | 0 | 9 | 2 | 1.55 | 0.5 | * | x | x | x |

| | | | | | | | | 상용 특성 | 비상용 특성 | 상용 속성 | 비상용 속성 |
|---|---|---|---|---|---|---|---|---|---|---|---|
| 712. 순종하다 | 11 | 0 | 9 | 2 | 10 | 1 | 2.91 | 0.9 | * | x | x | x |
| 713. 순진하다 | 11 | 0 | 10 | 1 | 10 | 1 | 2.09 | 0.67 | * | x | x | x |
| 714. 숫기가 없다 | 9 | 2 | 10 | 1 | 10 | 1 | 3.45 | 0.66 | * | x | x | x |
| 715. 쉬쉬하다 | 9 | 2 | 0 | 11 | 1 | 10 | 3.55 | 0.5 | x | x | * | x |
| 716. 스산하다 | 5 | 6 | 0 | 11 | 1 | 10 | 4.09 | 0.29 | x | x | x | x |
| 717. 스스럼없다 | 11 | 0 | 6 | 5 | 4 | 7 | 2.18 | 0.83 | x | x | x | x |
| 718. 슬기롭다 | 10 | 1 | 5 | 6 | 10 | 1 | 1.36 | 0.48 | * | x | x | x |
| 719. 시건방지다 | 10 | 1 | 9 | 2 | 10 | 1 | 4.45 | 0.5 | * | x | x | x |
| 720. 시끄럽다 | 10 | 1 | 5 | 6 | 3 | 8 | 4 | 0 | x | x | * | x |
| 721. 시끄럽다 | 11 | 0 | 5 | 6 | 3 | 8 | 4 | 0 | x | x | * | x |
| 722. 시끌시끌하다 | 10 | 1 | 2 | 9 | 2 | 9 | 3.82 | 0.57 | x | x | * | x |
| 723. 시답잖다 | 9 | 2 | 2 | 9 | 4 | 7 | 4.09 | 0.29 | x | x | x | x |
| 724. 시들하다 | 11 | 0 | 0 | 11 | 1 | 10 | 4 | 0 | x | x | * | x |
| 725. 시무룩하다 | 11 | 0 | 1 | 10 | 2 | 9 | 4 | 0.43 | x | x | * | x |
| 726. 시부렁거리다 | 6 | 5 | 1 | 10 | 2 | 9 | 4.36 | 0.48 | x | x | x | x |
| 727. 시샘하다 | 10 | 1 | 5 | 6 | 4 | 7 | 4.18 | 0.39 | x | x | x | x |
| 728. 시시껄렁하다 | 10 | 1 | 1 | 10 | 3 | 8 | 4.36 | 0.48 | x | x | * | x |
| 729. 시시덕거리다 | 6 | 5 | 2 | 9 | 2 | 9 | 4.27 | 0.45 | x | x | x | x |
| 730. 시시콜콜하다 | 11 | 0 | 1 | 10 | 3 | 8 | 4.09 | 0.29 | x | x | * | x |
| 731. 시시하다 | 11 | 0 | 2 | 9 | 6 | 5 | 4 | 0 | x | x | x | x |
| 732. 시실거리다 | 1 | 10 | 0 | 11 | 0 | 11 | 4 | 0 | x | x | x | * |
| 733. 시원섭섭하다 | 11 | 0 | 0 | 11 | 1 | 10 | 3.09 | 0.67 | x | x | * | x |
| 734. 시원찮다 | 10 | 1 | 2 | 9 | 3 | 8 | 4.09 | 0.29 | x | x | * | x |
| 735. 시큰둥하다 | 10 | 1 | 1 | 10 | 1 | 10 | 4 | 0 | x | x | * | x |
| 736. 신경과민의 | 8 | 3 | 8 | 3 | 9 | 2 | 4.27 | 0.45 | * | x | x | x |
| 737. 신경질적이다 | 11 | 0 | 11 | 0 | 9 | 2 | 4.45 | 0.5 | * | x | x | x |
| 738. 신랄하다 | 10 | 1 | 3 | 8 | 7 | 4 | 4.09 | 1 | x | x | x | x |
| 739. 신뢰롭다 | 9 | 2 | 9 | 2 | 11 | 0 | 1.36 | 0.48 | * | x | x | x |
| 740. 신중하다 | 11 | 0 | 11 | 0 | 11 | 0 | 1.45 | 0.5 | * | x | x | x |
| 741. 실용적이다 | 9 | 2 | 5 | 6 | 10 | 1 | 1.82 | 0.39 | * | x | x | x |
| 742. 실제적이다 | 10 | 1 | 9 | 2 | 11 | 0 | 1.82 | 0.39 | * | x | x | x |
| 743. 실쭉해하다 | 1 | 10 | 0 | 11 | 1 | 10 | 4 | 0 | x | x | x | * |
| 744. 싫다 | 11 | 0 | 0 | 11 | 3 | 8 | 4.27 | 0.45 | x | x | * | x |
| 745. 심드렁하다 | 5 | 6 | 2 | 9 | 4 | 7 | 4.09 | 0.29 | x | x | x | x |
| 746. 심술궂다 | 11 | 0 | 11 | 0 | 8 | 3 | 4.36 | 0.48 | * | x | x | x |
| 747. 심술부리다 | 11 | 0 | 9 | 2 | 4 | 7 | 4.36 | 0.48 | x | x | x | x |
| 748. 심술사납다 | 7 | 4 | 9 | 2 | 7 | 4 | 4.45 | 0.5 | x | x | * | x |
| 749. 심심하다 | 11 | 0 | 0 | 11 | 0 | 11 | 3.36 | 0.64 | x | x | * | x |
| 750. 싱겁다 | 11 | 0 | 7 | 4 | 5 | 6 | 3.18 | 0.72 | x | x | x | x |
| 751. 싱숭생숭하다 | 7 | 4 | 0 | 11 | 0 | 11 | 3.55 | 0.5 | x | x | x | x |
| 752. 싸늘하다 | 11 | 0 | 3 | 8 | 5 | 6 | 4.09 | 0.29 | x | x | x | x |
| 753. 싸부랑거리다 | 2 | 9 | 1 | 10 | 1 | 10 | 4.18 | 0.39 | x | x | x | * |
| 754. 싹싹하다 | 11 | 0 | 11 | 0 | 11 | 0 | 1.64 | 0.48 | * | x | x | x |
| 755. 쌀쌀하다 | 11 | 0 | 7 | 4 | 11 | 0 | 4.09 | 0.29 | * | x | x | x |
| 756. 써늘하다 | 7 | 4 | 2 | 9 | 5 | 6 | 3.91 | 0.29 | x | x | x | x |
| 757. 쏘아붙이다 | 9 | 2 | 7 | 4 | 2 | 9 | 4.18 | 0.39 | x | x | * | x |
| 758. 쑤군거리다 | 9 | 2 | 0 | 11 | 0 | 11 | 4.09 | 0.51 | x | x | * | x |
| 759. 쑥스러워하다 | 11 | 0 | 8 | 3 | 4 | 7 | 3.18 | 0.57 | x | x | x | x |

| | | | | | | | | | 상용<br>특성 | 비상용<br>특성 | 상용<br>속성 | 비상용<br>속성 |
|---|---|---|---|---|---|---|---|---|---|---|---|---|
| 760. 쓰라리다 | 9 | 2 | 0 | 11 | 1 | 10 | 4 | 0.74 | x | x | * | x |
| 761. 쓸쓸하다 | 11 | 0 | 0 | 11 | 1 | 10 | 3.82 | 0.57 | x | x | * | x |
| 762. 씨무룩하다 | 10 | 1 | 2 | 9 | 2 | 9 | 4 | 0 | x | x | * | x |
| 763. 씩씩하다 | 11 | 0 | 7 | 4 | 10 | 1 | 1.64 | 0.48 | * | x | x | x |
| 764. 씹다 | 8 | 3 | 1 | 10 | 3 | 8 | 4.27 | 0.45 | x | x | * | x |
| 765. 아니꼽다 | 10 | 1 | 2 | 9 | 1 | 10 | 4.55 | 0.5 | x | x | * | x |
| 766. 아둔하다 | 6 | 4 | 6 | 5 | 10 | 1 | 4 | 0 | x | x | x | x |
| 767. 아둥바둥하다 | 10 | 1 | 4 | 7 | 2 | 9 | 3.82 | 0.57 | x | x | * | x |
| 768. 아랑곳 않다 | 10 | 1 | 4 | 7 | 3 | 8 | 3.36 | 0.77 | x | x | * | x |
| 769. 아량있다 | 10 | 1 | 10 | 1 | 11 | 0 | 1.45 | 0.5 | * | x | x | x |
| 770. 아름답다 | 11 | 0 | 0 | 11 | 6 | 5 | 1.09 | 0.29 | x | x | x | x |
| 771. 아리송하다 | 10 | 1 | 0 | 11 | 0 | 11 | 3.45 | 0.5 | x | x | * | x |
| 772. 아쉽다 | 11 | 0 | 0 | 11 | 1 | 10 | 3.55 | 0.66 | x | x | * | x |
| 773. 아슬아슬하다 | 11 | 0 | 0 | 11 | 0 | 11 | 3.64 | 0.48 | x | x | * | x |
| 774. 아웅다웅하다 | 10 | 1 | 2 | 9 | 2 | 9 | 3.73 | 0.62 | x | x | * | x |
| 775. 아찔하다 | 11 | 0 | 0 | 11 | 0 | 11 | 4 | 0 | x | x | * | x |
| 776. 악다구니를 퍼붓다 | 3 | 8 | 3 | 8 | 1 | 10 | 4.73 | 0.45 | x | x | x | * |
| 777. 악독하다 | 8 | 3 | 9 | 2 | 8 | 3 | 4.91 | 0.29 | * | x | x | x |
| 778. 악랄하다 | 10 | 1 | 10 | 1 | 8 | 3 | 4.91 | 0.29 | * | x | x | x |
| 779. 악을 쓰다 | 10 | 1 | 2 | 9 | 1 | 10 | 4.82 | 0.39 | x | x | * | x |
| 780. 악의에 차다 | 6 | 5 | 3 | 8 | 3 | 8 | 4.82 | 0.39 | x | x | * | x |
| 781. 악착같다 | 11 | 0 | 10 | 1 | 9 | 2 | 3.36 | 1.15 | * | x | x | x |
| 782. 안간힘을 쓰다 | 11 | 0 | 1 | 10 | 1 | 10 | 2.82 | 0.72 | x | x | * | x |
| 783. 안달복달하다 | 9 | 2 | 4 | 7 | 3 | 8 | 4.09 | 0.29 | x | x | * | x |
| 784. 안스럽다 | 10 | 1 | 0 | 11 | 1 | 10 | 3.36 | 0.77 | x | x | * | x |
| 785. 안이하다 | 10 | 1 | 6 | 5 | 4 | 7 | 4.09 | 0.29 | x | x | x | x |
| 786. 안일하다 | 9 | 2 | 7 | 4 | 5 | 6 | 4.09 | 0.29 | x | x | x | x |
| 787. 안절부절하다 | 11 | 0 | 4 | 7 | 2 | 9 | 4.09 | 0.29 | x | x | * | x |
| 788. 안정되다 | 10 | 1 | 4 | 7 | 4 | 7 | 1.64 | 0.48 | x | x | x | x |
| 789. 안타깝다 | 11 | 0 | 0 | 11 | 1 | 10 | 3.64 | 0.64 | x | x | * | x |
| 790. 알뜰하다 | 11 | 0 | 8 | 3 | 8 | 3 | 1.64 | 0.48 | * | x | x | x |
| 791. 알랑거리다 | 7 | 4 | 5 | 6 | 3 | 8 | 4.18 | 0.39 | x | x | * | x |
| 792. 알쏭달쏭하다 | 11 | 0 | 0 | 11 | 0 | 11 | 3.36 | 0.64 | x | x | * | x |
| 793. 암팍스럽다 | 1 | 10 | 9 | 2 | 8 | 3 | 4.1 | 0.54 | x | * | x | x |
| 794. 암팡지다 | 3 | 8 | 10 | 1 | 9 | 2 | 3.09 | 1.08 | x | * | x | x |
| 795. 앙살궂다 | 3 | 8 | 8 | 3 | 7 | 4 | 4.09 | 0.29 | x | x | x | x |
| 796. 앙살을 피우다 | 8 | 3 | 6 | 5 | 3 | 8 | 4.18 | 0.39 | x | x | x | x |
| 797. 앙칼지다 | 11 | 0 | 11 | 0 | 9 | 2 | 4.45 | 0.5 | * | x | x | x |
| 798. 앙탈을 부리다 | 9 | 2 | 7 | 4 | 3 | 8 | 4.36 | 0.48 | x | x | * | x |
| 799. 애고대고하다 | 2 | 9 | 0 | 11 | 0 | 11 | 4.1 | 0.3 | x | x | x | * |
| 800. 애꿎다 | 10 | 1 | 0 | 11 | 0 | 11 | 3.73 | 0.45 | x | x | * | x |
| 801. 애달프하다 | 7 | 4 | 0 | 11 | 1 | 10 | 3.82 | 0.39 | x | x | * | x |
| 802. 애매하다 | 11 | 0 | 0 | 11 | 1 | 10 | 3.82 | 0.39 | x | x | * | x |
| 803. 애잔하다 | 7 | 4 | 0 | 11 | 4 | 7 | 3.09 | 0.51 | x | x | x | x |
| 804. 애절하다 | 11 | 0 | 0 | 11 | 3 | 8 | 3.27 | 0.62 | x | x | * | x |
| 805. 애처롭다 | 11 | 0 | 0 | 11 | 3 | 8 | 3 | 0.63 | x | x | * | x |
| 806. 애틋하다 | 11 | 0 | 0 | 11 | 3 | 8 | 2.36 | 0.64 | x | x | * | x |

| | | | | | | | | | 상용 특성 | 비상용 특성 | 상용 속성 | 비상용 속성 |
|---|---|---|---|---|---|---|---|---|---|---|---|---|
| 807. 야단스럽다 | 10 | 1 | 6 | 5 | 2 | 9 | 4 | 0 | x | x | * | x |
| 808. 야릇하다 | 10 | 1 | 1 | 10 | 1 | 10 | 3.27 | 0.62 | x | x | * | x |
| 809. 야만적이다 | 10 | 1 | 7 | 4 | 10 | 1 | 4.55 | 0.5 | * | x | x | x |
| 810. 야멸차다 | 6 | 5 | 7 | 4 | 11 | 0 | 3.8 | 1.08 | x | x | x | x |
| 811. 야무지다 | 11 | 0 | 11 | 0 | 11 | 0 | 2 | 0.74 | * | x | x | x |
| 812. 야박하다 | 11 | 0 | 8 | 3 | 10 | 1 | 4.18 | 0.39 | * | x | x | x |
| 813. 야비하다 | 10 | 1 | 11 | 0 | 10 | 1 | 4.45 | 0.5 | * | x | x | x |
| 814. 야심적이다 | 10 | 1 | 9 | 2 | 11 | 0 | 2.82 | 0.94 | * | x | x | x |
| 815. 약삭빠르다 | 11 | 0 | 11 | 0 | 9 | 2 | 4 | 0.74 | * | x | x | x |
| 816. 약아빠지다 | 11 | 0 | 11 | 0 | 9 | 2 | 4.18 | 0.39 | * | x | x | x |
| 817. 약다 | 11 | 0 | 11 | 0 | 9 | 2 | 4.18 | 0.39 | * | x | x | x |
| 818. 약하다 | 11 | 0 | 4 | 7 | 10 | 1 | 3.64 | 0.48 | * | x | x | x |
| 819. 얄밉다 | 11 | 0 | 4 | 7 | 6 | 5 | 4.18 | 0.39 | x | x | x | x |
| 820. 얄팍하다 | 10 | 1 | 6 | 5 | 7 | 4 | 4.09 | 0.29 | x | x | x | x |
| 821. 얌전하다 | 11 | 0 | 11 | 0 | 11 | 0 | 2.27 | 0.62 | * | x | x | x |
| 822. 양순하다 | 4 | 7 | 10 | 1 | 11 | 0 | 1.91 | 0.79 | x | x | x | x |
| 823. 양심적이다 | 11 | 0 | 10 | 1 | 11 | 0 | 1.36 | 0.48 | * | x | x | x |
| 824. 얕잡아보다 | 11 | 0 | 3 | 8 | 2 | 9 | 4.27 | 0.45 | x | x | * | x |
| 825. 어김없다 | 10 | 1 | 5 | 6 | 7 | 4 | 1.91 | 0.51 | x | x | x | x |
| 826. 어렴풋하다 | 11 | 0 | 0 | 11 | 2 | 9 | 3.09 | 0.51 | x | x | * | x |
| 827. 어른스럽다 | 11 | 0 | 8 | 3 | 9 | 2 | 2.09 | 0.51 | * | x | x | x |
| 828. 어리광을 떨다 | 10 | 1 | 8 | 3 | 4 | 7 | 3.45 | 0.66 | x | x | x | x |
| 829. 어리둥절해 하다 | 11 | 0 | 0 | 11 | 0 | 11 | 3.27 | 0.62 | x | x | * | x |
| 830. 어리벙벙하다 | 9 | 2 | 1 | 10 | 1 | 10 | 3.73 | 0.45 | x | x | * | x |
| 831. 어리석다 | 11 | 0 | 5 | 6 | 9 | 2 | 3.91 | 0.29 | * | x | x | x |
| 832. 어리숭하다 | 3 | 8 | 7 | 4 | 7 | 4 | 3.82 | 0.57 | x | x | x | x |
| 833. 어리다 | 11 | 0 | 3 | 8 | 9 | 2 | 3.27 | 0.75 | * | x | x | x |
| 834. 어물쩍하다 | 5 | 6 | 4 | 7 | 2 | 9 | 4 | 0 | x | x | x | x |
| 835. 어벙벙하다 | 8 | 3 | 5 | 6 | 3 | 8 | 3.91 | 0.29 | x | x | * | x |
| 836. 어설프다 | 11 | 0 | 4 | 7 | 3 | 8 | 4 | 0 | x | x | * | x |
| 837. 어수룩하다 | 9 | 2 | 8 | 3 | 6 | 5 | 4 | 0 | x | x | x | x |
| 838. 어수선하다 | 10 | 1 | 0 | 11 | 1 | 10 | 4.09 | 0.29 | x | x | * | x |
| 839. 어이없다 | 11 | 0 | 0 | 11 | 0 | 11 | 4.09 | 0.29 | x | x | * | x |
| 840. 어정쩡하다 | 10 | 1 | 5 | 6 | 3 | 8 | 4 | 0 | x | x | * | x |
| 841. 어줍잖다 | 8 | 3 | 2 | 9 | 2 | 9 | 4 | 0 | x | x | * | x |
| 842. 어지럽다 | 11 | 0 | 2 | 9 | 4 | 7 | 3.82 | 0.39 | x | x | x | x |
| 843. 어질다 | 11 | 0 | 11 | 0 | 11 | 0 | 1.45 | 0.5 | * | x | x | x |
| 844. 억누르다 | 10 | 1 | 2 | 9 | 4 | 7 | 3.82 | 0.57 | x | x | x | x |
| 845. 억세다 | 11 | 0 | 8 | 3 | 9 | 2 | 3.36 | 1.07 | * | x | x | x |
| 846. 억제하다 | 11 | 0 | 3 | 8 | 4 | 7 | 2.91 | 0.9 | x | x | x | x |
| 847. 억지를 부리다 | 10 | 1 | 5 | 6 | 4 | 7 | 4.18 | 0.39 | x | x | x | x |
| 848. 억척스럽다 | 11 | 0 | 8 | 3 | 7 | 4 | 2.73 | 0.86 | x | x | x | x |
| 849. 얼떨하다 | 1 | 10 | 2 | 9 | 2 | 9 | 3.73 | 0.62 | x | x | x | * |
| 850. 얼렁뚱땅하다 | 10 | 1 | 6 | 5 | 3 | 8 | 4.09 | 0.51 | x | x | * | x |
| 851. 얼빠지다 | 10 | 1 | 3 | 8 | 2 | 9 | 4.09 | 0.29 | x | x | * | x |
| 852. 얼얼하다 | 6 | 5 | 0 | 11 | 0 | 11 | 3.91 | 0.29 | x | x | x | x |
| 853. 얼쩡거리다 | 9 | 2 | 0 | 11 | 0 | 11 | 3.91 | 0.29 | x | x | * | x |
| 854. 엄격하다 | 11 | 0 | 8 | 3 | 9 | 2 | 2.45 | 0.89 | * | x | x | x |

| | | | | | | | | | 상용 특성 | 비상용 특성 | 상용 속성 | 비상용 속성 |
|---|---|---|---|---|---|---|---|---|---|---|---|---|
| 855. | 엄밀하다 | 10 | 1 | 3 | 8 | 5 | 6 | 2.18 | 0.83 | x | x | x | x |
| 856. | 엄살궂다 | 2 | 9 | 1 | 10 | 5 | 6 | 4 | 0 | x | x | x | x |
| 857. | 엄살을 떨다 | 11 | 0 | 5 | 6 | 2 | 9 | 4.09 | 0.29 | x | x | * | x |
| 858. | 엄숙하다 | 11 | 0 | 7 | 4 | 10 | 1 | 2.45 | 0.78 | * | x | x | x |
| 859. | 엄포를 놓다 | 9 | 2 | 2 | 9 | 2 | 9 | 3.73 | 0.62 | x | x | * | x |
| 860. | 엄하다 | 10 | 1 | 10 | 1 | 11 | 0 | 2.82 | 1.03 | * | x | x | x |
| 861. | 엉뚱하다 | 11 | 0 | 9 | 2 | 9 | 2 | 3.36 | 0.64 | * | x | x | x |
| 862. | 엉엉거리다 | 2 | 9 | 1 | 10 | 1 | 9 | 3.82 | 0.39 | x | x | x | * |
| 863. | 엉큼하다 | 11 | 0 | 8 | 3 | 10 | 1 | 4.18 | 0.57 | x | x | x | x |
| 864. | 여리다 | 10 | 1 | 10 | 1 | 11 | 0 | 3 | 0.95 | * | x | x | x |
| 865. | 여물다 | 6 | 5 | 8 | 3 | 11 | 0 | 1.91 | 0.29 | x | x | x | x |
| 866. | 여성적이다 | 11 | 0 | 11 | 0 | 11 | 0 | 2.55 | 0.66 | * | x | x | x |
| 867. | 여우같다 | 10 | 1 | 9 | 2 | 9 | 2 | 4.27 | 0.45 | * | x | x | x |
| 868. | 여유있다 | 11 | 0 | 9 | 2 | 6 | 5 | 1.55 | 0.5 | x | x | x | x |
| 869. | 역겹다 | 11 | 0 | 2 | 9 | 3 | 8 | 4.55 | 0.5 | x | x | * | x |
| 870. | 연구적이다 | 5 | 6 | 4 | 7 | 10 | 1 | 2.09 | 0.79 | x | x | x | x |
| 871. | 연약하다 | 11 | 0 | 7 | 4 | 9 | 2 | 3.18 | 0.83 | * | x | x | x |
| 872. | 열광적이다 | 10 | 1 | 2 | 9 | 5 | 6 | 2.45 | 0.99 | x | x | x | x |
| 873. | 열성적이다 | 11 | 0 | 11 | 0 | 11 | 0 | 1.91 | 0.79 | * | x | x | x |
| 874. | 열없다 | 0 | 11 | 3 | 8 | 6 | 5 | 4 | 0.43 | x | x | x | x |
| 875. | 염세적이다 | 6 | 5 | 9 | 2 | 10 | 1 | 4.09 | 0.67 | x | x | x | x |
| 876. | 염치없다 | 11 | 0 | 5 | 6 | 6 | 5 | 4.5 | 0.67 | x | x | x | x |
| 877. | 영리하다 | 11 | 0 | 5 | 6 | 11 | 0 | 1.73 | 0.86 | * | x | x | x |
| 878. | 영악하다 | 10 | 1 | 8 | 3 | 11 | 0 | 3.73 | 1.05 | * | x | x | x |
| 879. | 영특하다 | 10 | 1 | 5 | 6 | 11 | 0 | 1.82 | 0.83 | * | x | x | x |
| 880. | 예리하다 | 10 | 1 | 9 | 2 | 11 | 0 | 2 | 0.85 | * | x | x | x |
| 881. | 예민하다 | 11 | 0 | 9 | 2 | 10 | 1 | 2.36 | 0.98 | * | x | x | x |
| 882. | 예술적이다 | 10 | 1 | 6 | 5 | 10 | 1 | 1.82 | 0.57 | * | x | x | x |
| 883. | 예의바르다 | 11 | 0 | 6 | 5 | 10 | 1 | 1.36 | 0.48 | * | x | x | x |
| 884. | 오락가락하다 | 10 | 1 | 2 | 9 | 2 | 9 | 4.09 | 0.29 | x | x | * | x |
| 885. | 오만하다 | 10 | 1 | 11 | 0 | 11 | 0 | 4.55 | 0.5 | * | x | x | x |
| 886. | 오망스럽다 | 0 | 11 | 7 | 4 | 5 | 6 | 4.36 | 0.48 | x | x | x | x |
| 887. | 온건하다 | 7 | 4 | 9 | 2 | 11 | 0 | 2.09 | 0.9 | x | x | x | x |
| 888. | 온당하다 | 5 | 6 | 5 | 6 | 10 | 1 | 1.91 | 0.67 | x | x | x | x |
| 889. | 온순하다 | 11 | 0 | 11 | 0 | 10 | 1 | 1.73 | 0.62 | * | x | x | x |
| 890. | 온정적이다 | 9 | 2 | 11 | 0 | 11 | 0 | 1.45 | 0.5 | x | x | x | x |
| 891. | 온화하다 | 11 | 0 | 11 | 0 | 11 | 0 | 1.27 | 0.45 | * | x | x | x |
| 892. | 올가미질하다 | 1 | 10 | 1 | 10 | 1 | 10 | 4.1 | 0.54 | x | x | x | * |
| 893. | 올곧다 | 4 | 7 | 10 | 1 | 11 | 0 | 1.45 | 0.5 | x | x | x | x |
| 894. | 올바르다 | 11 | 0 | 9 | 2 | 11 | 0 | 1.45 | 0.5 | * | x | x | x |
| 895. | 올차다 | 0 | 11 | 9 | 2 | 11 | 0 | 1.55 | 0.66 | x | * | x | x |
| 896. | 옹고집의 | 11 | 0 | 9 | 2 | 10 | 1 | 3.91 | 0.51 | * | x | x | x |
| 897. | 옹골차다 | 8 | 3 | 9 | 2 | 9 | 2 | 1.91 | 0.79 | * | x | x | x |
| 898. | 옹알거리다 | 4 | 7 | 0 | 11 | 1 | 10 | 3.45 | 0.5 | x | x | x | x |
| 899. | 옹졸하다 | 11 | 0 | 11 | 0 | 9 | 2 | 4.27 | 0.45 | * | x | x | x |
| 900. | 왁자지껄하다 | 10 | 1 | 0 | 11 | 1 | 10 | 3.55 | 0.78 | x | x | * | x |
| 901. | 완강하다 | 8 | 3 | 8 | 3 | 10 | 1 | 3.36 | 0.77 | * | x | x | x |
| 902. | 완고하다 | 10 | 1 | 11 | 0 | 11 | 0 | 3.64 | 0.77 | * | x | x | x |

| | | | | | | | | | 상용<br>특성 | 비상용<br>특성 | 상용<br>속성 | 비상용<br>속성 |
|---|---|---|---|---|---|---|---|---|---|---|---|---|
| 903. 완벽하다 | 11 | 0 | 11 | 0 | 10 | 1 | 1.82 | 0.72 | * | x | x | x |
| 904. 완전하다 | 10 | 1 | 6 | 5 | 7 | 4 | 2.09 | 0.9 | x | x | x | x |
| 905. 외롭다 | 11 | 0 | 2 | 9 | 4 | 7 | 3.73 | 0.45 | x | x | x | x |
| 906. 외치다 | 9 | 2 | 1 | 10 | 1 | 10 | 3.09 | 0.29 | x | x | * | x |
| 907. 요염하다 | 11 | 0 | 2 | 9 | 6 | 5 | 3.36 | 0.64 | x | x | x | x |
| 908. 요탓조탓하다 | 3 | 8 | 4 | 7 | 2 | 9 | 4 | 0 | x | x | x | * |
| 909. 욕구불만의 | 10 | 1 | 3 | 8 | 5 | 6 | 4.09 | 0.29 | x | x | x | x |
| 910. 욕심을 부리다 | 10 | 0 | 7 | 4 | 9 | 2 | 4.18 | 0.39 | * | x | x | x |
| 911. 용감하다 | 11 | 0 | 8 | 3 | 11 | 0 | 1.45 | 0.5 | x | x | x | x |
| 912. 용기있다 | 11 | 0 | 10 | 1 | 8 | 3 | 1.45 | 0.5 | * | x | x | x |
| 913. 우겨대다 | 10 | 1 | 4 | 7 | 3 | 8 | 3.91 | 0.29 | x | x | * | x |
| 914. 우둔하다 | 10 | 1 | 8 | 3 | 9 | 2 | 4.09 | 0.29 | * | x | x | x |
| 915. 우락부락하다 | 11 | 0 | 2 | 9 | 5 | 6 | 3.82 | 0.39 | x | x | x | x |
| 916. 우렁차다 | 10 | 1 | 0 | 11 | 4 | 7 | 2.27 | 0.75 | x | x | x | x |
| 917. 우물거리다 | 8 | 3 | 2 | 9 | 1 | 10 | 4 | 0 | x | x | * | x |
| 918. 우물쭈물하다 | 11 | 0 | 4 | 7 | 1 | 10 | 4 | 0 | x | x | * | x |
| 919. 우스꽝스럽다 | 11 | 0 | 1 | 10 | 2 | 9 | 3.73 | 1.05 | x | x | * | x |
| 920. 우아하다 | 10 | 1 | 3 | 8 | 10 | 1 | 1.64 | 0.88 | * | x | x | x |
| 921. 우악스럽다 | 8 | 3 | 9 | 2 | 7 | 4 | 4.27 | 0.45 | x | x | x | x |
| 922. 우울하다 | 11 | 0 | 6 | 5 | 6 | 5 | 4 | 0.43 | x | x | x | x |
| 923. 우유부단하다 | 11 | 0 | 11 | 0 | 9 | 2 | 3.91 | 0.29 | * | x | x | x |
| 924. 우쭐하다 | 10 | 1 | 7 | 4 | 4 | 7 | 3.73 | 0.62 | x | x | x | x |
| 925. 우호적이다 | 9 | 2 | 9 | 2 | 9 | 2 | 1.64 | 0.48 | * | x | x | x |
| 926. 울뚝불뚝하다 | 3 | 8 | 4 | 7 | 4 | 7 | 3.91 | 0.51 | x | x | x | x |
| 927. 울먹이다 | 11 | 0 | 1 | 10 | 2 | 9 | 3.91 | 0.29 | x | x | * | x |
| 928. 울상스럽다 | 4 | 7 | 0 | 11 | 0 | 11 | 3.91 | 0.29 | x | x | x | x |
| 929. 울컥하다 | 11 | 0 | 6 | 5 | 3 | 8 | 4.09 | 0.29 | x | x | * | x |
| 930. 움츠러지다 | 9 | 2 | 1 | 10 | 1 | 10 | 4 | 0 | x | x | * | x |
| 931. 웃어대다 | 9 | 2 | 0 | 11 | 0 | 11 | 2.64 | 0.77 | x | x | * | x |
| 932. 원기왕성하다 | 9 | 2 | 4 | 7 | 5 | 6 | 1.91 | 0.29 | x | x | x | x |
| 933. 원만하다 | 11 | 0 | 11 | 0 | 11 | 0 | 1.55 | 0.5 | * | x | x | x |
| 934. 원숙하다 | 7 | 4 | 8 | 3 | 10 | 1 | 1.36 | 0.48 | x | x | x | x |
| 935. 원칙적이다 | 11 | 0 | 10 | 1 | 11 | 0 | 2.18 | 0.94 | * | x | x | x |
| 936. 위선적이다 | 11 | 0 | 10 | 1 | 11 | 0 | 4.55 | 0.5 | * | x | x | x |
| 937. 위태롭다 | 11 | 0 | 0 | 11 | 0 | 11 | 4.09 | 0.51 | x | x | * | x |
| 938. 위험하다 | 11 | 0 | 1 | 10 | 2 | 9 | 4.18 | 0.39 | * | x | * | x |
| 939. 유능하다 | 11 | 0 | 3 | 8 | 10 | 1 | 1.36 | 0.48 | x | x | x | x |
| 940. 유다르다 | 1 | 10 | 3 | 8 | 8 | 3 | 2.4 | 0.66 | x | * | x | x |
| 941. 유들유들하다 | 11 | 0 | 9 | 2 | 10 | 1 | 3.82 | 0.72 | * | x | x | x |
| 942. 유순하다 | 10 | 1 | 10 | 1 | 11 | 0 | 1.73 | 0.62 | * | x | x | x |
| 943. 유식하다 | 11 | 0 | 3 | 8 | 8 | 3 | 1.64 | 0.64 | * | x | x | x |
| 944. 유연하다 | 10 | 1 | 8 | 3 | 8 | 3 | 1.73 | 0.45 | * | x | x | x |
| 945. 유유하다 | 2 | 9 | 6 | 5 | 7 | 4 | 2.55 | 0.89 | x | x | x | x |
| 946. 유치하다 | 11 | 0 | 10 | 1 | 7 | 4 | 4.18 | 0.39 | x | x | x | x |
| 947. 유쾌하다 | 11 | 0 | 8 | 3 | 6 | 5 | 1.55 | 0.5 | x | x | x | x |
| 948. 윤리적이다 | 10 | 1 | 7 | 4 | 11 | 0 | 1.45 | 0.5 | * | x | x | x |
| 949. 융통성있다 | 11 | 0 | 11 | 0 | 11 | 0 | 1.55 | 0.5 | * | x | x | x |
| 950. 은근하다 | 9 | 2 | 3 | 8 | 7 | 4 | 2.09 | 0.67 | x | x | x | x |

| | | | | | | | | 상용<br>특성 | 비상용<br>특성 | 상용<br>속성 | 비상용<br>속성 |
|---|---|---|---|---|---|---|---|---|---|---|---|
| 951. 음란하다 | 11 | 0 | 6 | 5 | 9 | 2 | 4.45 | 0.5 | * | x | x | x |
| 952. 음울하다 | 5 | 6 | 7 | 4 | 6 | 5 | 4.09 | 0.29 | x | x | x | x |
| 953. 음침하다 | 10 | 1 | 5 | 6 | 7 | 4 | 4.27 | 0.45 | x | x | x | x |
| 954. 음탕하다 | 11 | 0 | 7 | 4 | 9 | 2 | 4.64 | 0.48 | * | x | x | x |
| 955. 음험하다 | 3 | 8 | 6 | 5 | 9 | 2 | 4.64 | 0.48 | x | * | x | x |
| 956. 음흉하다 | 10 | 1 | 8 | 3 | 11 | 0 | 4.73 | 0.45 | * | x | x | x |
| 957. 의리있다 | 11 | 0 | 8 | 3 | 10 | 1 | 1.36 | 0.48 | * | x | x | x |
| 958. 의심하다 | 11 | 0 | 5 | 6 | 1 | 10 | 4 | 0.43 | x | x | * | x |
| 959. 의젓하다 | 11 | 0 | 6 | 5 | 9 | 2 | 1.36 | 0.48 | * | x | x | x |
| 960. 의존적이다 | 11 | 0 | 11 | 0 | 10 | 1 | 4.18 | 0.39 | * | x | x | x |
| 961. 의지적이다 | 9 | 2 | 10 | 1 | 11 | 0 | 2.18 | 1.19 | * | x | x | x |
| 962. 이기적이다 | 11 | 0 | 10 | 1 | 11 | 0 | 4.45 | 0.5 | * | x | x | x |
| 963. 이러쿵 저러쿵하다 | | | | | | | | | | | | |
| | 10 | 1 | 3 | 8 | 2 | 9 | 3.91 | 0.79 | x | x | * | x |
| 964. 이를 갈다 | 9 | 2 | 0 | 11 | 0 | 11 | 4.18 | 0.57 | x | x | * | x |
| 965. 이상주의적이다 | 9 | 2 | 9 | 2 | 11 | 0 | 2.55 | 1.08 | * | x | x | x |
| 966. 이성적이다 | 11 | 0 | 11 | 0 | 11 | 0 | 1.73 | 0.62 | * | x | x | x |
| 967. 이지적이다 | 10 | 1 | 11 | 0 | 11 | 0 | 1.73 | 0.62 | * | x | x | x |
| 968. 이해타산적이다 | 11 | 0 | 10 | 1 | 10 | 1 | 4 | 0.85 | * | x | x | x |
| 969. 익살스럽다 | 9 | 2 | 8 | 3 | 6 | 5 | 2.27 | 0.62 | x | x | x | x |
| 970. 익숙하다 | 11 | 0 | 1 | 10 | 5 | 6 | 2 | 0.74 | x | x | x | x |
| 971. 인내하다 | 10 | 1 | 8 | 3 | 8 | 3 | 1.73 | 0.45 | * | x | x | x |
| 972. 인색하다 | 11 | 0 | 10 | 1 | 11 | 0 | 4.27 | 0.45 | * | x | x | x |
| 973. 인자하다 | 11 | 0 | 11 | 0 | 11 | 0 | 1.27 | 0.45 | * | x | x | x |
| 974. 인정있다 | 11 | 0 | 11 | 0 | 11 | 0 | 1.18 | 0.39 | * | x | x | x |
| 975. 일러바치다 | 11 | 0 | 3 | 8 | 3 | 8 | 4.36 | 0.48 | x | x | * | x |
| 976. 입만 살다 | 9 | 2 | 3 | 8 | 5 | 6 | 4.27 | 0.45 | x | x | x | x |
| 977. 입바르다 | 10 | 1 | 6 | 5 | 9 | 2 | 2.73 | 1.05 | * | x | x | x |
| 978. 입방아를 찧다 | 10 | 1 | 3 | 8 | 4 | 7 | 4.09 | 0.29 | x | x | x | x |
| 979. 입을 봉하다 | 7 | 4 | 1 | 10 | 1 | 10 | 3.45 | 0.5 | x | x | x | x |
| 980. 입이 가볍다 | 11 | 0 | 6 | 5 | 7 | 4 | 4.18 | 0.39 | x | x | x | x |
| 981. 입이 걸다 | 7 | 4 | 5 | 6 | 9 | 2 | 4.18 | 0.39 | x | x | x | x |
| 982. 입이 근질근질하다 | | | | | | | | | | | | |
| | 9 | 2 | 1 | 10 | 1 | 10 | 3.73 | 0.62 | x | x | * | x |
| 983. 입이 여물다 | 3 | 8 | 5 | 6 | 9 | 2 | 2.09 | 0.79 | x | * | x | x |
| 984. 입이 험하다 | 9 | 2 | 4 | 7 | 8 | 3 | 4.27 | 0.45 | * | x | x | x |
| 985. 입이 싸다 | 10 | 1 | 6 | 5 | 8 | 3 | 4.27 | 0.45 | * | x | x | x |
| 986. 자기과시적이다 | 10 | 1 | 10 | 1 | 10 | 1 | 4.27 | 0.45 | * | x | x | x |
| 987. 자기만족적이다 | 10 | 1 | 10 | 1 | 11 | 0 | 2.91 | 1 | * | x | x | x |
| 988. 자기비판적이다 | 9 | 2 | 10 | 1 | 11 | 0 | 3.45 | 0.89 | * | x | x | x |
| 989. 자랑하다 | 11 | 0 | 7 | 4 | 6 | 5 | 3 | 1.04 | x | x | x | x |
| 990. 자만하다 | 11 | 0 | 10 | 1 | 7 | 4 | 4.09 | 0.29 | x | x | x | x |
| 991. 자분자분하다 | 0 | 11 | 6 | 5 | 10 | 1 | 2.6 | 1.28 | x | * | x | x |
| 992. 자비롭다 | 11 | 0 | 11 | 0 | 11 | 0 | 1.18 | 0.39 | * | x | x | x |
| 993. 자상하다 | 11 | 0 | 11 | 0 | 11 | 0 | 1.27 | 0.45 | * | x | x | x |
| 994. 자세를 부리다 | 0 | 11 | 1 | 10 | 1 | 10 | 4 | 0 | x | x | x | * |
| 995. 자신만하다 | 11 | 0 | 11 | 0 | 5 | 6 | 2 | 0.6 | x | x | x | x |
| 996. 자애롭다 | 10 | 1 | 10 | 1 | 11 | 0 | 1.27 | 0.45 | * | x | x | x |

| | | | | | | | | 상용 특성 | 비상용 특성 | 상용 속성 | 비상용 속성 |
|---|---|---|---|---|---|---|---|---|---|---|---|
| 997. 자의식적이다 | 5 | 6 | 9 | 2 | 11 | 0 | 2.55 | 0.89 | x | x | x | x |
| 998. 자조적이다 | 8 | 3 | 10 | 1 | 9 | 2 | 3.36 | 1.15 | * | x | x | x |
| 999. 자주적이다 | 11 | 0 | 10 | 1 | 11 | 0 | 1.64 | 0.48 | * | x | x | x |
| 1000. 자책하다 | 11 | 0 | 7 | 4 | 4 | 7 | 3.82 | 0.57 | x | x | x | x |
| 1001. 잔꾀를 피우다 | 11 | 0 | 5 | 6 | 1 | 10 | 4.09 | 0.29 | x | x | * | x |
| 1002. 잔득하다 | 0 | 11 | 5 | 6 | 9 | 2 | 2.4 | 0.8 | x | * | x | x |
| 1003. 잔망스럽다 | 1 | 10 | 6 | 5 | 5 | 6 | 3.82 | 0.39 | x | x | x | x |
| 1004. 잔인하다 | 10 | 1 | 10 | 1 | 11 | 0 | 4.73 | 0.45 | * | x | x | x |
| 1005. 잔혹하다 | 9 | 2 | 10 | 1 | 11 | 0 | 4.91 | 0.29 | * | x | x | x |
| 1006. 잘난 체하다 | 11 | 0 | 8 | 3 | 9 | 2 | 4.18 | 0.39 | * | x | x | x |
| 1007. 잘다 | 4 | 7 | 6 | 5 | 8 | 3 | 4.09 | 0.51 | x | x | x | x |
| 1008. 잘라말하다 | 10 | 1 | 3 | 8 | 2 | 9 | 3.64 | 0.64 | x | x | * | x |
| 1009. 잠잠하다 | 9 | 2 | 1 | 10 | 3 | 8 | 2.73 | 0.75 | x | x | * | x |
| 1010. 잡스럽다 | 4 | 7 | 4 | 7 | 9 | 2 | 4 | 0 | x | x | x | x |
| 1011. 장난궂다 | 7 | 4 | 8 | 3 | 5 | 6 | 3.27 | 0.62 | x | x | x | x |
| 1012. 재미있다 | 11 | 0 | 9 | 2 | 5 | 6 | 1.82 | 0.39 | x | x | x | x |
| 1013. 재빠르다 | 11 | 0 | 5 | 6 | 5 | 6 | 2 | 0.6 | x | x | x | x |
| 1014. 재잘거리다 | 11 | 0 | 3 | 8 | 3 | 8 | 3.27 | 0.62 | x | x | * | x |
| 1015. 재치있다 | 11 | 0 | 8 | 3 | 8 | 3 | 1.64 | 0.48 | * | x | x | x |
| 1016 저속하다 | 10 | 1 | 5 | 6 | 10 | 1 | 4.18 | 0.39 | * | x | x | x |
| 1017 적극적이다 | 11 | 0 | 11 | 0 | 11 | 0 | 1.55 | 0.5 | * | x | x | x |
| 1018 적대적이다 | 9 | 2 | 6 | 5 | 10 | 1 | 4 | 0.74 | * | x | x | x |
| 1019. 절도있다 | 11 | 0 | 7 | 4 | 11 | 0 | 1.82 | 0.57 | * | x | x | x |
| 1020. 절절매다 | 10 | 1 | 4 | 7 | 2 | 9 | 3.91 | 0.67 | x | x | * | x |
| 1021. 절제하다 | 11 | 0 | 10 | 1 | 8 | 3 | 2.09 | 1 | * | x | x | x |
| 1022. 점잔을 빼다 | 9 | 2 | 8 | 3 | 4 | 7 | 3.91 | 0.29 | x | x | x | x |
| 1023. 점잖다 | 11 | 0 | 11 | 0 | 11 | 0 | 1.73 | 0.62 | * | x | x | x |
| 1024. 정겹다 | 10 | 1 | 8 | 3 | 9 | 2 | 1.36 | 0.48 | * | x | x | x |
| 1025. 정결하다 | 6 | 5 | 9 | 2 | 9 | 2 | 1.45 | 0.5 | x | x | x | x |
| 1026. 정답다 | 11 | 0 | 8 | 3 | 11 | 0 | 1.36 | 0.48 | * | x | x | x |
| 1027. 정당하다 | 11 | 0 | 4 | 7 | 8 | 3 | 1.55 | 0.5 | * | x | x | x |
| 1028. 정력적이다 | 10 | 1 | 5 | 6 | 11 | 0 | 1.91 | 0.9 | * | x | x | x |
| 1029. 정밀하다 | 9 | 2 | 3 | 8 | 8 | 3 | 1.73 | 0.45 | * | x | x | x |
| 1030. 정서적이다 | 9 | 2 | 6 | 5 | 10 | 1 | 1.73 | 0.75 | * | x | x | x |
| 1031. 정숙하다 | 11 | 0 | 8 | 3 | 11 | 0 | 1.45 | 0.5 | * | x | x | x |
| 1032. 정적이다 | 9 | 2 | 8 | 3 | 9 | 2 | 2.64 | 0.64 | * | x | x | x |
| 1033. 정정당당하다 | 11 | 0 | 3 | 8 | 8 | 3 | 1.55 | 0.5 | * | x | x | x |
| 1034. 정중하다 | 10 | 1 | 7 | 4 | 10 | 1 | 1.55 | 0.5 | * | x | x | x |
| 1035. 정직하다 | 11 | 0 | 10 | 1 | 11 | 0 | 1.27 | 0.45 | * | x | x | x |
| 1036. 정확하다 | 11 | 0 | 9 | 2 | 11 | 0 | 1.55 | 0.5 | * | x | x | x |
| 1037. 조급하다 | 11 | 0 | 9 | 2 | 7 | 4 | 4 | 0.43 | x | x | x | x |
| 1038. 조마조마하다 | 10 | 1 | 4 | 7 | 1 | 10 | 3.64 | 0.64 | x | x | * | x |
| 1039. 조소적이다 | 5 | 6 | 6 | 5 | 8 | 3 | 4.27 | 0.45 | x | x | x | x |
| 1040. 조용하다 | 11 | 0 | 11 | 0 | 10 | 1 | 2.45 | 0.78 | * | x | x | x |
| 1041. 조잡하다 | 10 | 1 | 3 | 8 | 9 | 2 | 4.18 | 0.39 | * | x | x | x |
| 1042. 조직적이다 | 10 | 1 | 3 | 8 | 8 | 3 | 2.45 | 0.66 | * | x | x | x |
| 1043. 족쳐대다 | 4 | 7 | 2 | 8 | 2 | 9 | 4.55 | 0.5 | x | x | x | x |
| 1044. 졸렬하다 | 8 | 3 | 7 | 4 | 10 | 1 | 4.55 | 0.5 | * | x | x | x |

| | | | | | | | | | | 상용 특성 | 비상용 특성 | 상용 속성 | 비상용 속성 |
|---|---|---|---|---|---|---|---|---|---|---|---|---|---|
| 1045. | 좀스럽다 | 7 | 4 | 7 | 4 | 10 | 1 | 4.27 | 0.62 | x | x | x | x |
| 1046. | 종교적이다 | 10 | 1 | 4 | 7 | 10 | 1 | 2.64 | 0.48 | * | x | x | x |
| 1047. | 종알거리다 | 9 | 2 | 1 | 10 | 1 | 10 | 3.45 | 0.89 | x | x | * | x |
| 1048. | 주눅이 들다 | 10 | 1 | 2 | 9 | 2 | 9 | 4.09 | 0.29 | x | x | * | x |
| 1049. | 주도면밀하다 | 9 | 2 | 11 | 0 | 11 | 0 | 2.36 | 0.88 | * | x | x | x |
| 1050. | 주도적이다 | 11 | 0 | 9 | 2 | 9 | 2 | 2.27 | 0.86 | * | x | x | x |
| 1051. | 주뼛거리다 | 4 | 7 | 5 | 6 | 3 | 8 | 4 | 0 | x | x | x | x |
| 1052. | 주의깊다 | 11 | 0 | 9 | 2 | 11 | 0 | 1.82 | 0.39 | * | x | x | x |
| 1053. | 주저하다 | 11 | 0 | 4 | 7 | 2 | 9 | 4 | 0 | x | x | * | x |
| 1054. | 주절거리다 | 8 | 3 | 4 | 7 | 2 | 9 | 3.91 | 0.67 | x | x | * | x |
| 1055. | 주접떨다 | 4 | 7 | 4 | 7 | 2 | 9 | 4.18 | 0.39 | x | x | x | x |
| 1056. | 주제넘다 | 10 | 1 | 4 | 7 | 2 | 9 | 4.09 | 0.29 | x | x | * | x |
| 1057. | 주착없다 | 7 | 4 | 5 | 6 | 7 | 4 | 4.27 | 0.45 | x | x | x | x |
| 1058. | 주춤거리다 | 10 | 1 | 1 | 10 | 1 | 10 | 4 | 0 | x | x | * | x |
| 1059. | 죽치다 | 9 | 2 | 1 | 10 | 3 | 8 | 3.73 | 0.45 | x | x | * | x |
| 1060. | 준수(遵守)하다 | 11 | 0 | 2. | 9 | 8 | 3 | 1.73 | 0.45 | * | x | x | x |
| 1061. | 준수(俊秀)하다 | 11 | 0 | 3 | 8 | 8 | 3 | 1.73 | 0.45 | * | x | x | x |
| 1062. | 중얼거리다 | 11 | 0 | 0 | 11 | 1 | 10 | 3.73 | 0.45 | x | x | * | x |
| 1063. | 쥐뿔같다 | 6 | 5 | 0 | 11 | 1 | 10 | 4.18 | 0.72 | x | x | x | x |
| 1064. | 즐겁다 | 11 | 0 | 1 | 10 | 3 | 8 | 1.64 | 0.48 | x | x | * | x |
| 1065. | 지겹다 | 11 | 0 | 1 | 10 | 2 | 9 | 4.09 | 0.29 | x | x | x | x |
| 1066. | 지긋지긋하다 | 11 | 0 | 1 | 10 | 2 | 9 | 4.36 | 0.48 | x | x | * | x |
| 1067. | 지껄이다 | 11 | 0 | 2 | 9 | 2 | 9 | 3.91 | 0.67 | x | x | * | x |
| 1068. | 지도적이다 | 6 | 5 | 9 | 2 | 8 | 3 | 2.18 | 0.57 | x | x | x | x |
| 1069. | 지독하다 | 11 | 0 | 5 | 6 | 7 | 4 | 4.36 | 0.48 | x | x | x | x |
| 1070. | 지랄치다 | 3 | 8 | 5 | 6 | 2 | 9 | 4.64 | 0.48 | x | x | x | * |
| 1071. | 지루하다 | 11 | 0 | 5 | 6 | 5 | 6 | 4 | 0 | x | x | x | x |
| 1072. | 지배적이다 | 11 | 0 | 5 | 6 | 9 | 2 | 3.36 | 0.64 | * | x | x | x |
| 1073. | 지저분하다 | 11 | 0 | 6 | 5 | 3 | 8 | 4.36 | 0.48 | x | x | * | x |
| 1074. | 지적이다 | 11 | 0 | 11 | 0 | 11 | 0 | 1.55 | 0.5 | * | x | x | x |
| 1075. | 지질맞다 | 0 | 11 | 3 | 8 | 4 | 7 | 4.09 | 0.29 | x | x | x | x |
| 1076. | 지혜롭다 | 11 | 0 | 6 | 5 | 10 | 1 | 1.36 | 0.48 | * | x | x | x |
| 1077. | 진득하다 | 11 | 0 | 9 | 2 | 8 | 3 | 2.18 | 0.94 | * | x | x | x |
| 1078. | 진보적이다 | 10 | 1 | 11 | 0 | 11 | 0 | 1.82 | 0.39 | * | x | x | x |
| 1079. | 진실하다 | 11 | 0 | 11 | 0 | 10 | 1 | 1.27 | 0.45 | * | x | x | x |
| 1080. | 진저리가나다 | 11 | 0 | 2 | 9 | 1 | 10 | 4.18 | 0.39 | x | x | * | x |
| 1081. | 진중하다 | 2 | 9 | 7 | 4 | 9 | 2 | 1.91 | 0.51 | x | * | x | x |
| 1082. | 진지하다 | 11 | 0 | 11 | 0 | 9* | 2 | 1.55 | 0.5 | * | x | x | x |
| 1083. | 진취적이다 | 11 | 0 | 10 | 1 | 10 | 1 | 1.45 | 0.5 | * | x | x | x |
| 1084. | 질기다 | 11 | 0 | 6 | 5 | 6 | 5 | 3.45 | 0.66 | x | x | x | x |
| 1085. | 집요하다 | 11 | 0 | 7 | 4 | 9 | 2 | 3.82 | 0.94 | * | x | x | x |
| 1086. | 집적거리다 | 10 | 1 | 4 | 7 | 4 | 7 | 4.18 | 0.39 | x | x | x | x |
| 1087. | 짓궂다 | 11 | 0 | 8 | 3 | 9 | 2 | 4.27 | 0.45 | * | x | x | x |
| 1088. | 징그럽다 | 10 | 1 | 3 | 8 | 5 | 6 | 4.36 | 0.48 | x | x | x | x |
| 1089. | 징글징글하다 | 6 | 5 | 3 | 8 | 2 | 9 | 4.36 | 0.48 | x | x | x | x |
| 1090. | 징징거리다 | 7 | 4 | 4 | 7 | 1 | 10 | 4.18 | 0.39 | x | x | x | x |
| 1091. | 짜증을 내다 | 11 | 0 | 6 | 5 | 2 | 9 | 4.18 | 0.39 | x | x | * | x |
| 1092. | 짜다 | 9 | 2 | 5 | 6 | 5 | 6 | 3.82 | 0.39 | x | x | x | x |

| 번호 | 단어 | | | | | | | | | | 상용 특성 | 비상용 특성 | 상용 속성 | 비상용 속성 |
|---|---|---|---|---|---|---|---|---|---|---|---|---|---|---|
| 1093. | 쩌렁쩌렁하다 | 5 | 6 | 0 | 11 | 0 | 11 | 2.82 | 0.57 | | x | x | x | x |
| 1094. | 쩔쩔매다 | 11 | 0 | 1 | 10 | 1 | 10 | 4 | 0 | | x | x | * | x |
| 1095. | 쩨쩨하다 | 11 | 0 | 11 | 0 | 8 | 3 | 4.09 | 0.29 | | * | x | x | x |
| 1096. | 쪽을 못쓰다 | 7 | 4 | 1 | 10 | 1 | 10 | 4.45 | 0.5 | | x | x | x | x |
| 1097. | 쫄랑거리다 | 7 | 4 | 4 | 7 | 4 | 7 | 4.09 | 0.29 | | x | x | x | x |
| 1098. | 쫑알거리다 | 10 | 1 | 1 | 10 | 1 | 10 | 4.18 | 0.39 | | x | x | * | x |
| 1099. | 찌뿌둥하다 | 10 | 1 | 0 | 11 | 0 | 11 | 4 | 0 | | x | x | * | x |
| 1100. | 찜찜하다 | 10 | 1 | 1 | 10 | 0 | 11 | 4 | 0 | | x | x | * | x |
| 1101. | 찡찡거리다 | 6 | 5 | 2 | 9 | 1 | 10 | 4 | 0 | | x | x | x | x |
| 1102. | 차갑다 | 11 | 0 | 11 | 0 | 9 | 2 | 4 | 0.43 | | * | x | x | x |
| 1103. | 차근차근하다 | 11 | 0 | 5 | 6 | 9 | 2 | 2.18 | 0.94 | | * | x | x | x |
| 1104. | 차분하다 | 11 | 0 | 11 | 0 | 9 | 2 | 1.73 | 0.45 | | * | x | x | x |
| 1105. | 착실하다 | 11 | 0 | 9 | 2 | 11 | 0 | 1.27 | 0.45 | | * | x | x | x |
| 1106. | 착하다 | 11 | 0 | 11 | 0 | 11 | 0 | 1.36 | 0.48 | | * | x | x | x |
| 1107. | 찬찬하다 | 8 | 3 | 9 | 2 | 11 | 0 | 1.73 | 0.45 | | * | x | x | x |
| 1108. | 참견하다 | 11 | 0 | 3 | 8 | 5 | 6 | 4 | 0 | | x | x | x | x |
| 1109. | 참하다 | 11 | 0 | 8 | 3 | 10 | 1 | 1.64 | 0.48 | | * | x | x | x |
| 1110. | 찹찹하다 | 9 | 2 | 2 | 9 | 4 | 7 | 3.91 | 0.29 | | x | x | x | x |
| 1111. | 창의적이다 | 11 | 0 | 9 | 2 | 11 | 0 | 1.45 | 0.5 | | * | x | x | x |
| 1112. | 채신사납다 | 1 | 10 | 2 | 9 | 3 | 8 | 4.36 | 0.48 | | x | x | x | * |
| 1113. | 책임있다 | 11 | 0 | 8 | 3 | 9 | 2 | 1.36 | 0.48 | | * | x | x | x |
| 1114. | 처량하다 | 10 | 1 | 1 | 10 | 4 | 7 | 4 | 0 | | x | x | x | x |
| 1115. | 천덕스럽다 | 4 | 7 | 6 | 5 | 6 | 5 | 4 | 0.85 | | x | x | x | x |
| 1116. | 천박하다 | 11 | 0 | 6 | 5 | 11 | 0 | 4.55 | 0.5 | | x | x | x | x |
| 1117. | 천진난만하다 | 11 | 0 | 11 | 0 | 9 | 2 | 2 | 0.6 | | * | x | x | x |
| 1118. | 철모르다 | 10 | 1 | 5 | 6 | 9 | 2 | 3.64 | 0.64 | | * | x | x | x |
| 1119. | 철없다 | 11 | 0 | 8 | 3 | 10 | 1 | 3.91 | 0.29 | | * | x | x | x |
| 1120. | 철들다 | 11 | 0 | 7 | 4 | 9 | 2 | 1.82 | 0.39 | | * | x | x | x |
| 1121. | 철저하다 | 11 | 0 | 11 | 0 | 11 | 0 | 2.27 | 0.86 | | * | x | x | x |
| 1122. | 청결하다 | 11 | 0 | 6 | 5 | 6 | 5 | 1.64 | 0.48 | | x | x | x | x |
| 1123. | 청렴하다 | 10 | 1 | 9 | 2 | 10 | 1 | 1.27 | 0.45 | | * | x | x | x |
| 1124. | 청승을 떨다 | 10 | 1 | 2 | 9 | 2 | 9 | 4.09 | 0.29 | | x | x | * | x |
| 1125. | 청아하다 | 6 | 5 | 6 | 5 | 9 | 2 | 1.45 | 0.5 | | x | x | x | x |
| 1126. | 체계적이다 | 11 | 0 | 9 | 2 | 10 | 1 | 1.82 | 0.39 | | * | x | x | x |
| 1127. | 체신머리없다 | 10 | 1 | 2 | 9 | 6 | 5 | 4.09 | 0.29 | | x | x | x | x |
| 1128. | 초라하다 | 11 | 0 | 1 | 10 | 6 | 5 | 3.73 | 0.86 | | x | x | x | x |
| 1129. | 초조해하다 | 10 | 1 | 5 | 6 | 5 | 6 | 4 | 0 | | x | x | x | x |
| 1130. | 초췌하다 | 10 | 1 | 1 | 10 | 3 | 8 | 4 | 0 | | x | x | * | x |
| 1131. | 촌스럽다 | 10 | 1 | 3 | 8 | 7 | 4 | 3.91 | 0.67 | | x | x | x | x |
| 1132. | 촐랑거리다 | 10 | 1 | 6 | 5 | 4 | 6 | 4.18 | 0.39 | | x | x | x | x |
| 1133. | 총명하다 | 11 | 0 | 6 | 5 | 9 | 1 | 1.55 | 0.5 | | * | x | x | x |
| 1134. | 추악하다 | 6 | 5 | 8 | 3 | 9 | 1 | 4.64 | 0.48 | | x | x | x | x |
| 1135. | 추잡하다 | 10 | 1 | 6 | 5 | 6 | 4 | 4.64 | 0.48 | | x | x | x | x |
| 1136. | 추저분하다 | 1 | 10 | 5 | 6 | 4 | 7 | 4.6 | 0.49 | | x | x | x | x |
| 1137. | 충동적이다 | 11 | 0 | 11 | 0 | 9 | 2 | 4.18 | 0.39 | | * | x | x | x |
| 1138. | 충실하다 | 11 | 0 | 7 | 4 | 10 | 1 | 1.64 | 0.48 | | * | x | x | x |
| 1139. | 측은하다 | 9 | 2 | 2 | 9 | 3 | 8 | 3.36 | 0.88 | | x | x | * | x |
| 1140. | 치를 떨다 | 10 | 1 | 1 | 10 | 1 | 10 | 4.18 | 0.39 | | x | x | * | x |

| | | | | | | | | | 상용 특성 | 비상용 특성 | 상용 속성 | 비상용 속성 |
|---|---|---|---|---|---|---|---|---|---|---|---|---|
| 1141. | 치밀하다 | 11 | 0 | 9 | 2 | 10 | 1 | 2.36 | 0.98 | * | x | x | x |
| 1142. | 치사하다 | 11 | 0 | 6 | 5 | 8 | 3 | 4.27 | 0.45 | * | x | x | x |
| 1143. | 칙칙하다 | 10 | 1 | 4 | 7 | 6 | 5 | 4.09 | 0.29 | x | x | x | x |
| 1144. | 친근하다 | 11 | 0 | 7 | 4 | 10 | 1 | 1.82 | 0.39 | * | x | x | x |
| 1145. | 친밀하다 | 11 | 0 | 7 | 4 | 8 | 3 | 1.73 | 0.45 | * | x | x | x |
| 1146. | 친절하다 | 11 | 0 | 11 | 0 | 9 | 2 | 1.36 | 0.48 | * | x | x | x |
| 1147. | 친하기 쉽다 | 10 | 1 | 10 | 1 | 8 | 3 | 1.73 | 0.45 | * | x | x | x |
| 1148. | 칠칠하다 | 5 | 6 | 6 | 5 | 8 | 3 | 3 | 1.35 | x | x | x | x |
| 1149. | 침울하다 | 10 | 1 | 8 | 3 | 5 | 6 | 4 | 0 | x | x | x | x |
| 1150. | 침착하다 | 11 | 0 | 11 | 0 | 8 | 3 | 1.73 | 0.45 | * | x | x | x |
| 1151. | 카랑카랑하다 | 8 | 3 | 1 | 10 | 4 | 7 | 2.91 | 0.79 | x | x | x | x |
| 1152. | 캐어묻다 | 8 | 3 | 2 | 9 | 3 | 8 | 3.36 | 0.88 | x | x | * | x |
| 1153. | 케케묵다 | 9 | 2 | 4 | 7 | 7 | 4 | 4.09 | 0.29 | x | x | x | x |
| 1154. | 코리타분하다 | 6 | 5 | 10 | 1 | 8 | 3 | 4.09 | 0.29 | x | x | x | x |
| 1155. | 코방귀를 뀌다 | 9 | 2 | 1 | 10 | 3 | 8 | 4.27 | 0.45 | x | x | * | x |
| 1156. | 콧대가 높다 | 11 | 0 | 5 | 6 | 8 | 3 | 4.09 | 0.29 | * | x | x | x |
| 1157. | 콧대가 세다 | 9 | 2 | 6 | 5 | 11 | 0 | 4.09 | 0.29 | * | x | x | x |
| 1158. | 쾌활하다 | 11 | 0 | 11 | 0 | 11 | 0 | 1.64 | 0.48 | * | x | x | x |
| 1159. | 큰소리 치다 | 11 | 0 | 3 | 8 | 3 | 8 | 3.91 | 0.51 | x | x | * | x |
| 1160. | 타이르다 | 11 | 0 | 1 | 10 | 2 | 9 | 2.64 | 0.88 | x | x | * | x |
| 1161. | 탁월하다 | 10 | 1 | 3 | 8 | 10 | 1 | 1.45 | 0.5 | * | x | x | x |
| 1162. | 탐구적이다 | 9 | 2 | 8 | 3 | 10 | 1 | 1.82 | 0.57 | * | x | x | x |
| 1163. | 탐욕스럽다 | 10 | 1 | 11 | 0 | 9 | 2 | 4.55 | 0.5 | * | x | x | x |
| 1164. | 탐탁하다 | 5 | 6 | 3 | 8 | 3 | 8 | 2.27 | 0.75 | x | x | x | x |
| 1165. | 탐스럽다 | 9 | 2 | 1 | 10 | 4 | 7 | 1.91 | 0.51 | x | x | x | x |
| 1166. | 탓하다 | 10 | 1 | 4 | 7 | 2 | 9 | 3.82 | 0.57 | x | x | * | x |
| 1167. | 태깔스럽다 | 0 | 11 | 2 | 9 | 7 | 4 | 3.6 | 1.02 | x | x | x | x |
| 1168. | 태만하다 | 10 | 1 | 10 | 1 | 8 | 3 | 4.36 | 0.48 | * | x | x | x |
| 1169. | 태연하다 | 11 | 0 | 9 | 2 | 8 | 3 | 2.64 | 0.88 | * | x | x | x |
| 1170. | 태평스럽다 | 10 | 1 | 10 | 1 | 10 | 1 | 2.64 | 0.88 | * | x | x | x |
| 1171. | 터놓다 | 10 | 1 | 3 | 8 | 4 | 7 | 2.18 | 0.72 | x | x | x | x |
| 1172. | 터무니없다 | 11 | 0 | 3 | 8 | 2 | 9 | 4 | 0.43 | x | x | * | x |
| 1173. | 털어놓다 | 11 | 0 | 4 | 7 | 3 | 8 | 2.18 | 0.72 | x | x | * | x |
| 1174. | 털털하다 | 11 | 0 | 11 | 0 | 10 | 1 | 1.82 | 0.39 | * | x | x | x |
| 1175. | 텁텁하다 | 5 | 6 | 4 | 7 | 6 | 5 | 3 | 0.95 | x | x | x | x |
| 1176. | 토라지다 | 11 | 0 | 9 | 2 | 4 | 7 | 4.09 | 0.29 | x | x | x | x |
| 1177. | 통찰적이다 | 8 | 3 | 7 | 4 | 9 | 2 | 1.55 | 0.5 | * | x | x | x |
| 1178. | 투덜거리다 | 10 | 1 | 6 | 4 | 3 | 8 | 4.09 | 0.29 | x | x | x | x |
| 1179. | 투박하다 | 10 | 1 | 7 | 4 | 8 | 3 | 3.55 | 0.89 | * | x | x | x |
| 1180. | 투털대다 | 11 | 0 | 6 | 5 | 2 | 9 | 4.18 | 0.39 | x | x | * | x |
| 1181. | 퉁명스럽다 | 11 | 0 | 9 | 2 | 4 | 7 | 4 | 0 | x | x | x | x |
| 1182. | 트집을 잡다 | 11 | 0 | 6 | 5 | 2 | 9 | 4.45 | 0.5 | x | x | * | x |
| 1183. | 특이하다 | 11 | 0 | 9 | 2 | 11 | 0 | 2.55 | 0.78 | * | x | x | x |
| 1184. | 틀림없다 | 11 | 0 | 7 | 4 | 8 | 3 | 2.27 | 0.96 | * | x | x | x |
| 1185. | 티격태격하다 | 10 | 1 | 1 | 10 | 1 | 10 | 3.82 | 0.57 | x | x | * | x |
| 1186. | 파렴치하다 | 10 | 1 | 8 | 3 | 11 | 0 | 4.73 | 0.45 | * | x | x | x |
| 1187. | 팔딱거리다 | 5 | 6 | 2 | 9 | 1 | 10 | 3.55 | 0.66 | x | x | x | x |
| 1188. | 팔팔하다 | 10 | 1 | 5 | 6 | 5 | 6 | 2.55 | 0.89 | x | x | x | x |

| | | | | | | | | | 상용<br>특성 | 비상용<br>특성 | 상용<br>속성 | 비상용<br>속성 |
|---|---|---|---|---|---|---|---|---|---|---|---|---|
| 1189. | 패배적이다 | 7 | 4 | 7 | 4 | 10 | 1 | 4.27 | 0.45 | x | x | x | x |
| 1190. | 펄펄뛰다 | 11 | 0 | 1 | 10 | 0 | 11 | 3.45 | 0.89 | x | x | * | x |
| 1191. | 편견에 차다 | 10 | 1 | 6 | 5 | 8 | 3 | 4.36 | 0.48 | * | x | x | x |
| 1192. | 편의주의적이다 | 8 | 3 | 9 | 2 | 8 | 3 | 4.45 | 0.5 | * | x | x | x |
| 1193. | 편파적이다 | 11 | 0 | 10 | 1 | 11 | 0 | 4.45 | 0.5 | * | x | x | x |
| 1194. | 편협하다 | 10 | 1 | 10 | 1 | 11 | 0 | 4.45 | 0.5 | * | x | x | x |
| 1195. | 평범하다 | 11 | 0 | 9 | 2 | 11 | 0 | 2.55 | 0.5 | * | x | x | x |
| 1196. | 평온하다 | 11 | 0 | 5 | 6 | 7 | 4 | 1.64 | 0.48 | x | x | x | x |
| 1197. | 평이하다 | 11 | 0 | 6 | 5 | 9 | 2 | 2.45 | 0.5 | x | x | x | x |
| 1198. | 폐쇄적이다 | 11 | 0 | 11 | 0 | 10 | 1 | 4.27 | 0.45 | * | x | x | x |
| 1199. | 포근하다 | 11 | 0 | 9 | 2 | 9 | 2 | 1.64 | 0.48 | * | x | x | x |
| 1200. | 포달스럽다 | 0 | 11 | 5 | 6 | 10 | 1 | 4.1 | 0.3 | x | * | x | x |
| 1201. | 포악하다 | 8 | 3 | 10 | 1 | 10 | 1 | 4.64 | 0.48 | * | x | x | x |
| 1202. | 폭발적이다 | 9 | 2 | 5 | 6 | 6 | 5 | 3.91 | 0.67 | x | x | x | x |
| 1203. | 표독하다 | 7 | 4 | 11 | 0 | 11 | 0 | 4.73 | 0.45 | x | x | x | x |
| 1204. | 품위있다 | 11 | 0 | 8 | 3 | 11 | 0 | 1.45 | 0.5 | * | x | x | x |
| 1205. | 피상적이다 | 9 | 2 | 3 | 8 | 8 | 3 | 3.82 | 0.57 | * | x | x | x |
| 1206. | 하염없다 | 8 | 3 | 0 | 11 | 2 | 9 | 3.09 | 0.67 | x | x | * | x |
| 1207. | 한결같다 | 11 | 0 | 7 | 4 | 7 | 4 | 1.91 | 0.51 | x | x | x | x |
| 1208. | 한 많다 | 11 | 0 | 2 | 9 | 5 | 6 | 3.91 | 0.79 | x | x | x | x |
| 1209. | 한수높다 | 11 | 0 | 1 | 10 | 3 | 8 | 2.27 | 0.75 | x | x | * | x |
| 1210. | 한숨짓다 | 10 | 0 | 0 | 11 | 0 | 11 | 3.91 | 0.29 | x | x | * | x |
| 1211. | 한심스럽다 | 11 | 0 | 4 | 7 | 5 | 6 | 4.18 | 0.39 | x | x | x | x |
| 1212. | 합리적이다 | 11 | 0 | 10 | 1 | 11 | 0 | 1.55 | 0.66 | * | x | x | x |
| 1213. | 해롱거리다 | 5 | 6 | 1 | 10 | 2 | 9 | 4 | 0.43 | x | x | x | x |
| 1214. | 해박하다 | 9 | 2 | 4 | 7 | 10 | 1 | 1.64 | 0.48 | * | x | x | x |
| 1215. | 해죽거리다 | 5 | 6 | 2 | 9 | 1 | 10 | 4 | 0.43 | x | x | x | x |
| 1216. | 행동적이다 | 11 | 0 | 10 | 1 | 8 | 3 | 2.36 | 0.64 | * | x | x | x |
| 1217. | 허둥지둥하다 | 11 | 0 | 4 | 7 | 2 | 9 | 4.09 | 0.29 | x | x | * | x |
| 1218. | 허술하다 | 9 | 2 | 4 | 7 | 3 | 8 | 4.09 | 0.29 | x | x | * | x |
| 1219. | 허약하다 | 10 | 1 | 2 | 9 | 8 | 3 | 4 | 0 | * | x | x | x |
| 1220. | 허위적거리다 | 6 | 5 | 0 | 11 | 1 | 10 | 4.09 | 0.29 | x | x | x | x |
| 1221. | 허전하다 | 11 | 0 | 0 | 11 | 1 | 10 | 3.82 | 0.39 | x | x | * | x |
| 1222. | 허풍떠다 | 11 | 0 | 10 | 1 | 5 | 6 | 4.18 | 0.39 | x | x | x | x |
| 1223. | 헌신적이다 | 11 | 0 | 10 | 1 | 11 | 0 | 1.73 | 0.45 | * | x | x | x |
| 1224. | 헐뜯다 | 11 | 0 | 5 | 6 | 5 | 6 | 4.55 | 0.5 | x | x | x | x |
| 1225. | 험상궂다 | 11 | 0 | 1 | 10 | 5 | 6 | 4.36 | 0.48 | x | x | x | x |
| 1226. | 협악하다 | 10 | 1 | 4 | 7 | 6 | 5 | 4.64 | 0.48 | x | x | x | x |
| 1227. | 헷갈리다 | 9 | 2 | 1 | 10 | 0 | 11 | 3.82 | 0.39 | x | x | * | x |
| 1228. | 헤프다 | 10 | 1 | 6 | 5 | 9 | 2 | 4.27 | 0.45 | * | x | x | x |
| 1229. | 현명하다 | 11 | 0 | 10 | 1 | 11 | 0 | 1.27 | 0.45 | * | x | x | x |
| 1230. | 현실적이다 | 11 | 0 | 10 | 1 | 11 | 0 | 2.09 | 0.67 | * | x | x | x |
| 1231. | 현출하다 | 0 | 11 | 2 | 9 | 8 | 3 | 2 | 0.63 | x | * | x | x |
| 1232. | 협동적이다 | 11 | 0 | 9 | 2 | 10 | 1 | 1.64 | 0.48 | * | x | x | x |
| 1233. | 호감이 가다 | 11 | 0 | 7 | 4 | 10 | 1 | 1.73 | 0.45 | * | x | x | x |
| 1234. | 호들갑스럽다 | 10 | 1 | 7 | 4 | 2 | 9 | 4.09 | 0.29 | x | x | * | x |
| 1235. | 호락호락하다 | 10 | 1 | 6 | 5 | 8 | 3 | 3.91 | 0.29 | * | x | x | x |
| 1236. | 호리다 | 2 | 9 | 2 | 9 | 7 | 4 | 3.91 | 0.67 | x | x | x | x |

| | | | | | | | | | 상용<br>특성 | 비상용<br>특성 | 상용<br>속성 | 비상용<br>속성 |
|---|---|---|---|---|---|---|---|---|---|---|---|---|
| 1237. 호연하다 | 0 | 11 | 6 | 5 | 10 | 1 | 1.82 | 0.72 | x | * | x | x |
| 1238. 호의적이다 | 11 | 0 | 9 | 2 | 10 | 1 | 1.82 | 0.39 | * | x | x | x |
| 1239. 호전적이다 | 10 | 1 | 10 | 1 | 11 | 0 | 3.91 | 1.24 | * | x | x | x |
| 1240. 호젓하다 | 6 | 5 | 3 | 8 | 2 | 9 | 3.09 | 1 | x | x | x | x |
| 1241. 호탕하다 | 10 | 1 | 10 | 1 | 11 | 0 | 2.09 | 0.51 | * | x | x | x |
| 1242. 호통을 치다 | 11 | 0 | 1 | 10 | 1 | 10 | 3.64 | 0.64 | x | x | * | x |
| 1243. 홀가분하다 | 11 | 0 | 0 | 11 | 2 | 9 | 2.18 | 0.83 | x | x | * | x |
| 1244. 화끈거리다 | 11 | 0 | 1 | 10 | 1 | 10 | 3.45 | 0.66 | x | x | * | x |
| 1245. 화끈하다 | 11 | 0 | 11 | 0 | 8 | 3 | 2.64 | 1.23 | * | x | x | x |
| 1246. 화다닥하다 | 0 | 11 | 1 | 10 | 0 | 11 | 3.45 | 0.5 | x | x | x | * |
| 1247. 화들짝 놀라다 | 9 | 2 | 1 | 10 | 0 | 11 | 3.36 | 0.48 | x | x | * | x |
| 1248. 화사하다 | 10 | 1 | 1 | 10 | 7 | 4 | 2 | 0.74 | x | x | x | x |
| 1249. 화를 잘내다 | 10 | 1 | 10 | 1 | 10 | 1 | 4.27 | 0.45 | * | x | x | x |
| 1250. 확고하다 | 11 | 0 | 8 | 3 | 9 | 2 | 1.73 | 0.62 | * | x | x | x |
| 1251. 확실하다 | 11 | 0 | 11 | 0 | 10 | 1 | 1.64 | 0.48 | * | x | x | x |
| 1252. 활동적이다 | 11 | 0 | 11 | 0 | 11 | 0 | 1.91 | 0.51 | * | x | x | x |
| 1253. 활발하다 | 11 | 0 | 11 | 0 | 11 | 0 | 1.82 | 0.39 | * | x | x | x |
| 1254. 황당하다 | 11 | 0 | 4 | 7 | 1 | 10 | 3.91 | 0.29 | x | x | * | x |
| 1255. 회의적이다 | 11 | 0 | 7 | 4 | 10 | 1 | 4.18 | 0.39 | * | x | x | x |
| 1256. 효성어리다 | 7 | 4 | 5 | 6 | 10 | 1 | 1.27 | 0.45 | x | x | x | x |
| 1257. 후덕하다 | 7 | 4 | 9 | 2 | 11 | 0 | 1.36 | 0.48 | x | x | x | x |
| 1258. 후련하다 | 10 | 1 | 1 | 10 | 1 | 10 | 1.91 | 0.79 | x | x | * | x |
| 1259. 후회하다 | 11 | 0 | 2 | 9 | 2 | 9 | 4 | 0.43 | x | x | * | x |
| 1260. 훌륭하다 | 11 | 0 | 6 | 5 | 8 | 3 | 1.18 | 0.39 | * | x | x | x |
| 1261. 흉금을 털어놓다 | 6 | 5 | 4 | 7 | 4 | 7 | 1.82 | 0.57 | x | x | x | x |
| 1262. 흉내를 내다 | 11 | 0 | 1 | 10 | 1 | 10 | 3.18 | 0.83 | x | x | * | x |
| 1263. 흉물스럽다 | 5 | 6 | 3 | 8 | 3 | 8 | 4.91 | 0.29 | x | x | x | x |
| 1264. 흉악하다 | 10 | 1 | 7 | 4 | 10 | 1 | 5 | 0 | * | x | x | x |
| 1265. 흠을 잡다 | 10 | 1 | 3 | 8 | 4 | 7 | 4.27 | 0.45 | x | x | x | x |
| 1266. 흉칙하다 | 10 | 1 | 4 | 7 | 8 | 3 | 4.91 | 0.29 | * | x | x | x |
| 1267. 흐늘쩍거리다 | 1 | 10 | 1 | 10 | 3 | 8 | 4.18 | 0.39 | x | x | x | * |
| 1268. 흐리멍텅하다 | 11 | 0 | 10 | 1 | 8 | 3 | 4.18 | 0.39 | * | x | x | x |
| 1269. 흐뭇하다 | 11 | 0 | 0 | 11 | 2 | 9 | 1.73 | 0.45 | x | x | * | x |
| 1270. 흐지부지하다 | 11 | 0 | 7 | 4 | 4 | 7 | 4.18 | 0.39 | x | x | x | x |
| 1271. 흠칫거리다 | 6 | 5 | 2 | 9 | 2 | 9 | 4.1 | 0.3 | x | x | x | x |
| 1272. 흥분하다 | 11 | 0 | 9 | 2 | 5 | 6 | 3.36 | 0.77 | x | x | x | x |
| 1273. 흥얼거리다 | 10 | 1 | 0 | 11 | 0 | 11 | 2.55 | 0.89 | x | x | * | x |
| 1274. 흥청거리다 | 8 | 3 | 1 | 10 | 0 | 11 | 4 | 0.43 | x | x | * | x |
| 1275. 희번덕이다 | 2 | 8 | 0 | 11 | 0 | 11 | 3.73 | 0.96 | x | x | x | * |
| 1276. 희생적이다 | 11 | 0 | 11 | 0 | 11 | 0 | 1.82 | 0.39 | * | x | x | x |
| 1277. 히죽거리다 | 10 | 1 | 0 | 11 | 0 | 11 | 3.91 | 0.51 | x | x | * | x |
| 1278. 힘겨워하다 | 11 | 0 | 0 | 11 | 2 | 9 | 3.82 | 0.39 | x | x | * | x |
| 1279. 힘있다 | 11 | 0 | 5 | 6 | 6 | 5 | 1.64 | 0.48 | x | x | x | x |

# 〈부록 5〉  성격특성 관련 어휘 목록 (호오가순)

| | | M | SD | | | M | SD | | | M | SD |
|---|---|---|---|---|---|---|---|---|---|---|---|
| 214 | 사려깊다 | 1.09 | 0.29 | 403 | 책임있다 | 1.36 | 0.48 | 364 | 정당하다 | 1.55 | 0.50 |
| 17 | 건실하다 | 1.18 | 0.39 | 419 | 친절하다 | 1.36 | 0.48 | 370 | 정정당당하다 | 1.55 | 0.50 |
| 22 | 겸허하다 | 1.18 | 0.39 | 26 | 고고하다 | 1.45 | 0.50 | 371 | 정중하다 | 1.55 | 0.50 |
| 58 | 기품있다 | 1.18 | 0.39 | 35 | 공손하다 | 1.45 | 0.50 | 373 | 정확하다 | 1.55 | 0.50 |
| 340 | 인정있다 | 1.18 | 0.39 | 78 | 낙천적이다 | 1.45 | 0.50 | 385 | 지적이다 | 1.55 | 0.50 |
| 347 | 자비롭다 | 1.18 | 0.39 | 101 | 능력있다 | 1.45 | 0.50 | 390 | 진지하다 | 1.55 | 0.50 |
| 469 | 훌륭하다 | 1.18 | 0.39 | 130 | 똑똑하다 | 1.45 | 0.50 | 412 | 총명하다 | 1.55 | 0.50 |
| 21 | 겸손하다 | 1.27 | 0.45 | 139 | 매력적이다 | 1.45 | 0.50 | 432 | 통찰적이다 | 1.55 | 0.50 |
| 23 | 경건하다 | 1.27 | 0.45 | 173 | 믿음직하다 | 1.45 | 0.50 | 448 | 합리적이다 | 1.55 | 0.66 |
| 36 | 공정하다 | 1.27 | 0.45 | 218 | 상냥하다 | 1.45 | 0.50 | 57 | 기지가 있다 | 1.64 | 0.48 |
| 56 | 긍정적이다 | 1.27 | 0.45 | 221 | 선량하다 | 1.45 | 0.50 | 70 | 꾸준하다 | 1.64 | 0.48 |
| 100 | 능동적이다 | 1.27 | 0.45 | 251 | 신중하다 | 1.45 | 0.50 | 77 | 낙관적이다 | 1.64 | 0.64 |
| 104 | 다정다감하다 | 1.27 | 0.45 | 258 | 아량있다 | 1.45 | 0.50 | 91 | 너그러운 | 1.64 | 0.48 |
| 120 | 독창적이다 | 1.27 | 0.45 | 278 | 어질다 | 1.45 | 0.50 | 132 | 똘똘하다 | 1.64 | 0.48 |
| 128 | 따뜻하다 | 1.27 | 0.45 | 299 | 온정적이다 | 1.45 | 0.50 | 147 | 명랑하다 | 1.64 | 0.48 |
| 131 | 똑바르다 | 1.27 | 0.45 | 301 | 올바르다 | 1.45 | 0.50 | 191 | 분명하다 | 1.64 | 0.48 |
| 224 | 성실하다 | 1.27 | 0.45 | 309 | 용감하다 | 1.45 | 0.50 | 255 | 싹싹하다 | 1.64 | 0.48 |
| 300 | 온화하다 | 1.27 | 0.45 | 310 | 용기있다 | 1.45 | 0.50 | 257 | 씩씩하다 | 1.64 | 0.48 |
| 339 | 인자하다 | 1.27 | 0.45 | 323 | 윤리적이다 | 1.45 | 0.50 | 262 | 알뜰하다 | 1.64 | 0.48 |
| 348 | 자상하다 | 1.27 | 0.45 | 368 | 정숙하다 | 1.45 | 0.50 | 312 | 우아하다 | 1.64 | 0.88 |
| 349 | 자애롭다 | 1.27 | 0.45 | 391 | 진취적이다 | 1.45 | 0.50 | 314 | 우호적이다 | 1.64 | 0.48 |
| 372 | 정직하다 | 1.27 | 0.45 | 402 | 창의적이다 | 1.45 | 0.50 | 321 | 유식하다 | 1.64 | 0.64 |
| 389 | 진실하다 | 1.27 | 0.45 | 425 | 탁월하다 | 1.45 | 0.50 | 351 | 자주적이다 | 1.64 | 0.48 |
| 398 | 착실하다 | 1.27 | 0.45 | 446 | 품위있다 | 1.45 | 0.50 | 355 | 재치있다 | 1.64 | 0.48 |
| 410 | 청렴하다 | 1.27 | 0.45 | 18 | 검소하다 | 1.55 | 0.50 | 401 | 참하다 | 1.64 | 0.48 |
| 454 | 현명하다 | 1.27 | 0.45 | 73 | 끈기있다 | 1.55 | 0.50 | 414 | 충실하다 | 1.64 | 0.48 |
| 15 | 건강하다 | 1.36 | 0.88 | 98 | 늠름하다 | 1.55 | 0.50 | 424 | 쾌활하다 | 1.64 | 0.48 |
| 54 | 근면하다 | 1.36 | 0.48 | 117 | 독립적이다 | 1.55 | 0.50 | 444 | 포근하다 | 1.64 | 0.48 |
| 108 | 당당하다 | 1.36 | 0.48 | 149 | 명쾌하다 | 1.55 | 0.50 | 449 | 해박하다 | 1.64 | 0.48 |
| 133 | 뛰어나다 | 1.36 | 0.48 | 174 | 바르다 | 1.55 | 0.50 | 456 | 협동적이다 | 1.64 | 0.48 |
| 138 | 맑다 | 1.36 | 0.48 | 177 | 박식하다 | 1.55 | 0.66 | 465 | 확실하다 | 1.64 | 0.48 |
| 213 | 사람답다 | 1.36 | 0.48 | 186 | 봉사적이다 | 1.55 | 0.50 | 41 | 관대하다 | 1.70 | 0.46 |
| 246 | 슬기롭다 | 1.36 | 0.48 | 188 | 부드럽다 | 1.55 | 0.50 | 114 | 도덕적이다 | 1.70 | 0.90 |
| 250 | 신뢰롭다 | 1.36 | 0.48 | 190 | 부지런하다 | 1.55 | 0.50 | 29 | 고상하다 | 1.73 | 0.62 |
| 274 | 양심적이다 | 1.36 | 0.48 | 192 | 분별있다 | 1.55 | 0.50 | 47 | 교양있다 | 1.73 | 0.62 |
| 296 | 예의바르다 | 1.36 | 0.48 | 219 | 생산적이다 | 1.55 | 0.50 | 71 | 꿋꿋하다 | 1.73 | 0.45 |
| 318 | 유능하다 | 1.36 | 0.48 | 220 | 서글서글하다 | 1.55 | 0.50 | 95 | 논리적이다 | 1.73 | 0.45 |
| 328 | 의리있다 | 1.36 | 0.48 | 235 | 솔직하다 | 1.55 | 0.50 | 103 | 다부지다 | 1.73 | 0.45 |
| 329 | 의젓하다 | 1.36 | 0.48 | 240 | 순결하다 | 1.55 | 0.50 | 119 | 독실하다 | 1.73 | 0.62 |
| 362 | 정겹다 | 1.36 | 0.48 | 242 | 순수하다 | 1.55 | 0.50 | 127 | 듬직하다 | 1.73 | 0.45 |
| 363 | 정답다 | 1.36 | 0.48 | 315 | 원만하다 | 1.55 | 0.50 | 197 | 붙임성 있다 | 1.73 | 0.45 |
| 386 | 지혜롭다 | 1.36 | 0.48 | 324 | 융통성있다 | 1.55 | 0.50 | 200 | 비범하다 | 1.73 | 0.86 |
| 399 | 착하다 | 1.36 | 0.48 | 357 | 적극적이다 | 1.55 | 0.50 | 201 | 비상하다 | 1.73 | 0.86 |

| | | M | SD | | | M | SD | | | M | SD |
|---|---|---|---|---|---|---|---|---|---|---|---|
| 206 | 빼어나다 | 1.73 | 0.86 | 381 | 주의깊다 | 1.82 | 0.39 | 331 | 의지적이다 | 2.18 | 1.19 |
| 208 | 사교적이다 | 1.73 | 0.45 | 388 | 진보적이다 | 1.82 | 0.39 | 387 | 진득하다 | 2.18 | 0.94 |
| 210 | 사근사근하다 | 1.73 | 0.45 | 408 | 철들다 | 1.82 | 0.39 | 396 | 차근차근하다 | 2.18 | 0.94 |
| 217 | 사회적이다 | 1.73 | 0.62 | 411 | 체계적이다 | 1.82 | 0.39 | 107 | 단호하다 | 2.27 | 0.75 |
| 223 | 섬세하다 | 1.73 | 0.45 | 417 | 친근하다 | 1.82 | 0.39 | 273 | 얌전하다 | 2.27 | 0.62 |
| 225 | 세련되다 | 1.73 | 0.45 | 426 | 탐구적이다 | 1.82 | 0.57 | 380 | 주도적이다 | 2.27 | 0.86 |
| 232 | 소탈하다 | 1.73 | 0.45 | 431 | 털털하다 | 1.82 | 0.39 | 409 | 철저하다 | 2.27 | 0.86 |
| 241 | 순박하다 | 1.73 | 0.45 | 459 | 호의적이다 | 1.82 | 0.39 | 435 | 틀림없다 | 2.27 | 0.96 |
| 290 | 영리하다 | 1.73 | 0.86 | 467 | 활발하다 | 1.82 | 0.39 | 63 | 깜찍하다 | 2.30 | 0.90 |
| 298 | 온순하다 | 1.73 | 0.62 | 473 | 희생적이다 | 1.82 | 0.39 | 37 | 과감하다 | 2.36 | 0.64 |
| 320 | 유순하다 | 1.73 | 0.62 | 49 | 구수하다 | 1.91 | 0.29 | 294 | 예민하다 | 2.36 | 0.98 |
| 322 | 유연하다 | 1.73 | 0.45 | 68 | 꾸김이 없다 | 1.91 | 0.67 | 379 | 주도면밀하다 | 2.36 | 0.88 |
| 334 | 이성적이다 | 1.73 | 0.62 | 121 | 독특하다 | 1.91 | 0.29 | 415 | 치밀하다 | 2.36 | 0.98 |
| 335 | 이지적이다 | 1.73 | 0.62 | 148 | 명상적이다 | 1.91 | 0.51 | 450 | 행동적이다 | 2.36 | 0.64 |
| 337 | 인내하다 | 1.73 | 0.45 | 153 | 모험적이다 | 1.91 | 0.67 | 81 | 남다르다 | 2.45 | 0.50 |
| 361 | 점잖다 | 1.73 | 0.62 | 195 | 불굴의 | 1.91 | 0.79 | 96 | 느긋하다 | 2.45 | 0.50 |
| 366 | 정밀하다 | 1.73 | 0.45 | 209 | 사귀기 쉽다 | 1.91 | 0.67 | 122 | 동정적이다 | 2.45 | 0.66 |
| 367 | 정서적이다 | 1.73 | 0.75 | 289 | 열성적이다 | 1.91 | 0.79 | 171 | 민감하다 | 2.45 | 0.66 |
| 382 | 준수하다 | 1.73 | 0.45 | 303 | 옹골차다 | 1.91 | 0.79 | 280 | 엄격하다 | 2.45 | 0.89 |
| 383 | 준수하다 | 1.73 | 0.45 | 365 | 정력적이다 | 1.91 | 0.90 | 281 | 엄숙하다 | 2.45 | 0.78 |
| 397 | 차분하다 | 1.73 | 0.45 | 466 | 활동적이다 | 1.91 | 0.51 | 374 | 조용하다 | 2.45 | 0.78 |
| 400 | 찬찬하다 | 1.73 | 0.45 | 8 | 강인하다 | 2.00 | 1.28 | 376 | 조직적이다 | 2.45 | 0.66 |
| 418 | 친밀하다 | 1.73 | 0.45 | 11 | 개방적이다 | 2.00 | 0.85 | 442 | 평이하다 | 2.45 | 0.50 |
| 420 | 친하기 쉽다 | 1.73 | 0.45 | 50 | 굳세다 | 2.00 | 0.60 | 67 | 꼿꼿하다 | 2.55 | 1.08 |
| 421 | 침착하다 | 1.73 | 0.45 | 72 | 꿰뚫어보다 | 2.00 | 0.43 | 74 | 끈질기다 | 2.55 | 0.78 |
| 452 | 헌신적이다 | 1.73 | 0.45 | 94 | 노련하다 | 2.00 | 0.00 | 93 | 넉살이 좋다 | 2.55 | 0.78 |
| 457 | 호감이 가다 | 1.73 | 0.45 | 111 | 대담하다 | 2.00 | 0.60 | 286 | 여성적이다 | 2.55 | 0.66 |
| 464 | 확고하다 | 1.73 | 0.62 | 159 | 무던하다 | 2.00 | 0.43 | 333 | 이상주의적이다 | | |
| 9 | 강직하다 | 1.82 | 0.72 | 228 | 세심하다 | 2.00 | 0.00 | | | 2.55 | 1.08 |
| 53 | 규칙적이다 | 1.82 | 0.57 | 265 | 야무지다 | 2.00 | 0.74 | 434 | 특이하다 | 2.55 | 0.78 |
| 62 | 깔끔하다 | 1.82 | 0.39 | 293 | 예리하다 | 2.00 | 0.85 | 441 | 평범하다 | 2.55 | 0.50 |
| 66 | 꼼꼼하다 | 1.82 | 0.57 | 405 | 천진난만하다 | 2.00 | 0.60 | 28 | 고분고분하다 | 2.64 | 0.48 |
| 69 | 꾸밈없다 | 1.82 | 0.57 | 10 | 강하다 | 2.09 | 0.90 | 89 | 냉철하다 | 2.64 | 0.98 |
| 92 | 넉넉하다 | 1.82 | 0.57 | 64 | 깡다구가 있다 | 2.09 | 0.51 | 369 | 정적이다 | 2.64 | 0.64 |
| 110 | 당차다 | 1.82 | 0.57 | 75 | 나긋나긋하다 | 2.09 | 0.29 | 378 | 종교적이다 | 2.64 | 0.48 |
| 112 | 대범하다 | 1.82 | 0.39 | 157 | 무난하다 | 2.09 | 0.51 | 429 | 태연하다 | 2.64 | 0.88 |
| 150 | 명확하다 | 1.82 | 1.11 | 169 | 문학적이다 | 2.09 | 0.51 | 430 | 태평스럽다 | 2.64 | 0.88 |
| 172 | 민첩하다 | 1.82 | 0.39 | 215 | 사색적이다 | 2.09 | 0.67 | 462 | 화끈하다 | 2.64 | 1.23 |
| 176 | 박력있다 | 1.82 | 0.39 | 236 | 수더분하다 | 2.09 | 0.51 | 55 | 근엄하다 | 2.73 | 0.75 |
| 226 | 세밀하다 | 1.82 | 0.39 | 244 | 순진하다 | 2.09 | 0.67 | 341 | 입바르다 | 2.73 | 1.05 |
| 230 | 소박하다 | 1.82 | 0.39 | 275 | 어른스럽다 | 2.09 | 0.51 | 82 | 남성적이다 | 2.82 | 0.39 |
| 238 | 수수하다 | 1.82 | 0.57 | 360 | 절제하다 | 2.09 | 1.00 | 113 | 대중적이다 | 2.82 | 0.57 |
| 239 | 수월하다 | 1.82 | 0.39 | 455 | 현실적이다 | 2.09 | 0.67 | 268 | 야심적이다 | 2.82 | 0.94 |
| 252 | 실용적이다 | 1.82 | 0.39 | 461 | 호탕하다 | 2.09 | 0.51 | 282 | 엄하다 | 2.82 | 1.03 |
| 253 | 실제적이다 | 1.82 | 0.39 | 40 | 과학적이다 | 2.18 | 0.57 | 5 | 감상적이다 | 2.91 | 1.00 |
| 292 | 영특하다 | 1.82 | 0.83 | 105 | 단단하다 | 2.18 | 0.57 | 14 | 거침없다 | 2.91 | 0.79 |
| 295 | 예술적이다 | 1.82 | 0.57 | 205 | 빈틈없다 | 2.18 | 0.94 | 25 | 계획적이다 | 2.91 | 0.90 |
| 307 | 완벽하다 | 1.82 | 0.72 | 212 | 사나이답다 | 2.18 | 0.72 | 243 | 순종하다 | 2.91 | 0.90 |
| 359 | 절도있다 | 1.82 | 0.57 | 316 | 원칙적이다 | 2.18 | 0.94 | 345 | 자기만족적이다 | 2.91 | 1.00 |

| 번호 | 단어 | M | SD | 번호 | 단어 | M | SD | 번호 | 단어 | M | SD |
|---|---|---|---|---|---|---|---|---|---|---|---|
| 85 | 내성적이다 | 3.00 | 0.00 | 109 | 당돌하다 | 3.91 | 0.29 | 158 | 무능하다 | 4.18 | 0.39 |
| 285 | 여리다 | 3.00 | 0.95 | 136 | 말이 많다 | 3.91 | 0.51 | 175 | 바보같다 | 4.18 | 0.39 |
| 137 | 말이 없다 | 3.09 | 0.67 | 143 | 맹목적이다 | 3.91 | 1.08 | 181 | 버릇없다 | 4.18 | 0.57 |
| 33 | 곧이곧대로하다 | 3.18 | 0.57 | 203 | 비타협적이다 | 3.91 | 0.79 | 193 | 불건전하다 | 4.18 | 0.39 |
| 288 | 연약하다 | 3.18 | 0.83 | 227 | 세속적이다 | 3.91 | 0.51 | 266 | 야박하다 | 4.18 | 0.39 |
| 222 | 설교적이다 | 3.27 | 0.62 | 229 | 소극적이다 | 3.91 | 0.29 | 270 | 약아빠지다 | 4.18 | 0.39 |
| 277 | 어리다 | 3.27 | 0.75 | 233 | 속기쉽다 | 3.91 | 0.29 | 271 | 약다 | 4.18 | 0.39 |
| 140 | 매섭다 | 3.36 | 0.77 | 237 | 수동적이다 | 3.91 | 0.29 | 284 | 엉큼하다 | 4.18 | 0.57 |
| 261 | 악착같다 | 3.36 | 1.15 | 276 | 어리석다 | 3.91 | 0.29 | 308 | 욕심을 부리다 | 4.18 | 0.39 |
| 279 | 억세다 | 3.36 | 1.07 | 302 | 옹고집의 | 3.91 | 0.51 | 330 | 의존적이다 | 4.18 | 0.39 |
| 283 | 엉뚱하다 | 3.36 | 0.64 | 313 | 우유부단하다 | 3.91 | 0.29 | 354 | 잘난 체하다 | 4.18 | 0.39 |
| 305 | 완강하다 | 3.36 | 0.77 | 407 | 철없다 | 3.91 | 0.29 | 356 | 저속하다 | 4.18 | 0.39 |
| 350 | 자조적이다 | 3.36 | 1.15 | 458 | 호락호락하다 | 3.91 | 0.29 | 375 | 조잡하다 | 4.18 | 0.39 |
| 384 | 지배적이다 | 3.36 | 0.64 | 460 | 호전적이다 | 3.91 | 1.24 | 413 | 충동적이다 | 4.18 | 0.39 |
| 6 | 감정적이다 | 3.45 | 0.89 | 38 | 과격하다 | 4.00 | 0.00 | 468 | 회의적이다 | 4.18 | 0.39 |
| 80 | 날카롭다 | 3.45 | 0.66 | 39 | 과민하다 | 4.00 | 0.00 | 472 | 흐리멍텅하다 | 4.18 | 0.39 |
| 204 | 비판적이다 | 3.45 | 0.99 | 61 | 깐깐하다 | 4.00 | 0.43 | 2 | 각박하다 | 4.27 | 0.86 |
| 245 | 숫기가 없다 | 3.45 | 0.66 | 88 | 냉정하다 | 4.00 | 0.60 | 13 | 거칠다 | 4.27 | 0.45 |
| 346 | 자기비판적이다 | 3.45 | 0.89 | 160 | 무디다 | 4.00 | 0.00 | 34 | 공격적이다 | 4.27 | 0.45 |
| 106 | 단순하다 | 3.55 | 0.50 | 162 | 무사태평의 | 4.00 | 0.74 | 83 | 낭비적이다 | 4.27 | 0.45 |
| 142 | 맹랑하다 | 3.55 | 0.89 | 167 | 무정하다 | 4.00 | 0.43 | 99 | 능글맞다 | 4.27 | 0.45 |
| 433 | 투박하다 | 3.55 | 0.89 | 231 | 소심하다 | 4.00 | 0.43 | 144 | 멍청하다 | 4.27 | 0.45 |
| 42 | 괄괄하다 | 3.64 | 0.64 | 269 | 약삭빠르다 | 4.00 | 0.74 | 151 | 모나다 | 4.27 | 0.45 |
| 44 | 괴짜의 | 3.64 | 0.64 | 336 | 이해타산적이다 | 4.00 | 0.85 | 152 | 모질다 | 4.27 | 0.62 |
| 135 | 만만하다 | 3.64 | 0.64 | 358 | 적대적이다 | 4.00 | 0.74 | 163 | 무섭다 | 4.27 | 0.45 |
| 184 | 보수적이다 | 3.64 | 0.48 | 395 | 차갑다 | 4.00 | 0.43 | 170 | 미신적이다 | 4.27 | 0.62 |
| 272 | 약하다 | 3.64 | 0.48 | 451 | 허약하다 | 4.00 | 0.00 | 178 | 반사회적이다 | 4.27 | 0.45 |
| 306 | 완고하다 | 3.64 | 0.77 | 27 | 고리타분하다 | 4.09 | 0.29 | 182 | 변덕스럽다 | 4.27 | 0.45 |
| 406 | 철모르다 | 3.64 | 0.64 | 76 | 나약하다 | 4.09 | 0.29 | 211 | 사납다 | 4.27 | 0.45 |
| 7 | 갑갑하다 | 3.73 | 0.96 | 86 | 냉담하다 | 4.09 | 0.29 | 248 | 신경과민의 | 4.27 | 0.45 |
| 19 | 겁이 많다 | 3.73 | 0.45 | 87 | 냉소적이다 | 4.09 | 0.29 | 287 | 여우같다 | 4.27 | 0.45 |
| 32 | 고집세다 | 3.73 | 0.62 | 124 | 둔감하다 | 4.09 | 0.29 | 304 | 옹졸하다 | 4.27 | 0.45 |
| 97 | 느리다 | 3.73 | 0.45 | 125 | 둔하다 | 4.09 | 0.29 | 338 | 인색하다 | 4.27 | 0.45 |
| 115 | 도도하다 | 3.73 | 0.62 | 126 | 드세다 | 4.09 | 0.29 | 342 | 입이 험하다 | 4.27 | 0.45 |
| 291 | 영악하다 | 3.73 | 1.05 | 164 | 무신경하다 | 4.09 | 0.29 | 343 | 입이 싸다 | 4.27 | 0.45 |
| 60 | 까다롭다 | 3.82 | 0.39 | 165 | 무심하다 | 4.09 | 0.29 | 344 | 자기과시적이다 | 4.27 | 0.45 |
| 84 | 낯가림하다 | 3.82 | 0.39 | 189 | 부정하다 | 4.09 | 0.29 | 393 | 짓궂다 | 4.27 | 0.45 |
| 102 | 능청맞다 | 3.82 | 0.57 | 198 | 비겁하다 | 4.09 | 0.29 | 416 | 치사하다 | 4.27 | 0.45 |
| 129 | 딱딱하다 | 3.82 | 0.39 | 256 | 쌀쌀하다 | 4.09 | 0.29 | 443 | 폐쇄적이다 | 4.27 | 0.45 |
| 161 | 무뚝뚝하다 | 3.82 | 0.39 | 311 | 우둔하다 | 4.09 | 0.29 | 453 | 헤프다 | 4.27 | 0.45 |
| 185 | 복종적이다 | 3.82 | 0.39 | 394 | 쩨쩨하다 | 4.09 | 0.29 | 463 | 화를 잘내다 | 4.27 | 0.45 |
| 319 | 유들유들하다 | 3.82 | 0.72 | 422 | 콧대가 높다 | 4.09 | 0.29 | 20 | 게으르다 | 4.36 | 0.48 |
| 392 | 집요하다 | 3.82 | 0.94 | 423 | 콧대가 세다 | 4.09 | 0.29 | 179 | 반항적이다 | 4.36 | 0.48 |
| 447 | 피상적이다 | 3.82 | 0.57 | 123 | 되바라지다 | 4.10 | 0.30 | 183 | 변명을 일삼다 | 4.36 | 0.48 |
| 31 | 고지식하다 | 3.91 | 0.29 | 43 | 괴상하다 | 4.18 | 0.39 | 187 | 부도덕하다 | 4.36 | 0.48 |
| 52 | 귀가 여리다 | 3.91 | 0.29 | 116 | 독단적이다 | 4.18 | 0.39 | 194 | 불공평하다 | 4.36 | 0.48 |
| 65 | 꼬장꼬장하다 | 3.91 | 1.00 | 145 | 메마르다 | 4.18 | 0.39 | 196 | 불성실하다 | 4.36 | 0.48 |
| | | | | 155 | 못나다 | 4.18 | 0.39 | 207 | 뻔뻔스럽다 | 4.36 | 0.48 |

| | | M | SD | | | M | SD | | | M | SD |
|---|---|---|---|---|---|---|---|---|---|---|---|
| 254 | 심술궂다 | 4.36 | 0.48 | 439 | 편파적이다 | 4.45 | 0.50 | 3 | 간교하다 | 4.73 | 0.45 |
| 428 | 태만하다 | 4.36 | 0.48 | 440 | 편협하다 | 4.45 | 0.50 | 12 | 거만하다 | 4.73 | 0.45 |
| 437 | 편견에 차다 | 4.36 | 0.48 | 4 | 간사하다 | 4.55 | 0.89 | 146 | 메몰차다 | 4.73 | 0.45 |
| 16 | 건방지다 | 4.45 | 0.50 | 24 | 경박하다 | 4.55 | 0.50 | 202 | 비열하다 | 4.73 | 0.45 |
| 30 | 고약하다 | 4.45 | 0.50 | 46 | 교만하다 | 4.55 | 0.50 | 327 | 음흉하다 | 4.73 | 0.45 |
| 45 | 괴팍하다 | 4.45 | 0.50 | 156 | 못되다 | 4.55 | 0.50 | 352 | 잔인하다 | 4.73 | 0.45 |
| 48 | 교활하다 | 4.45 | 0.50 | 168 | 무책임하다 | 4.55 | 0.50 | 436 | 파렴치하다 | 4.73 | 0.45 |
| 51 | 권위주의적이다 | | | 264 | 야만적이다 | 4.55 | 0.50 | 59 | 기회주의적이다 | | |
| | | 4.45 | 0.50 | 297 | 오만하다 | 4.55 | 0.50 | | | 4.82 | 0.39 |
| 90 | 냉혹하다 | 4.45 | 0.50 | 317 | 위선적이다 | 4.55 | 0.50 | | | M | SD |
| 141 | 매정하다 | 4.45 | 0.50 | 377 | 졸렬하다 | 4.55 | 0.50 | 79 | 난폭하다 | 4.82 | 0.39 |
| 166 | 무절제하다 | 4.45 | 0.50 | 404 | 천박하다 | 4.55 | 0.50 | 180 | 방탕하다 | 4.82 | 0.39 |
| 199 | 비굴하다 | 4.45 | 0.50 | 427 | 탐욕스럽다 | 4.55 | 0.50 | 216 | 사악하다 | 4.91 | 0.29 |
| 247 | 시건방지다 | 4.45 | 0.50 | 1 | 가증스럽다 | 4.64 | 0.64 | 259 | 악독하다 | 4.91 | 0.29 |
| 249 | 신경질적이다 | 4.45 | 0.50 | 118 | 독선적이다 | 4.64 | 0.48 | 260 | 악랄하다 | 4.91 | 0.29 |
| 263 | 앙칼지다 | 4.45 | 0.50 | 134 | 막되다 | 4.64 | 0.48 | 353 | 잔혹하다 | 4.91 | 0.29 |
| 267 | 야비하다 | 4.45 | 0.50 | 154 | 몰인정하다 | 4.64 | 0.48 | 471 | 흉칙하다 | 4.91 | 0.29 |
| 325 | 음란하다 | 4.45 | 0.50 | 234 | 속물근성의 | 4.64 | 0.48 | 470 | 흉악하다 | 5.00 | 0.00 |
| 332 | 이기적이다 | 4.45 | 0.50 | 326 | 음탕하다 | 4.64 | 0.48 | | | | |
| 438 | 편의주의적이다 | | | 445 | 포악하다 | 4.64 | 0.48 | | | | |
| | | 4.45 | 0.50 | | | | | | | | |

## 〈부록 6〉 　　　　성격특성 요인 검사

여러분 안녕하십니까?

　소중한 시간을 허락해 주신 여러분께 진심으로 감사를 드립니다.
　본 검사는 우리가 일상적으로 사용하는 언어(어휘)를 분석함으로써 사람들이 '자신(혹은 타인)을 지각하고 평가하는데 어떤 일반적인 기준틀'이 있는지를 알아보고자 하기 위한 것입니다. 우리들은 다양한 언어를 사용하여 자신 혹은 타인을 나타내고 이해하지만 이러한 다양한 어휘 속에는 기본적으로 사람을 구분하고 특징짓는 몇가지 커다란 틀(성격특성)이 내재하고 있다고 보여집니다. 본 검사는 이를 밝혀내기 위한 기초자료로 제작된 것입니다. 여러분의 소중한 응답자료는 오로지 학술적인 연구목적으로만 사용될 것이며, 이외의 어떠한 목적이나 경우에도 사용되지 않을 것임을 굳게 약속드립니다. 부디 성실한 응답을 부탁드립니다. 감사합니다

년　월　일
부산대학교 대학원 교육학과　연구자 최 태 진

◎ **문항형식 및 응답요령은 다음과 같습니다**

1. 각 문항은 사람의 특성을 나타낸다고 보여지는 짧은 형용사를 포함한 간략한 진술문으로 되어 있습니다.
2. 각각의 진술문을 읽고 「평소의 자신의 일반적인 성향이나 행동, 태도」 등에 비추어 아래와 같이 해당되는 번호에 O표를 해 주십시오.

예) 나는 내 자신이 ＿＿＿＿＿＿＿＿＿＿＿

|  | 매우<br>그렇다 | 다소<br>그렇다 | 보통<br>이다 | 다소<br>그렇지<br>않다 | 전혀<br>그렇지<br>않다 |
|---|---|---|---|---|---|
| **퉁명스럽다고 생각한다** | 1 | 2 | 3 | 4 | 5 |
| '매우 퉁명스럽다'고 생각한다면 | ① | 2 | 3 | 4 | 5 |
| '다소 퉁명스럽다'고 생각한다면 | 1 | ② | 3 | 4 | 5 |
| '보통이다'라고 생각한다면 | 1 | 2 | ③ | 4 | 5 |
| '다소 퉁명스럽지 않다'라고 생각한다면 | 1 | 2 | 3 | ④ | 5 |
| '전혀 퉁명스럽지 않다'라고 생각한다면 | 1 | 2 | 3 | 4 | ⑤ |

3. 진술문은 내용상 부정적인 것도 상당수 포함되어 있습니다(예, 편협하다, 치사하다 등). 답변하기에 다소 부담스럽더라도 자신의 생각이나 태도를 있는 그대로 나타내어 주시길 간곡히 부탁드립니다.

4. 본 연구의 타당성은 응답자료의 신뢰성에 달려있습니다. 한 문항도 빠짐없이 모든 문항에 솔직히 응답해 주시는 것이 매우 중요합니다. 감사합니다.

| 나는_____ | 매우<br>그렇다 | 다소<br>그렇다 | 보통<br>이다 | 다소<br>그렇지<br>않다 | 전혀<br>그렇지<br>않다 |
|---|---|---|---|---|---|
| 1. 쉽게 감동하고 슬퍼하는 꽤 감상적인 사람이다 | 1 | 2 | 3 | 4 | 5 |
| 2. 스스로 갑갑한 사람이라고 여겨질 때가 많다 | 1 | 2 | 3 | 4 | 5 |
| 3. 꿋꿋하여 강직한 사람이다 | 1 | 2 | 3 | 4 | 5 |
| 4. 어떤 일에 대하여 변명을 잘 둘러대는 편이다 | 1 | 2 | 3 | 4 | 5 |
| 5. 성미가 고약한 사람이라는 말을 듣는다 | 1 | 2 | 3 | 4 | 5 |
| 6. 별달리 선입견이나 편견을 갖지 않는<br>개방적인 성격이라고 생각한다 | 1 | 2 | 3 | 4 | 5 |
| 7. 품위가 있는 사람이란 말을 자주 듣는다 | 1 | 2 | 3 | 4 | 5 |
| 8. 잘난 체하여 거만하게 행동할 때가 많은 것 같다 | 1 | 2 | 3 | 4 | 5 |
| 9. 사람들이 나를 대하기에는 거북하고 까다로운 편이다 | 1 | 2 | 3 | 4 | 5 |
| 10. 다소 과격한 편인 것 같다 | 1 | 2 | 3 | 4 | 5 |
| 11. 어떤 일을 진행함에 있어 그만두거나 막히는<br>일이 없이 거침없다 | 1 | 2 | 3 | 4 | 5 |
| 12. 남들이 보기에 다소 건방진 사람이 아닐까 생각한다 | 1 | 2 | 3 | 4 | 5 |
| 13. 정신적으로 건강한 사람이다 | 1 | 2 | 3 | 4 | 5 |
| 14. 겁이 많다 | 1 | 2 | 3 | 4 | 5 |
| 15. 간사한 사람으로 여겨진다 | 1 | 2 | 3 | 4 | 5 |
| 16. 게으른 편이다 | 1 | 2 | 3 | 4 | 5 |
| 17. 사람들이 청렴한 사람으로 평가해 주는 편이다 | 1 | 2 | 3 | 4 | 5 |
| 18. 겸손한 사람이라는 평을 듣는다 | 1 | 2 | 3 | 4 | 5 |
| 19. 매사에 삼가고 조심스러워 하는 편이다 | 1 | 2 | 3 | 4 | 5 |
| 20. 말이나 행동이 스스로 경솔하거나<br>경박하다고 느낄 때가 많다 | 1 | 2 | 3 | 4 | 5 |
| 21. 사람들이 고상한 사람이라고 평가해 주는 편이다 | 1 | 2 | 3 | 4 | 5 |
| 22. 그러고 보면 나도 참 고리타분한 사람이<br>아닐까 생각된다 | 1 | 2 | 3 | 4 | 5 |
| 23. 사람들에게 고분고분한 편이다 | 1 | 2 | 3 | 4 | 5 |
| 24. 그다지 융통성이 없이 고지식한 편이다 | 1 | 2 | 3 | 4 | 5 |
| 25. 의견을 나누거나 토론을 할 때 공격적인 편인 것 같다 | 1 | 2 | 3 | 4 | 5 |
| 26. 공손한 사람으로 평해진다 | 1 | 2 | 3 | 4 | 5 |
| 27. 매사에 어느 쪽에 치우치지 않는 공정한편이라고 생각한다 | 1 | 2 | 3 | 4 | 5 |
| 28. 결단성이 있어 과감한 편이다 | 1 | 2 | 3 | 4 | 5 |
| 29. 어떤 일이나 사람에 대해 관대한 편이다 | 1 | 2 | 3 | 4 | 5 |
| 30. 성질이 거세고 급하여 괄괄한 성향이다 | 1 | 2 | 3 | 4 | 5 |
| 31. 남들이 보기에 좀 괴짜일 것 같다 | 1 | 2 | 3 | 4 | 5 |
| 32. 괴팍하여 붙임성이 별로 없고 까다로운 편이다 | 1 | 2 | 3 | 4 | 5 |
| 33. 교양이 있는 사람이라고 생각한다 | 1 | 2 | 3 | 4 | 5 |
| 34. 교활한 면이 있는 것 같다 | 1 | 2 | 3 | 4 | 5 |
| 35. 사람들은 나를 은근히 구수한 맛이 있는 사람이라 본다 | 1 | 2 | 3 | 4 | 5 |
| 36. 세운 뜻은 굽히거나 바꾸는 일없이 그대로<br>굳세게 밀고 나가는 편이다 | 1 | 2 | 3 | 4 | 5 |
| 37. 권위주의적인 면이 많은 것 같다 | 1 | 2 | 3 | 4 | 5 |

|  | 매우<br>그렇다 | 다소<br>그렇다 | 보통<br>이다 | 다소<br>그렇지<br>않다 | 전혀<br>그렇지<br>않다 |
|---|---|---|---|---|---|
| 나는_____ |  |  |  |  |  |
| 38. 속는 줄도 모르고 남의 말을 곧이듣기를 잘하는<br>걸 보니 귀가여린 모양이다 | 1 | 2 | 3 | 4 | 5 |
| 39. 부지런하여 근면한 편이다 | 1 | 2 | 3 | 4 | 5 |
| 40. 조심성이 있고 엄격해서 근엄하다고 보여진다 | 1 | 2 | 3 | 4 | 5 |
| 41. 매사에 긍정적인 편이다 | 1 | 2 | 3 | 4 | 5 |
| 42. 남들에 비해 기지나 재치가 있는 편이라고 생각한다 | 1 | 2 | 3 | 4 | 5 |
| 43. 다소 기회주의적인 것 같다 | 1 | 2 | 3 | 4 | 5 |
| 44. 성미가 다소 까다로워 깐깐한 편이다 | 1 | 2 | 3 | 4 | 5 |
| 45. 나이나 몸집에 비해 깜찍한 맛이 있다고들 한다 | 1 | 2 | 3 | 4 | 5 |
| 46. 성미가 꼿꼿하여 꼬장꼬장한 편이다 | 1 | 2 | 3 | 4 | 5 |
| 47. 짐짓 내 자신을 가장하거나 꾸며보려는<br>태도나 마음은 없다 | 1 | 2 | 3 | 4 | 5 |
| 48. 고집하고 버티는 힘이 악착같아 깡다구가 있다 | 1 | 2 | 3 | 4 | 5 |
| 49. 낙천적인 성격의 소유자다 | 1 | 2 | 3 | 4 | 5 |
| 50. 이야기를 나누거나 토론에서 예리한<br>사람이라는 평을 듣는다 | 1 | 2 | 3 | 4 | 5 |
| 51. 독특한 사람이라고들 한다 | 1 | 2 | 3 | 4 | 5 |
| 52. 사나이답다고 생각한다 | 1 | 2 | 3 | 4 | 5 |
| 53. 시간이나 돈 따위에 검소지 못하고 낭비하는 편이다 | 1 | 2 | 3 | 4 | 5 |
| 54. 낯선 사람을 대할 때 많이 쑥스러워 한다 | 1 | 2 | 3 | 4 | 5 |
| 55. 자신을 잘 드러내지 않는 내성적인 편이다 | 1 | 2 | 3 | 4 | 5 |
| 56. 쌀쌀한 태도로 비웃는 면이 많아 냉소적이다 | 1 | 2 | 3 | 4 | 5 |
| 57. 싸늘한 면이 많아 냉정한 것 같다 | 1 | 2 | 3 | 4 | 5 |
| 58. 생각이나 판단을 내릴시 쉽사리 감정에 흐르지<br>않고 냉철한 편이다 | 1 | 2 | 3 | 4 | 5 |
| 59. 타인의 잘못이나 실수에 대해서 관용적인 편이다 | 1 | 2 | 3 | 4 | 5 |
| 60. 넉살이 좋은 사람이라는 평을 많이 듣는다 | 1 | 2 | 3 | 4 | 5 |
| 61. 서두르거나 조급하지 않고 느긋한 편이다 | 1 | 2 | 3 | 4 | 5 |
| 62. 행동이 좀 굼뜨고 느리다 | 1 | 2 | 3 | 4 | 5 |
| 63. 늠름하고 씩씩한 사람이라는 평을 듣는다 | 1 | 2 | 3 | 4 | 5 |
| 64. 나도 꽤 능글맞은 사람인 것 같다 | 1 | 2 | 3 | 4 | 5 |
| 65. 적극적이고 능동적인 편이다 | 1 | 2 | 3 | 4 | 5 |
| 66. 보기에 비해 참 노련한 사람이라는 말을 듣는다 | 1 | 2 | 3 | 4 | 5 |
| 67. 다부진 사람이라는 말을 듣는다 | 1 | 2 | 3 | 4 | 5 |
| 68. 애틋한 정도 많은 다정다감한 타입이다 | 1 | 2 | 3 | 4 | 5 |
| 69. 의외로 나는 참 단순한 사람같다 | 1 | 2 | 3 | 4 | 5 |
| 70. 한번 결심한 바 있으면 단호하게 처리한다 | 1 | 2 | 3 | 4 | 5 |
| 71. 당당한 사람이다 | 1 | 2 | 3 | 4 | 5 |
| 72. 당돌한 면이 많은 것 같다 | 1 | 2 | 3 | 4 | 5 |
| 73. 말이나 행동하는 것이 야무져서 당차다는 말을 듣는다 | 1 | 2 | 3 | 4 | 5 |
| 74. 잘게 굴거나 까다롭지 않아 대범한 편이다 | 1 | 2 | 3 | 4 | 5 |

| 나는_____ | 매우<br>그렇다 | 다소<br>그렇다 | 보통<br>이다 | 다소<br>그렇지<br>않다 | 전혀<br>그렇지<br>않다 |
|---|---|---|---|---|---|
| 75. 널리 일반 사람들을 중심으로 생각하는 걸 보니<br>나도 꽤 대중적인 사람이다 | 1 | 2 | 3 | 4 | 5 |
| 76. 못된 사람인 것 같다 | 1 | 2 | 3 | 4 | 5 |
| 77. 도덕적인 사람이라는 평을 듣는다 | 1 | 2 | 3 | 4 | 5 |
| 78. 콧대가 높고 도도한 사람인 것 같다 | 1 | 2 | 3 | 4 | 5 |
| 79. 독단적이라거나 독선적인 면이 많다 | 1 | 2 | 3 | 4 | 5 |
| 80. 의존적이지 않고 독립적이다 | 1 | 2 | 3 | 4 | 5 |
| 81. 마음이 도탑고 정성스러워 독실한 사람이다 | 1 | 2 | 3 | 4 | 5 |
| 82. 모방적이라기 보다는 독창적이다 | 1 | 2 | 3 | 4 | 5 |
| 83. 비범하다, 뛰어나다, 빼어나다는 등의 말을 많이 듣는다 | 1 | 2 | 3 | 4 | 5 |
| 84. 다소 둔감하고 무딘 편이다 | 1 | 2 | 3 | 4 | 5 |
| 85. 성질이 강하여 드세다라는 표현을 듣는다 | 1 | 2 | 3 | 4 | 5 |
| 86. 사람이 참 듬직하다 라는 말을 듣는 편이다 | 1 | 2 | 3 | 4 | 5 |
| 87. 태도나 말씨 또는 분위기가 좀 딱딱한 사람이다 | 1 | 2 | 3 | 4 | 5 |
| 88. 경우도 없이 막되먹었다라는 말을 듣는다 | 1 | 2 | 3 | 4 | 5 |
| 89. 사람들이 보기에 만만한 사람일 것 같다 | 1 | 2 | 3 | 4 | 5 |
| 90. 깔끔한 사람이다 | 1 | 2 | 3 | 4 | 5 |
| 91. 말이 많아 수다스러운 편이다 | 1 | 2 | 3 | 4 | 5 |
| 92. 성질이나 말 따위가 거칠다고 느낀다 | 1 | 2 | 3 | 4 | 5 |
| 93. 사람이 참 맑다라는 이야길 듣곤 한다 | 1 | 2 | 3 | 4 | 5 |
| 94. 매력적인 사람이다 | 1 | 2 | 3 | 4 | 5 |
| 95. 맹랑한 사람이라는 말을 듣는다 | 1 | 2 | 3 | 4 | 5 |
| 96. 원칙없이 덮어놓고 맹목적으로 행동할 때가 많다 | 1 | 2 | 3 | 4 | 5 |
| 97. 명상에 잠겨 사색하기를 좋아한다 | 1 | 2 | 3 | 4 | 5 |
| 98. 말이나 글의 조리가 명백하고 확실한 편이다 | 1 | 2 | 3 | 4 | 5 |
| 99. 원만하지 못하고 성질이 모난 사람이라는<br>핀잔을 들을 때가 있다 | 1 | 2 | 3 | 4 | 5 |
| 100. 위험을 무릅쓴 모험적인 행동을 좋아한다 | 1 | 2 | 3 | 4 | 5 |
| 101. 인정머리라곤 없는 매정한 사람이라는 소리를<br>들을 때가 있다 | 1 | 2 | 3 | 4 | 5 |
| 102. 말썽될 것이 없는 무난한 사람으로 여겨진다 | 1 | 2 | 3 | 4 | 5 |
| 103. 아기자기한 맛이 별로 없이 무뚝뚝하다 | 1 | 2 | 3 | 4 | 5 |
| 104. 버릇없다거나 무례한 면이 많다 | 1 | 2 | 3 | 4 | 5 |
| 105. 성질이나 행동이 사납다고 생각된다 | 1 | 2 | 3 | 4 | 5 |
| 106. 주변의 일에 특별히 이렇다 저렇다 할 것 없이<br>무심한 편이다 | 1 | 2 | 3 | 4 | 5 |
| 107. 태평스러운 사람이다 | 1 | 2 | 3 | 4 | 5 |
| 108. 무책임한 것 같다 | 1 | 2 | 3 | 4 | 5 |
| 109. 문학을 좋아하거나 혹은 능하다 | 1 | 2 | 3 | 4 | 5 |
| 110. 믿고 의뢰할 수 있는 미더운 사람이다 | 1 | 2 | 3 | 4 | 5 |
| 111. 미신을 신봉하는 측면이 있는 것 같다 | 1 | 2 | 3 | 4 | 5 |
| 112. 민첩하다 | 1 | 2 | 3 | 4 | 5 |

|  | 매우<br>그렇다 | 다소<br>그렇다 | 보통<br>이다 | 다소<br>그렇지<br>않다 | 전혀<br>그렇지<br>않다 |
|---|---|---|---|---|---|
| 나는_____ | | | | | |

| | | | | | |
|---|---|---|---|---|---|
| 113. 일을 해나가는데 박력이 있다 | 1 | 2 | 3 | 4 | 5 |
| 114. 반사회적인 기질이 있는 것 같다 | 1 | 2 | 3 | 4 | 5 |
| 115. 다소 반항끼가 많은 사람이다 | 1 | 2 | 3 | 4 | 5 |
| 116. 방탕하고 불건전한 사람이라는 느낌이 든다 | 1 | 2 | 3 | 4 | 5 |
| 117. 꾸김이 없는 사람으로 통용된다 | 1 | 2 | 3 | 4 | 5 |
| 118. 변덕이 심한 것 같다 | 1 | 2 | 3 | 4 | 5 |
| 119. 보수적 성향을 지닌 사람이다 | 1 | 2 | 3 | 4 | 5 |
| 120. 어떤 자극이나 치욕에도 느낌이 적고 무신경하다 | 1 | 2 | 3 | 4 | 5 |
| | | | | | |
| 121. 순종적인 사람이다 | 1 | 2 | 3 | 4 | 5 |
| 122. 봉사정신이 있는 사람이라는 이야기를 듣는다 | 1 | 2 | 3 | 4 | 5 |
| 123. 왠지 수줍어하거나 부끄러움을 잘 탄다 | 1 | 2 | 3 | 4 | 5 |
| 124. 부정한 사람 혹은 부도덕한 사람으로 여겨질 때가 많다 | 1 | 2 | 3 | 4 | 5 |
| 125. 사람들에게 부드러운 사람으로 보인다 | 1 | 2 | 3 | 4 | 5 |
| 126. 불공평하게 사람이나 일을 대할 때가 많은 것 같다 | 1 | 2 | 3 | 4 | 5 |
| 127. 부주의하다는 소리를 많이 듣는다 | 1 | 2 | 3 | 4 | 5 |
| 128. 더러 비겁하다고 느낄 때가 많다 | 1 | 2 | 3 | 4 | 5 |
| 129. 비판적인 성향이 많은 것 같다 | 1 | 2 | 3 | 4 | 5 |
| 130. 스스로 뻔뻔스럽다고 생각될 때가 많다 | 1 | 2 | 3 | 4 | 5 |
| 131. 사람들과 쉽사리 사귀는 편이다 | 1 | 2 | 3 | 4 | 5 |
| 132. 서글서글하고 붙임성이 있다는 표현을 자주 듣는다 | 1 | 2 | 3 | 4 | 5 |
| 133. 인간적이다라는 말을 자주 듣는다 | 1 | 2 | 3 | 4 | 5 |
| 134. 신중하고 진지해서 사려깊다는 평을 많이 듣는다 | 1 | 2 | 3 | 4 | 5 |
| 135. 생산적인 사람이라고 여겨진다 | 1 | 2 | 3 | 4 | 5 |
| 136. 생각이나 견해를 다른 사람에게 설득시키고<br>가르치려 해서 설교를 늘어 놓는다는 말을 듣는다 | 1 | 2 | 3 | 4 | 5 |
| 137. 매사에 꼼꼼하고 섬세한 편이다 | 1 | 2 | 3 | 4 | 5 |
| 138. 성실한 사람이다 | 1 | 2 | 3 | 4 | 5 |
| 139. 꽤 세련된 사람이라고 생각한다 | 1 | 2 | 3 | 4 | 5 |
| 140. 따지고 보면 속물근성이 많은 것 같다 | 1 | 2 | 3 | 4 | 5 |
| 141. 자질구레하고 까다로운 예절이나 형식을 찾지<br>않고 소탈한 편이다 | 1 | 2 | 3 | 4 | 5 |
| 142. 쉽사리 잘 속는 편이다 | 1 | 2 | 3 | 4 | 5 |
| 143. 성질이 꾸밈이나 까다롭지 않아 수월하고 무던한 편이다 | 1 | 2 | 3 | 4 | 5 |
| 144. 적극적이기 보다는 수동적이고 소극적이다 | 1 | 2 | 3 | 4 | 5 |
| 145. 마음이 순수하다거나 순결한 사람이라는 평을 듣는다 | 1 | 2 | 3 | 4 | 5 |
| | | | | | |
| 146. 소박한 사람 순박한 사람이라는 이야기를 듣는다 | 1 | 2 | 3 | 4 | 5 |
| 147. 분별력이 있고 현명하다 | 1 | 2 | 3 | 4 | 5 |
| 148. 과민하여 작은 자극에도 신경질적일 때가 많다 | 1 | 2 | 3 | 4 | 5 |
| 149. 실제적이며 실용적인 것에 보다 관심이 많다 | 1 | 2 | 3 | 4 | 5 |
| 150. 공연히 자그마한 일에도 고집을 부려 심술궂다는<br>이야기를 많이 듣는다 | 1 | 2 | 3 | 4 | 5 |

| 나는_____ | 매우<br>그렇다 | 다소<br>그렇다 | 보통<br>이다 | 다소<br>그렇지<br>않다 | 전혀<br>그렇지<br>않다 |
|---|---|---|---|---|---|
| 151. 말이 신중하지 않고 수다스러울 때가 많아 헤프다는<br>소리를 가끔 듣는다 | 1 | 2 | 3 | 4 | 5 |
| 152. 아량이 넓은 편이다 | 1 | 2 | 3 | 4 | 5 |
| 153. 악독하고 잔인한 면이 많은 것 같다 | 1 | 2 | 3 | 4 | 5 |
| 154. 자그마한 일에도 악착같다 | 1 | 2 | 3 | 4 | 5 |
| 155. 일이나 생활에서 알뜰한 편이다 | 1 | 2 | 3 | 4 | 5 |
| 156. 앙칼지다 라는 말을 듣는다 | 1 | 2 | 3 | 4 | 5 |
| 157. 야만적이다 라는 이야기를 듣는다 | 1 | 2 | 3 | 4 | 5 |
| 158. 성질이나 행동이 야비하다고 생각들 때가 많다 | 1 | 2 | 3 | 4 | 5 |
| 159. 꽤 야심적인 사람이다 | 1 | 2 | 3 | 4 | 5 |
| 160. 약삭빠르다 | 1 | 2 | 3 | 4 | 5 |
| 161. 가증스러운 면이 많다 | 1 | 2 | 3 | 4 | 5 |
| 162. 생각이나 견해가 확실하고 견고하다 | 1 | 2 | 3 | 4 | 5 |
| 163. 나이보다 더 원숙하고 어른스러워<br>보인다는 말을 듣는다 | 1 | 2 | 3 | 4 | 5 |
| 164. 어리석고 무능한 사람인 것 같다 | 1 | 2 | 3 | 4 | 5 |
| 165. 나이에 비해 철이 없고 어린 것 같다 | 1 | 2 | 3 | 4 | 5 |
| 166. 마음이 너그럽고 어질다 | 1 | 2 | 3 | 4 | 5 |
| 167. 억세다 | 1 | 2 | 3 | 4 | 5 |
| 168. 사람들을 대하거나 다룰 때 엄격하고 엄한 편이다 | 1 | 2 | 3 | 4 | 5 |
| 169. 진보적인 사람이라고 생각된다 | 1 | 2 | 3 | 4 | 5 |
| 170. 엄숙한 사람이다 | 1 | 2 | 3 | 4 | 5 |
| 171. 좀 엉뚱하다고 생각된다 | 1 | 2 | 3 | 4 | 5 |
| 172. 엉큼한 사람인 것 같다 | 1 | 2 | 3 | 4 | 5 |
| 173. 여성적인 것 같다 | 1 | 2 | 3 | 4 | 5 |
| 174. 나약하고 여린 사람인 것 같다 | 1 | 2 | 3 | 4 | 5 |
| 175. 매사에 열성적인 편이다 | 1 | 2 | 3 | 4 | 5 |
| 176. 영악하다는 이야기를 듣는다 | 1 | 2 | 3 | 4 | 5 |
| 177. 예술을 좋아하거나 즐긴다 | 1 | 2 | 3 | 4 | 5 |
| 178. 정중하고 예의바르다 | 1 | 2 | 3 | 4 | 5 |
| 179. 성질이나 마음씨가 고분고분하고 온순하다 | 1 | 2 | 3 | 4 | 5 |
| 180. 온정적이고 인자하다 | 1 | 2 | 3 | 4 | 5 |
| 181. 올곧은 사람 대바른 사람이라는 이야기를 듣는다 | 1 | 2 | 3 | 4 | 5 |
| 182. 완고하여 고집이 세다 | 1 | 2 | 3 | 4 | 5 |
| 183. 완벽한 사람이라는 이야기를 자주 듣는다 | 1 | 2 | 3 | 4 | 5 |
| 184. 욕심이 많은 사람이다 | 1 | 2 | 3 | 4 | 5 |
| 185. 용기있는 사람이다 | 1 | 2 | 3 | 4 | 5 |
| 186. 우아한 사람이다 | 1 | 2 | 3 | 4 | 5 |
| 187. 결단력이 부족하여 우유부단하다 | 1 | 2 | 3 | 4 | 5 |
| 188. 다른 사람들과 관계가 좋아 우호적이다 | 1 | 2 | 3 | 4 | 5 |
| 189. 모나지 않아 두루 너그럽고 원만하다 | 1 | 2 | 3 | 4 | 5 |
| 190. 원칙적이고 비타협적인 사람이라는 이야기를 듣는다 | 1 | 2 | 3 | 4 | 5 |

| 나는＿＿＿＿＿＿＿＿ | 매우<br>그렇다 | 다소<br>그렇다 | 보통<br>이다 | 다소<br>그렇지<br>않다 | 전혀<br>그렇지<br>않다 |
|---|---|---|---|---|---|
| 191. 왠지 위선적인 사람인 것 같다 | 1 | 2 | 3 | 4 | 5 |
| 192. 박식하다는 이야기를 많이 듣는다 | 1 | 2 | 3 | 4 | 5 |
| 193. 침착하고 여유가 있어 유연하다 | 1 | 2 | 3 | 4 | 5 |
| 194. 융통성이 있다 | 1 | 2 | 3 | 4 | 5 |
| 195. 속마음이 좀 음흉한 면이 많다 | 1 | 2 | 3 | 4 | 5 |
| 196. 신의가 두터워 의리있는 사람으로 통한다 | 1 | 2 | 3 | 4 | 5 |
| 197. 매사에 좀 회의적이다 | 1 | 2 | 3 | 4 | 5 |
| 198. 독립적이기 보다는 의존적인 편이다 | 1 | 2 | 3 | 4 | 5 |
| 199. 어떤 목표를 위하여 적극적으로 노력하려는 의지가 굳다 | 1 | 2 | 3 | 4 | 5 |
| 200. 스스로 생각하기에 난 이상주의자인 것 같다 | 1 | 2 | 3 | 4 | 5 |
| 201. 이성적이고 합리적인 편이다 | 1 | 2 | 3 | 4 | 5 |
| 202. 이해타산적인 면이 많은 것 같다 | 1 | 2 | 3 | 4 | 5 |
| 203. 인내심이 많다 | 1 | 2 | 3 | 4 | 5 |
| 204. 인색한 사람인 것 같다 | 1 | 2 | 3 | 4 | 5 |
| 205. 옳은 말이긴 해도 듣는 이가 꺼려할 만큼 거침없이<br>말을 해서 입바르다는 소릴 듣는다 | 1 | 2 | 3 | 4 | 5 |
| 206. 입이 가볍다는 이야기를 듣는다 | 1 | 2 | 3 | 4 | 5 |
| 207. 험하게 말하는 버릇이 있어 입이 걸다 | 1 | 2 | 3 | 4 | 5 |
| 208. 자기 만족적인 성향이 강한 것 같다 | 1 | 2 | 3 | 4 | 5 |
| 209. 자기 비판적인 면이 많다 | 1 | 2 | 3 | 4 | 5 |
| 210. 차분하고 꼼꼼해서 성질이 자상한 편이다 | 1 | 2 | 3 | 4 | 5 |
| 211. 스스로 자신을 비웃을 때가 많다 | 1 | 2 | 3 | 4 | 5 |
| 212. 꽁한 면이 많다 | 1 | 2 | 3 | 4 | 5 |
| 213. 적대적인 면이 많다 | 1 | 2 | 3 | 4 | 5 |
| 214. 동작, 생활 따위에서 절도있다 | 1 | 2 | 3 | 4 | 5 |
| 215. 절제력이 강하다 | 1 | 2 | 3 | 4 | 5 |
| 216. 의젓하고 무게가 있어 점잖다는 이야기를 듣는다 | 1 | 2 | 3 | 4 | 5 |
| 217. 정이 있어 따뜻하고 정겨운 사람으로 통한다 | 1 | 2 | 3 | 4 | 5 |
| 218. 정정당당하다 | 1 | 2 | 3 | 4 | 5 |
| 219. 원기왕성하고 정력적이다 | 1 | 2 | 3 | 4 | 5 |
| 220. 정숙하다 | 1 | 2 | 3 | 4 | 5 |
| 221. 솔직하고 정직한 사람으로 평가된다 | 1 | 2 | 3 | 4 | 5 |
| 222. 말이나 행동이 수선스럽지 않아 조용하고 얌전하다 | 1 | 2 | 3 | 4 | 5 |
| 223. 속되고 저속한 사람인 것 같다 | 1 | 2 | 3 | 4 | 5 |
| 224. 졸렬하다는 이야기를 들을 때가 있다 | 1 | 2 | 3 | 4 | 5 |
| 225. 소심한 면이 없지 않아 있다 | 1 | 2 | 3 | 4 | 5 |
| 226. 사고가 종교적이거나 종교적인 색체가 많다 | 1 | 2 | 3 | 4 | 5 |
| 227. 매사에 치밀하고 주도면밀한 편이다 | 1 | 2 | 3 | 4 | 5 |
| 228. 모임을 이끌거나 토론에서 주도적인 편이다 | 1 | 2 | 3 | 4 | 5 |
| 229. 규범이나 생활습관에서 규칙적이며 잘 준수하는 편이다 | 1 | 2 | 3 | 4 | 5 |
| 230. 지배적인 성향이 강하다 | 1 | 2 | 3 | 4 | 5 |
| 231. 탐구적이다 | 1 | 2 | 3 | 4 | 5 |
| 232. 진취적이다 | 1 | 2 | 3 | 4 | 5 |

| 나는＿＿＿＿＿＿＿ | 매우<br>그렇다 | 다소<br>그렇다 | 보통<br>이다 | 다소<br>그렇지<br>않다 | 전혀<br>그렇지<br>않다 |
|---|---|---|---|---|---|
| 233. 차분하고 침착하다 | 1 | 2 | 3 | 4 | 5 |
| 234. 참하다는 이야기를 많이 듣는다 | 1 | 2 | 3 | 4 | 5 |
| 225. 쩨쩨한 사람이라는 말을 듣는다 | 1 | 2 | 3 | 4 | 5 |
| 236. 이상보다는 현실우선의 생각을 가지고 있다 | 1 | 2 | 3 | 4 | 5 |
| 237. 스스로 좀 천박하다는 생각이 많다 | 1 | 2 | 3 | 4 | 5 |
| 238. 천진난만한 것 같다 | 1 | 2 | 3 | 4 | 5 |
| 239. 논리적이고 체계적이다 | 1 | 2 | 3 | 4 | 5 |
| 240. 유능한 사람 똑똑한 사람이라는 평을 듣는다 | 1 | 2 | 3 | 4 | 5 |
| 241. 사리판단이 분명하다 | 1 | 2 | 3 | 4 | 5 |
| 242. 능력있는 사람이다 | 1 | 2 | 3 | 4 | 5 |
| 243. 충동적이다 | 1 | 2 | 3 | 4 | 5 |
| 244. 치사한 사람이라는 이야기를 듣곤 한다 | 1 | 2 | 3 | 4 | 5 |
| 245. 사람들이 친근감이 가는 사람이라고 이야기한다 | 1 | 2 | 3 | 4 | 5 |
| 246. 남을 대하는 태도가 성의가 있고 친절하다 | 1 | 2 | 3 | 4 | 5 |
| 247. 쾌활하고 명랑하다 | 1 | 2 | 3 | 4 | 5 |
| 248. 매사에 태연한 편이다 | 1 | 2 | 3 | 4 | 5 |
| 249. 통찰력이 있다 | 1 | 2 | 3 | 4 | 5 |
| 250. 태도가 투박하다 | 1 | 2 | 3 | 4 | 5 |
| 251. 편의주의적인 측면이 강한 것 같다 | 1 | 2 | 3 | 4 | 5 |
| 252. 쉽사리 편견이나 선입견을 갖는 편이다 | 1 | 2 | 3 | 4 | 5 |
| 253. 그저 평범하고 평이한 사람이다 | 1 | 2 | 3 | 4 | 5 |
| 254. 폐쇄적인 사람같다 | 1 | 2 | 3 | 4 | 5 |
| 255. 사람들이 포근한 사람으로 보아준다 | 1 | 2 | 3 | 4 | |
| 256. 사람을 대하거나 행동이나 말을 할 때<br>피상적인 측면이 많은 것 같다 | 1 | 2 | 3 | 4 | 5 |
| 257. 생각보다는 행함과 실천을 보다 중요시 여긴다 | 1 | 2 | 3 | 4 | 5 |
| 258. 사람들에게 헌신적이다 | 1 | 2 | 3 | 4 | 5 |
| 259. 다른 사람들과 협동적이다 | 1 | 2 | 3 | 4 | 5 |
| 260. 호탕하고 화끈한 사람이다 | 1 | 2 | 3 | 4 | 5 |
| 261. 쉽게 화를 잘내는 편이다 | 1 | 2 | 3 | 4 | 5 |
| 262. 활발한 편이다 | 1 | 2 | 3 | 4 | 5 |
| 263. 훌륭한 사람이라는 말을 듣곤 한다 | 1 | 2 | 3 | 4 | 5 |
| 264. 좀 흐리멍텅한 사람같다 | 1 | 2 | 3 | 4 | 5 |
| 265. 이렇다 할 것 없이 두루뭉실한 성격이다 | 1 | 2 | 3 | 4 | 5 |
| 266. 딱딱거리며 따지고 드는 편이다 | 1 | 2 | 3 | 4 | 5 |
| 267. 다소 불평 불만을 많이 하는 것 같다 | 1 | 2 | 3 | 4 | 5 |
| 268. 주의간 산만한 편이다 | 1 | 2 | 3 | 4 | 5 |
| 269. 새침하다는 이야기를 많이 듣는다 | 1 | 2 | 3 | 4 | 5 |
| 270. 성격이 좀 성급한 편이다 | 1 | 2 | 3 | 4 | 5 |
| 271. 더러 어리광을 자주 떤다 | 1 | 2 | 3 | 4 | 5 |
| 272. 조급하지 않고 매사에 여유있다 | 1 | 2 | 3 | 4 | 5 |
| 273. 재미있는 사람이라는 이야기를 듣는 편이다 | 1 | 2 | 3 | 4 | 5 |
| 274. 자신만만하다 | 1 | 2 | 3 | 4 | 5 |

| 나는_____ | 매우<br>그렇다 | 다소<br>그렇다 | 보통<br>이다 | 다소<br>그렇지<br>않다 | 전혀<br>그렇지<br>않다 |
|---|---|---|---|---|---|
| 275. 짐짓 점잖은 태도를 자주 짓곤 한다 | 1 | 2 | 3 | 4 | 5 |
| 276. 침울할 때가 많다 | 1 | 2 | 3 | 4 | 5 |
| 277. 마음에 시답지 않아 자주 토라진다 | 1 | 2 | 3 | 4 | 5 |
| 278. 발끈하여 흥분할 때가 많다 | 1 | 2 | 3 | 4 | 5 |
| 279. 말이 많다 | 1 | 2 | 3 | 4 | 5 |
| 280. 남을 험담하는 경향이 있다 | 1 | 2 | 3 | 4 | 5 |
| 281. 주어진 일은 철저하게 처리하는 편이다 | 1 | 2 | 3 | 4 | 5 |
| 282. 우울하다 | 1 | 2 | 3 | 4 | 5 |
| 283. 독창적이며 새로운 아이디어를 추구한다 | 1 | 2 | 3 | 4 | 5 |
| 284. 좀처럼 속내를 드러내지 않는다 | 1 | 2 | 3 | 4 | 5 |
| 285. 사람들을 잘 도우며 이타적이다 | 1 | 2 | 3 | 4 | 5 |
| 286. 다소 경솔한 편이다 | 1 | 2 | 3 | 4 | 5 |
| 287. 이완되어 있으며 스트레스를 잘 처리한다 | 1 | 2 | 3 | 4 | 5 |
| 288. 색다른 것들에 호기심이 많다 | 1 | 2 | 3 | 4 | 5 |
| 289. 에너지가 넘친다 | 1 | 2 | 3 | 4 | 5 |
| 290. 다른 사람들과 말다툼을 잘 일으킨다 | 1 | 2 | 3 | 4 | 5 |
| 291. 믿음직스럽게 일을 처리해낸다 | 1 | 2 | 3 | 4 | 5 |
| 292. 쉽게 긴장한다 | 1 | 2 | 3 | 4 | 5 |
| 293. 착상이 뛰어나며 깊은 생각에 빠져드는 편이다 | 1 | 2 | 3 | 4 | 5 |
| 294. 열정이 많으며 이를 발산한다 | 1 | 2 | 3 | 4 | 5 |
| 295. 관용심이 많다 | 1 | 2 | 3 | 4 | 5 |
| 296. 조직적이지 못하고 산만하게 되어버리는 경향이 있다 | 1 | 2 | 3 | 4 | 5 |
| 297. 걱정이 많다 | 1 | 2 | 3 | 4 | 5 |
| 298. 활발한 상상력을 지니고 있다 | 1 | 2 | 3 | 4 | 5 |
| 299. 조용한 편이다 | 1 | 2 | 3 | 4 | 5 |
| 300. 대체로 사람들을 신뢰하는 편이다 | 1 | 2 | 3 | 4 | 5 |
| 301. 게으른 경향이 있다 | 1 | 2 | 3 | 4 | 5 |
| 302. 정서적으로 안정되어 있으며 쉽게 당황하지 않는다 | 1 | 2 | 3 | 4 | 5 |
| 303. 창의력이 있다 | 1 | 2 | 3 | 4 | 5 |
| 304. 주장이 뚜렷한 성격을 지니고 있다 | 1 | 2 | 3 | 4 | 5 |
| 305. 냉정하고 타인에 무관심한 편이다 | 1 | 2 | 3 | 4 | 5 |
| 306. 주어진 과제를 마칠 때까지 끈기가 있다 | 1 | 2 | 3 | 4 | 5 |
| 307. 분위기에 민감하다 | 1 | 2 | 3 | 4 | 5 |
| 308. 예술적이며 심미적인 경험을 가치롭게 여긴다 | 1 | 2 | 3 | 4 | 5 |
| 309. 때때로 부끄러움을 잘 타며 내성적이다 | 1 | 2 | 3 | 4 | 5 |
| 310. 이해심이 있으며 거의 모든 사람들에게 친절하다 | 1 | 2 | 3 | 4 | 5 |
| 311. 일을 능률적으로 처리한다 | 1 | 2 | 3 | 4 | 5 |
| 312. 긴장된 상황에서도 침착성을 유지한다 | 1 | 2 | 3 | 4 | 5 |
| 313. 관례적인 일을 더 좋아한다 | 1 | 2 | 3 | 4 | 5 |
| 314. 외향적이며 사교적이다 | 1 | 2 | 3 | 4 | 5 |
| 315. 때때로 다른 사람들에게 무례하게 대할 때가 있다 | 1 | 2 | 3 | 4 | 5 |
| 316. 계획을 세우고 이를 철저히 따르는 편이다 | 1 | 2 | 3 | 4 | 5 |

| 나는_____ | 매우<br>그렇다 | 다소<br>그렇다 | 보통<br>이다 | 다소<br>그렇지<br>않다 | 전혀<br>그렇지<br>않다 |
|---|---|---|---|---|---|
| 317. 쉽사리 신경질적이 된다 | 1 | 2 | 3 | 4 | 5 |
| 318. 여러 가지 아이디어들을 가지고 골몰히<br>생각하기를 좋아한다 | 1 | 2 | 3 | 4 | 5 |
| 319. 예술적인 것에 흥미가 거의 없다 | 1 | 2 | 3 | 4 | 5 |
| 320. 다른 사람들과 협력하기를 좋아한다 | 1 | 2 | 3 | 4 | 5 |
| 321. 쉽게 주의산만해 진다 | 1 | 2 | 3 | 4 | 5 |
| 322. 미술, 음악, 문학 등에 조예가 있다 | 1 | 2 | 3 | 4 | 5 |

응답해 주셔서 정말 대단히 감사합니다. 통계처리를 위한 목적으로 배경정보를 얻고자 합니다. 끝까지 도와주셔서 고맙습니다.

▷ 귀하의 성별은?　1. 남자　　　2. 여자
▷ 귀하의 학년은?　(　　)학년
▷ 귀하의 연령은?　(　　)세

# 〈부록 7〉 Big Five Inventory

| 원척도 | 문 항 |
|---|---|
| 외향성 (E) | 1. is talkative |
| 친화성 (A) | 2. tends to find fault with others |
| 성실성 (C) | 3. does a thorough job |
| 신경증 (N) | 4. is depressed, blue |
| 개방성 (O) | 5. is original, comes up with new ideas |
| 외향성 (E) | 6. is reserved |
| 친화성 (A) | 7. is helpful and unselfish with others |
| 성실성 (C) | 8. can be somewhat careless |
| 신경증 (N) | 9. is relaxed, handles stress well |
| 개방성 (O) | 10. is curious about many different things |
| 외향성 (E) | 11. is full of energy |
| 친화성 (A) | 12. starts quarrels with others |
| 성실성 (C) | 13. is a reliable worker |
| 신경증 (N) | 14. can be tense |
| 개방성 (O) | 15. is ingenious, a deep thinker |
| 외향성 (E) | 16. generates a lot of enthusiasm |
| 친화성 (A) | 17. has a forgiving nature |
| 성실성 (C) | 18. tends to be disorganized |
| 신경증 (N) | 19. worries a lot |
| 개방성 (O) | 20. has an active imagination |
| 외향성 (E) | 21. tends to be quiet |
| 친화성 (A) | 22. is generally trusting |
| 성실성 (C) | 23. tends to be lazy |
| 신경증 (N) | 24. is emotionally stable, not easily upset |
| 개방성 (O) | 25. is inventive |
| 외향성 (E) | 26. has an assertive personality |
| 친화성 (A) | 27. can be cold and aloof |
| 성실성 (C) | 28. perseveres until the task is finished |
| 신경증 (N) | 29. can be moody |
| 개방성 (O) | 30. values artistic, aesthetic experiences |
| 외향성 (E) | 31. is sometimes shy, inhibited |
| 친화성 (A) | 32. is considerate and kind to almost everyone |
| 성실성 (C) | 33. does things efficiently |
| 신경증 (N) | 34. remains calm in tense situations |
| 개방성 (O) | 35. prefers work that is routine |
| 외향성 (E) | 36. is outgoing, sociable |
| 친화성 (A) | 37. is sometimes rude to others |
| 성실성 (C) | 38. makes plans and follows through with them |
| 신경증 (N) | 39. gets nervous easily |
| 개방성 (O) | 40. likes to reflect, play with ideas |
| 개방성 (O) | 41. has few artistic interests. |
| 친화성 (A) | 42. likes to cooperate with others |
| 성실성 (C) | 43. is easily distracted |
| 개방성 (O) | 44. is sophisticated in art, music, or literature |

(번역된 BFI 문항은 〈부록 6〉의 279번-322번 문항을 참고)

# 〈부록 8〉　　　성격특성 관련어휘의 요인해

## 1) 4요인해 결과

### Rotated Component Matrix(a)

| | | Component | | | |
|---|---|---|---|---|---|
| | | 1 | 2 | 3 | 4 |
| A237 | 천박하다 | .584 | -.118 | .079 | .000 |
| A153 | 악독하다 | .582 | .141 | -.081 | -.002 |
| A158 | 야비하다 | .578 | -.079 | -.029 | -.022 |
| A105 | 사납다 | .575 | .220 | -.055 | -.148 |
| A161 | 가증스럽다 | .564 | .037 | -.007 | -.011 |
| A244 | 치사하다 | .552 | -.032 | .132 | .044 |
| A223 | 저속하다 | .552 | -.024 | .033 | -.002 |
| A104 | 무례하다 | .551 | .020 | -.051 | -.070 |
| A224 | 졸렬하다 | .546 | -.003 | .127 | .053 |
| A213 | 적대적이다 | .543 | -.014 | -.051 | .103 |
| A116 | 불건전하다 | .541 | .060 | .061 | -.142 |
| A076 | 못되다 | .529 | .078 | .035 | -.049 |
| A235 | 째째하다 | .527 | -.088 | .096 | .135 |
| A130 | 뻔뻔스럽다 | .525 | .092 | .067 | -.078 |
| A034 | 교활하다 | .521 | -.020 | -.036 | -.030 |
| A250 | 투박하다 | .518 | .077 | .118 | -.019 |
| A099 | 모나다 | .517 | .103 | -.115 | .112 |
| A207 | 입이걸다 | .515 | .120 | -.042 | -.254 |
| A157 | 야만적이다 | .512 | .218 | .010 | .016 |
| A191 | 위선적이다 | .508 | -.058 | -.019 | .115 |
| A088 | 막되먹다 | .502 | .060 | -.003 | -.049 |
| A015 | 간사하다 | .500 | -.076 | .072 | .015 |
| A092 | 거칠다 | .498 | .193 | -.018 | -.117 |
| A150 | 심술궂다 | .494 | .094 | -.001 | .059 |
| A124 | 부도덕하다 | .494 | -.053 | .039 | .007 |
| A020 | 경솔하다 | .485 | -.124 | .113 | -.182 |
| A056 | 냉소적이다 | .480 | .130 | -.087 | .181 |
| A277 | 토라지다 | .479 | -.102 | .096 | .088 |
| A008 | 거만하다 | .479 | .134 | -.108 | .129 |
| A101 | 매정하다 | .471 | .210 | -.074 | .154 |

|  |  | Component | | | |
|---|---|---|---|---|---|
|  |  | 1 | 2 | 3 | 4 |
| A267 | 불평많다 | .470 | .023 | .027 | .100 |
| A126 | 불공평하다 | .465 | -.111 | .163 | -.072 |
| A012 | 건방지다 | .463 | .181 | -.150 | -.094 |
| A151 | 헤프다 | .462 | -.013 | .201 | -.289 |
| A128 | 비겁하다 | .461 | -.182 | .188 | -.023 |
| A096 | 맹목적이다 | .451 | .028 | .071 | -.161 |
| A195 | 음흉하다 | .444 | .028 | -.022 | -.065 |
| A005 | 고약하다 | .443 | .164 | -.131 | .034 |
| A140 | 속물적이다 | .442 | -.024 | .049 | .026 |
| A172 | 엉큼하다 | .441 | -.048 | .071 | -.035 |
| A204 | 인색하다 | .441 | -.014 | .016 | .211 |
| A251 | 편의주의적이다 | .436 | .038 | .092 | .045 |
| A127 | 부주의하다 | .431 | -.098 | .173 | -.204 |
| A164 | 어리석다 | .425 | -.342 | .161 | .086 |
| A156 | 앙칼지다 | .424 | .228 | -.016 | .000 |
| A268 | 산만하다 | .422 | -.048 | .163 | -.228 |
| A079 | 독선적이다 | .420 | .293 | -.129 | .183 |
| A261 | 화잘내다 | .416 | .189 | .050 | -.035 |
| A108 | 무책임하다 | .414 | -.294 | .186 | -.166 |
| A057 | 냉정하다 | .414 | .132 | -.065 | .288 |
| A254 | 폐쇄적이다 | .409 | -.155 | .045 | .221 |
| A206 | 입이가볍다 | .405 | -.003 | .135 | -.241 |
| A115 | 반항적이다 | .405 | .223 | .065 | -.149 |
| A182 | 완고하다 | .402 | .298 | -.087 | .108 |
| A252 | 선입견을가지다 | .400 | -.139 | .102 | .077 |
| A278 | 발끈하다 | .400 | .189 | .083 | -.068 |
| A256 | 피상적이다 | .397 | -.084 | .092 | .191 |
| A032 | 괴팍하다 | .395 | -.034 | -.034 | .254 |
| A043 | 기회주의적이다 | .395 | .056 | -.019 | -.015 |
| A266 | 딱딱거리다 | .390 | .234 | -.092 | .090 |
| A190 | 원칙적이다 | .377 | .135 | -.011 | .217 |
| A031 | 괴짜같다 | .368 | .216 | .083 | -.169 |
| A010 | 과격하다 | .351 | .231 | -.110 | -.190 |
| A264 | 흐리멍텅하다 | .350 | -.344 | .207 | .033 |
| A212 | 꽁하다 | .339 | -.196 | .238 | .128 |
| A129 | 비판적이다 | .334 | .167 | .035 | .031 |
| A087 | 딱딱하다 | .322 | .106 | -.023 | .273 |
| A226 | 종교적이다 | .319 | -.006 | .111 | .058 |
| | (이하 생략) | | | | |

2) 5요인해 결과

Rotated Component Matrix(a)

| | | Component | | | | |
|---|---|---|---|---|---|---|
| | | 1 | 2 | 3 | 4 | 5 |
| A153 | 악독하다 | .576 | .141 | -.086 | .053 | .057 |
| A161 | 가증스럽다 | .575 | .038 | -.014 | .014 | -.034 |
| A158 | 야비하다 | .568 | -.082 | -.038 | .060 | .088 |
| A076 | 못되다 | .560 | .080 | .027 | -.066 | -.119 |
| A237 | 천박하다 | .552 | -.126 | .071 | .130 | .207 |
| A130 | 뻔뻔스럽다 | .549 | .088 | .058 | -.073 | -.052 |
| A105 | 사납다 | .547 | .200 | -.060 | -.015 | .307 |
| A034 | 교활하다 | .540 | -.017 | -.044 | -.022 | -.080 |
| A213 | 적대적이다 | .538 | -.004 | -.056 | .137 | -.037 |
| A223 | 저속하다 | .528 | -.030 | .027 | .102 | .162 |
| A116 | 불건전하다 | .527 | .043 | .053 | -.033 | .222 |
| A104 | 무례하다 | .509 | .005 | -.057 | .089 | .322 |
| A224 | 졸렬하다 | .508 | -.010 | .123 | .178 | .219 |
| A150 | 심술궂다 | .507 | .102 | -.005 | .054 | -.099 |
| A244 | 치사하다 | .507 | -.041 | .127 | .188 | .263 |
| A015 | 간사하다 | .507 | -.074 | .064 | .045 | -.034 |
| A191 | 위선적이다 | .506 | -.047 | -.024 | .141 | -.063 |
| A207 | 입이걸다 | .505 | .095 | -.051 | -.134 | .279 |
| A267 | 불평많다 | .501 | .039 | .022 | .045 | -.243 |
| A020 | 경솔하다 | .498 | -.140 | .101 | -.120 | .079 |
| A092 | 거칠다 | .496 | .182 | -.023 | -.054 | .129 |
| A277 | 토라지다 | .492 | -.092 | .090 | .087 | -.126 |
| A250 | 투박하다 | .487 | .066 | .114 | .097 | .230 |
| A151 | 헤프다 | .484 | -.038 | .188 | -.229 | .124 |
| A235 | 째째하다 | .483 | -.087 | .093 | .256 | .179 |
| A140 | 속물적이다 | .478 | -.015 | .042 | -.021 | -.215 |
| A126 | 불공평하다 | .477 | -.118 | .153 | -.036 | .002 |
| A099 | 모나다 | .471 | .105 | -.115 | .230 | .205 |
| A008 | 거만하다 | .469 | .145 | -.109 | .154 | -.027 |
| A157 | 야만적이다 | .468 | .209 | .009 | .144 | .279 |
| A012 | 건방지다 | .468 | .176 | -.155 | -.053 | .063 |
| A251 | 편의주의적이다 | .464 | .047 | .086 | .008 | -.174 |
| A128 | 비겁하다 | .464 | -.186 | .179 | .027 | .016 |
| A195 | 음흉하다 | .453 | .025 | -.029 | -.035 | .009 |

|  |  | Component | | | | |
|---|---|---|---|---|---|---|
|  |  | 1 | 2 | 3 | 4 | 5 |
| A124 | 부도덕하다 | .452 | -.062 | .034 | .147 | .259 |
| A088 | 막되먹다 | .451 | .044 | -.007 | .118 | .361 |
| A096 | 맹목적이다 | .446 | .011 | .062 | -.074 | .176 |
| A056 | 냉소적이다 | .446 | .140 | -.086 | .251 | .081 |
| A278 | 발끈하다 | .441 | .190 | .078 | -.121 | -.158 |
| A172 | 엉큼하다 | .439 | -.052 | .063 | .018 | .054 |
| A268 | 산만하다 | .435 | -.069 | .152 | -.165 | .123 |
| A261 | 화잘내다 | .433 | .187 | .047 | -.039 | -.039 |
| A252 | 선입견을가지다 | .431 | -.127 | .095 | .033 | -.228 |
| A115 | 반항적이다 | .429 | .213 | .059 | -.146 | .007 |
| A127 | 부주의하다 | .429 | -.120 | .162 | -.107 | .195 |
| A156 | 앙칼지다 | .428 | .229 | -.018 | .015 | .005 |
| A005 | 고약하다 | .427 | .166 | -.133 | .093 | .088 |
| A101 | 매정하다 | .425 | .214 | -.071 | .252 | .177 |
| A206 | 입이가볍다 | .422 | -.024 | .124 | -.189 | .105 |
| A204 | 인색하다 | .422 | .001 | .015 | .245 | -.033 |
| A043 | 기회주의적이다 | .417 | .060 | -.024 | -.031 | -.104 |
| A266 | 딱딱거리다 | .416 | .249 | -.093 | .032 | -.199 |
| A079 | 독선적이다 | .411 | .309 | -.125 | .182 | -.060 |
| A182 | 완고하다 | .403 | .309 | -.086 | .101 | -.057 |
| A256 | 피상적이다 | .402 | -.067 | .089 | .175 | -.161 |
| A164 | 어리석다 | .401 | -.342 | .153 | .177 | .078 |
| A108 | 무책임하다 | .399 | -.315 | .173 | -.041 | .223 |
| A057 | 냉정하다 | .378 | .151 | -.060 | .332 | .011 |
| A254 | 폐쇄적이다 | .371 | -.143 | .043 | .301 | .060 |
| A031 | 괴짜같다 | .369 | .199 | .078 | -.110 | .163 |
| A129 | 비판적이다 | .368 | .176 | .033 | -.032 | -.196 |
| A118 | 변덕스럽다 | .361 | -.058 | .273 | -.160 | -.186 |
| A212 | 꽁하다 | .355 | -.185 | .233 | .106 | -.170 |
| A010 | 과격하다 | .352 | .215 | -.115 | -.133 | .156 |
| A269 | 새침하다 | .347 | .008 | .106 | -.043 | -.215 |
| A190 | 원칙적이다 | .338 | .146 | -.007 | .283 | .089 |
| A211 | 자기비하적이다 | .317 | .032 | .137 | .118 | -.122 |
| A114 | 반사회적이다 | .316 | .182 | .070 | -.135 | -.057 |
| A270 | 성급하다 | .315 | .166 | .162 | -.128 | -.013 |
| A148 | 신경질적이다 | .309 | .033 | .149 | .072 | -.094 |
| A171 | 엉뚱하다 | .299 | .063 | .282 | .048 | .019 |
| A226 | 종교적이다 | .293 | -.009 | .109 | .133 | .129 |
|  | (이하 생략) |  |  |  |  |  |

3) 6요인해 결과

Rotated Component Matrix(a)

| | | Component | | | | | |
|---|---|---|---|---|---|---|---|
| | | 1 | 2 | 3 | 4 | 5 | 6 |
| A113 | 박력있다 | .609 | .044 | .091 | -.173 | -.035 | -.029 |
| A240 | 유능하다 | .594 | -.030 | -.006 | .173 | .002 | .047 |
| A241 | 분명하다 | .590 | -.068 | .001 | .119 | -.018 | .036 |
| A228 | 주도적이다 | .580 | .041 | -.051 | -.086 | -.072 | -.115 |
| A147 | 현명하다 | .565 | -.086 | .045 | .144 | -.068 | .042 |
| A083 | 비범하다 | .565 | .046 | .021 | -.025 | -.089 | .025 |
| A232 | 진취적이다 | .556 | -.016 | .121 | -.046 | -.030 | -.005 |
| A239 | 논리적이다 | .540 | -.099 | -.040 | .184 | .084 | .088 |
| A073 | 당차다 | .533 | .073 | .077 | -.059 | -.020 | .143 |
| A263 | 훌륭하다 | .517 | -.004 | .036 | .112 | -.012 | -.045 |
| A185 | 용기있다 | .506 | .007 | .132 | -.167 | .016 | -.057 |
| A162 | 견고하다 | .502 | -.065 | .084 | .139 | -.029 | .024 |
| A050 | 예리하다 | .499 | -.020 | .010 | -.048 | .016 | .081 |
| A011 | 거침없다 | .498 | -.050 | -.026 | -.124 | .064 | -.063 |
| A219 | 정력적이다 | .493 | .069 | .214 | -.164 | .051 | -.046 |
| A242 | 능력있다 | .492 | -.082 | .152 | .007 | -.049 | .078 |
| A183 | 완벽하다 | .491 | .072 | -.031 | .220 | .105 | .176 |
| A274 | 자신만만하다 | .488 | .004 | .167 | -.203 | -.034 | .032 |
| A231 | 탐구적이다 | .474 | .074 | .147 | -.007 | -.032 | -.040 |
| A135 | 생산적이다 | .471 | -.018 | .101 | .022 | -.067 | .004 |
| A249 | 통찰적이다 | .470 | -.039 | .148 | .038 | -.009 | -.076 |
| A058 | 냉철하다 | .464 | -.061 | .013 | .105 | .205 | -.052 |
| A063 | 늠름하다 | .459 | .077 | .097 | -.252 | .074 | -.206 |
| A230 | 지배적이다 | .458 | .146 | -.083 | -.154 | .125 | .124 |
| A066 | 노련하다 | .446 | .089 | .085 | -.037 | .077 | -.084 |
| A175 | 열성적이다 | .442 | .112 | .143 | .017 | -.120 | .074 |
| A065 | 능동적이다 | .442 | .103 | .211 | -.194 | .060 | -.009 |
| A159 | 야심적이다 | .441 | .123 | .079 | .015 | .075 | .048 |
| A192 | 박식하다 | .438 | -.007 | -.047 | .072 | -.035 | .024 |
| A036 | 굳세다 | .437 | -.111 | .073 | -.061 | .152 | .009 |
| A098 | 확실하다 | .436 | -.068 | -.011 | .056 | -.039 | .101 |
| A067 | 다부지다 | .436 | .077 | .151 | .089 | .014 | .105 |
| A227 | 주도면밀하다 | .432 | -.020 | .037 | .206 | .210 | .106 |
| A168 | 엄격하다 | .430 | .144 | -.050 | .100 | .255 | .010 |

|  | | Component | | | | | |
|---|---|---|---|---|---|---|---|
|  | | 1 | 2 | 3 | 4 | 5 | 6 |
| A028 | 과감하다 | .428 | -.069 | .048 | -.116 | .042 | -.097 |
| A201 | 합리적이다 | .427 | .030 | .178 | .129 | -.014 | .005 |
| A194 | 융통성있다 | .412 | .064 | .244 | -.003 | -.208 | .030 |
| A071 | 당당하다 | .412 | .062 | .156 | -.034 | -.014 | .028 |
| A260 | 호탕하다 | .409 | .133 | .276 | -.310 | -.048 | -.037 |
| A074 | 대범하다 | .408 | .003 | .229 | -.175 | -.079 | -.140 |
| A139 | 세련되다 | .400 | .022 | .212 | -.026 | -.100 | .146 |
| A082 | 독창적이다 | .399 | .003 | .059 | -.066 | .001 | -.004 |
| A086 | 듬직하다 | .398 | .053 | .218 | .132 | .081 | -.110 |
| A214 | 절도있다 | .397 | -.010 | .129 | .217 | .143 | .112 |
| A169 | 진보적이다 | .397 | .058 | .034 | -.055 | -.110 | .012 |
| A186 | 우아하다 | .386 | -.006 | .183 | .252 | -.041 | .136 |
| A112 | 민첩하다 | .378 | .031 | .136 | -.056 | .012 | .024 |
| A025 | 공격적이다 | .377 | .143 | -.038 | -.144 | .139 | .235 |
| A181 | 대바르다 | .372 | -.053 | .249 | .189 | .078 | -.101 |
| A070 | 단호하다 | .372 | -.060 | .106 | .004 | .057 | .037 |
| A003 | 강직하다 | .362 | .019 | .070 | .034 | .099 | -.051 |
| A033 | 교양있다 | .361 | -.152 | .118 | .274 | -.006 | .116 |
| A080 | 독립적이다 | .358 | .037 | .072 | .055 | .086 | .027 |
| A094 | 매력적이다 | .355 | -.023 | .205 | -.067 | -.098 | .095 |
| A052 | 사나이답다 | .354 | .077 | .049 | -.253 | .177 | -.300 |
| A007 | 품위있다 | .352 | -.139 | .056 | .330 | .016 | .093 |
| A215 | 절제하다 | .350 | -.018 | .227 | .121 | .135 | -.011 |
| A051 | 독특하다 | .333 | .171 | .161 | -.226 | .079 | .004 |
| A100 | 모험적이다 | .310 | .156 | .145 | -.173 | .189 | -.064 |
| A137 | 섬세하다 | .302 | .056 | .240 | .223 | .159 | .050 |
| A079 | 독선적이다 | .296 | .280 | -.109 | .008 | .269 | .281 |
| A199 | 의지가굳다 | .293 | .064 | .155 | .039 | .063 | .046 |
| A182 | 완고하다 | .293 | .274 | -.061 | -.042 | .210 | .288 |
| A037 | 권위주의적이다 | .287 | .193 | -.030 | .204 | .188 | .185 |
| A134 | 사려깊다 | .286 | .023 | .256 | .243 | -.044 | .072 |
| A136 | 설교적이다 | .281 | .145 | .005 | .016 | -.005 | .048 |
| A042 | 기지가있다 | .280 | .062 | .267 | -.138 | -.035 | .032 |
| A048 | 깡다구가있다 | .270 | .148 | .117 | .043 | .068 | .060 |
| A273 | 재미있다 | .268 | -.057 | .235 | -.225 | -.141 | .064 |
| A198 | 의존적이다 | -.258 | .237 | .234 | .164 | -.119 | .020 |
| A163 | 어른스럽다 | .236 | .022 | .223 | .175 | .116 | -.054 |
| A208 | 자기만족적이다 | .218 | .199 | .177 | -.050 | -.107 | .157 |
| | (이하 생략) | | | | | | |

4) 8요인해 결과

Rotated Component Matrix(a)

| | | \multicolumn{8}{c}{Component} |
| | | 1 | 2 | 3 | 4 | 5 | 6 | 7 | 8 |
|---|---|---|---|---|---|---|---|---|---|
| A113 | 박력있다 | .704 | .021 | .006 | .261 | .052 | .092 | -.187 | .008 |
| A147 | 현명하다 | .670 | -.064 | .077 | .075 | -.146 | .024 | .191 | .074 |
| A028 | 과감하다 | .654 | -.118 | -.068 | .144 | .189 | -.064 | -.079 | -.093 |
| A162 | 견고하다 | .647 | -.191 | .062 | .021 | -.001 | .060 | .137 | .003 |
| A232 | 진취적이다 | .641 | -.016 | .101 | .188 | .093 | -.031 | .088 | .008 |
| A241 | 분명하다 | .640 | -.056 | .086 | .047 | -.042 | .026 | .160 | .145 |
| A071 | 당당하다 | .635 | -.038 | .008 | .212 | .166 | .005 | .017 | -.017 |
| A080 | 독립적이다 | .628 | -.094 | -.010 | -.017 | .129 | -.108 | -.001 | -.031 |
| A239 | 논리적이다 | .623 | -.013 | .021 | .000 | -.121 | .006 | .193 | .109 |
| A240 | 유능하다 | .620 | .044 | .006 | .146 | -.102 | -.002 | .357 | .064 |
| A003 | 강직하다 | .605 | -.059 | .110 | -.108 | -.017 | -.033 | -.058 | -.067 |
| A036 | 굳세다 | .598 | -.122 | .027 | -.061 | .098 | -.038 | -.080 | -.078 |
| A185 | 용기있다 | .594 | -.025 | .057 | .188 | .155 | -.083 | -.077 | -.027 |
| A058 | 냉철하다 | .593 | -.088 | -.132 | -.150 | .013 | -.167 | .033 | .040 |
| A011 | 거침없다 | .590 | -.061 | .003 | .094 | .062 | -.086 | -.121 | -.079 |
| A073 | 당차다 | .588 | .055 | -.064 | .235 | .078 | .249 | .140 | -.137 |
| A050 | 예리하다 | .587 | .045 | -.055 | .119 | .071 | .074 | .302 | -.093 |
| A228 | 주도적이다 | .583 | .084 | -.007 | .324 | -.026 | -.061 | .121 | -.113 |
| A070 | 단호하다 | .574 | -.067 | .016 | -.034 | .063 | -.007 | -.010 | -.014 |
| A242 | 능력있다 | .572 | .027 | .131 | .242 | -.087 | -.024 | .244 | .083 |
| A274 | 자신만만하다 | .570 | -.018 | .069 | .400 | .095 | -.015 | -.031 | .091 |
| A183 | 완벽하다 | .566 | .136 | .057 | -.036 | -.147 | .103 | .230 | .018 |
| A065 | 능동적이다 | .562 | .005 | .057 | .461 | .038 | .064 | -.137 | -.048 |
| A249 | 통찰적이다 | .561 | -.068 | .118 | .098 | .052 | -.008 | .129 | .035 |
| A159 | 야심적이다 | .553 | .143 | -.022 | .068 | .062 | .080 | .053 | .135 |
| A219 | 정력적이다 | .547 | .069 | .052 | .290 | .021 | .081 | -.160 | .022 |
| A066 | 노련하다 | .546 | .120 | .044 | .172 | -.048 | .017 | -.085 | -.060 |
| A067 | 다부지다 | .545 | -.023 | .121 | .127 | -.171 | .273 | .030 | -.019 |
| A199 | 의지가굳다 | .543 | .016 | .127 | .087 | -.105 | .092 | -.012 | .079 |
| A231 | 탐구적이다 | .541 | .019 | .113 | .062 | .152 | .000 | .046 | -.129 |
| A227 | 주도면밀하다 | .540 | .073 | .008 | -.152 | -.242 | .128 | .108 | .025 |
| A063 | 늠름하다 | .538 | .036 | .047 | .226 | .134 | -.051 | -.329 | -.101 |
| A198 | 의존적이다 | -.538 | .190 | .197 | -.031 | -.013 | .103 | .092 | .081 |
| A230 | 지배적이다 | .528 | .255 | -.074 | .123 | .127 | .071 | .043 | .004 |

|  |  | Component | | | | | | | |
|---|---|---|---|---|---|---|---|---|---|
|  |  | 1 | 2 | 3 | 4 | 5 | 6 | 7 | 8 |
| A135 | 생산적이다 | .528 | .012 | .124 | .144 | -.101 | -.004 | .090 | -.013 |
| A187 | 우유부단하다 | -.526 | .218 | .183 | -.097 | .092 | .014 | .123 | .195 |
| A218 | 정정당당하다 | .524 | -.138 | .290 | .024 | .077 | .030 | -.037 | .009 |
| A098 | 확실하다 | .523 | -.055 | .074 | .067 | .029 | .048 | .348 | -.104 |
| A144 | 수동적이다 | -.519 | .137 | .157 | -.470 | -.067 | -.073 | .064 | .116 |
| A201 | 합리적이다 | .517 | .023 | .106 | .052 | -.112 | -.054 | .047 | .172 |
| A083 | 비범하다 | .515 | .075 | .065 | .260 | .028 | -.033 | .301 | -.172 |
| A263 | 훌륭하다 | .513 | .069 | .185 | .132 | -.174 | -.059 | .133 | -.181 |
| A214 | 절도있다 | .511 | .047 | .141 | -.104 | -.183 | .082 | .044 | .011 |
| A175 | 열성적이다 | .509 | .073 | .144 | .235 | -.004 | .111 | .021 | -.027 |
| A082 | 독창적이다 | .500 | -.048 | -.025 | .158 | .188 | -.034 | .212 | -.185 |
| A048 | 깡다구가있다 | .498 | .152 | -.034 | -.035 | .101 | .195 | -.074 | -.023 |
| A112 | 민첩하다 | .483 | -.013 | .037 | .240 | -.096 | .157 | -.186 | .054 |
| A192 | 박식하다 | .479 | .047 | .015 | .069 | .110 | -.051 | .315 | .063 |
| A086 | 듬직하다 | .478 | -.024 | .289 | -.051 | -.046 | -.055 | -.117 | -.025 |
| A169 | 진보적이다 | .472 | -.020 | .070 | .182 | .204 | -.107 | .111 | .175 |
| A181 | 대바르다 | .453 | -.085 | .392 | -.088 | -.091 | -.068 | .130 | -.171 |
| A016 | 게으르다 | -.447 | .211 | -.077 | -.098 | .317 | -.103 | .146 | .032 |
| A168 | 엄격하다 | .443 | .201 | -.091 | -.191 | .048 | .037 | .039 | -.060 |
| A052 | 사나이답다 | .442 | .140 | -.037 | .118 | .223 | -.227 | -.342 | -.072 |
| A196 | 의리있다 | .442 | -.187 | .295 | .050 | .208 | -.091 | -.002 | .006 |
| A215 | 절제하다 | .441 | -.068 | .176 | -.162 | -.239 | -.005 | .007 | .023 |
| A108 | 무책임하다 | -.426 | .380 | -.131 | -.051 | .202 | -.241 | .016 | -.040 |
| A194 | 융통성있다 | .420 | -.028 | .109 | .298 | .075 | -.157 | .030 | .259 |
| A264 | 흐리멍텅하다 | -.414 | .374 | .149 | -.179 | .200 | -.140 | -.066 | .047 |
| A100 | 모험적이다 | .411 | .071 | -.012 | .080 | .365 | -.074 | -.152 | -.114 |
| A163 | 어른스럽다 | .406 | .005 | .100 | -.194 | -.062 | -.053 | .048 | .118 |
| A221 | 정직하다 | .405 | -.228 | .399 | .059 | .124 | -.032 | .022 | -.008 |
| A089 | 만만하다 | -.396 | .137 | .282 | .025 | .078 | .012 | -.124 | -.043 |
| A110 | 미덥다 | .396 | -.262 | .367 | -.017 | .068 | -.037 | .051 | .109 |
| A094 | 매력적이다 | .395 | -.022 | .100 | .312 | .177 | -.026 | .372 | -.002 |
| A165 | 어리다 | -.389 | .277 | -.020 | .035 | .236 | .090 | -.012 | -.095 |
| A134 | 사려깊다 | .389 | -.155 | .378 | -.160 | -.187 | -.010 | .231 | .001 |
| A265 | 두루뭉실하다 | -.388 | .105 | .287 | -.010 | .121 | -.186 | -.114 | .168 |
| A040 | 근엄하다 | .383 | .020 | .254 | -.315 | -.268 | .075 | .069 | -.005 |
| A074 | 대범하다 | .382 | -.109 | .141 | .278 | .239 | -.178 | -.143 | -.003 |
| A170 | 엄숙하다 | .377 | .098 | .178 | -.314 | -.233 | -.119 | .022 | -.025 |
| A025 | 공격적이다 | .375 | .194 | -.157 | .052 | .285 | .214 | -.007 | -.088 |
|  | (이하 생략) |  |  |  |  |  |  |  |  |

## 5) 9요인해 결과

### Rotated Component Matrix(a)

| | | Component | | | | | | | | |
|---|---|---|---|---|---|---|---|---|---|---|
| | | 1 | 2 | 3 | 4 | 5 | 6 | 7 | 8 | 9 |
| A113 | 박력있다 | .751 | .027 | .115 | -.027 | .027 | -.082 | -.044 | -.156 | .003 |
| A028 | 과감하다 | .698 | -.106 | -.025 | -.053 | .008 | .135 | -.034 | -.052 | .120 |
| A071 | 당당하다 | .681 | -.049 | .077 | -.031 | .049 | .071 | .028 | .024 | .016 |
| A065 | 능동적이다 | .662 | .021 | .262 | -.135 | -.106 | -.091 | .050 | -.107 | -.005 |
| A232 | 진취적이다 | .656 | -.024 | .141 | .077 | .023 | .049 | -.003 | .114 | -.022 |
| A274 | 자신만만하다 | .653 | -.031 | .232 | -.071 | -.053 | .034 | .052 | -.044 | -.126 |
| A073 | 당차다 | .644 | .036 | .017 | -.067 | .099 | -.163 | .207 | .109 | .077 |
| A147 | 현명하다 | .637 | -.074 | .006 | .299 | -.026 | -.066 | .080 | .112 | -.088 |
| A144 | 수동적이다 | -.636 | .114 | -.117 | .294 | .161 | .160 | -.009 | -.024 | -.009 |
| A185 | 용기있다 | .624 | -.016 | .136 | -.025 | .004 | .091 | -.112 | .010 | .034 |
| A228 | 주도적이다 | .621 | .110 | .152 | -.053 | -.161 | -.112 | -.062 | .258 | -.030 |
| A162 | 견고하다 | .613 | -.199 | .011 | .199 | .060 | -.056 | -.015 | .138 | .025 |
| A241 | 분명하다 | .612 | -.086 | .012 | .268 | .066 | .014 | .075 | .062 | -.121 |
| A240 | 유능하다 | .605 | .021 | .006 | .193 | -.043 | -.079 | .098 | .324 | -.168 |
| A080 | 독립적이다 | .603 | -.085 | -.036 | .086 | .047 | .106 | -.171 | .089 | .064 |
| A011 | 거침없다 | .601 | -.033 | .011 | .050 | -.040 | .078 | -.091 | -.077 | .108 |
| A219 | 정력적이다 | .600 | .073 | .174 | -.037 | -.004 | -.086 | -.011 | -.138 | -.032 |
| A050 | 예리하다 | .596 | .024 | -.032 | .034 | .061 | -.059 | .105 | .319 | .008 |
| A242 | 능력있다 | .590 | .008 | .135 | .202 | -.075 | .012 | .185 | .139 | -.144 |
| A063 | 늠름하다 | .579 | .078 | .195 | -.132 | -.028 | -.008 | -.256 | -.140 | .116 |
| A036 | 굳세다 | .578 | -.110 | -.072 | .151 | .073 | .128 | -.043 | -.094 | .171 |
| A260 | 호탕하다 | .568 | .103 | .326 | -.218 | -.004 | .039 | .042 | -.161 | -.012 |
| A239 | 논리적이다 | .567 | -.028 | -.037 | .266 | .016 | -.090 | -.043 | .188 | -.135 |
| A066 | 노련하다 | .563 | .140 | .084 | .067 | -.042 | -.064 | -.015 | -.058 | .036 |
| A083 | 비범하다 | .556 | .079 | .112 | .038 | -.092 | .019 | .188 | .296 | .056 |
| A070 | 단호하다 | .556 | -.069 | -.070 | .160 | .082 | .089 | .004 | -.053 | .080 |
| A249 | 통찰적이다 | .554 | -.083 | .097 | .152 | .047 | .045 | .027 | .112 | -.024 |
| A082 | 독창적이다 | .548 | -.051 | -.002 | -.044 | .007 | .128 | .149 | .203 | .139 |
| A187 | 우유부단하다 | -.547 | .161 | .152 | .005 | .179 | .099 | .064 | .081 | -.181 |
| A058 | 냉철하다 | .542 | -.081 | -.250 | .198 | .003 | .150 | -.124 | .026 | .000 |
| A198 | 의존적이다 | -.540 | .153 | .166 | .016 | .105 | -.003 | .179 | .004 | -.077 |
| A159 | 야심적이다 | .539 | .109 | .018 | .054 | .153 | -.074 | -.081 | .098 | -.154 |
| A230 | 지배적이다 | .538 | .235 | .028 | -.081 | .136 | -.087 | -.103 | .166 | -.073 |
| A175 | 열성적이다 | .538 | .068 | .197 | .068 | .026 | -.088 | .092 | .008 | .007 |
| A003 | 강직하다 | .538 | -.035 | .000 | .251 | .056 | .003 | -.167 | .013 | .137 |
| A067 | 다부지다 | .535 | -.027 | .097 | .208 | .054 | -.272 | .137 | -.043 | .031 |
| A231 | 탐구적이다 | .533 | .024 | .115 | .049 | .094 | .038 | -.069 | .146 | .138 |
| A112 | 민첩하다 | .522 | -.007 | .117 | .037 | -.021 | -.170 | .040 | -.230 | -.038 |

| | | Component | | | | | | | | |
|---|---|---|---|---|---|---|---|---|---|---|
| | | 1 | 2 | 3 | 4 | 5 | 6 | 7 | 8 | 9 |
| A042 | 기지가있다 | .522 | .010 | .240 | -.192 | -.099 | .149 | .240 | .044 | -.063 |
| A135 | 생산적이다 | .519 | .022 | .116 | .185 | -.063 | -.058 | .033 | .081 | -.017 |
| A199 | 의지가굳다 | .518 | .011 | .105 | .211 | .039 | -.118 | -.009 | -.033 | -.057 |
| A183 | 완벽하다 | .505 | .120 | -.041 | .293 | .074 | -.145 | .061 | .198 | -.054 |
| A098 | 확실하다 | .505 | -.069 | .038 | .146 | .041 | -.040 | .108 | .355 | .048 |
| A169 | 진보적이다 | .504 | -.061 | .130 | .007 | .072 | .198 | .004 | .093 | -.174 |
| A263 | 훌륭하다 | .493 | .110 | .137 | .245 | -.159 | -.058 | .063 | .149 | .121 |
| A218 | 정정당당하다 | .491 | -.141 | .220 | .223 | .118 | .052 | -.053 | -.024 | .096 |
| A048 | 깡다구가있다 | .491 | .129 | -.076 | .051 | .239 | -.058 | .034 | -.098 | .076 |
| A201 | 합리적이다 | .484 | .012 | .054 | .262 | -.013 | .010 | -.024 | -.006 | -.158 |
| A052 | 사나이답다 | .476 | .180 | .072 | -.160 | -.026 | .195 | -.311 | -.151 | .092 |
| A194 | 융통성있다 | .476 | -.059 | .196 | .043 | -.064 | .197 | .055 | -.058 | -.266 |
| A094 | 매력적이다 | .473 | -.068 | .155 | -.011 | .003 | .180 | .336 | .241 | -.071 |
| A192 | 박식하다 | .460 | .014 | .040 | .065 | .077 | .032 | -.038 | .383 | -.135 |
| A074 | 대범하다 | .452 | -.098 | .258 | -.109 | -.054 | .241 | -.071 | -.088 | .035 |
| A227 | 주도면밀하다 | .452 | .072 | -.148 | .362 | .064 | -.196 | .008 | .057 | -.014 |
| A100 | 모험적이다 | .452 | .073 | .063 | -.187 | .147 | .201 | -.143 | -.019 | .153 |
| A264 | 흐리멍텅하다 | -.442 | .353 | .094 | -.042 | .177 | .249 | -.098 | -.002 | -.011 |
| A121 | 순종적이다 | -.434 | .107 | .265 | .372 | -.029 | .040 | -.041 | .019 | .029 |
| A214 | 절도있다 | .433 | .053 | -.007 | .361 | .059 | -.118 | -.008 | .008 | .031 |
| A139 | 세련되다 | .429 | .014 | .011 | .100 | -.070 | .042 | .409 | .107 | -.187 |
| A016 | 게으르다 | -.427 | .165 | -.043 | -.244 | .169 | .244 | .002 | .195 | -.065 |
| A123 | 수줍어하다 | -.418 | -.019 | -.033 | .409 | .337 | .067 | .108 | -.171 | .097 |
| A196 | 의리있다 | .418 | -.189 | .284 | .113 | .101 | .151 | -.165 | .106 | .079 |
| A051 | 독특하다 | .415 | .150 | .098 | -.244 | .199 | .230 | .093 | .227 | .174 |
| A273 | 재미있다 | .410 | .061 | .377 | -.252 | -.065 | .113 | .179 | -.021 | .018 |
| A023 | 고분고분하다 | -.407 | .077 | .305 | .401 | -.027 | .032 | .046 | -.040 | .028 |
| A025 | 공격적이다 | .403 | .162 | -.040 | -.243 | .283 | -.112 | -.082 | .136 | .058 |
| A086 | 듬직하다 | .396 | .008 | .233 | .257 | .034 | -.055 | -.295 | .051 | .090 |
| A108 | 무책임하다 | -.389 | .373 | -.097 | -.235 | -.001 | .295 | -.005 | .056 | -.030 |
| A089 | 만만하다 | -.389 | .141 | .301 | -.050 | .060 | .048 | -.013 | -.074 | .082 |
| A265 | 두루뭉실하다 | -.388 | .088 | .269 | .023 | .038 | .274 | -.051 | -.128 | -.096 |
| A002 | 갑갑하다 | -.388 | .293 | .027 | .209 | .231 | -.060 | -.119 | .125 | .125 |
| A253 | 평범하다 | -.385 | -.024 | .170 | .187 | .101 | .095 | -.101 | -.265 | -.065 |
| A221 | 정직하다 | .380 | -.230 | .332 | .220 | .084 | .131 | -.029 | .037 | .118 |
| A168 | 엄격하다 | .372 | .199 | -.157 | .096 | .174 | -.072 | -.195 | .172 | .054 |
| A054 | 쑥쓰러워하다 | -.363 | .034 | -.202 | .309 | .308 | .137 | -.008 | -.258 | .155 |
| A024 | 고지식하다 | -.346 | .277 | -.079 | .226 | .160 | -.053 | -.190 | .164 | .212 |
| A110 | 미덥다 | .334 | -.273 | .293 | .272 | .102 | .068 | -.142 | .101 | .000 |
| A165 | 어리다 | -.318 | .245 | .011 | -.245 | .161 | .144 | .240 | -.090 | .091 |
| A027 | 공정하다 | .317 | -.171 | .097 | .213 | .005 | .240 | -.084 | -.010 | .052 |
| A014 | 겁이많다 | -.315 | .041 | .073 | .078 | .135 | -.140 | .296 | .056 | -.022 |
| A031 | 괴짜같다 | .311 | .292 | .054 | -.261 | .282 | .219 | -.025 | .119 | .120 |
| | (이하 생략) | | | | | | | | | |

〈부록 9〉 　　　　　　 BFI의 요인해

1) 5요인해 결과

Rotated Component Matrix(a)

| | Component | | | | |
|---|---|---|---|---|---|
| | 1 | 2 | 3 | 4 | 5 |
| B13　(성실, reliable worker) | .676 | .128 | -.039 | .031 | .240 |
| B3　(성실, does a thorough job) | .667 | .155 | -.036 | .163 | .075 |
| B33　(성실, efficiently) | .667 | .210 | .024 | -.067 | .180 |
| B28　(성실, perseveres) | .652 | .083 | -.077 | .193 | .088 |
| B38　(성실, make plan) | .619 | .042 | .018 | -.034 | -.024 |
| B26　(외향, assertive) | .587 | .329 | .087 | -.208 | -.082 |
| B34　(신경, calm in tense) | .522 | .130 | -.210 | -.116 | .193 |
| B23　(성실, lazy) | -.419 | .096 | .277 | .212 | .090 |
| B16　(외향, enthusiasm) | .407 | .400 | .301 | -.300 | .103 |
| B24　(신경, emotionally stable) | .403 | .124 | -.257 | -.159 | .142 |
| B30　(개방, artistic) | .023 | .690 | -.110 | .195 | .197 |
| B5　(개방, original) | .335 | .677 | .123 | -.200 | -.039 |
| B40　(개방, play with ideas) | .282 | .640 | .166 | .012 | -.005 |
| B25　(개방, inventive) | .350 | .633 | .071 | -.218 | .017 |
| B44　(개방, sophisticated in art) | -.004 | .633 | -.132 | .118 | .205 |
| B41　(개방, few artistic interests) | .164 | -.606 | .334 | -.082 | -.132 |
| B20　(개방, active imagination) | .154 | .573 | .249 | -.083 | .116 |
| B15　(개방, ingenious) | .257 | .568 | .144 | .205 | .031 |
| B10　(개방, curious) | .201 | .511 | .154 | -.107 | .076 |
| B35　(개방, routine) | .161 | -.384 | .035 | .174 | .256 |
| B29　(신경, can be moody) | .026 | .325 | .234 | .250 | .311 |
| B1　(외향, talkative) | -.042 | .096 | .630 | -.269 | .207 |
| B37　(친화, rude to others) | .051 | .039 | .624 | -.044 | -.217 |
| B43　(성실, distracted) | -.368 | .082 | .614 | .032 | .082 |
| B8　(성실, careless) | -.158 | .136 | .611 | .141 | .025 |
| B39　(신경, nervous) | .049 | .097 | .608 | .277 | -.260 |
| B12　(친화, starts quarrels) | .172 | -.058 | .570 | -.129 | -.210 |

|  |  | Component | | | | |
|---|---|---|---|---|---|---|
|  |  | 1 | 2 | 3 | 4 | 5 |
| B2 | (친화, find fault with) | -.078 | -.018 | .528 | -.022 | -.125 |
| B18 | (성실, disorganized) | -.425 | .045 | .526 | .114 | .077 |
| B31 | (외향, shy, inhibited) | -.099 | .015 | .015 | .670 | .107 |
| B21 | (외향, quiet) | .091 | -.047 | -.260 | .662 | .017 |
| B4 | (신경, depressed) | -.122 | .155 | .333 | .633 | -.147 |
| B19 | (신경, worries a lot) | -.119 | .047 | .403 | .608 | .037 |
| B36 | (외향, sociable) | .219 | .219 | .241 | -.564 | .333 |
| B6 | (외향, reserved) | .079 | .012 | -.075 | .517 | .031 |
| B14 | (신경, can be tense) | .087 | .032 | .338 | .485 | .174 |
| B11 | (외향, full of energy) | .334 | .286 | .209 | -.427 | .176 |
| B9 | (신경, relaxed) | .260 | .123 | -.067 | -.344 | .248 |
| B32 | (친화, kind) | .126 | .113 | -.095 | .019 | .758 |
| B42 | (친화, cooperate) | .119 | -.095 | -.075 | -.058 | .686 |
| B17 | (친화, forgiving nature) | .067 | .218 | -.081 | .045 | .675 |
| B7 | (친화, helpful) | .124 | .166 | .060 | .035 | .671 |
| B22 | (친화, trusting) | .102 | .024 | -.117 | .075 | .566 |
| B27 | (친화, cold and aloof) | .104 | .057 | .145 | .221 | -.464 |

Extraction Method: Principal Component Analysis.

Rotation Method: Varimax with Kaiser Normalization.

A Rotation converged in 10 iterations.

## 2) 7요인해 결과

### Rotated Component Matrix(a)

| | | Component | | | | | | |
|---|---|---|---|---|---|---|---|---|
| | | 1 | 2 | 3 | 4 | 5 | | |
| B5 | (개방. original) | .775 | .195 | .026 | -.003 | -.131 | .082 | .126 |
| B25 | (개방. inventive) | .727 | .176 | -.019 | -.056 | -.098 | .226 | .112 |
| B20 | (개방. active imagination) | .685 | .016 | .117 | .162 | -.041 | -.029 | .052 |
| B40 | (개방. play with ideas) | .677 | .203 | .082 | .032 | .010 | -.072 | .193 |
| B10 | (개방. curious) | .633 | .035 | .067 | .124 | -.006 | .115 | .015 |
| B15 | (개방. ingenious) | .598 | .190 | .079 | .079 | .200 | -.112 | .173 |
| B16 | (외향. enthusiasm) | .457 | .318 | .270 | .127 | -.316 | .112 | .102 |
| B35 | (개방. routine) | -.429 | .195 | .169 | .262 | .138 | .122 | -.056 |
| B28 | (성실. perseveres) | .114 | .681 | -.037 | .112 | .137 | -.022 | .057 |
| B3 | (성실. does a thorough job) | .239 | .668 | -.042 | .109 | .122 | -.024 | .011 |
| B13 | (성실. reliable worker) | .218 | .661 | -.059 | .265 | -.064 | .036 | -.050 |
| B38 | (성실. make plan) | .070 | .635 | .085 | -.014 | -.079 | .099 | .046 |
| B33 | (성실. efficiently) | .334 | .564 | .036 | .221 | -.015 | .225 | -.034 |
| B26 | (외향. assertive) | .437 | .498 | .085 | -.052 | -.167 | .184 | .025 |
| B18 | (성실. disorganized) | .101 | -.495 | .454 | .119 | .098 | -.171 | -.108 |
| B23 | (성실. lazy) | .033 | -.493 | .320 | .122 | .256 | .019 | .057 |
| B37 | (친화. rude to others) | .130 | -.039 | .670 | -.160 | -.040 | .064 | -.106 |
| B39 | (신경. nervous) | .082 | .077 | .656 | -.209 | .153 | -.230 | .065 |
| B12 | (친화. starts quarrels) | .069 | .128 | .640 | -.171 | -.166 | .076 | -.085 |
| B8 | (성실. careless) | .140 | -.228 | .634 | .079 | .105 | -.065 | .018 |
| B2 | (친화. find fault with) | -.121 | -.081 | .593 | -.121 | -.179 | -.156 | .136 |
| B43 | (성실. distracted) | .200 | -.469 | .502 | .135 | .022 | -.168 | -.173 |
| B1 | (외향. talkative) | .156 | -.030 | .489 | .216 | -.440 | -.281 | -.034 |
| B32 | (친화. kind) | .100 | .070 | -.151 | .762 | .014 | .063 | .056 |
| B7 | (친화. helpful) | .165 | .068 | -.033 | .685 | .004 | .016 | .062 |
| B17 | (친화. forgiving nature) | .183 | -.054 | -.123 | .683 | .063 | .082 | .113 |
| B42 | (친화. cooperate) | -.041 | .131 | -.067 | .673 | -.143 | -.041 | .052 |
| B22 | (친화. trusting) | -.063 | .025 | -.016 | .572 | .138 | .295 | .117 |
| B27 | (친화. cold and aloof) | .083 | -.068 | .325 | -.407 | .372 | .301 | -.023 |
| B29 | (신경. can be moody) | .228 | .078 | .172 | .325 | .095 | -.316 | .247 |
| B21 | (외향. quiet) | -.102 | .076 | -.121 | .058 | .746 | .082 | .045 |
| B36 | (외향. sociable) | .259 | .148 | .170 | .320 | -.597 | .142 | .049 |
| B6 | (외향. reserved) | .039 | .035 | -.022 | .080 | .583 | .056 | -.040 |
| B31 | (외향. shy. inhibited) | -.103 | -.013 | .058 | .133 | .575 | -.295 | .151 |
| B4 | (신경. depressed) | .140 | -.094 | .326 | -.087 | .554 | -.357 | .057 |

|  | Component | | | | | | |
|---|---|---|---|---|---|---|---|
|  | 1 | 2 | 3 | 4 | 5 | | |
| B11　(외향, full of energy) | .379 | .239 | .141 | .186 | -.420 | .144 | .074 |
| B24　(신경, emotionally stable) | .104 | .239 | -.062 | .157 | .053 | .658 | .082 |
| B34　(신경, calm in tense) | .135 | .373 | -.038 | .215 | .058 | .586 | .068 |
| B19　(신경, worries a lot) | .041 | -.033 | .331 | .086 | .432 | -.531 | .020 |
| B14　(신경, can be tense) | .062 | .200 | .267 | .207 | .270 | -.499 | .052 |
| B9　　(신경, relaxed) | .161 | .112 | -.028 | .254 | -.203 | .465 | .012 |
| B41　(개방, few artistic interests) | -.114 | .034 | .170 | -.059 | .021 | -.076 | -.847 |
| B44　(개방, sophisticated in art) | .202 | .077 | .037 | .163 | .014 | .042 | .787 |
| B30　(개방, artistic) | .282 | .090 | .045 | .168 | .098 | .013 | .778 |

Extraction Method: Principal Component Analysis.

Rotation Method: Varimax with Kaiser Normalization.

A Rotation converged in 14 iterations.

# 〈부록 10〉 토착요인과 BFI 요인 어휘와의 결합요인해

## 1) 7요인해 결과

### Rotated Component Matrix(a)

|  |  | Component | | | | | | |
|---|---|---|---|---|---|---|---|---|
|  |  | 1 | 2 | 3 | 4 | 5 | 6 | 7 |
| B13 | (성실. reliable worker) | .627 | -.100 | .153 | -.055 | -.024 | .091 | .301 |
| B33 | (성실. efficiently) | .620 | -.019 | .260 | -.104 | -.025 | -.044 | .222 |
| B3 | (성실. does a thorough job) | .612 | -.080 | .173 | -.143 | -.028 | .193 | .119 |
| B38 | (성실. make plan) | .580 | .107 | .083 | -.026 | -.037 | -.020 | .048 |
| B28 | (성실. perseveres) | .576 | .050 | .134 | -.040 | -.142 | .205 | .135 |
| B26 | (외향. assertive) | .569 | -.068 | .369 | -.055 | .114 | -.164 | -.035 |
| A241 | 분명하다 | .554 | -.039 | .031 | .157 | .048 | -.138 | -.069 |
| A147 | 현명하다 | .491 | -.095 | .085 | .178 | .134 | -.099 | -.067 |
| B23 | (성실. lazy) | -.459 | .229 | .130 | -.065 | .040 | .139 | .054 |
| A113 | 박력있다 | .452 | .053 | .056 | .160 | .209 | -.277 | .041 |
| B34 | (신경. calm in tense) | .452 | .029 | .204 | -.008 | -.371 | -.116 | .193 |
| B18 | (성실. disorganized) | -.449 | .349 | .088 | -.021 | .279 | .071 | .109 |
| A162 | 견고하다 | .426 | -.080 | .032 | .200 | .063 | -.063 | -.023 |
| A232 | 진취적이다 | .407 | -.034 | .120 | .257 | .139 | -.175 | -.002 |
| B43 | (성실. distracted) | -.406 | .399 | .127 | -.036 | .332 | -.023 | .142 |
| A007 | 품위있다 | .368 | -.191 | .138 | .279 | -.004 | .200 | -.047 |
| A028 | 과감하다 | .349 | -.011 | -.024 | .084 | .088 | -.251 | .034 |
| B24 | (신경. emotionally stable) | .345 | -.027 | .203 | .088 | -.338 | -.156 | .117 |
| A244 | 치사하다 | -.060 | .686 | -.108 | .121 | .062 | .044 | -.098 |
| A224 | 졸렬하다 | -.032 | .676 | -.097 | .157 | .010 | .014 | -.045 |
| A237 | 천박하다 | -.116 | .670 | -.032 | .019 | .102 | .036 | -.027 |
| A235 | 째째하다 | -.087 | .651 | -.072 | .138 | .016 | .103 | -.096 |
| A223 | 저속하다 | -.031 | .628 | -.031 | .018 | .085 | .031 | -.092 |
| A161 | 가증스럽다 | -.014 | .521 | .081 | .046 | .190 | .038 | -.133 |
| B37 | (친화. rude to others) | .011 | .514 | .117 | -.130 | .345 | -.090 | -.114 |
| A158 | 야비하다 | -.091 | .486 | -.011 | -.015 | .218 | .114 | -.129 |
| B12 | (친화. starts quarrels) | .155 | .471 | .016 | -.042 | .312 | -.111 | -.092 |
| B8 | (성실. careless) | -.243 | .439 | .210 | -.056 | .323 | .115 | .105 |
| A120 | 무신경하다 | -.123 | .343 | .032 | .280 | -.271 | -.030 | .040 |
| B5 | (개방. original) | .274 | .042 | .681 | -.124 | .026 | -.189 | -.001 |
| B30 | (개방. artistic) | .032 | -.122 | .667 | .076 | -.032 | .223 | .116 |
| B25 | (개방. inventive) | .304 | .070 | .654 | -.069 | -.057 | -.223 | .045 |

|  |  | Component | | | | | | |
|---|---|---|---|---|---|---|---|---|
|  |  | 1 | 2 | 3 | 4 | 5 | 6 | 7 |
| B40 | (개방. play with ideas) | .218 | .096 | .652 | -.071 | .057 | .036 | .041 |
| B44 | (개방. sophisticated in art) | .016 | -.104 | .619 | .111 | -.075 | .175 | .111 |
| B20 | (개방. active imagination) | .087 | .041 | .594 | -.131 | .126 | -.073 | .153 |
| B15 | (개방. ingenious) | .196 | .100 | .561 | -.144 | .010 | .209 | .081 |
| B41 | (개방. few artistic interests) | .139 | .294 | -.546 | -.121 | .142 | -.104 | -.018 |
| B10 | (개방. curious) | .134 | .010 | .543 | -.126 | .097 | -.130 | .088 |
| B16 | (외향. enthusiasm) | .346 | .141 | .432 | -.173 | .167 | -.259 | .190 |
| B29 | (신경. can be moody) | -.022 | -.022 | .316 | -.146 | .215 | .269 | .313 |
| B35 | (개방. routine) | .179 | .160 | -.305 | .204 | -.087 | .180 | .267 |
| A146 | 순박하다 | -.065 | -.047 | -.075 | .569 | .058 | .066 | .203 |
| A145 | 순수하다 | -.022 | -.030 | -.048 | .567 | .142 | .031 | .095 |
| A180 | 인자하다 | -.006 | -.120 | -.051 | .534 | .058 | .091 | .078 |
| A179 | 온순하다 | -.059 | -.007 | -.114 | .504 | .015 | .066 | .131 |
| A247 | 쾌활하다 | .110 | .114 | -.008 | .488 | -.059 | .001 | -.128 |
| A262 | 활발하다 | .163 | .143 | -.031 | .477 | .012 | -.093 | -.137 |
| A188 | 우호적이다 | .072 | .117 | -.102 | .473 | .002 | -.005 | -.075 |
| A255 | 포근하다 | -.007 | -.078 | -.006 | .470 | .131 | -.049 | .030 |
| A217 | 정겹다 | -.030 | .052 | -.016 | .456 | .147 | -.088 | -.112 |
| A131 | 사교적이다 | .139 | .093 | .013 | .432 | -.083 | -.219 | -.039 |
| A122 | 봉사적이다 | .104 | -.005 | -.066 | .419 | -.010 | .067 | .294 |
| A132 | 붙임성이있다 | .158 | .154 | -.030 | .410 | -.046 | -.260 | .039 |
| A186 | 우아하다 | .360 | -.065 | .040 | .391 | .043 | .078 | -.006 |
| A177 | 예술적이다 | .027 | .094 | -.065 | .377 | .051 | -.090 | -.079 |
| A033 | 교양있다 | .257 | -.242 | .165 | .328 | .032 | .077 | -.108 |
| A061 | 느긋하다 | -.097 | .126 | -.047 | .326 | -.181 | -.225 | .090 |
| A171 | 엉뚱하다 | -.006 | .256 | .039 | .320 | .190 | .112 | .010 |
| A054 | 쑥쓰러워하다 | .005 | .146 | -.147 | .281 | -.192 | .004 | -.062 |
| A109 | 문학적이다 | .127 | -.044 | .086 | .276 | .043 | .073 | .020 |
| A071 | 당당하다 | .236 | .020 | -.068 | .265 | .174 | -.169 | -.051 |
| A243 | 충동적이다 | -.118 | .179 | .064 | .243 | .182 | -.139 | .025 |
| A173 | 여성적이다 | -.141 | -.010 | .020 | .235 | .155 | .206 | .103 |
| A272 | 여유있다 | .037 | -.025 | .101 | .233 | -.159 | -.170 | .209 |
| A055 | 내성적이다 | .041 | .156 | -.107 | .226 | -.182 | .149 | -.084 |
| B1 | (외향. talkative) | -.049 | .231 | .126 | -.102 | .499 | -.244 | .284 |
| A278 | 발끈하다 | .180 | .202 | -.075 | .114 | .490 | .019 | -.006 |
| B2 | (친화. find fault with) | -.058 | .287 | .005 | -.023 | .468 | .020 | -.069 |
| B39 | (신경. nervous) | .035 | .392 | .120 | -.127 | .465 | .270 | -.172 |
| A261 | 화잘내다 | .151 | .258 | -.082 | .105 | .433 | -.012 | -.149 |
| A115 | 반항적이다 | .003 | .150 | .180 | .179 | .431 | -.015 | -.076 |
| A129 | 비판적이다 | .088 | .086 | .038 | .131 | .426 | .084 | -.131 |
| A270 | 성급하다 | .057 | .091 | -.120 | .172 | .396 | -.147 | -.097 |

|  |  | Component | | | | | | |
|---|---|---|---|---|---|---|---|---|
|  |  | 1 | 2 | 3 | 4 | 5 | 6 | 7 |
| A114 | 반사회적이다 | -.026 | .006 | .219 | .162 | .368 | -.014 | -.089 |
| A268 | 산만하다 | -.237 | .331 | -.003 | .131 | .352 | -.114 | .050 |
| A031 | 괴짜같다 | -.008 | .245 | .214 | .171 | .286 | -.132 | .000 |
| A148 | 신경질적이다 | .037 | .207 | -.090 | .154 | .255 | .171 | -.017 |
| B31 | (외향, shy, inhibited) | -.126 | .040 | -.007 | -.036 | -.042 | .626 | .097 |
| B21 | (외향, quiet) | .021 | .049 | -.028 | .094 | -.381 | .612 | .011 |
| B19 | (신경, worries a lot) | -.175 | .141 | .052 | -.139 | .332 | .593 | .091 |
| B4 | (신경, depressed) | -.173 | .234 | .153 | -.131 | .188 | .580 | -.097 |
| B36 | (외향, sociable) | .213 | .005 | .252 | -.101 | .195 | -.529 | .354 |
| B14 | (신경, can be tense) | .027 | .092 | .028 | -.121 | .295 | .512 | .226 |
| B6 | (외향, reserved) | .041 | .044 | .028 | .010 | -.130 | .457 | .025 |
| B11 | (외향, full of energy) | .268 | .059 | .332 | -.111 | .122 | -.393 | .246 |
| B9 | (신경, relaxed) | .216 | .001 | .179 | -.028 | -.160 | -.372 | .235 |
| A021 | 고상하다 | .209 | -.189 | .177 | .255 | .054 | .280 | -.153 |
| B32 | (친화, kind) | .073 | -.120 | .147 | .004 | -.168 | .015 | .716 |
| B42 | (친화, cooperate) | .083 | -.084 | .009 | .033 | -.035 | -.046 | .667 |
| B7 | (친화, helpful) | .054 | -.074 | .209 | -.041 | -.017 | .050 | .647 |
| B17 | (친화, forgiving nature) | .024 | -.181 | .235 | -.024 | -.113 | .043 | .627 |
| B22 | (친화, trusting) | .046 | -.058 | .079 | .079 | -.195 | .057 | .521 |
| B27 | (친화, cold and aloof) | .057 | .261 | .111 | -.091 | -.055 | .157 | -.435 |

Extraction Method: Principal Component Analysis.

Rotation Method: Varimax with Kaiser Normalization.

A Rotation converged in 9 iterations.

## 2) 8요인해 결과

### Rotated Component Matrix(a)

|  | Component | | | | | | | |
|---|---|---|---|---|---|---|---|---|
|  | 1 | 2 | 3 | 4 | 5 | 6 | 7 | 8 |
| B13 （성실, reliable worker） | .626 | -.083 | .174 | -.004 | .001 | .291 | -.106 | .127 |
| B33 （성실, efficiently） | .619 | -.028 | .252 | -.117 | -.044 | .229 | .007 | -.038 |
| B3 （성실, does a thorough job） | .611 | -.059 | .197 | -.093 | .105 | .119 | -.111 | .179 |
| B38 （성실, make plan） | .581 | .116 | .099 | .013 | -.048 | .035 | -.102 | .018 |
| B28 （성실, perseveres） | .575 | .055 | .159 | -.001 | .172 | .141 | -.172 | .076 |
| B26 （외향, assertive） | .570 | -.058 | .362 | -.056 | -.191 | -.047 | .096 | -.009 |
| A241 분명하다 | .553 | -.062 | .002 | .087 | -.042 | -.049 | .192 | -.160 |
| A147 현명하다 | .490 | -.089 | .076 | .163 | -.100 | -.070 | .159 | -.012 |
| B23 （성실, lazy） | -.463 | .211 | .107 | -.129 | .171 | .090 | .143 | -.028 |
| B18 （성실, disorganized） | -.452 | .380 | .087 | -.007 | -.050 | .103 | .171 | .167 |
| B34 （신경, calm in tense） | .452 | -.040 | .179 | -.090 | .090 | .227 | -.124 | -.385 |
| A113 박력있다 | .451 | .046 | .022 | .102 | -.239 | .041 | .281 | -.130 |
| A162 견고하다 | .425 | -.089 | .017 | .161 | -.020 | -.012 | .150 | -.071 |
| A232 진취적이다 | .406 | -.040 | .097 | .211 | -.137 | .000 | .224 | -.109 |
| A007 품위있다 | .365 | -.182 | .153 | .287 | .179 | -.037 | .036 | .082 |
| A028 과감하다 | .350 | -.028 | -.053 | .032 | -.186 | .036 | .171 | -.156 |
| A244 치사하다 | -.059 | .694 | -.099 | .132 | .043 | -.099 | .009 | -.025 |
| A237 천박하다 | -.116 | .681 | -.027 | .030 | .009 | -.029 | .033 | .007 |
| A224 졸렬하다 | -.032 | .677 | -.090 | .164 | .035 | -.046 | -.018 | -.079 |
| A235 째째하다 | -.088 | .649 | -.067 | .131 | .128 | -.085 | .016 | -.049 |
| A223 저속하다 | -.031 | .638 | -.026 | .027 | .017 | -.093 | .026 | -.002 |
| A161 가증스럽다 | -.015 | .542 | .084 | .056 | -.014 | -.136 | .116 | .065 |
| B37 （친화, rude to others） | .009 | .529 | .088 | -.174 | -.127 | -.106 | .317 | .038 |
| A158 야비하다 | -.093 | .506 | -.014 | -.022 | .062 | -.119 | .167 | .107 |
| B12 （친화, starts quarrels） | .155 | .500 | .008 | -.037 | -.184 | -.105 | .205 | .077 |
| B8 （성실, careless） | -.248 | .468 | .201 | -.064 | -.003 | .112 | .246 | .174 |
| B39 （신경, nervous） | .030 | .452 | .126 | -.102 | .077 | -.166 | .297 | .390 |
| B43 （성실, distracted） | -.408 | .435 | .123 | -.016 | -.160 | .126 | .195 | .156 |
| A268 산만하다 | -.240 | .352 | -.024 | .106 | -.176 | .045 | .311 | .046 |
| B2 （친화, find fault with） | -.060 | .345 | .007 | .014 | -.160 | -.089 | .278 | .289 |
| B5 （개방, original） | .277 | .051 | .683 | -.106 | -.224 | -.024 | -.015 | -.055 |
| B30 （개방, artistic） | .027 | -.125 | .669 | .054 | .198 | .140 | .059 | .041 |
| B40 （개방, play with ideas） | .217 | .118 | .669 | -.034 | -.056 | .027 | -.018 | .085 |
| B25 （개방, inventive） | .306 | .056 | .645 | -.086 | -.188 | .035 | -.010 | -.177 |
| B44 （개방, sophisticated in art） | .014 | -.104 | .632 | .115 | .143 | .120 | -.026 | .026 |
| B20 （개방, active imagination） | .086 | .060 | .595 | -.113 | -.166 | .137 | .059 | .062 |
| B15 （개방, ingenious） | .194 | .125 | .586 | -.096 | .098 | .079 | -.077 | .169 |

| | Component | | | | | | | |
|---|---|---|---|---|---|---|---|---|
| | 1 | 2 | 3 | 4 | 5 | 6 | 7 | 8 |
| B41 （개방, few artistic interests) | .141 | .310 | -.548 | -.097 | -.137 | -.033 | .022 | .062 |
| B10 （개방, curious) | .131 | -.003 | .512 | -.186 | -.111 | .101 | .188 | -.093 |
| B16 （외향, enthusiasm) | .348 | .165 | .431 | -.137 | -.357 | .154 | .036 | .024 |
| B35 （개방, routine) | .174 | .140 | -.309 | .174 | .227 | .297 | .005 | -.043 |
| A146 순박하다 | -.067 | -.035 | -.061 | .587 | .029 | .193 | .066 | .017 |
| A145 순수하다 | -.025 | -.017 | -.044 | .566 | .003 | .090 | .169 | .014 |
| A180 인자하다 | -.008 | -.103 | -.032 | .560 | .049 | .067 | .055 | .051 |
| A179 온순하다 | -.060 | .008 | -.090 | .543 | .025 | .113 | -.016 | .029 |
| A255 포근하다 | -.005 | -.044 | .020 | .533 | -.139 | -.008 | .028 | .082 |
| A188 우호적이다 | .073 | .124 | -.086 | .492 | .010 | -.088 | .007 | -.055 |
| A247 쾌활하다 | .111 | .110 | .005 | .491 | .055 | -.133 | -.002 | -.116 |
| A217 정겹다 | -.029 | .075 | -.003 | .484 | -.125 | -.139 | .099 | .007 |
| A122 봉사적이다 | .103 | .005 | -.047 | .449 | .026 | .283 | -.026 | .016 |
| A132 붙임성이있다 | .162 | .157 | -.015 | .449 | -.235 | -.001 | -.085 | -.170 |
| A131 사교적이다 | .143 | .084 | .021 | .443 | -.153 | -.064 | -.052 | -.209 |
| A262 활발하다 | .163 | .127 | -.041 | .437 | .000 | -.131 | .129 | -.185 |
| A186 우아하다 | .358 | -.066 | .040 | .369 | .099 | .006 | .126 | -.021 |
| A177 예술적이다 | .026 | .083 | -.078 | .338 | -.022 | -.074 | .146 | -.139 |
| A033 교양있다 | .255 | -.247 | .160 | .294 | .109 | -.091 | .144 | -.020 |
| A054 쑥쓰러워하다 | .007 | .129 | -.134 | .286 | .088 | -.063 | -.137 | -.153 |
| A173 여성적이다 | -.144 | .022 | .039 | .274 | .089 | .097 | .076 | .207 |
| A021 고상하다 | .206 | -.173 | .193 | .262 | .237 | -.137 | .084 | .151 |
| A055 내성적이다 | .042 | .150 | -.083 | .249 | .190 | -.081 | -.163 | -.046 |
| A109 문학적이다 | .124 | -.053 | .076 | .234 | .106 | .041 | .151 | -.040 |
| B21 （외향, quiet) | .014 | .007 | -.014 | .047 | .722 | .086 | -.169 | -.008 |
| B36 （외향, sociable) | .217 | .021 | .236 | -.075 | -.602 | .299 | .071 | -.092 |
| B31 （외향, shy, inhibited) | -.135 | .045 | .009 | -.044 | .567 | .152 | .003 | .264 |
| B6 （외향, reserved) | .033 | .011 | .015 | -.072 | .537 | .099 | .078 | .020 |
| B1 （외향, talkative) | -.047 | .306 | .138 | -.007 | -.509 | .218 | .170 | .287 |
| B4 （신경, depressed) | -.180 | .270 | .171 | -.118 | .440 | -.058 | .126 | .384 |
| B11 （외향, full of energy) | .271 | .064 | .316 | -.105 | -.427 | .212 | .061 | -.107 |
| B32 （친화, kind) | .069 | -.145 | .141 | -.010 | .015 | .726 | -.101 | -.086 |
| B42 （친화, cooperate) | .081 | -.087 | .008 | .047 | -.101 | .658 | -.057 | -.005 |
| B7 （친화, helpful) | .050 | -.079 | .205 | -.041 | -.016 | .652 | -.014 | .033 |
| B17 （친화, forgiving nature) | .020 | -.198 | .229 | -.036 | .020 | .637 | -.058 | -.032 |
| B22 （친화, trusting) | .041 | -.105 | .056 | .009 | .148 | .558 | -.005 | -.183 |
| B27 （친화, cold and aloof) | .055 | .226 | .084 | -.189 | .302 | -.378 | .144 | -.126 |
| A115 반항적이다 | -.007 | .130 | .104 | .008 | .054 | -.012 | .681 | -.070 |
| A114 반사회적이다 | -.034 | -.011 | .154 | .014 | .043 | -.035 | .593 | -.052 |
| A129 비판적이다 | .081 | .098 | -.002 | .044 | .054 | -.094 | .512 | .116 |
| A278 발끈하다 | .174 | .230 | -.107 | .062 | -.065 | .011 | .482 | .166 |
| A261 화잘내다 | .147 | .281 | -.111 | .054 | -.062 | -.133 | .434 | .114 |

|  |  | Component | | | | | | | |
|---|---|---|---|---|---|---|---|---|---|
|  |  | 1 | 2 | 3 | 4 | 5 | 6 | 7 | 8 |
| A270 | 성급하다 | .055 | .116 | -.143 | .144 | -.202 | -.104 | .365 | .074 |
| A243 | 충동적이다 | -.122 | .154 | .017 | .137 | -.052 | .053 | .357 | -.179 |
| A031 | 괴짜같다 | -.011 | .246 | .181 | .106 | -.128 | .011 | .354 | -.060 |
| A171 | 엉뚱하다 | -.012 | .248 | .013 | .244 | .143 | .045 | .321 | -.032 |
| A071 | 당당하다 | .234 | .008 | -.100 | .198 | -.107 | -.039 | .285 | -.123 |
| A148 | 신경질적이다 | .032 | .228 | -.097 | .136 | .109 | .000 | .245 | .150 |
| B19 | (신경, worries a lot) | -.182 | .213 | .088 | -.062 | .318 | .101 | .110 | .581 |
| B14 | (신경, can be tense) | .021 | .159 | .063 | -.040 | .245 | .230 | .075 | .534 |
| A061 | 느긋하다 | -.099 | .053 | -.096 | .193 | .021 | .128 | .134 | -.464 |
| B24 | (신경, emotionally stable) | .344 | -.104 | .167 | -.023 | .084 | .157 | -.034 | -.436 |
| B9 | (신경, relaxed) | .217 | -.061 | .130 | -.130 | -.188 | .252 | .061 | -.412 |
| A120 | 무신경하다 | -.124 | .281 | .009 | .189 | .179 | .077 | -.019 | -.380 |
| A272 | 여유있다 | .034 | -.089 | .057 | .114 | .023 | .245 | .125 | -.373 |
| B29 | (신경, can be moody) | -.027 | .027 | .338 | -.085 | .055 | .306 | .050 | .356 |

Extraction Method: Principal Component Analysis.

Rotation Method: Varimax with Kaiser Normalization.

A Rotation converged in 10 iterations.

## 3) 10요인해 결과

### Rotated Component Matrix(a)

|  | Component | | | | | | | | | |
|---|---|---|---|---|---|---|---|---|---|---|
|  | 1 | 2 | 3 | 4 | 5 | 6 | 7 | 8 | 9 | 10 |
| B13 （성실, reliable worker) | .589 | .262 | -.089 | -.120 | .301 | .015 | .055 | -.119 | -.027 | -.051 |
| B38 （성실, make plan) | .570 | .148 | .155 | -.107 | .061 | -.047 | -.056 | -.044 | .019 | -.002 |
| A241 분명하다 | .551 | .094 | -.066 | .173 | -.048 | .039 | -.027 | .160 | .071 | -.081 |
| B3 （성실, does a thorough job) | .550 | .265 | -.101 | -.089 | .158 | -.142 | .157 | -.207 | .058 | -.012 |
| B33 （성실, efficiently) | .548 | .366 | -.078 | .014 | .252 | -.144 | .025 | .020 | .034 | -.056 |
| B28 （성실, perseveres) | .546 | .153 | .066 | -.153 | .188 | -.106 | .162 | -.113 | .096 | .084 |
| B26 （외향, assertive) | .515 | .487 | -.098 | .077 | -.043 | -.038 | -.105 | .003 | -.008 | -.026 |
| A147 현명하다 | .50 | .127 | -.067 | .135 | -.069 | .136 | -.094 | .018 | .037 | .000 |
| B23 （성실, lazy) | -.505 | .079 | .136 | .171 | .079 | -.091 | .217 | .042 | .003 | .026 |
| B18 （성실, disorganized) | -.494 | .156 | .307 | .186 | .064 | .122 | .053 | -.123 | -.060 | -.122 |
| B43 （성실, distracted) | -.487 | .279 | .311 | .221 | .083 | .126 | -.002 | -.116 | -.014 | -.234 |
| A162 견고하다 | .455 | .054 | -.050 | .108 | -.026 | .164 | -.025 | .097 | -.008 | -.009 |
| A113 박력있다 | .439 | .132 | .035 | .279 | .046 | .059 | -.217 | .123 | .065 | -.101 |
| A007 품위있다 | .425 | .035 | -.102 | .002 | -.027 | .233 | .118 | -.065 | .044 | .252 |
| A232 진취적이다 | .421 | .112 | -.019 | .217 | .014 | .132 | -.156 | .101 | .105 | .062 |
| B34 （신경, calm in tense) | .414 | .204 | -.048 | -.129 | .249 | -.183 | .084 | .354 | .098 | .042 |
| A186 우아하다 | .412 | -.026 | -.007 | .107 | .013 | .287 | .045 | .033 | .129 | .148 |
| A028 과감하다 | .370 | .000 | .015 | .144 | .033 | .019 | -.209 | .160 | -.046 | -.052 |
| A033 교양있다 | .325 | .061 | -.171 | .086 | -.108 | .292 | .062 | .060 | -.005 | .226 |
| A071 당당하다 | .287 | -.114 | .069 | .265 | -.041 | .149 | -.165 | .132 | .018 | .033 |
| B5 （개방, original) | .177 | .754 | -.030 | -.007 | -.008 | -.110 | -.112 | .023 | .064 | .126 |
| B25 （개방, inventive) | .221 | .718 | -.005 | -.022 | .037 | -.076 | -.087 | .161 | .041 | .111 |
| B20 （개방, active imagination) | .001 | .681 | -.019 | .043 | .116 | .006 | -.024 | -.037 | -.082 | .047 |
| B40 （개방, play with ideas) | .157 | .663 | .093 | -.031 | .031 | .003 | .025 | -.084 | -.029 | .218 |
| B10 （개방, curious) | .048 | .605 | -.093 | .171 | .082 | -.093 | .016 | .114 | -.073 | .022 |
| B15 （개방, ingenious) | .131 | .580 | .091 | -.086 | .082 | -.038 | .185 | -.159 | -.060 | .177 |
| B16 （외향, enthusiasm) | .289 | .535 | .160 | .019 | .153 | -.068 | -.279 | -.025 | -.135 | .004 |
| B11 （외향, full of energy) | .230 | .440 | .069 | .023 | .190 | -.005 | -.356 | .124 | -.163 | -.061 |
| B35 （개방, routine) | .218 | -.338 | .195 | .006 | .300 | .120 | .162 | .059 | .050 | -.052 |
| A244 치사하다 | -.058 | -.117 | .723 | .060 | -.071 | .004 | -.005 | -.019 | .162 | -.001 |
| A237 천박하다 | -.119 | -.004 | .710 | .047 | -.035 | .027 | .007 | -.009 | -.009 | -.057 |
| A224 졸렬하다 | -.029 | -.101 | .709 | .025 | -.023 | .039 | -.012 | .040 | .172 | -.008 |
| A235 쩨쩨하다 | -.073 | -.130 | .696 | .056 | -.059 | .006 | .061 | .014 | .136 | .071 |
| A223 저속하다 | -.033 | .002 | .669 | .038 | -.096 | .011 | .012 | -.005 | .002 | -.055 |
| A161 가증스럽다 | -.017 | .090 | .566 | .128 | -.134 | .038 | -.013 | -.071 | .005 | .020 |
| A158 야비하다 | -.082 | -.015 | .538 | .166 | -.129 | .010 | .059 | -.090 | -.094 | -.013 |
| B37 （친화, rude to others) | -.051 | .233 | .465 | .335 | -.119 | -.113 | -.035 | -.030 | -.071 | -.185 |
| B12 （친화, starts quarrels) | .107 | .151 | .455 | .237 | -.100 | -.044 | -.119 | -.093 | .033 | -.189 |
| B8 （성실, careless) | -.295 | .268 | .412 | .252 | .079 | .066 | .100 | -.127 | -.115 | -.072 |

|  |  | Component | | | | | | | | | |
|---|---|---|---|---|---|---|---|---|---|---|---|
|  |  | 1 | 2 | 3 | 4 | 5 | 6 | 7 | 8 | 9 | 10 |
| A115 | 반항적이다 | -.006 | .069 | .097 | .696 | -.008 | -.020 | .052 | .091 | -.002 | .106 |
| A114 | 반사회적이다 | -.009 | .046 | .000 | .596 | -.023 | -.022 | -.001 | .069 | -.044 | .230 |
| A278 | 발끈하다 | .140 | -.007 | .154 | .534 | .030 | .020 | -.017 | -.169 | .099 | -.151 |
| A129 | 비판적이다 | .097 | -.015 | .091 | .517 | -.093 | .045 | .052 | -.091 | -.041 | .041 |
| A261 | 화잘내다 | .101 | .007 | .184 | .497 | -.110 | -.021 | -.005 | -.137 | .172 | -.178 |
| A243 | 충동적이다 | -.125 | .004 | .122 | .383 | .058 | .070 | -.061 | .176 | .132 | .037 |
| A270 | 성급하다 | .048 | -.016 | .064 | .376 | -.121 | .168 | -.144 | -.057 | .056 | -.207 |
| A031 | 괴짜같다 | .012 | .153 | .288 | .331 | -.006 | .136 | -.138 | .090 | -.081 | .112 |
| B2 | (친화, find fault with) | -.078 | .025 | .326 | .328 | -.063 | -.012 | -.148 | -.308 | .008 | -.012 |
| A268 | 산만하다 | -.265 | .094 | .290 | .318 | .005 | .196 | -.089 | -.007 | -.001 | -.193 |
| A148 | 신경질적이다 | .003 | -.075 | .157 | .313 | .033 | .033 | .127 | -.174 | .214 | -.053 |
| A171 | 엉뚱하다 | .041 | -.081 | .305 | .310 | .038 | .213 | .088 | .064 | .019 | .150 |
| B32 | (친화, kind) | .042 | .102 | -.148 | -.094 | .735 | -.002 | .013 | .101 | -.022 | .082 |
| B42 | (친화, cooperate) | .058 | -.011 | -.090 | -.025 | .684 | .012 | -.118 | -.001 | .036 | .026 |
| B7 | (친화, helpful) | .009 | .190 | -.102 | -.002 | .659 | -.002 | .014 | -.013 | -.053 | .065 |
| B17 | (친화, forgiving nature) | .003 | .193 | -.192 | -.084 | .621 | .056 | .044 | .078 | -.132 | .097 |
| B22 | (친화, trusting) | .034 | .022 | -.105 | -.017 | .549 | .027 | .143 | .215 | -.021 | .048 |
| B27 | (친화, cold and aloof) | .022 | .165 | .162 | .122 | -.408 | -.140 | .379 | .147 | -.023 | -.105 |
| A180 | 인자하다 | .062 | -.003 | -.072 | -.022 | -.014 | .689 | .095 | .050 | .035 | -.061 |
| A146 | 순박하다 | -.011 | -.030 | -.021 | .013 | .122 | .681 | .073 | .073 | .102 | -.075 |
| A179 | 온순하다 | .032 | -.131 | .097 | -.082 | .053 | .620 | .003 | .051 | .015 | .025 |
| A145 | 순수하다 | .031 | -.027 | -.004 | .128 | .034 | .620 | .031 | .059 | .124 | -.035 |
| A255 | 포근하다 | .050 | -.024 | -.002 | .017 | -.021 | .497 | -.163 | -.064 | .173 | .091 |
| A217 | 정겹다 | -.003 | .032 | .061 | .096 | -.162 | .456 | -.099 | .009 | .226 | -.035 |
| A122 | 봉사적이다 | .156 | -.108 | .064 | -.038 | .276 | .409 | -.019 | .010 | .127 | .083 |
| A177 | 예술적이다 | .066 | -.078 | .102 | .133 | -.092 | .295 | -.041 | .154 | .146 | -.006 |
| A173 | 여성적이다 | -.088 | -.088 | .086 | .066 | .091 | .285 | .040 | -.173 | -.016 | .190 |
| B21 | (외향, quiet) | .027 | -.104 | -.003 | -.187 | .070 | .049 | .722 | .048 | .060 | .082 |
| B6 | (외향, reserved) | .019 | .017 | -.040 | .056 | .068 | .002 | .594 | .038 | -.038 | -.036 |
| B36 | (외향, sociable) | .160 | .324 | .005 | .100 | .331 | -.111 | -.578 | .046 | .001 | -.016 |
| B31 | (외향, shy, inhibited) | -.140 | -.106 | .018 | .028 | .164 | -.041 | .566 | -.238 | .000 | .125 |
| B4 | (신경, depressed) | -.218 | .147 | .203 | .142 | -.069 | -.027 | .522 | -.342 | -.077 | .038 |
| B1 | (외향, talkative) | -.116 | .257 | .247 | .229 | .238 | .019 | -.430 | -.309 | -.002 | -.122 |
| B19 | (신경, worries a lot) | -.222 | .085 | .143 | .143 | .097 | .047 | .409 | -.537 | -.088 | -.018 |
| B14 | (신경, can be tense) | -.001 | .052 | .136 | .093 | .233 | .053 | .300 | -.492 | -.129 | .005 |
| A061 | 느긋하다 | -.068 | -.093 | .065 | .105 | .093 | .170 | -.003 | .489 | .098 | -.033 |
| B24 | (신경, emotionally stable) | .335 | .175 | -.093 | -.068 | .153 | -.071 | .074 | .433 | .052 | .060 |
| A272 | 여유있다 | .051 | .071 | -.081 | .076 | .204 | .156 | .031 | .420 | -.006 | -.004 |
| B9 | (신경, relaxed) | .190 | .208 | -.067 | .031 | .237 | -.112 | -.168 | .417 | -.054 | -.056 |
| A120 | 무신경하다 | -.116 | .029 | .276 | -.048 | .034 | .193 | .196 | .411 | .115 | -.048 |
| B39 | (신경, nervous) | -.039 | .215 | .356 | .353 | -.149 | -.083 | .177 | -.394 | .020 | -.096 |
| B29 | (신경, can be moody) | -.058 | .255 | .020 | .072 | .329 | -.041 | .078 | -.344 | -.115 | .207 |
| A131 | 사교적이다 | .073 | .057 | -.046 | .078 | .021 | .095 | -.153 | .081 | .710 | .001 |
| A132 | 붙임성이있다 | .095 | .057 | .041 | .035 | .073 | .141 | -.224 | .053 | .652 | -.064 |
| A262 | 활발하다 | .153 | -.097 | .077 | .228 | -.054 | .108 | -.068 | .086 | .564 | .124 |

|  | Component | | | | | | | | | |
|---|---|---|---|---|---|---|---|---|---|---|
|  | 1 | 2 | 3 | 4 | 5 | 6 | 7 | 8 | 9 | 10 |
| A247　쾌활하다 | .100 | -.037 | .054 | .079 | -.077 | .218 | .019 | .038 | .549 | .099 |
| A055　내성적이다 | -.009 | -.074 | .049 | -.067 | -.024 | .018 | .195 | -.035 | .491 | -.032 |
| A054　쑥쓰러워하다 | -.036 | -.088 | .031 | -.058 | -.025 | .083 | .101 | .084 | .476 | -.100 |
| A188　우호적이다 | .067 | -.056 | .065 | .061 | -.066 | .322 | .017 | .016 | .447 | -.046 |
| B41　(개방, few artistic interests | .067 | -.157 | .167 | .038 | -.084 | .024 | .038 | -.038 | .039 | -.751 |
| B30　(개방, artistic) | .061 | .336 | -.023 | .055 | .194 | -.050 | .079 | -.059 | -.038 | .704 |
| B44　(개방, sophisticated in art) | .058 | .296 | .017 | -.030 | .174 | -.002 | .010 | -.051 | -.013 | .698 |
| A021　고상하다 | .282 | .009 | -.076 | .050 | -.126 | .217 | .154 | -.131 | -.004 | .351 |
| A109　문학적이다 | .178 | -.042 | .013 | .134 | .048 | .175 | .035 | .053 | .043 | .216 |

Extraction Method: Principal Component Analysis.
Rotation Method: Varimax with Kaiser Normalization.
A Rotation converged in 10 iterations.

• 저자 •

최 태 진　　•약  력•
(崔泰鎭)　　부산대학교 사범대학 교육학과 졸업(문학사)
　　　　　　부산대학교 대학원 교육학과 졸업(교육학 석사/박사)
　　　　　　부산광역시 교원연수원/울산광역시 교원 연수원/경남 교원 연수원 강사
　　　　　　부산교육대학교 강사
　　　　　　현 부산광역시 내성고등학교 교사
　　　　　　현 부산대학교/부경대학교 강사

　　　　　　•주요논저•
　　　　　　「구조방정식모형의 이론 및 적용」(공동)
　　　　　　「Holland의 직업적 성격유형에 따른 고등학생의 의사결정방식 분석」(공동)
　　　　　　「상호의존형 진로의사결정 유형 척도의 개발: 개인주의-집단주의 관점」
　　　　　　「학교심리학자의 역할기능과 우리 사회에의 함의」
　　　　　　「고등학생의 학교생활 적응과 정신건강: 부모애착과 수평적, 수직적 개인주의
　　　　　　-집단주의 성향의 상호관계와 그 영향」
　　　　　　외 다수

## 한국인의 성격특성 요인

| | |
|---|---|
| • 초판 인쇄 | 2005년 12월 10일 |
| • 초판 발행 | 2005년 12월 10일 |
| • 지 은 이 | 최태진 |
| • 펴 낸 이 | 채종준 |
| • 펴 낸 곳 | 한국학술정보㈜ |

경기도 파주시 교하읍 문발리 526-2
파주출판문화정보산업단지
전화 031) 908-3181(대표) · 팩스 031) 908-3189
홈페이지 http://www.kstudy.com
e-mail(e-Book사업부) ebook@kstudy.com

| | |
|---|---|
| • 등 록 | 제일산-115호(2000. 6. 19) |
| • 가 격 | •0,000원 |

ISBN　89-534-4249-4 93370 (Paper Book)
　　　　89-534-4250-8 98370 (e-Book)